Peter-Ulrich Wendt (Hrsg.)
Soziale Arbeit in Schlüsselbegriffen

Peter-Ulrich Wendt (Hrsg.)

Soziale Arbeit in Schlüsselbegriffen

BELTZ JUVENTA

FSC
www.fsc.org
MIX
Papier aus verantwortungsvollen Quellen
FSC® C089473

Dieses Buch ist erhältlich als:
ISBN 978-3-7799-6065-2 Print
ISBN 978-3-7799-5365-4 E-Book (PDF)

1. Auflage 2020

Herstellung: Hannelore Molitor
Satz: text plus form, Dresden
Druck und Bindung: Beltz Grafische Betriebe, Bad Langensalza
Printed in Germany

Weitere Informationen zu unseren Autor_innen und Titeln finden Sie unter: www.beltz.de

Inhalt

Teil IV
Die Sozialen

Abkürzungen

Aufl.	Auflage
bspw.	beispielsweise
d.h.	das heißt
ebd.	ebd.
e.V.	eingetragener Verein
f.	folgende
ff.	fortfolgende
ggfs.	gegebenenfalls
Hervorh. i. O.	Hervorhebung im Original
Hg., Hrsg.	Herausgeber/in
o.g.	oben genannt
S.	Seite
SGB	Sozialgesetzbuch
u.a.	und andere, unter anderem
u.v.m.	und vieles mehr
v.a.	vor allem
vgl.	vergleiche
z.B.	zum Beispiel
zit. ebd.	zitiert ebenda
zit. n.	zitiert nach

Soziale Arbeit in Schlüsselbegriffen – eine Gebrauchsanweisung

Nach der deutschsprachigen Version der von der International Federation of Social Workers (IFSW) und der International Association of Schools of Social Work (IASSW)[1] im Jahr 2014 erneuerten und präzisierten (internationalen) Definition fördert Soziale Arbeit

> „als praxisorientierte Profession und wissenschaftliche Disziplin gesellschaftliche Veränderungen, soziale Entwicklungen und den sozialen Zusammenhalt sowie die Stärkung der Autonomie und Selbstbestimmung von Menschen. Die Prinzipien sozialer Gerechtigkeit, die Menschenrechte, die gemeinsame Verantwortung und die Achtung der Vielfalt bilden die Grundlage der Sozialen Arbeit. Dabei stützt sie sich auf Theorien der Sozialen Arbeit, der Human- und Sozialwissenschaften und auf indigenes Wissen. Soziale Arbeit befähigt und ermutigt Menschen so, dass sie die Herausforderungen des Lebens bewältigen und das Wohlergehen verbessern, dabei bindet sie Strukturen ein."

Wenn ich hingegen die Student*innen der Sozialen Arbeit am Anfang des Studiums frage, was sie unter Sozialer Arbeit verstehen (und ich frage sie das seit 2009, seitdem ich angefangen habe, hauptberuflich Soziale Arbeit an einer Hochschule zu lehren), dann ist von anderen Begriffen die Rede, sehr oft von „Hilfe", auch von „Unterstützung", „Prävention" und „Therapie" (jeweils in einer bunten Vielfalt von Begriffen, die doch stets dies meinen, wie sich im vertiefenden Gespräch in den einführenden Seminaren zeigt). Ich finde auch Bilder wie „runter von der schiefen Bahn helfen", „Menschen zeigen, was sie besser machen können", „an die Hand nehmen", „Rat geben" oder „Kriminalität vermeiden", „runter von den Drogen kommen" oder „ohne Gewalt leben". Selbstverständlich ist auch viel von „Beratung", „Begleitung", „Ressourcen", „Empowerment" und einzelnen Handlungsfeldern der Sozialen Arbeit (v.a. „Arbeit mit Kindern und Jugendlichen", „Hilfe für Behinderte", „Drogenarbeit" u.ä.)

---

1 Bei der IFSW handelt es sich um die 1958 gegründete weltweite Interessenvertretung der Sozialen Arbeit, dem 2019 insgesamt 116 nationale Verbände und Organisationen der Sozialen Arbeit angehörten (u.a. der Deutsche Berufsverband für Soziale Arbeit/DBSH), während die IASSW der 1928 gegründete weltweite Zusammenschluss von in der Ausbildung tätiger Einrichtungen, Schulen und Hochschulen der Sozialen Arbeit ist. Beide Organisationen haben einen beratenden Status u.a. bei den Vereinten Nationen (vgl. DBSH 2019, EASSW 2019).

die Rede, und viele Darstellungen kreisen um die Themen „Gerechtigkeit" und „Gleichheit". Vor diesem Hintergrund wirkt die Definition der IFSW/IASSW auf viele der Student*innen der Sozialen Arbeit im ersten Semester noch fremd.

Deshalb ein erster Blick in die Praxis – eine Fallschilderung, die *Jana Dosdall,* eine sehr geschätzte Kollegin aus der Kinder- und Jugendhilfe, für diese Sammlung verfasst hat:

Josie (Name geändert) begegnete ich 2011 im Rahmen eines *Erstgespräches* im Zentrum für alternatives Lernen (ZAL). Josie war zu diesem Zeitpunkt 14 Jahre alt und schwer in der Pubertät. Die Schule spielte in ihrem Leben eine untergeordnete Rolle. Seit Wochen kam sie nicht regelmäßig in der Schule an. Die wenigen Tage, an denen sie den Unterricht besuchte, wurden durch Auseinandersetzungen mit den LehrerInnen beherrscht. Josie besaß nach Aussagen der Schule ein ungeheures Talent, vor allem die Klassenlehrerin mit gezielten Provokationen zu Wutausbrüchen zu treiben. Die beruflich stark eingebundene Mutter war für die Schule „schwer greifbar" und wurde als vollkommen hilflos und teilweise unkooperativ beschrieben. Der Schulleiter, das Lehrerkollegium, das Jugendamt und die Mutter waren sich einig, dass bereits so viel „verbrannte Erde" hinterlassen wurde, dass eine alternative Beschulung für alle Beteiligten die beste Lösung sei.

Das Zentrum für alternatives Lernen ist ein Projekt, in dem Schüler beschult werden, die über einen längeren Zeitraum hinweg nicht mehr in der Schule ankamen oder deren Konfliktpotenzial an der Schule nach alternativen Lösungen schreit. Bis zu zehn SchülerInnen können im ZAL aufgenommen werden.

Josie kam mit ihrer alleinerziehenden Mutter zum Erstgespräch. Für die Mutter war das Ziel des Erstgespräches, Josie im ZAL anzumelden, damit der Alptraum der permanenten Konflikte mit der Schule endlich aufhörte. Für mich war das Ziel, zu schauen, ob das ZAL wirklich die passende Hilfe ist.

Josie war in einem Ziel-Wirrwarr gefangen. Sie wollte eigentlich nicht mehr an ihre Herkunftsschule. Aber der verhassten Lehrerin auf diese Art Genugtuung zu verschaffen, fühlte sich falsch an. Sie wollte ihre Mutter nicht mehr traurig sehen. Aber die war durch ihre Arbeit in der Gastronomie ja ohnehin kaum da.

Dieses ZAL war ihr suspekt. Im Freundeskreis hatte sie gehört, das sei so eine Schule für Verhaltensgestörte und wenig intelligente Menschen. Josie war aber intelligent, wie sich in der Grundschule und in den zwei Jahren auf dem Gymnasium gezeigt hatte. Dann kamen der Notenabfall, die Fehltage, der Schulwechsel. Im ZAL war das maximale Schulziel der Hauptschulabschluss. Das war eigentlich unter ihrem Niveau.

In diesem ersten Beratungsgespräch arbeitete ich mit verschiedenen *Fragetechniken.* Die Skalierungsfragen machten die Dramatik der Situation deutlicher, zeigten jedoch auch Ressourcen auf. So richtete ich an Josie und ihre Mutter die Fragen: „Wie zufrieden sind Sie mit der momentanen Beziehung auf einer Skala von 1 bis 10?" und „Was müsste geschehen, um von ... auf ... zu kommen?".

Die zirkulären Fragen ließen die Mauern der Enttäuschung zwischen Josie und ihrer Mutter etwas durchlässiger werden. Ich richtete zum Beispiel die Frage an die Mutter: „Was würde mir Josie aus Ihrer Sicht antworten, wenn ich sie nach den Gründen für ihr Fernbleiben von der Schule fragen würde?". Der Mutter gelang es gut, die Gründe nicht auf Josies pubertäre Rebellion zu reduzieren. Sie bezog in ihre Antwort sowohl die unzureichende mütterliche Unterstützung aufgrund der beruflichen Einbindung als auch die angespannte Beziehung zu Klassenlehrerin und Schulleiter ein. Es gab keine wilden Schuldzuweisungen in eine Richtung. Josie verfolgte die Worte der Mutter sehr aufmerksam. Sie war nicht mit allem, was die Mutter da sagte, einverstanden. Es war jedoch eine sichtliche Genugtuung für sie, nicht der alleinige Grund für das Dilemma zu sein.

Warum sich ihr Potenzial nicht in ihrem Zeugnis widerspiegelte, konnte sie schwer erklären. „Die Schule" trug aus ihrer Sicht zumindest eine Teilschuld. Die Schuldfrage ist jedoch in den ZAL-Gesprächen kein Thema. Es ist aus unserer Sicht nicht gewinnbringend, einen „Sündenbock" zu suchen. Erfahrungsgemäß sind in einem sehr konfliktreichen System stets viele Fehlentscheidungen getroffen worden und die Kommunikation wurde durch eine Kultur der Schuldzuweisungen und Vorwürfe geprägt. Damit werden Entwicklungschancen blockiert.

Josie konnte die Verantwortung für das schulische Scheitern nicht bei der Schule, der Mutter oder gar sich selbst „abgeben". Sie wurde aber damit konfrontiert, dass die Verantwortung für die Entscheidung, in welche Richtung es denn zukünftig schulisch gehen könnte, zu großen Teilen bei ihr liegt. Diese „dicke Kröte" war für Josie schwer zu schlucken. Unser Schulsystem lässt bekanntlich selten so große Entscheidungsmacht zu.

Josie konnte sich nicht klar für eine Aufnahme im ZAL entscheiden. Dies ist jedoch eine unverzichtbare Zugangsvoraussetzung. Wir vereinbarten eine „Schnupperwoche", um ihr die Möglichkeit zu geben, einen genaueren Einblick in das Projekt zu erhalten. Dieser Kompromiss war für Josie und ihre Mutter eine Erleichterung. Die „Schnupperwoche" nutzte sie intensiv. Sie stellte die Regeln des ZAL in Frage, trat den anderen Jugendlichen distanziert gegenüber und legte eine „ich gehöre hier eigentlich nicht hin"-Einstellung an den Tag. Es irritierte sie deutlich, dass ihre Provokationen keine gewohnte Wirkung zeigten. Sie wurde nicht angeschrien oder des Hauses verwiesen. Die Mitarbeiterinnen des ZAL begrüßten sie auch nach konfliktreichen Tagen mit wertschätzender Offenheit. Gleichzeitig setzten wir uns mit Josie auseinander und zeigten Grenzen auf. Diese neue Art des Umgangs miteinander steigerte anfangs ihre Skepsis, führte jedoch auch dazu, dass sie dem ZAL eine Chance gab.

Nun hatten wir nicht nur von der Mutter, der Schule und dem Jugendamt, sondern auch von der wichtigsten Person in diesem Konstrukt einen Auftrag erhalten. Somit folgte im nächsten Schritt die Konkretisierung des Auftrages. Dies erfolgt im ZAL in Form eines Vertrages. Dieser Vertrag regelt, welche Ziele Josie anstrebt, welche Fächer sie belegt.

Josie hatte bei den Vertragsabsprachen große Schwierigkeiten, klare Ziele zu definieren. Sie steckte sich selbst so hohe Ziele, dass der Vertrag schon bald gekündigt werden musste. Eine Kündigung bedeutet im ZAL kein zwangsläufiges Scheitern, sondern die Notwendigkeit von Neuverhandlungen. Ist ein Schüler jedoch nicht bereit, neue Konditionen auszuhandeln, wird der Platz von Seiten des ZAL gekündigt.

„Hinter den Kulissen", also neben der direkten Arbeit mit Josie, waren wir im Team in einem permanenten Austausch zu *Hypothesen* und passenden *Interventionen*.

- So stand die Hypothese im Raum, dass Josie sich innerhalb der Gruppe der ZAL-Schüler in eine Außenseiterposition bringt, um sich abzugrenzen. Hier war ihr vor allem die Abgrenzung von den wenig leistungsstarken Jugendlichen wichtig. Gleichzeitig unterstellten wir ihr Führungsqualitäten, die sie jedoch keineswegs ausschöpfte. Als Intervention erhielt Josie nach einigen Deutschstunden, in denen sie durch Störungen des Unterrichts und Provokationen auffiel, den Auftrag, eine Stunde zum Thema „Diskussionen führen" zu gestalten. Ich schickte sie in die Lehrerrolle. Diese Intervention hatte folgende Effekte: Josie fühlte sich wertgeschätzt und konnte mit ihren vorhandenen Kompetenzen glänzen. Sie entwickelte eine andere Haltung zum Lehrenden. Ihre Mitschüler konnte die Wissensvermittlung durch „eine von ihnen" recht gut annehmen. Ein Rebell der Gruppe fühlte sich jedoch verleitet, den Unterricht zu stören. (Hier wäre Platz für die nächste Hypothese: Er war schlicht in Josie verliebt und kämpfte um ihre Aufmerksamkeit.) Josie zeigte ihm konsequent Grenzen auf.
- Eine weitere Hypothese war: Josie verfügt über ein gutes Leistungspotenzial, schöpft dieses jedoch nicht aus. Gleichzeitig haben sich jedoch aufgrund der enormen Fehlzeiten in ihrer Herkunftsschule große Wissenslücken gebildet, die sie sich selbst nicht eingestehen möchte. Hier entschieden wir uns für eine lerntherapeutische Diagnostik als passende Intervention, um die Hypothese zu bestätigen oder gegebenenfalls revidieren zu können. Josie willigte (wenngleich zögerlich) ein und nahm die Termine bei der Lerntherapeutin wahr. Im Rahmen der Diagnostik der Lern- und Leistungsvoraussetzungen erreichte Josie in den Bereichen Konzentrationsfähigkeit und Rechtschreibung durchschnittliche Ergebnisse. In den Bereichen Deutsch und Leseleistung erzielte sie überdurchschnittliche Ergebnisse. Die Testung der Rechenleistung ergab, dass bei Josie ein Förderbedarf im Bereich Mathematik besteht. Der Unterrichtsstoff im ZAL wurde diesen Ergebnissen angepasst.

Die Einzelfallarbeit ist ein ungeheuer spannender Prozess. Auftragsklärung, Zielgewinnung, Hypothesenbildung und Intervention sind keine starren Methoden, sondern gehen dynamisch ineinander über. Dabei ist die Rolle des Auftraggebers klar zu definieren.

Im Falle von Josie kollidierten die Wünsche und somit Aufträge der Schülerin mitunter mit denen der Mutter, des Jugendamtes oder der Schule. Bleiben die Wünsche der Hauptperson in diesem Prozess unzureichend berücksichtigt, sind alle Interventionen zum Scheitern verurteilt. Die Mutter sprach sich beispielsweise klar gegen eine Ausbildung in der Gastronomie aus. Verständlich, da sie in den letzten Jahren am eigenen Leib erfahren musste, wir sehr die ständige Arbeit in Spät- und Nachtschichten das Familienleben beeinträchtigen kann. Josie formulierte jedoch 2012 klar das Ziel, eine solche Ausbildung anzustreben. Daher wurde sie in diesem Vorhaben durch das ZAL u. a. bei der Praktikumssuche unterstützt. Die Mutter wurde parallel dazu in den Prozess eingebunden. Es wäre kontraproduktiv gewesen, sie an dieser Stelle mit ihren mütterlichen Sorgen und ihrem Erfahrungsschatz außen vor zu lassen. Aufgrund dieser Herangehensweise erhielt Josie den „mütterlichen Segen" für ein Praktikum in einem Café und traf anschließend die selbständige Entscheidung, sich über alternative Ausbildungsmöglichkeiten zu informieren.

Im Sommer 2014 endete Josies Zeit im ZAL. Josie ist es gelungen, eine Ausbildungsstelle zu finden. Sie bewarb sich mit einem hohen Anteil an Eigeninitiative bei verschiedenen Ausbildungsstellen für eine Ausbildung zur Verkäuferin bzw. zur Frisörin. Sie meisterte Eignungstests und Bewerbungsgespräche. Schließlich hat sie sich für eine Ausbildung bei Lidl in einer Filiale in Staßfurt entschieden.

Die Dokumentation und Evaluation der Beratungsprozesse erfolgte über SocialMap, einem Tool zur grafischen Darstellung sozialer Gebilde und Beziehungen (http://www.socialmap.de/). Es bietet die Möglichkeiten der Visualisierung und symbolischen Darstellung fallrelevanter Informationen und macht Veränderungsprozesse in sozialen Systemen sichtbar. SocialMap berücksichtigt dabei systemische Wirkungen von sozialen Problemlagen und stellt Personen und Institutionen in ihrer wechselseitigen Bedingtheit zueinander dar.

2018 begegneten wir uns zufällig wieder. Josie berichtete mir stolz, dass sie mittlerweile mit ihrem festen Freund in einem kleinen Häuschen „auf dem Lande“ lebt und ihre Ausbildung erfolgreich beendet hatte. Sie strebt im Moment eine Zusatzqualifizierung an, um perspektivisch als Filialleiterin arbeiten zu können. Ihrer Mutter ist es gelungen, sich im Zuge eines Umzuges nach Leipzig auch beruflich umzuorientieren. Sie ist nicht mehr im Schichtdienst tätig. Josie und ihre Mutter haben nach wie vor eine enge Bindung und besuchen sich regelmäßig gegenseitig.

Diese Erfolgsgeschichte eines Einzelfalls ist keineswegs selbstverständlich, aber unheimlich wohltuend und motivierend.

So weit die Fallschilderung, mit der sich viele Elemente der IFSW/IAASW-Definition und der Vorverständnisse der Student*innen aus dem ersten Semester verbinden lassen. Es kommen dabei z. B. drei Aspekte zur Sprache, nämlich

- dass es zum einen um „gesellschaftliche Veränderungen“ (zitiert werden Begriffe aus der IFSW/IASSW-Definition) und „soziale Entwicklungen“ geht, die den Alltag von Josie unmittelbar prägen (z. B. durch die Unsicherheit, ob die in der Erziehung vermittelten traditionellen Werte noch Bestand haben).
- Zum anderen geht es um die „Stärkung der Autonomie und Selbstbestimmung“ Josies, wenn genau darauf geschaut wird, welche Entwicklungsmöglichkeiten sie haben könnte (auch ganz unabhängig von den Vorstellungen ihrer Mutter), womit auch die „Menschenrechte“ Josies auf ein freies Leben betont werden und sie durch Soziale Arbeit „befähigt und ermutigt“ wird, „dass sie die Herausforderungen des Lebens bewältigen“ und ihr „Wohlergehen verbessern“ kann.
- Implizit kommen dabei „Theorien der Sozialen Arbeit, der Human- und Sozialwissenschaften“ und der Anspruch auf „Achtung der Vielfalt“ zur Anwendung, die *Jana Dosdall* als professionelle Angehörige einer „wissenschaftlichen Disziplin“ in ihrer Arbeit leiten.

Zugleich werden durch die Fallschilderung eine Reihe von Schlüsselbegriffen angesprochen, die für die Soziale Arbeit charakteristisch sind: z. B. das ▸ **Verstehen** des „Falls Josie", ▸ **Kindheit und Jugend** (denn Josie ist eine Jugendliche), ▸ **Organisation Sozialer Arbeit** (der Träger des ZAL), ▸ **Kinder- und Jugendhilfe** (die für Josie erbracht wird), ▸ **Bildung** (denn es wird ein Bildungsprozess geplant bzw. Bildungsarbeit beabsichtigt), ▸ **Autonomie und Würde** sowie ▸ **Emanzipation** (es geht darum, Josie frei zu machen von den Vorstellungen, wie andere über ihren Lebensweg denken), ▸ **Milieu** (aus dem Josie stammt) sowie ▸ **Lebenswelt** (in der sie lebt), ▸ **methodisches Handeln** (denn es geschieht hier nichts zufällig, sondern im Rahmen des Konzepts des ZAL geplant und durchdacht) und ▸ **Fallarbeit** (denn mit Josie wird im Einzelfall gearbeitet).

Schon durch diese Aufzählung werden unterschiedliche Perspektiven auf die Soziale Arbeit angedeutet. Auch die Sichtweisen der Student*innen aus dem ersten Semester finden sich in Teilen hier abgebildet, z. B. „Beratung", „Begleitung", „Ressourcen", „Empowerment", „Arbeit mit Kindern und Jugendlichen" oder „Gerechtigkeit".

Dieses Buch, das 40 Schlüsselbegriffe der Sozialen Arbeit vereint, bewegt sich *zwischen* der internationalen Definition und den subjektiven Vorstellungen der Student*innen aus dem ersten Semester, was unter Sozialer Arbeit zu verstehen sei, und zugleich dicht am Fall Josie. Es ist *kein Lexikon* (es verzichtet auf eine möglichst umfassende Darstellung der Beiträge in alphabetischer Reihenfolge) und auch *kein Handbuch* (die Beiträge sind kurz und nicht um eine vollständige Abbildung der Diskussionen in der Sozialen Arbeit zu einem bestimmten Thema bemüht), sondern eine Sammlung von Begriffen, die Orientierung geben sollen, wenn es darum geht, sich den Themen, Aufgaben und Herausforderungen zu widmen, denen sich Menschen in der Sozialen Arbeit aussetzen. Sie, die sog. *Sozialen* (ein Sammelbegriff für alle, die beruflich in der Sozialen Arbeit tätig sind, egal ob nun als Sozialarbeiter*innen, Sozialpädagog*innen, social worker, egal ob nun mit Diplom, Magistergrad, Bachelor of Art [BA] oder Master of Art [MA] bzw. Master of Science [MSc]), arbeiten mit diesen Schlüsselbegriffen alltäglich – nicht immer bewusst und zwingend eindeutig.

Die 28 Autor*innen (zu denen Näheres am Ende des Buches zu finden ist) verdeutlichen dabei auch unterschiedliche Zugänge und Perspektiven; z. T. sind sie durch eine universitäre Sozialpädagogik geprägt, z. T. sozialarbeiterisch, wie dies an Hochschulen für angewandte Wissenschaften üblicher ist. Differenzen werden durch den Blick aus der Wissenschaft (als Forscher*innen) bzw. aus der beruflichen Praxis deutlich (dort, wo die Autor*innen als Soziale in unterschiedlichen Handlungsfeldern tätig sind). Damit lässt sich über sie sagen: Sie stammen in meiner Wahrnehmung *in erster Linie* aus der beruflichen Praxis freier und öffentlicher Träger (Michael Bertram, Andreas Borchert, Jana Dosdall, Kai Fritzsche, Thomas Kauer, Tilman Kloss, Andy Nenke, Björn Redmann, Joachim Rock, Cornelius Scheier, Ulrike von Wölfel), sind hauptsächlich an Hochschulen und/oder wissenschaftlichen Einrichtungen tätig (Karl-Heinz Braun, Gudrun Faller, Werner Freigang, Rahim Hajji, Josefine Heusinger, Susanne Maurer, Anton Schlittmaier, Peter Schruth, Manuela Schwartz, Jürgen Wolf) oder sie sind Grenzgänger*innen, die in ihrer beruflichen Laufbahn sowohl für Organisationen der Sozialen Arbeit in öffentlicher und freier Trägerschaft gearbeitet haben und jetzt auch in der Wissenschaft tätig sind (Christian Bleck, René Börrnert, Max Haberstroh, Georg Horcher, Anne van Rießen, Sascha Weber). Selbst ein solcher Grenzgänger danke ich allen an dieser Stelle sehr herzlich für ihre vielfältigen, aufschluss- und hilfreichen Beiträge!

Selbstverständlich unterscheiden sich die Beiträge auch durch die Art und Weise der Darstellung – dazu gab es von mir als Herausgeber dieser Sammlung keine Vorgaben (weshalb einige Beiträge das Thema eher essayistisch abhandeln und andere sich durch einen umfangreicheren Literaturstand ausweisen). Das äußert sich auch in der unterschiedlichen Länge der Beiträge (wobei das Ziel stets war, keinen Text länger als sechs Druckseiten ausfallen zu lassen). Genau *so* sollte es sein!

Charakteristisch für Soziale Arbeit sind die Unterschiede, z. B. unterschiedliche Schreibweisen (die Rede ist von Klient*innen, Subjekten, Adressat*innen, Inanspruchnehmenden, Zielgruppen), die sich nicht zufällig ergeben, sondern immer auch eine spezielle Perspektive auf die Soziale Arbeit zum Ausdruck bringen, ob sie sich z. B. eher einem helfenden Zugang oder einer subjektorientierten Zuwendung verpflichtet fühlt bzw. sich als Dienstleistung mit oder für Menschen versteht. Unterschiedliche Schreibweisen bringen auch vielfältige Sichtweisen auf dasselbe Thema zum Ausdruck: Geht es nun um Sozialarbeiter (womit durch eine Fußnote erklärt wird, dass Sozialarbeiterinnen immer mitgemeint seien), Sozialarbeiter*innen, SozialarbeiterInnen oder Sozialarbeiter_innen? Jeweils verbirgt sich dahinter eine besondere Deutung gesellschaftlicher Verhältnisse bzw. sich entwickelnder Geschlechterverhältnisse, und zum Ausdruck kommt damit womöglich auch eine Philosophie von der Sozialen Arbeit oder über die Soziale Arbeit: Wofür ist sie eigentlich da, welchem Zweck, welchem Ziel folgt sie, diese Soziale Arbeit? Auch diese Vielfalt (Diversität) bildet sich in den Schlüsselbegriffen ab.

Diese Vielfalt mag irritieren (und aus meiner sowohl praktischen Erfahrung in der Sozialen Arbeit als auch meiner Praxis als Hochschullehrer weiß ich, dass sie *sehr* irritieren kann). Soziale Arbeit kommt nicht als geschlossenes System daher, das sich durch Eindeutigkeit, klare Regeln und sichere Begriffsbilder auszeichnet. Angesichts der gesellschaftlichen Verhältnisse, in denen sie es mit Schwierigkeiten konkreter Menschen zu tun hat, *mit* diesen Verhältnissen und ihrem Leben *in* diesen Verhältnissen „klar" zu kommen, kann Soziale Arbeit auch gar nicht eindeutig sein. Sie muss sich mit den gesellschaftlichen Verhältnissen weiterentwickeln, weil sich diese gesellschaftlichen Verhältnisse ständig verändern. Dazu nur ein Beispiel: Armut und die Fürsorge für arme Menschen waren z. B. für die Herausbildung früher Wurzeln der Sozialarbeit (schon im Mittelalter) ein wichtiges gesellschaftliches Problem, und Armut ist auch heute noch ein zentraler Grund, Soziale Arbeit zu leisten – doch die „Gesichter der Armut" haben sich vielfältig verändert, sie entwickeln sich ständig weiter und die Soziale Arbeit muss darauf immer neue Antworten finden und Wege entwickeln, mit moderner Armut umzugehen. Wenn z. B. das Deutsche Kinderhilfswerk (DKHW) darauf verweist, wie wichtig es ist, Kinder aus Familien mit einem niedrigen Bildungsabschluss besser zu unterstützen (vgl. DKHW 2019) und der Deutsche Paritätische Wohlfahrtsverband (DPWV) – wie auch das DKHW – die Einführung einer bedarfsgerechten Kindergrundsicherung fordert (vgl. DPWV 2019b), dann sind das zwei Verweise auf eines dieser „Gesichter der Armut", dem sich in der von DKHW und DPWV geforderten Art und Weise zuzuwenden auch die Soziale Arbeit erst lernen musste.

Das Buch gliedert die Schlüsselbegriffe in vier Dimensionen, und zwar:

- zu den *Grundlagen* der Sozialen Arbeit mit zehn Beiträgen von „Soziale Arbeit als Wissenschaft" bis „Organisation Sozialer Arbeit",
- zu den *Subjekten,* d. h. Menschen, die mit Sozialen zu tun haben[2], mit neun Beiträgen von „Subjekt- und Ressourcenorientierung" bis „Hilfe zur Selbsthilfe",
- zum *Fall,* der Subjekte und Soziale verbindet, mit 14 Beiträgen, davon acht Beiträge von „Beziehung und Arbeitsbündnis" bis „Medien (Medienpädagogik)", *wie* Fälle bearbeitet werden, und sechs Beiträge von „Kinder- und Jugendhilfe" bis „Migration", *wo* dies geschieht, sowie
- zu den *Sozialen,* die mit Subjekten arbeiten, mit sieben Beiträgen von „Ausbildung und Beruf" bis „Macht und Haltung".

2 Durch den Begriff „Subjekt", der hier immer wieder in den Schlüsselbegriffen auftaucht – und durch eine ausdrückliche Subjektorientierung (▸ **Subjekt- und Ressourcenorientierung**) charakteristisch für die Soziale Arbeit ist –, wird ein Verhältnis ausgedrückt: Menschen werden durch ihren ▸ **Fall** in der beruflichen Beziehung, die Fachkräfte der Sozialen Arbeit („Soziale") zu ihnen eingehen, zu einem Subjekt. Dieser sperrige und auch nicht besonders schöne Begriff macht deutlich, dass sie durch ihren Fall nichts und niemandem ausgeliefert sind (also sie werden *kein Objekt* irgendwelcher Handlungen), sondern sie bleiben ein Individuum mit eigenen Rechten, das – abgesehen vom Fall des legitimen, durch Gesetze (▸ **Recht**) geforderten und gedeckten Zwangs (doppeltes ▸ **Mandat**) – niemandem unterworfen ist (▸ **Macht und Haltung**, ▸ **Menschenrechtsprofession**). Und natürlich: Kein/e Soziale/r wird in der sozialarbeiterischen ▸ **Fallarbeit** von „Subjekten" sprechen, sondern stets von „Herrn Müller" oder „Frau Maier"!

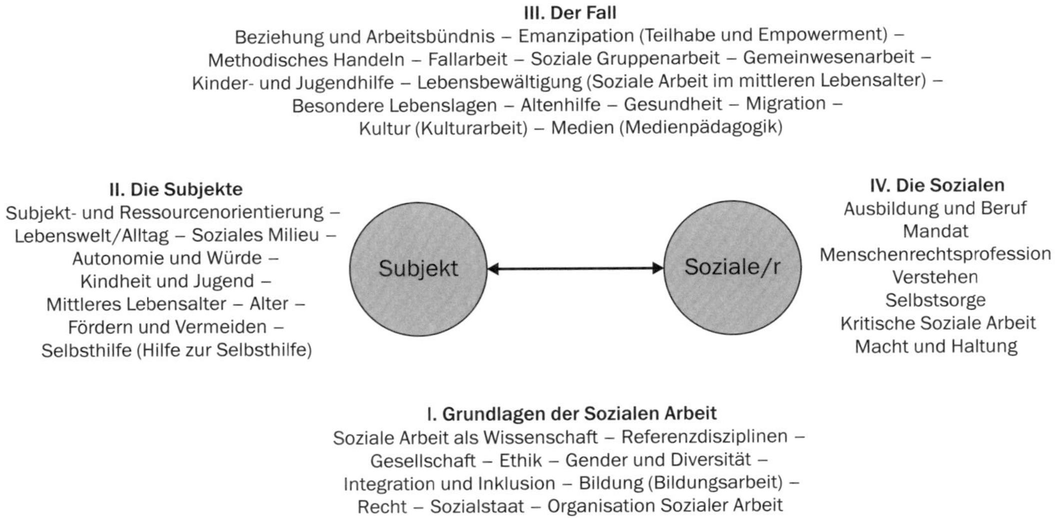
III. Der Fall
Beziehung und Arbeitsbündnis – Emanzipation (Teilhabe und Empowerment) –
Methodisches Handeln – Fallarbeit – Soziale Gruppenarbeit – Gemeinwesenarbeit –
Kinder- und Jugendhilfe – Lebensbewältigung (Soziale Arbeit im mittleren Lebensalter) –
Besondere Lebenslagen – Altenhilfe – Gesundheit – Migration –
Kultur (Kulturarbeit) – Medien (Medienpädagogik)
II. Die Subjekte
Subjekt- und Ressourcenorientierung –
Lebenswelt/Alltag – Soziales Milieu –
Autonomie und Würde –
Kindheit und Jugend –
Mittleres Lebensalter – Alter –
Fördern und Vermeiden –
Selbsthilfe (Hilfe zur Selbsthilfe)
Subjekt
Soziale/r
IV. Die Sozialen
Ausbildung und Beruf
Mandat
Menschenrechtsprofession
Verstehen
Selbstsorge
Kritische Soziale Arbeit
Macht und Haltung
I. Grundlagen der Sozialen Arbeit
Soziale Arbeit als Wissenschaft – Referenzdisziplinen –
Gesellschaft – Ethik – Gender und Diversität –
Integration und Inklusion – Bildung (Bildungsarbeit) –
Recht – Sozialstaat – Organisation Sozialer Arbeit

Im Fallbeispiel von *Jana Dosdall* wird diese Systematisierung in den vier Dimensionen deutlich: Auf den Grundlagen (z. B. ein Recht, das die Ansprüche Josies auf Unterstützung begründet, ein Sozialstaat, der dafür Instrumente der Jugendhilfe vorsieht, eine genderspezifische Sichtweise und eine Diversität anerkennende Herangehensweise) wird Josie als Subjekt (z. B. mit eigenen Alltagserfahrung, einer spezifischen Lebenswelt, in der sie lebt) geprägt durch die biografische Phase von Kindheit und Jugend, als Person, die zu fördern ist. Josie hat ein „Thema", bringt also einen Fall ein (den es u. a. methodisch abgestützt zu bearbeitet gilt, wobei die Fallarbeit auf der Grundlage einer durch ein Emanzipationsverständnis geprägten Arbeitsbeziehung im Rahmen von Kinder- und Jugendhilfe erfolgt), der durch eine (ausgebildete) Soziale bearbeitet wird (der z. B. verstanden werden muss, für den es ein Mandat gibt, wobei die Bearbeitung in Überlegungen zu einer Menschenrechtsprofession eingebettet sein können).

Die Literaturnachweise der einzelnen Beiträge sind im abschließenden Literaturverzeichnis zusammengefasst.

Die hier vorgelegte Liste der Schlüsselbegriffe kann natürlich erweitert werden. Es fehlen z. B. die Begriffe zu den Themen „Netzwerk/-arbeit", „Theorien der Sozialen Arbeit", „Forschung" oder „Internationale Soziale Arbeit", ebenso zum „Gelingen" oder „Misslingen" Sozialer Arbeit (bzw. zu ihren „Wirkungen") sowie zur Entwicklung der Sozialen Arbeit. Konzepte, die in jüngerer Zeit eine gewisse Bedeutung erlangt haben (z. B. Evidenzbasierung, Intersektionalität), sind noch nicht berücksichtigt, z. T. aber in anderen Schlüsselbegriffen (z. B. ▸ **Sozialarbeitswissenschaft** oder ▸ **Gender und Diversität**) mitbehandelt worden – ohnehin galt es, eine Orientierung ermöglichende Auswahl zur treffen. Deshalb werden ergänzend abschließend vier *Einführungen in* die Soziale Arbeit (Brake/Deller 2014, Löcherbach/Puhl 2016, Mennemann/Dummann 2018 und Wendt 2018), zwei umfangreiche *Handbücher über* zentrale Themen der Sozialen Arbeit (Otto/Thiersch 2015 und Thole 2012) und zwei *Wörterbücher zur* Sozialen Arbeit (Kreft/Mielenz 2017 und DV 2017) empfohlen, die wie Ratgeber auf dem Weg in ein tiefes Verständnis betrachtet werden können, was Soziale Arbeit ist.

Mancher Schlüsselbegriff ist in anderen enthalten: So spielen z. B. die Themen „Gerechtigkeit" und „Gleichheit" in vielen Beiträgen implizit eine Rolle, und es gibt die eine oder andere Überschneidung (z. B. die Schlüsselbegriffe Lebensbewältigung, Mittleres Lebensalter und Besondere Lebenslagen). Ein Band, der sich auf 40 orientierende Schlüsselbegriffe beschränken will (um nicht auszuufern und unübersichtlich zu werden), muss unvollständig sein: Manches kann und muss ergänzt und durch die Leser*innen selbst recherchiert werden.

Deshalb wird es vielleicht auch Kritiker*innen geben, die mit der Auswahl der Begriffe *so* nicht einverstanden sein werden; einigen wird die Darstellungsweise nicht zusagen. Das alles ist gut so. Wie kaum eine andere Wissenschaft ist

Soziale Arbeit ein „offenes Buch“, an dem viele und höchst unterschiedlich mitschreiben. Vielleicht ist dieser neue Typ eines Buches, das der Orientierung dient, für sie eine Anregung, zu versuchen, es noch besser zu machen.

Das alles ist Soziale Arbeit – eine bunte Vielfalt, die sich ständig weiterentwickelt, ausdifferenziert und auch ein wenig unübersichtlich wird, eine bunte Vielfalt, die so ganz dem Leben entspricht, mit dem sie es zu tun hat. Lassen Sie sich auf diese farbige Mischung ein!

Wie lassen sich die Schlüsselbegriffe lesen? Jedem Schlüsselbegriff ist ein Beispiel vorangestellt, das helfen soll, einen Zugang zum Gegenstand (Thema) des Begriffs zu finden. Daran schließt sich eine fachliche Erörterung des Themas an, dem anschließend zwei bis drei Leseempfehlungen folgen. Bei diesen Empfehlungen handelt es sich um Darstellungen einzelner Autor*innen, Sammlungen verschiedener Beiträge oder einzelner Beiträge aus einer Sammlung sowie Beiträge aus Fachzeitschriften – jeweils mit sehr unterschiedlicher Länge. Der Verweis auf umfangreiche Darstellungen ist dabei nicht zwingend als Aufforderung zu verstehen, das ganze Werk durchzuarbeiten, sondern vielmehr als Einladung, selbst einmal orientierend zu schauen, wie dort argumentiert und ein Thema aufgearbeitet wird (Jana Dosdall empfiehlt zu ihrer Fallschilderung übrigens folgenden Band: von Schlippe, A., und Schweitzer, J.: Lehrbuch der systemischen Therapie und Beratung, Göttingen 2007).

Fangen Sie mit einem beliebigen Schlüsselbegriff an (weil er Sie interessiert, interessant klingt oder Sie schon etwas dazu wissen!) und folgen Sie, wenn Sie mögen, anschließend den dort gegebenen Verweisen (▸), die aber nur Empfehlungen darstellen. Allmählich werden Sie so ein Bild erhalten, was Soziale Arbeit in Schlüsselbegriffen auszeichnet.

Leseempfehlungen

Einführungen

- Brake, R., und Deller, U.: Soziale Arbeit – Grundlagen für Theorie und Praxis, Stuttgart 2014
- Löcherbach, P., und Puhl, R.: Einladung zur Sozialen Arbeit. Studium, Beruf und Alltag einer jungen Disziplin, Baden-Baden 2016
- Mennemann, H., und Dummann, J.: Einführung in die Soziale Arbeit, 2. Aufl. Baden-Baden 2018
- Wendt, P.-U.: Lehrbuch Soziale Arbeit, Weinheim und Basel 2018

Handbücher

- Otto, H.-U., und Thiersch, H. (Hg.): Handbuch Soziale Arbeit. Grundlagen der Sozialarbeit und Sozialpädagogik, 5. Aufl. München 2015

- Thole, W. (Hg.): Grundriss Soziale Arbeit. Ein einführendes Handbuch, 4. Aufl. Wiesbaden 2012

Wörterbücher

- Kreft, D., und Mielenz, I. (Hg.): Wörterbuch Soziale Arbeit. Aufgaben, Praxisfelder, Begriffe und Methoden der Sozialarbeit und Sozialpädagogik, 8. Aufl. Weinheim und Basel 2017
- DV/Deutscher Verein für öffentliche und private Fürsorge e. V. (Hg.): Fachlexikon der Sozialen Arbeit, 8. Aufl. Baden-Baden 2017

Abschließend sage ich Elke Petersen-Wendt für ihre kritischen Hinweise zu meinen eigenen Beiträgen und der Entwicklung des Bandes insgesamt, Konrad Bronberger für sein sehr aufmerksames Lektorat und Steffen Schröter für die gelungene Gestaltung des Layouts herzlichen Dank!

Peter-Ulrich Wendt, Northeim und Magdeburg im März 2020

Teil I
Grundlagen der Sozialen Arbeit

Soziale Arbeit als Wissenschaft

Auf der Tagung der Deutschen Gesellschaft für Soziale Arbeit treffen sich SozialarbeiterInnen, um über (Forschungs-)Ergebnisse, aber auch um über ihre Berufserfahrungen zu diskutieren. In der Mittagspause sitzen Herr Zahlenkunst, Frau Lebenswelt und Herr Rebellisch beim Mittagessen zusammen und sprechen über das Thema Flucht und Soziale Arbeit. Herr Zahlenkunst berichtet, dass er bei seiner Tätigkeit als Betreuer für unbegleitete minderjährige Asylbewerber (UMA) stets orientiert an den Leitlinien arbeitet, die auf Basis von evidenzbasierten Praxisstudien erarbeitet worden sind. Dabei macht er darauf aufmerksam, dass er regelmäßig mit den UMA Trainings zur Alltagsbewältigung typischer Handlungssituationen in der für die UMA neuen Lebenswelt einübt. Frau Lebenswelt wirft ein, dass sie auch mit UMA arbeitet und immer orientiert an der Lebenswelt der Jugendlichen Hilfepläne entwickelt und umsetzt. Herr Rebellisch findet die Diskussion über die angemessene professionelle Praxis überflüssig. Seiner Meinung nach stellt jede Form von Soziale Arbeit eine Form der sozialen Kontrolle, die durch den Staat initiiert ist, dar. Er persönlich weigert sich, in seiner Arbeit irgendeine Form von sozialer Kontrolle auf seine Klienten auszuüben und setzt darauf, dass die UMA sich ihr neues Lebensumfeld selbständig aneignen werden.

Sozialarbeitswissenschaft (Soziale Arbeit als Wissenschaft)

Die Soziale Arbeit versteht sich als ein Oberbegriff für eine Wissenschaft, die in den Mittelpunkt ihrer Betrachtung die Bearbeitung und Bewältigung sozialer Probleme stellt. Die Soziale Arbeit als Wissenschaft etablierte eine Vielzahl von unterschiedlichen methodischen Herangehensweisen und Perspektiven (die klinische Sozialarbeit, die kritische Soziale Arbeit, die konstruktivistische Soziale Arbeit, die systemische Soziale Arbeit, die Soziale Arbeit als ▸ **Menschenrechtsprofession**, die Politik der Sozialen Arbeit [▸ **Kritische Soziale Arbeit – Politik der Sozialen Arbeit**] etc.) auf verschiedene Handlungsfelder (▸ **Altenhilfe**, Arbeitslosigkeit [▸ **Lebensbewältigung – Soziale Arbeit im mittleren Lebensalter**], Flucht und ▸ **Migration**, ▸ **Gesundheit**, ▸ **Kinder- und Jugendhilfe** etc.) mit ihren unterschiedlichen Akteuren (Jugendliche, Arbeitslose, Geflüchtete, Patienten, PolitikerInnen, SozialarbeiterInnen etc.), wie auch das Fallbeispiel zeigt.

Die Sozialarbeitswissenschaft stellt eine Perspektive in der Sozialen Arbeit dar, die sich zum Ziel gesetzt hat, die Soziale Arbeit als Wissenschaft zu betreiben (vgl. Feth 1996). Wissenschaft wird dabei als eine institutionalisierte, systematische, transparente, intersubjektiv überprüfbare Herangehensweise der Erkenntnisgewinnung verstanden. Mühlum (2004), als ein Vertreter der Sozialarbeitswissenschaft, verweist darauf, dass die Sozialarbeitswissenschaft eine lange Tradition in der Sozialen Arbeit hat. Die wissenschaftliche Beobachtung und Bearbeitung von sozialen Problemen lässt sich seines Erachtens schon

Ende des 19. und Anfang des 20. Jahrhundert bei Mary Richmond mit Case Work, bei Ilse Arlt mit der Fürsorgewissenschaft oder bei Alice Salomon mit der Sozialen Diagnose beobachten.

Scherr (2012b) macht darauf aufmerksam, dass die Sozialpädagogik für die Soziale Arbeit eigentlich die wissenschaftlichen Grundlagen und Auseinandersetzungen im universitären Bereich führte. Die dominante Rolle der Sozialpädagogik in der Sozialen Arbeit wird jedoch durch die Etablierung der Sozialarbeitswissenschaft seit den 1990er Jahren in Frage gestellt. Engelke (1992) und Mühlum (2004) verweisen darauf, dass die sozialpädagogische Perspektive in der Sozialen Arbeit eine bildungsbezogene Sicht darstellt, die das sozialarbeiterische Feld nicht umfassend abbildet. Daher sprechen sich die beiden für die Etablierung der Sozialarbeitswissenschaft aus, um eine umfassende sozialarbeiterische Perspektive auf ihren Gegenstand zu entwickeln, die unter anderem durch die Berücksichtigung von rechtlichen, politischen, sozialen, pädagogischen, psychologischen, ökonomischen Perspektiven gekennzeichnet sein kann. Die pädagogische Perspektive ist folglich daher nur eine von vielen Perspektiven, die in der Sozialen Arbeit bei der Bewältigung von sozialen Problemen zu berücksichtigen ist. Daher kann nur die Soziale Arbeit und nicht die Sozialpädagogik die wissenschaftlichen Grundlagen legen.

Die Sozialarbeitswissenschaft versteht sich als Handlungswissenschaft (vgl. Göppner 2017, Staub-Bernasconi 2009), die darauf abzielt, aus einer wissenschaftlichen Perspektive die Handlungen und ihre Folgen im sozialarbeiterischen Feld zu untersuchen, um Empfehlungen für die Praxis zu formulieren. Dabei stehen die Handlungen aller Akteure im Mittelpunkt der Betrachtung, die in Bezug zur Sozialen Arbeit stehen. Dazu gehören unter anderem sowohl die Professionellen als auch die Adressaten der Sozialen Arbeit. Die Sozialarbeitswissenschaft konstituiert sich nicht nur durch den Bezug zu ihrem spezifischen Material („die sozialen Probleme") ihren Untersuchungsgegenstand, sondern durch die Formulierung eines Formalobjekts, welches sich durch eine spezifische Fragestellung und durch ein spezifisches Erkenntnisinteresse zum Material konstituiert (vgl. Göppner 2017).

Die Sozialarbeitswissenschaft berücksichtigt dabei Erkenntnisse aus den ▸ **Referenzwissenschaften**, wie zum Beispiel der Pädagogik, der Politikwissenschaft, der Psychologie, der Soziologie, der Wirtschaftswissenschaften etc. Wendt (2006) macht deutlich, dass die Erkenntnisse aus den Referenzwissenschaften in ein sozialarbeiterisches Feld übertragen und in diesem kontextualisiert werden müssen, damit diese für die Soziale Arbeit nutzbar gemacht werden können. Auf diese Weise konstituiert die Sozialarbeitswissenschaft ihr Verhältnis zu den anderen Wissenschaften und weist der Sozialpädagogik eine nur informationsliefernde Funktion zu.

Staub-Bernasconi (2009) unterscheidet zwischen verschiedenen handlungsleitenden Fragen in der Sozialarbeitswissenschaft und konstituiert auf diese

Weise das spezifische Erkenntnisinteresse – also das Formalobjekt – zum Material („soziale Probleme"). Sie schlägt vor, folgende Fragen aufzuwerfen:

- Wie werden die sozialen Probleme von den Akteuren und Betroffenen beschrieben bzw. auch nicht beschrieben, die zum Gegenstand der Sozialen Arbeit werden können?
- Wie lässt sich der Gegenstand der Sozialen Arbeit mit Bezug auf den Referenzwissenschaften beschreiben, erklären und verändern?
- Welche Ziele sind unter Berücksichtigung welcher handlungsleitender Werte zur Bewältigung der sozialen Probleme zu setzen?
- Welche Akteure kommen bzw. welche Ressourcen sind für die Problembewältigung notwendig?
- Welche sozialarbeiterische Praxis ist auf Basis der Erkenntnisse aus den Referenzwissenschaften, den Evaluationsstudien und aus der eigenen Fachlichkeit für die Soziale Arbeit zu entwickeln und in Handlungsleitlinien zu übersetzen?

Sie verweist darauf, dass die Referenzwissenschaften dazu dienen, die Probleme zu beschreiben und zu erklären. Sie versteht die Sozialarbeitswissenschaft als eine Handlungswissenschaft, die darauf abzielt, nicht nur Faktenwissen aus den Referenzwissenschaften zu berücksichtigen, sondern Handlungsleitlinien/-modelle auf Basis ethischer Überlegungen zu entwerfen, um wünschbare Ziele zu erreichen, die empirisch zu evaluieren sind.

Göppner (2017) hebt hervor, dass in der Sozialen Arbeit eine Vielzahl von Handlungsmodellen nebeneinander existieren, die zum Ziel haben, die Adressaten der Sozialen Arbeit bei der Bewältigung und Überwindung von sozialen Problemen zu stärken. Unter Handlungsmodellen versteht er die Umsetzung von Handlungsempfehlungen bei der sozialarbeiterischen Intervention in Kontakt mit den Adressaten. Dabei betont er das Falsifikationsprinzip als ein Merkmal von Wissenschaftlichkeit. Theorien müssen seiner Ansicht nach empirisch prüfbar und falsifizierbar sein, so dass durch eine „schöpferische Zerstörung" Handlungsmodelle verworfen und neue entwickelt werden können. Er stellt klar, dass die Handlungsmodelle in der Sozialen Arbeit zum Teil nur symbolische theoretische Grundlagen aufweisen und kaum explizierte Handlungsbeschreibungen enthalten. Die Handlungsmodelle sind seiner Ansicht nach zwingend einer empirischen Überprüfung durch die Sozialarbeitswissenschaft zu unterstellen, damit dadurch die Gelingensbedingungen für Interventionen empirisch prüfbar herausgearbeitet werden können.

Die Etablierung der Sozialarbeitswissenschaft als theoretische Perspektive schafft für die Soziale Arbeit die Möglichkeit, ihre eigene Perspektivität auf Möglichkeiten und Grenzen der Erkenntnisgewinnung zu entwickeln und damit eine eigene wissenschaftliche Identität auszubilden, die nötig ist für die Professionalisierung, die sich niederschlägt in der Konzipierung und Entwicklung von bewährten Handlungsmodellen.

Der Prozess der Professionalisierung im Wissenschaftssystem und im Praxisfeld kann durch die Etablierung des Promotionsrechts an (Fach-)Hochschulen weiter gefördert werden. Bisher haben jedoch nur die Universitäten das Promotionsrecht. Studierende der Sozialen Arbeit, die mehrheitlich an (Fach-) Hochschulen ihren Abschluss machen, können nur durch ein kooperatives Promotionsverfahren, bei dem die Hochschulen und Universitäten die Betreuung eines/r Promovierenden übernehmen, den Doktortitel erwerben. In Hessen können ausgewählte Fachbereiche der Hochschulen, die sich durch Forschungsstärke auszeichnen, die Möglichkeit erhalten, das Promotionsrecht auszuüben.

Die Soziale Arbeit hat bisher ihren wissenschaftlichen Nachwuchs an (Fach-) Hochschulen folglich aus den Referenzwissenschaften rekrutiert. Mühlum (2004) verweist darauf, dass die Selbstrekrutierungsrate in der Sozialen Arbeit in Deutschland bei 5 % liegt, während diese im Ausland bei 80 bis 100 % liegt. Die hoffentlich zu erwartende Ausweitung des Promotionsrechts auf (Fach-) Hochschulen dürfte dazu beitragen, dass die Soziale Arbeit ihren wissenschaftlichen Nachwuchs in Zukunft selbst rekrutiert. Hessen hat dabei schon eine Vorreiterrolle eingenommen, doch es wäre wichtig, dass alle Bundesländer das Promotionsrecht den (Fach-)Hochschulen verleihen, damit die Soziale Arbeit in allen Bundesländern davon profitieren kann. Am Ende werden dadurch auch die Adressaten der Sozialen Arbeit durch die Entwicklung von geprüften, bewährten Handlungsleitlinien profitieren.

Leseempfehlungen

- Göppner, H.-J.: Damit „Hilfe“ Hilfe sein kann. Sozialarbeitswissenschaft als Handlungswissenschaft, Wiesbaden 2017
- Staub-Bernasconi, S. (2009): Soziale Arbeit als Handlungswissenschaft; in: Birgmeier, B., und Mührel, E. (Hg.): Sozialarbeitswissenschaft und ihre Theorie(n). Positionen, Kontroversen, Perspektiven, Wiesbaden 2009, S. 131–146

Rahim Hajji

Referenzwissenschaften

Soziale Arbeit – das kann doch jeder! Dafür braucht es sicher kein Studium. Und überhaupt: Eine Ausbildung ist eigentlich auch nicht wirklich nötig, immerhin gibt es doch Ehrenamtliche und Ungelernte. Diese kosten weniger und sind flexibler, und Kaffee trinken, quatschen und nett sein – das kriegen die auch hin. Apropos Studium: So eine richtige Disziplin ist das ja auch nicht. Wohl eher eine Berufsausbildung in der (Fach-)Hochschule. Echte Forschung wird da doch bestenfalls betrieben, wenn auf seriöse Theorien und Methoden (und frei von normativen Fragestellungen) richtiger Disziplinen zurückgegriffen wird. Usw.

Soziale Arbeit – ist das (eine) Kunst oder kann das weg?!

Zugegeben: Diese Darstellung, beruhend auf eigenen Erfahrungen, ist zugespitzt. Sie ist aber auch Realität und kann als *typisch* angesehen werden: Sie findet sich in den Einstellungen der Zivilgesellschaft, in der politischen Entscheidungspraxis und in Vorurteilen Angehöriger anderer Disziplinen – und sie wirkt auf die Arbeitsbedingungen und damit die Wirkpotenziale Sozialer Arbeit ein. Von der professionellen Ausübung einer Kunst bzw. Wissenschaft kann dann keine Rede mehr sein. Von zentraler Bedeutung in diesem Kontext ist u. a. der Begriff der *Referenzwissenschaften.* So macht der Beitrag sich zum Ziel, die Relevanz des Begriffs für die Soziale Arbeit zu betonen und ihn für weiterführende Beschäftigung zugänglich zu machen.

Begrifflicher Zugang

In der Praxis ist es die Regel, dass in Teams gearbeitet wird, deren Akteure unterschiedlich (akademisch) (aus)gebildet sind; und selbst wenn Sozialarbeitende ‚unter sich' wären, würden sie notwendig auf Wissensbestände und Methoden zurückgreifen, die *Referenzen* zu anderen Disziplinen aufweisen, da die Ansprüche und Ziele Sozialer Arbeit[1] zu komplex und vielschichtig sind, als dass nur eine Perspektive auf diese hinreichend zur professionellen Bearbeitung wäre (vgl. Schmitt/Witte 2018, S. 9). *Ohne multiple disziplinäre Bezüge ist Soziale Arbeit also nicht zu denken.* Um dieser Situation gerecht zu werden, bietet sich eine begriffliche Differenzierung an:

---

1 Welche dies konkret sind, sei an dieser Stelle ausgeklammert; wichtig ist in diesem Zusammenhang aber, *dass* es substantielle Differenzen zwischen der Sozialen Arbeit und ihren Referenzwissenschaften gibt, die sich auf ebendiese Ziele, aber auch ihren Status als Profession resp. Disziplin, ihren Gegenstand in Praxis und Forschung und die jeweiligen Methoden zur Bearbeitung dieses Gegenstandes beziehen.

- *Multidisziplinarität* meint ein reines Nebeneinander der Wissenschaften, die Grenzen bleiben stabil und Ergebnisse werden zur Kenntnis genommen, ohne dass dabei eine systematische Integration erfolgt; es findet keine Kooperation z. B. in Forschungsprojekten statt.
- *Interdisziplinarität* hingegen beschreibt eine Form der Zusammenarbeit, indem Verbindungen zwischen Disziplinen hergestellt und Ergebnisse miteinander verbunden werden; so kann etwa ein Forschungsgegenstand mit Theorien und Methoden verschiedener Disziplinen erforscht werden.
- *Transdisziplinarität* schließlich hebt dagegen Grenzen gänzlich auf, so dass ein neuer Bezugsrahmen entsteht (vgl. ebd., S. 24 f.)[2].

Hierzu (und für den Umgang mit Begriffen generell) gilt, dass mit diesen Begriffen nicht der Anspruch auf Wahrheit verbunden ist, sondern dass sie es ermöglichen sollen, die konkrete Praxis für Reflexion und Diskurs zu erschließen. Außerdem bildet diese Kategorisierung einen wichtigen Bezugspunkt in der disziplinären Diskussion, weshalb diese für eine weiterführende Beschäftigung bekannt sein sollte. Die folgend ausgewählten Referenzwissenschaften können so mit der Sozialen Arbeit in Beziehung gesetzt und diese analysiert werden.

Ausgewählte Referenzwissenschaften

Die Frage nach der Relevanz einzelner Referenzwissenschaften für die Praxis Sozialer Arbeit lässt sich nur vor dem Hintergrund der jeweiligen Forschungs- bzw. Handlungszusammenhänge beantworten. Nichtsdestotrotz kann davon ausgegangen werden, dass es Referenzwissenschaften gibt, die für die Soziale Arbeit von genereller Bedeutung sind, weil sie Analyse- und/oder Interventionswissen bereitstellen und/oder weil Angehörige dieser Disziplinen häufig wichtige Personen in der praktischen Sozialen Arbeit darstellen (z. B. im Kollegium, in Schulen, Gerichten, Behörden usw.). Als von allgemeiner Relevanz für einen Großteil der Sozialen Arbeit können folgende Referenzwissenschaften angesehen werden:

- Die *Psychologie* stellt Wissen zu den Regelmäßigkeiten vom inneren *Erleben* (Wahrnehmen Denken, Fühlen) sowie des *Verhaltens* bereit. Als allgemein relevant können mindestens die Wissensbestände zur *subjektzentrierten Gesprächsführung* und *Beratung* genannt werden.
- Die *Soziologie* hingegen betont das ‚soziale' Subjekt und sieht dieses in seiner ► **Lebenswelt** und größeren *sozialen Strukturen* und *Institutionen.* Da-

2 Äquivalent hierzu verhält sich das Begriffsset für die Profession Sozialer Arbeit. In diesem Zusammenhang wird von Multi-, Inter- und Transprofessionalität gesprochen und auf die Bearbeitung praktischer Anliegen und Notlagen bezogen (vgl. ebd., S. 22 f.).

bei spielen der *Sinn,* den Menschen ihren Handlungen geben, und die *Funktionen,* die sie dabei für die Gemeinschaft bzw. ▸ **Gesellschaft** erfüllen, eine zentrale Rolle. Zur Tradition der Soziologie gehört es außerdem, *kritische Zeitdiagnosen* vorzulegen, die helfen können, konkrete (Fall-)Konstellationen in größere zeitliche und soziale Entwicklungen einzuordnen. Auch wesentliche Theorien und Methoden wie die *Lebensweltorientierung* und die *Sozialraumarbeit* sind stark soziologisch geprägt.

- Der *Pädagogik* geht es primär um die *Lern-* bzw. *Bildungspotenziale* von Menschen und die Möglichkeiten und Grenzen der unterstützenden professionellen Einflussnahme auf derartige Prozesse, also um *Erziehung* (▸ **Bildung – Bildungsarbeit**). Überall dort, wo im Arbeitsbündnis („pädagogischer Bezug") gearbeitet wird (▸ **Beziehung und Arbeitsbündnis**), spielen diese Fragen eine Rolle.
- In der *Rechtswissenschaft* geht es um die (politisch) vereinbarten Regeln menschlichen Zusammenlebens; und aus dem Blickwinkel Sozialer Arbeit um die Möglichkeiten, rechtliche Ansprüche zu realisieren bzw. zu verändern (▸ **Recht**).
- Eine derartige Veränderung kann im Rahmen politischer *Prozesse* und *Strukturen* gelingen, worauf die *Politikwissenschaft* u.a. abzielt. Inwieweit Soziale Arbeit politisch ist und wie dieses Politische auszubuchstabieren sei, wird kontrovers diskutiert. In jüngerer Zeit zeichnet sich aber eine *Professionalisierung des Politischen* in der Sozialen Arbeit ab, die darauf zielt, unter Rückgriff auf politikwissenschaftliche Wissensbestände ein methodisch reflektiertes politisches Handeln Sozialer Arbeit zu ermöglichen. Hier geht es für die Soziale Arbeit also darum, politische Rahmungen und Entwicklungen verstehen und gezielt beeinflussen zu können.
- Die *Philosophie* folgte lange dem Anspruch, mittels systematischen Denkens zu Wahrheit zu gelangen, wobei *Moral* und *Ethik* oft eine wichtige Bedeutung einnahmen. Wenngleich der Anspruch, allgemeingültige Wahrheiten zu finden, heute zu Recht als verworfen angesehen werden kann, hilft die Philosophie nach wie vor dabei, Fragen von *Gerechtigkeit* und *Solidarität* zu reflektieren, was für die Soziale Arbeit unmittelbar von Relevanz ist.

Bisher war die Rede von begrifflichen Instrumenten sowie ausgewählten Referenzwissenschaften. Dies sollte einen analytischen Blick auf den Begriff ermöglichen und den Anschluss an die akademische Diskussion vereinfachen. Abschließend und vor dem Hintergrund der eingangs dargestellten Erfahrungen stellt sich die Frage nach der Bedeutung, die der Begriff für die Soziale Arbeit im Allgemeinen hat: Diese ist fundamental und zwingt daher zur professionell begründeten – d.h. hier theoretischen und fachpolitischen – Auseinandersetzung, was im Folgenden dargelegt werden soll.

Zur Relevanz des Begriffs für die Soziale Arbeit

Der Begriff der Referenzwissenschaften ist relational: Es geht immer um die Frage, wie Soziale Arbeit in welche Art von Beziehung zu anderen Disziplinen tritt. Dabei

> „ist in Rechnung zu stellen und zum Gegenstand der Reflexion und Kritik zu machen, dass Soziale Arbeit seit jeher Teil von Gesellschaft war und ist, dass sie eingebettet ist in gesellschaftliche, bürokratische und politische Diskurse und somit nicht nur traktiert wurde und wird mit dominierenden Vorstellungen von Normalität, Ordnung und sozialen Problemen, sondern dass sie selbst – stets in vorauseilendem Gehorsam – an der (Re-)Produktion dieser mittel- und unmittelbar beteiligt war und ist“ (Bettinger 2012, S. 15).

Daraus folgt, dass die Beziehungen zwischen den jeweiligen Disziplinen eingelassen und bestimmt sind in und durch sich ständig vollziehende Machtkämpfe um Ressourcen, Deutungshoheit und damit Einflussmöglichkeiten; anders formuliert: *Ob und inwieweit Soziale Arbeit ihren Ansprüchen und Zielen gerecht werden kann, hängt maßgeblich auch davon ab, ob sie in der Lage ist, Beziehungen zu anderen Disziplinen nicht nur einzugehen, sondern diese in ihrem Sinne zu gestalten.*

„Ohne ein grundlegendes, sozialarbeiterisches Selbstverständnis“ (Schumacher 2011a, S. 3) wird dies nicht zu realisieren sein. Konkret meint dies, dass Sozialarbeitende in der Lage sein müssen, zu begründen, auf welche Theorien und/oder empirische Befunde sie zur Deutung zurückgreifen und welche Methoden sie vor diesem Hintergrund zur Anwendung bringen (vgl. Bettinger 2011, S. 41). Wird dies nicht geleistet, droht die Soziale Arbeit die Deutungshoheit über ihren Zuständigkeitsbereich zu verlieren, womit Fremdbestimmung und subjektive Alltagstheorien leitend werden würden: *Soziale Arbeit wäre damit okkupiert, sinnentstellt und ihrer Professionalität beraubt.* „Gefordert und realisierbar ist eine kritische Soziale Arbeit, die bemüht und in der Lage ist, die Funktions- und Aufgabenzuschreibungen durch Staat, Recht, Politik und Kapital zu reflektieren und sich von diesen ebenso zu emanzipieren, wie von der Deutungshoheit der ‚Bezugswissenschaften‘“ (Bettinger 2012, S. 17), sich also ein eigenständiges und klar definiertes Profil zu geben.

Dazu muss ergänzt werden, dass sich dies im Kontext der Sozialen Arbeit als besondere Herausforderung darstellt, da sie bis dato (noch) nicht in der Lage war, sich ein konsensfähiges Profil und Programm zu geben: Es ist nicht hinlänglich geklärt, ob Soziale Arbeit eine Profession und Disziplin ist, die Theorielandschaft ist stark differenziert, das Disziplin-Praxis-Verhältnis ist ebenfalls umstritten, und dies alles wird begleitet von einer Differenzierung in sehr unterschiedliche Handlungsfelder (vgl. Schumacher 2011b, S. 257 ff.). Diese ‚inneren‘ Herausforderungen treffen schließlich auf äußere Faktoren, die sich dadurch ergeben, dass politische und gesellschaftliche Akteure sowie andere Disziplinen kein Interesse daran haben, ihre Machtpotenziale einzubüßen. Abgesehen davon, dass Sozialarbeitende sensibel für die hohe Relevanz des Verhältnisses zu den Referenzwissenschaften sind und dieses auf ihre konkreten Handlungszusammenhänge beziehen, erscheint es daher dringend geboten, ihr professionelles Selbstverständnis weiter zu akzentuieren.

Fazit

Die eingangs skizzierten Erfahrungen von Degradierung und Infragestellung sind mehr als persönliches Unglück und Befindlichkeit. Es sind für Angehörige der Profession typische Erfahrungen, die wesentlich damit verbunden sind, wie sich die Soziale Arbeit im Machtkampf und der (Zusammen-)Arbeit zwischen und mit anderen Disziplinen positioniert und darstellt. Es geht dabei um nicht weniger als die Frage, was Soziale Arbeit ist und was sie leisten kann und soll. Der Begriff der Referenzwissenschaften stellt ein wichtiges Element in dieser Diskussion dar. Ob Soziale Arbeit eine Profession und Disziplin – eine Kunst – ist oder nicht, wird nicht in Theorien belegt, sondern im alltäglichen sozialarbeiterischen Handeln. Damit sind alle (werdenden) Sozialarbeitenden in Studium und Praxis sowie der Forschung und Lehre aufgerufen, sich mit dem Begriff der Referenzwissenschaften zu befassen und zu positionieren – in der Hoffnung, dass die gemachten Erfahrungen in Zukunft die Ausnahme und nicht die Regel sein werden.

Leseempfehlungen

- Schmitt, C., und Witte, M. D.: Zur Bedeutung von Bezugswissenschaften für die Soziale Arbeit. Eine Einführung; in: dies. (Hg.): Bezugswissenschaften der Sozialen Arbeit, Baltmannsweiler 2018, S. 7–27
- Schumacher, T.: (Hg.): Die Soziale Arbeit und ihre Bezugswissenschaften, Stuttgart 2011
- Seithe, M.: Problematisches Professionsverständnis in der Sozialen Arbeit; in: FORUM sozial 1/2019, S. 30–39

Michael Bertram

Gesellschaft

In der Presse ist regelmäßig davon zu lesen, dass bestimmte Gruppierungen „eine andere Gesellschaft wollen". Die „andere" Gesellschaft wird als Bedrohung der geltenden Werte, Normen und Regeln des Zusammenlebens empfunden. Die „Volksparteien" schließen deshalb eine Zusammenarbeit mit entsprechenden Gruppierungen und Parteien aus. So charakterisierte der Generalsekretär der CDU, *Paul Ziemiak*, im Interview mit der taz am 9. November 2019 die AfD als eine Partei, die „eine andere Gesellschaft, einen anderen Staat" wolle. Der SPD-Politiker *Heinz Buschkowski* gab einem Buch über „Parallelstrukturen" islamistischer Milieus in Berlin-Neukölln den Titel „Die andere Gesellschaft" (Buschkowski 2014), und in der Frankfurter Allgemeinen Zeitung vom 15. Oktober 2019 konnte man über die „Extinction Rebellion"-Bewegung lesen, dass es dieser „nicht um die Rettung des Weltklimas (gehe). Sie wollen eine radikal andere Gesellschaft". Zugleich finden an zahlreichen Stellen Überlegungen statt, die unter dem Titel „In welcher Gesellschaft wollen wir leben?" Themen wie das garantierte Grundeinkommen und ähnliches diskutieren (https://welche-gesellschaft.org), und bürgerschaftlich Engagierte geben als Motivation für ihr Engagement an, dass sie „der Gesellschaft etwas zurückgeben" wollen (Süddeutsche Zeitung vom 16. September 2019).

„Gesellschaft" ist also in aller Munde, und sie wird vor allem dann zum Thema, wenn sie die Art des gewohnten Zusammenlebens mit anderen herausfordert. Dabei geht es um Themen wie die Orientierungen an grundlegenden Werten und ihrer Umsetzung, um Maßstäbe für die Entwicklung und Sicherung des Gemeinwohls, aber auch um die Verteilung von Lebenschancen. In der öffentlichen Auseinandersetzung darüber wird über die Inhalte und die verpflichtende Geltung des „Gesellschaftsvertrags" gestritten, wobei der „Vertrag" als eine Übereinkunft zu verstehen ist, die zum Beispiel in Gesetzen niedergeschrieben, aber auch in den Regeln des alltäglichen Handelns immer wieder bestätigt oder neu definiert wird.

Wenn wir von „Gesellschaft" reden, geht es um ein komplexes Geschehen, das sich auf die Art und Weise richtet, wie wir in Beziehungen mit anderen stehen, wie diese Beziehungen geregelt sind und welche Möglichkeiten und Grenzen wir dabei vorfinden. Wir nehmen „die Gesellschaft" als eine gegebene Realität wahr, die uns zum Beispiel in Form von Verhaltensvorschriften entgegentritt. Andererseits können wir das Zusammenleben mit anderen auch als einen Prozess erleben, in dem das gesellschaftliche Miteinander fortlaufend ausgehandelt und verändert wird. Im ersten Fall betrachten wir die Gesellschaft als historisch entstandene Realität mit ökonomischen Strukturen und mit Macht- und Herrschaftsverhältnissen, die den Beteiligten als vorgegebene gesellschaftliche Verhältnisse gegenüberstehen. Diese Verhältnisse konkretisieren sich in der Zugehörigkeit zu sozialen Schichten, Institutionen und sozialen Rollen. Der französische Soziologe *Émile Durkheim* hat hierfür den Begriff der „sozialen Tatsache“ geprägt. Gesellschaft wird dabei als eine Tatsache wahrgenommen, die außerhalb des Individuums existiert (z. B. durch Verhaltensvorschriften, Schulpflicht o. ä.) und die Fähigkeit besitzt, „auf den Einzelnen einen äußeren Zwang auszuüben“ (Durkheim 1984, S. 114).

Verstehen wir die Gesellschaft dagegen als einen sich ständig wandelnden Prozess, steht der Begriff der „Vergesellschaftung“ im Vordergrund. *Georg Simmel*, ein Zeitgenosse Durkheims, hat ihn als einen Prozess beschrieben, der aufgrund der Wechselwirkung zwischen den Individuen entsteht: „Gesellschaft ist dann nur der Name für einen Umkreis von Individuen, die durch derartig sich auswirkende Wechselwirkungen aneinander gebunden sind“ (Simmel 1983, S. 38).

Bereits in Bezug auf diese beiden Klassiker der Gesellschaftstheorie wird deutlich, dass die Gesellschaft nicht auf individuelles Handeln oder die Beziehungen zwischen Individuen reduzierbar ist, wie dies die ehemalige britische Premierministerin Margarete Thatcher in ihrer berühmt gewordenen Äußerung nahelegt: „There is no such thing as society. There are individual men and women and their families.“[1] (So etwas wie Gesellschaft gibt es nicht. Es gibt individuelle Männer und Frauen und ihre Familien.) Auch nach Simmel besteht das Gesellschaftliche gerade im Resultat der wechselseitigen Beeinflussung des Handelns, nicht im individuellen Handeln selbst. Andererseits wird aber auch deutlich, dass der Satz: „Die Gesellschaft ist schuld“, die sozialen Tatsachen im Sinne Durkheims nicht angemessen wiedergibt. Diese wirken zwar als Zwänge, aber sie ermöglichen zugleich, sich im Rahmen von Regeln und Normen individuell zu verhalten.

Neben dem Begriff der Gesellschaft wird (neuerdings wieder verstärkt) der Begriff der „Gemeinschaft“ für das menschliche Zusammenleben verwendet. Am Ende des 19. Jahrhunderts charakterisierte *Ferdinand Tönnies* (1972) den Übergang von der traditionellen zur modernen Gesellschaft mit diesem Begriffspaar. War diese Darstellung noch von einer konservativen Skepsis geprägt, schloss *Max Weber* (1972, S. 21 f.) an diese Überlegungen an, um in allgemeinerer Weise unterschiedliche Integrationsformen zu definieren. „Vergemeinschaftung“, als die ältere Form, beschreibt demnach eine enge Verbindung im Zusammenleben, die auf der gemeinsamen Zugehörigkeit zur Gruppe oder dem sozialen „Stand“ durch Herkunft und Geburt beruht und durch einen Bezug auf

---

1 Das vollständige Zitat lautet im Original: „There is no such thing as society. There are individual men and women and their families. And no government can do anything except through people, and people must look after themselves first. It is our duty to look after ourselves and then, also, to look after our neighbors.“ (Margaret Thatcher 1987 in einem Interview mit der Zeitschrift „Women’s Own“ [www.margaretthatcher.org/document/106689])

gemeinsame Werte charakterisiert ist. Eine Wahlfreiheit existiert nicht. Bis heute andauernde Formen der Vergemeinschaftung finden sich in Familien, ethnischen, religiösen oder subkulturellen Gruppierungen. Die Vorstellung eines „Volkes", Ethnie oder Religion als Grundlage eines Staatswesens folgt ebenfalls diesem Muster. Es hat zur Folge, dass jene, die von der gemeinsamen Identität abweichen, verfolgt und ausgeschlossen werden.

„Vergesellschaftung" versteht Weber als Integrationsmuster moderner Gesellschaften (▶ **Integration und Inklusion**). Sie ist dadurch gekennzeichnet, dass die Mitgliedschaft in einer Gesellschaft durch formale Rechte und die Übernahme von Funktionen (z. B. im Arbeitsprozess) definiert wird. Sie geht einher mit individuellen Freiheiten hinsichtlich der Gestaltung des eigenen Lebenslaufs, des Aufenthaltsorts und der persönlichen Gesinnung. Formen der Vergemeinschaftung finden sich auch hier, allerdings in begrenzten Gruppenzusammenhängen und ohne den Totalitätsanspruch einer vollständigen Zugehörigkeit.

In der Geschichte lassen sich – über die Unterscheidung von „Gemeinschaft" und „Gesellschaft" hinaus – verschiedene Gesellschaftsformen finden. Der soziale Wandel, der mit diesen Veränderungen einhergeht, ist durch Mobilität und Migration, der Kampf zwischen Überzeugungen und Interessen, durch Kriege und Revolutionen geprägt. So ist auch unsere heutige Gesellschaft als Resultat dieser Dynamik zu verstehen. Im Vordergrund stehen dabei immer konkurrierende Konzepte über die Form und Rolle von Staat und Politik, von ▶ **Recht** und moralischen Grundsätzen, von Wirtschaft und sozialer Sicherung sowie von den Formen der Beteiligung der Staatsbürger in diesen Bereichen. Die heutigen europäischen Gesellschaften wären beispielsweise ohne das Zeitalter der Aufklärung und der französischen Revolution mit ihren Grundsätzen der Freiheit der Individuen, der Gleichheit aller vor dem Gesetz und der Solidarität der Wohlhabenden mit den Schwächeren nicht zu denken. Seither ist die gesellschaftliche Entwicklung geprägt von Auseinandersetzungen um die Verwirklichung dieser Ansprüche, um gesellschaftliche Teilhabe und soziale Rechte (vgl. Kaufmann 2003). Ein zentrales Element ist hierbei die Sozialstruktur, also die Untergliederung der Bevölkerung in Klassen, Schichten oder Milieus mit verschiedenen Lebens- und Teilhabechancen. Ihre Entwicklung ist maßgeblich für die Wahrnehmung von Gerechtigkeit in einer Gesellschaft. Die Sozialstruktur ist jeweils aber auch als Resultat von Machtprozessen und -kämpfen zu verstehen. Es gibt keine Gesellschaft ohne Macht. Die entscheidende Frage ist aber, wer auf welcher Grundlage die Chance erhält, seinen „Willen auch gegen Widerstreben durchzusetzen" (Weber 1972, S. 28).

Die historische Entwicklung von Gesellschaften folgt keinem vorgegebenen Entwicklungspfad, dem alle Gesellschaften nach historischen Gesetzen folgen würden. Dies nahm noch die marxistisch geprägte historisch-materialistische Gesellschaftstheorie an, aber auch die Modernisierungstheorie der zweiten

Hälfte des 20. Jahrhunderts unterstellte eine zielgerichtete Entwicklung aller Gesellschaften. Erstere sah im Widerspruch zwischen Klassen, die durch den Besitz (Bourgeoisie) oder Nichtbesitz (Proletariat) von Produktionsmitteln gekennzeichnet sind, die Triebfeder für die revolutionäre Veränderung der Gesellschaft durch den Klassenkampf. Die Modernisierungstheorie dagegen sah in der industriellen Produktionsweise, der damit eingehenden Ausbreitung einer rationalen Bürokratie und demokratischer Strukturen die Ursache dafür, dass sich die Gesellschaftssysteme angleichen müssten („Konvergenz"). Dass Gesellschaften mit ihren ökonomischen und politischen Strukturen auch andere Entwicklungspfade beschreiten können, sieht man jedoch zum Beispiel an der Entwicklung Chinas in den letzten Jahren.

Neuere Gesellschaftstheorien wählen zum Teil einen anderen Ansatzpunkt. *Niklas Luhmann* (1997) sieht in der von ihm entwickelten Systemtheorie die „funktionale Differenzierung" als Kernprozess der Gesellschaftsentwicklung. Die wesentliche Annahme dieses Ansatzes besteht darin, dass die verschiedenen Funktionsbereiche einer Gesellschaft wie das Recht, die Wirtschaft, die Politik, die Religion oder die Wissenschaft nicht von einer zentralen Instanz gesteuert werden oder an einem gemeinsamen Wertekanon ausgerichtet sind. Sie werden vielmehr als gesellschaftliche Teilsysteme verstanden, die ihrer je eigenen Funktionslogik folgen. Historisch lösten sich immer mehr Bereiche aus dem Zugriff der Kirche, aber auch aus der Kontrolle von Grundbesitzern und Landesfürsten. Sie können nun ihrer eigenen Logik folgend handeln (z. B. wirtschaftliche Kriterien in der Wirtschaft, Erringen von Mehrheitsentscheidungen in der Politik). Diese Autonomie der Funktionsbereiche sichert die Entscheidungsfreiheit in diesen Sphären und ermöglicht den Erfolg der Handlungsresultate. Diese Überlegungen werden auch in der Sozialen Arbeit aufgegriffen (vgl. Merten 2000), und es wird diskutiert, inwieweit man bei der Sozialen Arbeit von einem eigenen gesellschaftlichen Teilsystem sprechen könne, dessen Aufgabe darin bestehe, nach ihren eigenen Prinzipien und Programmen soziale Hilfen in Form einer „sekundären Inklusion" für jene zu gewährleisten, die von Exklusionsrisiken betroffen sind. Das Resultat dieser Interventionen wird dann allerdings nach den Erfolgskriterien anderer Teilsysteme gemessen, sei es der Arbeitsagentur, der Justiz oder der kommunalen Geldgeber. Deshalb wird die Soziale Arbeit nicht als gleichartiges Teilsystem gesehen und es wird ihr nur eine Teil-Autonomie ihrer Ziele und Entscheidungsgrundlagen zugesprochen.

Andererseits finden wir kritisch ausgerichtete Gesellschaftsmodelle, in denen die Frage danach gestellt wird, wie sich die systemischen Anforderungen aus den funktionalen Teilsystemen auf das Alltagsleben, auf die Sphäre der „Lebenswelt" auswirken (► **Lebenswelt und Alltag**). Diese folgt anderen Maßstäben, zum Beispiel des guten Zusammenlebens und der Rolle des Einzelnen in der Gemeinschaft. Diese können im Widerspruch zu den Funktionsanforderungen der einzelnen Teilsystems stehen. Mehr und mehr wird aber dieser vormals autonome Bereich der Lebenswelt von Marktmechanismen und systemorientierten Machtmechanismen ausgehöhlt. Diesen Vorgang bezeichnete *Jürgen Habermas* bereits 1982 (S. 276 ff.) als „Kolonialisierung der Lebenswelt“. Die Soziale Arbeit kann sich dieser Entwicklung nicht entziehen und muss sich der Frage stellen, ob sie die verbliebenen Teile der autonomen Lebenswelt stützen kann oder selbst Teil des Kolonialisierungsprozesses wird.

Die heutige Gesellschaft sieht sich weitreichenden Herausforderungen ausgesetzt. Der demografische Wandel führt zu einer gravierenden Veränderung im Bevölkerungsaufbau mit einem wachsenden Anteil älterer und einem Rückgang jüngerer Menschen. Diese Verschiebungen im Verhältnis zwischen Alt und Jung kann zu sozialstaatlichen Belastungen, aber auch zur Herausbildung neuer Altersrollen führen (► **Alter**). Die Schere zwischen Arm und Reich hat in den letzten Jahren trotz steigendem allgemeinem Wohlstand zugenommen und wirft Fragen nach der Verteilungsgerechtigkeit bei Einkommen und Vermögen auf. Das Verhältnis zwischen Einheimischen und Migranten ist seit der „Flüchtlingskrise“ zu einem dominanten Thema geworden und stellt die gesellschaftliche Integrationsfähigkeit in Frage. Das Verhältnis von europäischer Solidarität und nationalem Egoismus hat zu neuen Anforderungen in den internationalen Beziehungen geführt. Die Suche nach Antworten auf diese Fragen und Problemfelder hinsichtlich eines gesamtgesellschaftlichen Konsenses werden auch weiterhin die gesellschaftlichen Debatten prägen und neue Dynamiken der gesellschaftlichen Veränderung freisetzen.

Leseempfehlungen

- Bogner, A.: Gesellschaftsdiagnosen, Weinheim und Basel 2018
- Bonß, W., u. a.: Gesellschaftstheorie – eine Einführung, Bielefeld 2020
- Schwietring, T.: Was ist Gesellschaft? Einführung in soziologische Grundbegriffe, Konstanz und München 2011 (zugleich: Bundeszentrale für politische Bildung)

Jürgen Wolf

Ethik

Sozialpädagoge Hans hat kürzlich sein Studium beendet und heute seinen ersten Arbeitstag in einer Jugendeinrichtung. Als einziger Mitarbeiter soll er dort einen offenen Treff betreuen. Um 10:00 Uhr kommt er in die Einrichtung und erfährt vom Hausmeister, dass einer der Jugendlichen, der 14-jährige Peter, etwa 20 Euro aus einer Gruppenkasse gestohlen haben soll. Hans macht sich sofort auf den Weg, um Peter aufzusuchen. Da Peter heute nicht zur Schule gegangen ist (was Hans erfährt, nachdem er in der Schule nachgefragt hat), trifft er ihn zu Hause an. Auch Peters Mutter ist anwesend. Neben den beiden lebt noch ein etwas älterer Bruder in der Wohnung. Da Peters Eltern getrennt sind, wohnt der Vater in einer anderen Stadt.

Thematischer Einstieg

In der Sozialen Arbeit lassen sich grundsätzlich eine fachliche bzw. methodische Betrachtungsweise und eine ethische Betrachtungsweise unterscheiden. In Bezug auf das Beispiel kann man fragen, ob Hans methodisch richtig handelt. Schon auf dieser Ebene lassen sich gewisse Bedenken geltend machen: Ist es überhaupt die Aufgabe von Hans, dem Fall in der beschriebenen Weise nachzugehen? Sieht seine Arbeitsplatzbeschreibung dies vor? Hätte er die Polizei rufen müssen? Und welche Grundlage hat die Aussage des Hausmeisters? Sozialpädagoge Hans möchte den Fall lösen, indem er Peter dazu bewegen will, sein Vergehen zuzugeben und das Geld zurückzugeben. Seine Vorgehensweise ist hierbei eher allgemeiner Art: Er sucht Peter auf, spricht mit Peter usw. Spezifische Methoden, die auf der Fachlichkeit von Hans basieren, werden nicht eingesetzt. Zumindest werden sie im Fallbeispiel nicht erwähnt.

Prinzipien mittlerer Reichweite

Unabhängig von diesen Überlegungen zeigt sich, dass Hans sehr engagiert ist und dass er eine bestimmte Zielsetzung verfolgt: Er möchte das Problem lösen (das Geld soll zurückgegeben werden) und gleichzeitig den Schaden für Peter (seinen Klienten) minimieren. In einem ersten Ansatz kann man die vier „Prinzipien mittlerer Reichweite“ von Beauchamp und Childress (vgl. Schlittmaier 2014, 53 ff.) heranziehen. Diese lauten: *Nichtschaden, Fürsorge, Selbstbestimmung und Gerechtigkeit.* Hans möchte für Peter Schaden abwenden, gleichzeitig zeigt er Fürsorge, indem er über seine normalen Dienstaufgaben hinausgehend aktiv wird. Hans setzt sich auch für Gerechtigkeit ein, indem er die Rückgabe des scheinbar gestohlenen Geldes fordert. Inwieweit er Peters Selbstbestimmung fördert, bleibt erst einmal offen, da Hans auf Peter Druck ausübt und sich im weiteren Fortgang des Geschehens Peters älteren Bruder und auch die Mutter als Bündnispartner zu Hilfe holt. Gemeinsam reden Sie auf Peter ein, dass er das Geld zurückgeben solle. Peter behauptet nun, kein Geld gestohlen zu haben. Nach etwa einer Stunde gibt Hans mit seinen Fragen auf und lässt die Angelegenheit auf sich beruhen.

Die Prinzipien mittlerer Reichweite wirken auf den ersten Blick sehr überzeugend. Das Problem ist, dass die Prinzipien (Fürsorge usw.) unscharf bleiben. Bereits am Beispiel wird klar, dass es insbesondere gar nicht sicher ist, ob Hans Peters *Selbstbestimmung* fördert. Hans hat intensiv auf Peter eingeredet und wollte ihn dazu bringen, dass Geld herauszugeben (wobei letztlich offen blieb, ob er überhaupt Geld gestohlen hatte).

Bei den Prinzipien mittlerer Reichweite bleibt unklar, was *Selbstbestimmung* bedeutet. Ähnliches gilt auch für die *Gerechtigkeit.* Auch die Begriffe *Fürsorge* und *Nicht-Schaden* bedürfen einer näheren Untersuchung. An dieser Stelle beginnt die Aufgabe der *Ethik.* Die Ethik ist mehr als eine bloße Formulierung moralischer Vorschriften. Einem Sozialarbeiter oder Sozialpädagogen vorzuschreiben, er hätte die Selbstbestimmung des Klienten zu achten ist noch keine Ethik. Sie ist eher eine moralische Vorschrift für die Profession. Erst die Frage, was Selbstbestimmung ist und warum sie derart zentral ist und geschützt werden muss, ist Ethik. Ethik ist somit eine Reflexion über moralische Vorschriften.

Definitionen

In diesem Zusammenhang sind auch Begriffe zu klären. Die Definitionen von Begriffen wie „Norm", „Wert" „Moral" und „Ethik" sind Gegenstand der Ethik. Ethik als Wissenschaft muss klären, von was eigentlich gesprochen wird. Es geht also darum, eine gemeinsame Verwendung der Begriffe zu sichern, so dass z. B. alle Mitglieder der Profession (incl. Lehre und Wissenschaft) Begriffe wie „Wert" oder „Norm" einheitlich verwenden. Zentrale Begriffe (vgl. Schlittmaier 2018, S. 111):

- *Werte* sind Gegenstände, Zustände und Ereignisse, welche für die Motivation der handelnden Person von Bedeutung sind bzw. ihrem Handeln als Orientierung dienen.
- *Normen* beziehen sich auf Werte. Eine Norm ist ein Imperativ (Befehlssatz), der angibt, wie ein Wert erreicht werden kann. Beispielsweise schützt die Norm „Lüge nicht!" den Wert der Wahrhaftigkeit.
- *Moral* besteht aus Werten und Normen. Innerhalb einer bestimmten ▸ **Gesellschaft** wird bestimmten Normen und Werten eine hohe Verbindlichkeit zugesprochen.
- *Ethik* ist primär die Wissenschaft von der Moral. Dies ist die gängige Definition von Ethik, wobei es noch eine weitere gibt, die in diesem Beitrag im Folgenden noch kurz angesprochen wird. Ethik als Wissenschaft ist: (a) be-

schreibend und erklärend, (b) normierend oder (c) definierend. An dieser Stelle werden Begriffe definiert. Von daher ist die aktuelle Tätigkeit „c" zuzuordnen. Die (a) Beschreibung und Erklärung werten selbst nicht, sondern erfassen den „Gegenstand" und zeigen Zusammenhänge zwischen einzelnen Faktoren auf (z. B. Lebensweise in einer Kultur und Moral). Ethik als (b) normative Wissenschaft ist der Kern der Ethik. Als solche bewertet sie eine Moral. Beispielsweise wird der moralische Satz „Du sollst nicht lügen!" ethisch bewertet, also z. B. als Forderung an uns unterstützt, indem er in größere Zusammenhänge eingebunden oder auf höher stehende Grundsätze zurückgeführt wird.

Mit diesem Rüstzeug können wir fragen, welche Werte der Sozialpädagoge Hans vertritt (vergleichbares ist natürlich auch in Bezug auf Peter möglich). Wir können weiter herausarbeiten, zu welchen Normen (Du sollst!) sich die Werte von Hans überführen lassen. Im Rahmen einer beschreibenden und erklärenden (insgesamt empirischen, von Beobachtungen ausgehenden) Ethik können wir nun versuchen das Werte- und Normensystem von Hans, d. h. ggf. seine Moral, mit anderen Faktoren in Verbindung zu bringen. Möglicherweise gibt es persönliche, lebensgeschichtliche Hintergründe, die Hans bewegen, sich in Bezug auf Peter derart intensiv zu engagieren. Vielleicht möchte Hans dem neuen Arbeitgeber den Eindruck vermitteln, dass er ein sehr engagierter Mitarbeiter ist. Möglicherweise resultiert sein Handeln aber auch aus zutiefst inneren Überzeugungen, die im Rahmen einer beschreibenden oder erklärenden Ethik allerdings nur erfasst (ggf. erklärt), nicht bewertet werden.

Die Prinzipien mittlerer Reichweite von Beauchamp und Childress wurden oben bereits erwähnt. Hierbei handelt es sich um eine normative Ethik, die allerdings die einzelnen Grundsätze (Nichtschaden, Fürsorge, Selbstbestimmung und Gerechtigkeit) als selbstverständlich voraussetzt. Man geht hier sozusagen davon aus, dass es ohne große Überlegungen klar ist, dass diese Grundsätze gültig sind. Ebenso werden die einzelnen Begriffe nicht weitergehend definiert bzw. in einen theoretischen Rahmen eingebettet.

Berufsethische Prinzipien

Praktisch tätige Sozialarbeiter und Sozialpädagogen werden im Zusammenhang mit Ethik meistens erst an die Berufsethik (genauer: „Berufsethische Prinzipien") denken. So hat der DBSH (Deutscher Berufsverband für Soziale Arbeit) eine Berufsethik für Professionsangehörige der Sozialen Arbeit aufgestellt (vgl. DBSH 2014). Ähnliches liegt auch seitens des IFSW (International Federation of Social Workers) vor (vgl. ebd.). Berufsethiken beschränken sich im Allgemeinen auf ca. zwei bis drei Seiten und enthalten zentrale Normen für eine Profession. So werden z. B. in der neuen Berufsethik des DBSH Professionsangehörige aufgefordert, sensibel mit Macht (▸ **Macht und Haltung**) umzugehen (vgl.

ebd., 2.1). Weiter wird die Forderung formuliert, individuelle Zielsetzungen von Menschen zu achten (3.1). An zentraler Stelle erscheint auch die Forderung, sich für die Befreiung von Menschen (▸ **Emanzipation – Teilhabe und Empowerment**) einzusetzen (1.4).

Ohne den Katalog hier im Einzelnen durchgehen zu können, kann festgestellt werden, dass es um die ▸ **Rechte** von Menschen geht (▸ **Menschenrechtsprofession**). Ihnen gegenüber stehen Pflichten, die sich als moralische Forderungen an Professionsangehörige (meist Sozialarbeiter, Sozialpädagogen oder Heilpädagogen) richten. Diese Forderungen sind konkreter als die oben behandelten Prinzipien mittlerer Reichweite von Beauchamp und Childress. Dieser Vorteil beinhaltet aber das Problem, dass der Professionsangehörige angesichts der vielen moralischen Forderungen, die an ihn gestellt werden, selbst entscheiden muss, wie er sie gewichtet. Weiter werden Forderungen wie die, die Befreiung zu fördern nicht weiter definiert. Was heißt Befreiung und in welchem Zusammenhang zu anderen Begriffen steht dieser Begriff? Hinzu kommt das Problem, dass – ähnlich wie bei den Prinzipien mittlerer Reichweite – die einzelnen Forderungen im Raum stehen, ohne dass sie begründet werden. Insgesamt lässt sich feststellen, dass die Berufsethiken von Berufsverbänden keine Ethik im oben definierten Sinne sind, also keine Wissenschaft, sondern eher eine Ansammlung von moralischen Forderungen, die hohe Plausibilität besitzen.

Trotz dieser kritischen Anmerkungen lässt sich sagen, dass die Berufsethik als Katalog von Forderungen durchaus hilfreich sein kann, ethische Fragestellungen der Praxis zu „lösen". Z. B. könnte der Sozialpädagoge Hans sich fragen, ob er sensibel mit Macht umgeht, wenn er einfach zur Wohnung von Peter fährt und direkt Peters Mutter in die „Sache" hineinzieht. Weiter könnte Hans sich die Frage stellen, ob er zu Peters Befreiung beiträgt, wenn er durch Aufbau von Druck Peter dazu bringen möchte, den Diebstahl zuzugeben. Sicherlich hätte Hans Möglichkeiten finden können, in einer Weise vorzugehen, die stärker die Persönlichkeitsrechte Peters berücksichtigen (Einzelgespräch, keine Vorverurteilung usw.).

Allgemeine Berufsethik

Neben der eben angeführten Art der Berufsethik – der Berufsverband DBSH spricht von Berufsethischen Prinzipien – gibt es auch Berufsethik auf einer deutlich abstrakteren Ebene. In den letzten Jahren sind zahlreiche Lehrbücher einer Ethik Sozialer Arbeit erschienen. Diese entwickeln von allgemeinen Grundsätzen ausgehend eine spezifische Ethik für die Soziale Arbeit. Beispiele wären hier der Ansätze von *Carmen Kaminsky* (2018) oder *Gunzelin Schmidt Noerr* (2018). Beide Ansätze wenden sich an die Soziale Arbeit, unterscheiden sich jedoch grundlegend in der Ausrichtung. Sie repräsentieren sozusagen Prototypen von Berufsethik.

Kaminsky fordert eine eigenständige Ethik Sozialer Arbeit. Ihre Werte und Normen sind spezifisch für die Soziale Arbeit und leiten sich aus Überlegungen insbesondere zum Menschenbild ab: Weil der Mensch ein sozial gefährdetes Wesen ist, bedarf er einer besonderen Art der Unterstützung. Diese Aufgabe übernimmt die Soziale Arbeit.

Schmidt Noerr vertritt dagegen die Auffassung, dass es keine spezielle Ethik Sozialer Arbeit geben kann. Soziale Arbeit bezieht sich auf dieselben Grundwerte wie das gesamte Leben in unserer Gesellschaft. Begriffe wie Würde oder Glück reichen bereits aus, um die ethischen Forderungen der Sozialen Arbeit zu begründen. Es bedarf keiner Sonderethik Sozialer Arbeit.

Theorien der allgemeinen Ethik

Dieser Überlegung Schmidt Noerrs folgend sollen im Folgenden einige allgemeine ethische Theorien in Bezug auf das Fallbeispiel kurz aufgeführt werden. Zu beachten ist, dass ethische Theorien einen hohen Abstraktionsgrad haben, im allgemeinen der normativen Ethik angehören und die Zielsetzung verfolgen, moralische Forderungen möglichst tiefgehend bzw. auf Grundsätze zurückgehend zu begründen. Aus Platzgründen beschränke ich mich auf wenige bekannte maßgebliche ethische Theorien (vgl. Schlittmaier 2018, S. 110ff., Pauer-Studer 2013, Pieper 2017).

Eudaimonische Ethik (Glückseligkeitsethik)

Einschlägig für diesen Ethiktyp ist der altgriechische Philosoph *Aristoteles* (384–322 v. Chr.). Der Kern dieser ethischen Theorie sind Haltungen, d.h. stabile Charaktereigenschaften, die Menschen ausbilden sollen. Bestimmte Haltungen befördern das Glück, andere vermindern es. In dieser Ethik versteht man Glück nicht im Sinne des reinen „Sich-Wohlfühlens". Am besten wird deutlich, um was es geht, wenn man sich einen Musiker vorstellt. Dieser ist glücklich, indem er Musik macht, d.h. nach Aristoteles: indem er eine Praxis ausübt. Im Rahmen komplexer Begründungen zeigt Aristoteles auf, dass der Mensch nicht glücklich wird, wenn er egoistisch seine Interessen verfolgt. Glück ist nur möglich, wenn der Mensch Freundschaften pflegt, politisch tätig ist und sich mit der Welt insgesamt auch intellektuell befasst. Da der Ansatz nicht von der Moral, sondern von als gut bewerteten Haltungen ausgeht, wird er häufig auch als ethischer Ansatz bezeichnet. Hier liegt die zweite Verwendungsweise von Ethik vor, die Ethik nicht als Wissenschaft von der Moral, sondern als Theorie des guten Handelns bzw. der guten Haltungen versteht.

Der Sozialpädagoge Hans – orientiert man sich an dieser Ethik – müsste primär Peter und seine Möglichkeiten des Glücklichseins vor Augen haben. Ein Diebstahl würde Peter in seiner persönlichen Entwicklung beinträchtigen. Hans greift hier ein, um Peter zu einem Verhalten zu bewegen, dass sein Glück steigert. Auf Hans selbst bezogen bedeutet diese Ethik, dass er seine Praxis so gestaltet, dass er schrittweise gute Haltungen entwickelt, d.h. dass er die Befreiung der Klienten nicht nur hin und wieder zum Ziel hat, sondern sie zu einem stabilen Wunsch in sich ausbildet.

Deontologische Ethik (Pflichtethik)

Bei diesem Ethiktyp ist *Immanuel Kant* (1724–1804) einschlägig. Der Kern dieser Ethik ist die Verpflichtung. Es geht um elementare Grundpflichten. Bei Kant gipfeln diese im *Kategorischen Imperativ.* Letzterer ist ein unbedingter Befehl, den der Mensch an sich selbst erteilt. Bezogen auf das Beispiel dürfte Peter die Gruppengelder nicht stehlen, da jeder Mensch sozusagen den inneren Befehl (Gewissen) in sich trägt, dies nicht zu tun. Auf der anderen Seite ist Hans durch Pflichten, die er sich als Vernunftwesen selbst gibt, bestimmt, die u.a. auch besagen, dass Macht zu begrenzen oder dass die Selbstbestimmung des Klienten (Peter) zu fördern ist.

Utilitaristische Ethik (Nutzenethik)

Dieser Ethiktyp geht auf *Jeremy Bentham* (1748–1832) und *John Stuart Mill* (1806–1873) zurück. Der Kern ist ähnlich wie in der Aristotelischen Ethik das Glück, allerdings in ganz anderer Weise als im Eudaimonismus. Es geht im Utilitarismus um Glück, das nicht an Normen gebunden ist, also Nützlichkeit. Jeder kann auf seine Art glücklich werden! In Bezug auf Hans und Peter stellt sich die Frage, ob ihr Handeln jeweils Glück vermehrt oder vermindert. Fühlt sich also Peter, sollte er tatsächlich das Geld gestohlen haben, glücklicher als wenn er dies nicht tun würde? Aufgrund der ständigen Gefahr, dass die Tat ans Licht kommt, ist das Glück, das der Diebstrahl langfristig bringen wird, eher niedrig. Für Hans wäre sicherlich sein Selbstbild von Belang. Wenn Hans ein ethisch verantwortlicher Professioneller sein möchte, wird er engagierter handeln als wenn dies nicht der Fall ist. Im Fallbeispiel ist davon auszugehen, dass Hans auf der Basis eines Selbstbildes handelt, durch das er sich selbst als ethisch handelnder Professioneller definiert.

Resümee

In der Praxis spielen alle angesprochenen Ebenen der Ethik eine Rolle. Häufig ist es sinnvoll, aus Zeit- oder Kapazitätsgründen die berufsethischen Prinzipien (z.B. die des DBSH) oder eine Ethik mittlerer Reichweite im Sinne einer Faustformel zu verwenden. Sie ermöglicht es, relativ schnell eine Entscheidung über das zu treffen, was aktuell ethisch geboten ist. Bei einer tiefergehenden Reflexion sind jedoch ethische Theorien hinzuzuziehen (Pflichtenethik usw.). Erst auf dieser Basis können Begriffe vertieft und genauer definiert werden. Ebenso ist es auch nur auf dieser Grundlage möglich, Normen und Werte weitergehend zu begründen. Manchmal macht es eben einen gravierenden Unterschied, ob man die Pflicht oder das Glück ins Zentrum stellt. Ob Hans in Bezug auf Peter interveniert, weil Diebstahl eine Verletzung eines Gebotes ist oder der Diebstahl letztlich Peter selbst Schaden zufügt, ist ein Unterschied, auf den vielleicht – trotz des Stellenwerts aller methodischen Reflexionen – alles ankommt!

Leseempfehlungen

- Schlittmaier, A.: Philosophie in der Sozialen Arbeit. Ein Lehrbuch, Stuttgart 2018, Kap. 5
- Schmidt Noerr, G.: Ethik in der Sozialen Arbeit, 2. Aufl. Stuttgart 2018

Anton Schlittmaier

Gender und Diversität

„Wenn ich morgens aufsteh, fängt es wieder an// Die Schmerzen, die ich hab – ne Fahrt gegen die Wand// Meine einsame Welt regiert von Stress und Trauer// Und so bau ich mir täglich meine eigene Mauer// Was soll man tun, diese Welt macht krank und man kämpft// Für ein Dach über dem Kopf – in den Taschen ein paar Cents// Und *auch* ich muss fighten, Verantwortung übernehmen// Jede Nacht dieselben Fragen vor dem Schlafengehen:// Wann wird sie wieder gesund, wann muss er nich mehr leiden?// Bei so viel Kraft, die ich brauch, wann darf ich Schwäche zeigen?!// Der nächste Morgen – ein neuer Tag vor Gericht// Die Welt da draußen zeigt mir ihr wahres Gesicht// ‚Wo kommst du her? – Und wann gehst du zurück?!'// Macht ihr mich wieder zu eurem kaputten Puzzlestück?// Dass ich anders bin als ihr, ist was mir eure Blicke sagen// Ich sag: *Black Power,* Baby! – Habt ihr noch Fragen?!//

Hook/Refrain:
I really know how it feels to be, stressed out, stressed out
When you're face to face with your adversity
I really know how it feels to be, stressed out, stressed out
We're gonna make this thing work out eventually
Don't worry we gon make it (I know we gon make it)"

Dieser Rap-Text einer schwarzen Jugendlichen (15 Jahre) entstand im Rahmen des Antidiskriminierungsprojektes T.A.L.K., Reutlingen. Er findet sich abgedruckt in der Broschüre „Vielfalt verankern", einer Handreichung der LAG Mädchenpolitik Baden-Württemberg (2016) für Menschen, die mit Jugendlichen zu Gender, geschlechtlicher Vielfalt und vielfältigen Lebensformen arbeiten. Wir erfahren darin etwas von dem Lebensgefühl einer Jugendlichen, deren Position in der ▸ **Gesellschaft** sowohl durch die soziale Kategorie *Geschlecht* (Gender) als auch durch die Zuordnung zu „People of Color" markiert ist.

Gender (soziales Geschlecht)

Eine gendersensible bzw. eine „Geschlecht" und die Geschlechterverhältnisse in der Gesellschaft reflektierende und bewusst und systematisch berücksichtigende Perspektive und Arbeitsweise ist grundsätzlich für jedes Praxisfeld Sozialer Arbeit relevant. Der entscheidende Punkt dabei ist, „Geschlecht" nicht als etwas „einfach Gegebenes" oder „Natürliches" anzusehen, sondern als eine „soziale Tatsache" (Emile Durkheim), und damit auch *offen für Veränderung.*

Eine Auseinandersetzung damit, wie gesellschaftliche Geschlechternormen und -klischees das Aufwachsen und die Entwicklung, die Selbstwahrnehmung und Selbstgestaltung, aber auch die Hoffnungen und Träume von Menschen beeinflussen, findet z. B. in der *Geschlecht reflektierenden Kinder- und Jugendarbeit* statt. Mit einer solchen Arbeitsperspektive verbinden sich durchaus unterschiedliche Grundverständnisse und Arbeitsansätze (Maurer 2016); gemeinsam ist diesen Ansätzen, dass sie die Engführungen überwinden wollen, die mit bestimmten Vorstellungen von Weiblichkeit* und Männlichkeit* verbunden sind. Deshalb wird in der Regel daran gearbeitet, die Phantasien, die Kinder und Jugendliche im Hinblick auf die eigenen Lebensentwürfe und Handlungsmöglichkeiten haben, zu öffnen und zu erweitern (▶ **Kindheit und Jugend**). Im Bewusstsein der Macht- und Herrschaftsdimension in den gesellschaftlichen Geschlechterverhältnissen wird zudem auf die Wahrnehmung und Bewusstwerdung derjenigen Prozesse und Praktiken hingewirkt, die dazu beitragen, diese immer wieder aufs Neue herzustellen. Dazu gehören auch die alltäglichen Praktiken des *doing gender* der Kinder und Jugendlichen selbst, aber auch der beteiligten (sozial)pädagogischen Fachkräfte.

Heutige Selbstverständnisse einer Geschlecht reflektierenden Kinder- und Jugendarbeit sind oft vermittelt mit intersektionalen, und vor allem auch mit rassismuskritischen, Perspektiven (Debus 2015); hier kommt auch die Dimension der Diversität ins Spiel (vgl. unten, Abschnitt zur Diversität). Zugleich braucht es nach wie vor eine besondere Aufmerksamkeit für die Dimension „Geschlecht“ (Autor_innengruppe aus Marburg 2014).

Die Bezugnahme auf „Geschlecht“ erfüllt im sozialen Miteinander bestimmte Funktionen. Es geht dabei nicht zuletzt um Erkennbarkeit, die über die Einteilung in und Unterscheidung zwischen verschiedenen Gruppen (Männer*, Frauen*) hergestellt wird. Dieses Einteilen und Ordnen in Gruppen korrespondiert zum Teil mit einem (subjektiven) Bedürfnis nach Zugehörigkeit zu einer Gruppe oder einem Kollektiv (mit ähnlichen Erfahrungen, in denen eine*r sich wiedererkennen kann). Zugleich erfolgt dadurch aber auch eine (soziale) Platzanweisung („du gehörst dorthin, und eben nicht hierher“), die mit bestimmten Wertigkeiten, Chancen und Begrenzungen verbunden ist. Die Unterscheidung in Geschlechtsgruppen (mit „Gender“ als sozialer Kategorie) wird damit zum Medium der *Inklusion* und der *Exklusion* (▶ **Integration und Inklusion**).

Besonders die beiden erstgenannten Aspekte machen die Selbst-Verortung in einer Geschlechtsgruppe für die Akteur_innen attraktiv und alltagstauglich. Gender kann dann zum Bezugspunkt und zur Ressource für die eigene Handlungsfähigkeit werden. Zugleich erleben wohl alle Menschen Momente, in denen sich die – auch selbst vorgenommenen – Zu-Ordnungen als zu eng, nicht passend oder gar „falsch“ anfühlen. In solchen Momenten kann es zu einer großen Entlastung und Erleichterung werden, dass „Geschlecht“ auch vielfältig(er) gedacht und gelebt werden kann. In den Lebensgeschichten und -verläufen von Menschen wird zugleich erkennbar, dass diese in eine – nach wie vor asymmetrisch angelegte – gesellschaftliche Geschlechterordnung eingewoben sind, die durch bestimmte soziale Zwänge gekennzeichnet ist. Hier zeigt sich „Gender" als grundlegende soziale Struktur-Kategorie – die allerdings Mehrdeutigkeiten und Widersprüchlichkeiten aufweist, und die immer auch umkämpft und umstritten ist.

In der konkreten sozialarbeiterischen Praxis treten Tag für Tag diese ganz unterschiedlichen Seiten hervor – einzelne Menschen erscheinen hier als Frau* oder Mann* (im Sinne der sozialen Struktur-Kategorie, und im Rahmen der binären Vorstellung von nur zwei Geschlechtern), aber auch als einzigartiges Individuum, das – ob freiwillig oder nicht – über die unterschiedlichsten „Zugehörigkeiten" verfügt und damit in der eigenen Lebenspraxis „irgendwie" umgeht bzw. umgehen muss.

Heute denken wir über die Zweigeschlechtlichkeit hinaus, und wir wissen darum, dass es auch ein „Dazwischen" oder „quer dazu Liegendes" gibt. (Dem trägt inzwischen auch die neue Personenstandskategorie „divers" Rechnung.) Die Rede von „LGBTIAQ" (lesbian, gay, bi-, trans-, inter-, a-sexual, queer) markiert ein ganzes Spektrum jenseits der Zweigeschlechtlichkeit. Dass sich unser Denken und unsere Anerkennungspraktiken diesbezüglich geöffnet haben, ist vor allem auch denjenigen zu verdanken, die sich in der überlieferten – oft mit Gewalt hergestellten und verteidigten – „heterosexuellen Matrix" nicht wiedergefunden haben. Dass die Geschlechterordnung konflikthaft ist und umstritten bleibt, zeigen allerdings die – zum Teil sehr aggressiven und hasserfüllten – aktuellen Angriffe auf die hart erkämpfte „neue Normalität" von *Gender Diversity.*

Festzuhalten bleibt: Gender wird zur Kategorie sozialer Ungleichheit, wenn Menschen – ganz einfach durch die Zuordnung zu einem bestimmten Geschlecht – ungleichen Zugang zu Ressourcen und Status sowie ungleiche Lebensmöglichkeiten haben. Gender wird zur Kategorie der Diskriminierung, wenn Menschen unterschiedlichen Geschlechts als höher- oder geringwertiger angesehen werden. Welche Auswirkungen eine solche Erfahrung auf die Persönlichkeitsentwicklung und den Selbstwert, die Selbstwirksamkeit von Menschen haben kann, ist vielfältig untersucht worden. Soziale Arbeit ist in Deutschland in ihrer Verpflichtung auf das Grundgesetz, und international in ihrer Verpflichtung auf den eigenen berufsethischen Kodex (▸ **Ethik**), gehalten, jeder Ideologie der Ungleichwertigkeit von Menschen aktiv entgegenzutreten.

In einer grundlegenden Definition wird Soziale Arbeit dadurch gekennzeichnet, dass sie sich auf das Verhältnis von Individuum und Gesellschaft bezieht, insofern dieses sich als konflikthaft darstellt. Ist vom *Verhältnis Individuum – Gesellschaft* die Rede, so sind damit immer auch Vorstellungen von einem *in ganz bestimmter Weise* sich in die Gesellschaft eingliedernden Menschen verbunden – und diese *ganz bestimmte Weise* ist bestimmt durch Dimensionen wie Klasse, Geschlecht, „race" oder auch eine bestimmte sexuelle Orientierung. Wie am Beispiel von Geschlecht bereits deutlich wurde, handelt es sich hier um sehr einschneidende und entscheidende Kategorien – Kategorien, denen Menschen zugeordnet werden, denen sie sich aber auch selber zuordnen. Heute sprechen wir in diesem Zusammenhang auch von *Intersektionalität* (vgl. z. B. Bronner/Paulus 2017). Damit soll klargemacht werden, dass das Leben der Menschen von Mehrfach-Zuordnungen oder -Zugehörigkeiten durchzogen ist, die sich sozusagen überkreuzen (intersections). Mit dem Denken der Intersektionalität kann darauf aufmerksam gemacht werden, dass die unterschiedlichen Kategorien (so etwa auch Religionszugehörigkeit oder soziale Herkunft) nicht in jeder Situation die gleiche Bedeutung haben. Mecheril (2014) spricht davon, dass unterschiedliche Ordnungen der Ungleichheit sich gegenseitig *kontextualisieren* – und sich dabei gegenseitig verstärken, aber auch relativieren können. So können z. B. „weiße" Frauen* in einem rassistischen Kontext von der entsprechenden „weißen" *Dominanzkultur* deutlich profitieren, während sie in einem sexistischen Kontext zu Betroffenen von Missachtung, Verachtung und Gewalt werden können.

Diversität

Was bedeutet es nun, im Kontext Sozialer Arbeit von Diversität zu sprechen? Können wir mit einem Bewusstsein für Diversität die unterschiedlichen Aspekte von Ungleichheit(en) und Differenz(en) angemessen berücksichtigen? Oder lässt die Rede von Diversität (diversity) die Auseinandersetzung mit Verhältnissen der Ungleichheit, mit Diskriminierung, womöglich eher verschwimmen?

Die Frage nach dem Umgang mit Verschiedenheit durchzieht die Geschichte Sozialer Arbeit. Soziale Arbeit war immer bezogen auf Verhältnisse von Ungleichheit (so etwa, wenn es um Menschen in Armut geht), aber auch auf gesellschaftliche Differenzierungen (die mit sozialen Platzanweisungen verbunden sind) und auf die (individuelle wie kollektive) Verschiedenheit ihrer Adressat_innen.

Der Entwicklung und Ausgestaltung sozialer Hilfelandschaften sowie von Hilfe-Praktiken liegt eine Problematisierung von Ungleichheitsverhältnissen und/oder „Differenzen" zugrunde (vgl. Maurer 2001). Ist die Rede von „sozialer Ungleichheit", so stellt sich die Frage nach gesellschaftlicher Ordnung im Verhältnis zu Gerechtigkeit. Ist die Rede von „Differenz", so stellt sich die Frage nach den jeweiligen Kriterien einer Differenzierung. In diesem Zusammenhang – und für die Soziale Arbeit von großer Bedeutung – geht es auch um das Verhältnis zwischen „Norm und Abweichung", um das Verhältnis zwischen einem erwünschten und als „normal" gesetzten „Verhalten" und davon abweichenden Praktiken.

In welchem Moment, an welchem Punkt wird „Sich Unterscheiden" zur „Abweichung"? Wer entscheidet über diese Grenzmarkierung, von welcher Norm her wird sie bestimmt, was wird damit zum „Problem" erklärt? (Am Beispiel der eingangs zitierten Schwarzen Jugendlichen wird das „Schwarz-Sein“ zur Abweichung im Verhältnis zur vorherrschenden „weißen“ Norm[alität].)

Soziale Arbeit wurde (und hat sich selbst) im Verlauf ihrer Geschichte immer wieder kritisiert und reflektiert im Hinblick auf ihre Funktion als „Normalisierungsinstanz“. Verschiedene Ansätze für eine Wahrnehmung von Verschiedenheit, die nicht sofort auf Anpassung an eine vorgegebene, vorherrschende (soziokulturelle) Norm zielen, wurden formuliert – das zeigt sich auch im Gedanken vom „Eigensinn der Lebenswelt“. Fügt die Rede von Diversität dem eine neue Qualität hinzu?

Die prinzipielle Anerkennung von Verschiedenheit/Diversität als Ausgangspunkt oder gar Leitorientierung kann helfen, solche Fragen zu stellen, und normative Vorstellungen immer wieder zu problematisieren. Aber ergeben sich vielleicht auch (neue) Risiken, wenn von Diversität die Rede ist? Es kommt sicherlich darauf an, wie dieser Begriff zum Einsatz kommt. Dabei fällt etwas Doppeltes auf: Zum einen korrespondiert die Aufmerksamkeit für und die Anerkennung von Diversität mit identitätspolitischen Strategien sozialer Gruppen, die ihre Verschiedenheit im gesellschaftlichen Raum neu zur Geltung bringen (wollen) – ganz unabhängig davon, wie diese Verschiedenheit entstanden ist, ob sie zugefügt, zugeschrieben oder auch selbst gewählt und selbst stilisiert wird. Ein Beispiel dafür wäre die „Krüppelbewegung“, ein anderes die Schwulen- und Lesbenbewegung. Hier wird die Forderung nach gesellschaftlicher Akzeptanz erhoben und der Anspruch auf gesellschaftliche Teilhabe geltend gemacht – angesichts, trotz oder gerade wegen der eigenen Verschiedenheit. Letzteres ist z. B. im Kontext von Frauen*bewegungen oder „ethnischen Minderheiten“ ein Argument. Und gerade mit Bezug auf diese Beispiele lässt sich die Problematik der Bezugnahme auf Verschiedenheit besonders gut verdeutlichen: Soll mit der Betonung und Stilisierung der eigenen Differenz erreicht werden, dass die entsprechenden Akteure/Akteursgruppen ihre Position im gesellschaftlichen Gefüge verbessern können (im Hinblick auf Anerkennung, Teilhabe, den Zugang zu Ressourcen), so ist damit doch auch der – eher unerwünschte – „Nebeneffekt“ verbunden, dass die wahrgenommene und artikulierte Differenz, einmal zum politischen Einsatz gebracht, sozusagen „erstarrt“ und von da an als konstantes, statisches Zuschreibungs-Merkmal der Gruppe zum Tragen kommt.

In der feministischen Reflexion und im Kontext von Interkulturalität wird hier von „Essentialisierung“ (etwas zum „Wesen“ der Betroffenen erklären), „Naturalisierung“ oder auch „Kulturalisierung“ gesprochen. Bezieht sich Diversität also auf soziale Gruppen, so kann das Konzept – auf dem Wege der andauernden Zuschreibung von „unterscheidenden Merkmalen“ – diese Gruppen im Verhältnis zum Rest der Gesellschaft erneut diskriminieren und stigmatisieren. Im „Binnenraum“ der Gruppe selbst wirkt die Rede von „diversity“ paradoxerweise oft homogenisierend (vereinheitlichend), denn alle der Gruppe Zugehörigen oder Zugeordneten teilen ja anscheinend *dieselben* Merkmale von Verschiedenheit. Wird das Denken von „diversity" jedoch auch in den „Binnenraum" einer solchen Gruppe hinein fortgeführt, so kann die „innere Diversität" deutlicher wahrgenommen werden.

Dann stellt sich vor diesem neuen Hintergrund allerdings auch die Frage, welche Gemeinsamkeiten die Gruppe dennoch aufweist und bestimmen kann, um eigene Anliegen nach außen zu tragen, eigene Interessen (auch Rechtsansprüche) gegenüber anderen Interessen zu vertreten (▸ **Recht**). Denn mit dem Bewusstsein von Diversität haben sich die Probleme sozialer Ungleichheit oder die Erfahrung von Diskriminierung ja noch lange nicht erledigt. Das lässt sich am Beispiel der „Ehe für alle" oder der sogenannten „Regenbogenfamilien" gut verdeutlichen: Auch wenn „gleichgeschlechtlich" Liebende seit Herbst 2017 in Deutschland heiraten können, so werden sie dadurch nicht automatisch weniger diskriminiert. Und auch wenn Kinder in Familien mit „gleichgeschlechtlichen" Eltern genauso gut (oder schlecht) aufwachsen können wie in der traditionellen heterosexuellen Konstellation, so erfahren sie doch in unterschiedlichen sozialen Situationen ablehnende Reaktionen und „Befremdung".

Auch hinsichtlich der Anerkennung von Diversität finden wir also ein widersprüchliches und mehrdeutiges Feld vor. Ich möchte hier vor allem darauf aufmerksam machen, dass die Stilisierung von „diversity", die Betonung von Verschiedenheit auch zu einer erneuten Homogenisierung führen kann, auch abwehrende und sich abschottende Effekte haben kann. In einer Perspektive sozialer Gerechtigkeit und gesellschaftlicher Anerkennung bleibt also immer zu fragen: Trägt das Bewusstsein von Diversität zum Abbau oder zur Reproduktion von sozialer Ungleichheit bei?

„Diversität" kann durchaus als sensibilisierendes Konzept zum Einsatz gebracht werden; dann nämlich, wenn zum Problem erklärt/als Problem erkannt wird, dass Vorstellungen von Normalität und Praktiken der Normalisierung (als erzwungene Ausrichtung an einer vorherrschenden Norm) – nicht zuletzt im Kontext und auf dem Wege Sozialer Arbeit – auch etwas Zurichtendes haben; dass sie, zugespitzt formuliert, den „Eigensinn der Lebenswelt" (▸ **Lebenswelt und Alltag**) und der Subjekte (▸ **Subjekt- und Ressourcenorientierung**) nicht anerkennen.

Die Sehnsucht der Menschen, als Einzelne und einzigartige Individuen wahrgenommen zu werden, ist ein realer und sehr existentieller Bezugspunkt für „diversity". Der Anspruch von Menschen, aufgrund ihrer Herkunft, ihrer Geschichte, ihrer Zugehörigkeit zu bestimmten Gruppen keine Nachteile zu erfahren, sondern gleichermaßen Zugang zu gesellschaftlichen Ressourcen und Chancen zu erhalten, ist eine herausfordernde Aufgabe für jede demokratische Gesellschaft, die sich auf die Anerkennung universeller Menschenrechte gründet.

Der utopisch-überschreitende Aspekt von „diversity" liegt in der radikalen Idee von der gesellschaftlichen Teilhabe aller. Die damit verbundene Vision einer allumfassenden Inklusion hat allerdings auch etwas Totalisierendes, denn

„diversity" verweist nicht einfach auf ein harmonisches, bestenfalls harmloses Nebeneinander, sondern auch auf unterschiedliche Perspektiven und Interessenslagen, die durchaus konflikthaft miteinander ins Gehege kommen (können). Was aber, wenn Verschiedenheit und Vielfalt von der (Profit versprechenden, gesellschaftliche Buntheit und „Reichtum" verheißenden) Ressource plötzlich wieder zur „Störung" wird?

Systematisch verweist „diversity" eher auf eine serielle Vorstellung von Differenzen, die nicht in eine eindeutige Ordnung oder Hierarchie zueinander gebracht werden können. Damit komme ich auf das weiter oben bereits angedeutete Problem zurück: Wenn alle eh so vielfältig verschieden sind, wie lässt sich dann so etwas wie „Ungleichheit" überhaupt noch problematisieren? Von welchen verbindlichen Bezugspunkten her kann dann etwa der Anspruch auf „Gleichheit" (im Sinne von „gleicher Zugang, gleiche Rechte, gleiche Chancen") zur Geltung gebracht werden? Können auch im Kontext von „diversity" Kriterien für die *Unterscheidung* (und Ungleichbehandlung) von Differenzen gewonnen werden? Differenzen nicht mehr so ohne Weiteres unterscheiden zu können hat etwas durchaus Beunruhigendes – und kann vielleicht gerade deshalb zur Wiedereröffnung der Frage nach sozialen Ungleichheiten führen.

Fazit: Wenn die Anerkennung von „diversity" von der Problematisierung sozialer Ungleichheit und Ungerechtigkeit nicht abgespalten wird, so lässt sich damit tatsächlich auch eine gesellschaftskritische und sozialpolitische Auseinandersetzung führen. Wird „diversity" auf die Existenz oder Bildung von unterschiedlichen Gruppen im gesellschaftlichen Raum bezogen, so können z. B. deren Anstrengungen wahrgenommen (und berücksichtigt!) werden, als Gruppe eigene Anliegen und Interessen zu artikulieren oder auch eigene Lebensweisen und -stile zur Geltung zu bringen. „Diversity" verweist gleichzeitig auf die Grenze(n) einer solch kollektiven Basis, denn das Bewusstsein von „diversity" beinhaltet auch ein Nachdenken über problematische Homogenisierungsprozesse.

Im Zusammenhang mit der Rede (und Anerkennung) von „diversity" darf die Konfliktdimension, die mit Verschiedenheit(en) gesellschaftlich verbunden ist, jedenfalls nicht vernachlässigt werden. Denn durch alles hindurch zieht sich die brennende Frage: Wie können sowohl soziale Ungleichheit als auch Diskriminierung begrenzt und letztlich aufgehoben werden?

Leseempfehlungen

- Gildemeister, R.: Doing Gender. Soziale Praktiken der Geschlechterunterscheidung; in: Becker, R., und Kortendiek, B. (Hg.), Handbuch Frauen- und Geschlechterforschung, 3. Aufl. Wiesbaden 2010, S. 137–145
- Walgenbach, K.: Heterogenität – Intersektionalität – Diversity in der Erziehungswissenschaft, Opladen und Toronto 2014

Susanne Maurer

Bildung – Bildungsarbeit

Dieser Beitrag beginnt mit einer Anekdote aus meiner Zeit als Schulsozialarbeiter an einem Gymnasium in Berlin. Es war der Montag nach den Anschlägen vom 13. November 2015 in Paris, bei dem Anhänger des Islamischen Staates (IS) Attentate im 10. und 11. Arrondissement sowie im Vorort Saint-Denis verübten. Die erste Stunde war noch nicht ganz vorüber, als es an der Tür unseres Büros klopfte und der Schüler Marouf aus einer der achten Klassen vor der Tür stand. Er wurde aus dem Französischunterricht geworfen, weil er sich während der Schweigeminute danebenbenommen hätte, erklärte er auf meine Frage nach dem Grund seines Besuchs während der Unterrichtszeit. Ich fragte ihn, warum er gestört hatte, und es entwickelte sich ein Gespräch, in dessen Verlauf sich nach anfänglichen Rechtfertigungen der Ärger Luft machte, der vielleicht nicht maßgeblich zu der Störung beigetragen hatte, aber ganz bestimmt zur Eskalation in der anschließenden Konfrontation mit der Lehrkraft. Denn auf die Ermahnung der Lehrerin reagierte er wütend und es viel der Satz „Ich scheiße auf die Menschen in Paris". Woher kam dieser Ärger, der den Schüler zu einer solchen Äußerung bewegte? Nun, es stellte sich heraus, dass dieser aus dem Libanon stammende Schüler nicht verstehen konnte, dass für die Opfer der Terroranschläge von Paris das Brandenburger Tor in den Farben der Trikolore angestrahlt wurde und eine schulweite Schweigeminute erfolgte, während über den Anschlag im Libanon einen Tag vorher niemand sprach.

Der Fall aus dem Schulalltag, der reflexiver Bezugsrahmen für die Frage der Bildung in der Sozialen Arbeit sein soll, eignet sich dafür besonders gut, weil er auch – und vordergründig – ein Fall von Sozialer Arbeit *in* Bildung ist, also dem Handlungsfeld der Schulsozialarbeit entspringt, wenn unter Bildung (zunächst) das Schulsystem verstanden wird. Der Bildungsbegriff ist nicht eindeutig definiert und je nach zugrunde gelegter Definition ist Bildung in der Sozialen Arbeit von unterschiedlicher Relevanz. Das humanistische Bildungsideal *Alexander von Humboldts* (1769–1859) interpretiert Bildung als „Prozess der andauernden Welterweiterung" (Bock 2008, S. 95) und verortet diesen Prozess im Subjekt (▸ **Subjekt- und Ressourcenorientierung**). Bildungsprozesse vollziehen sich damit also im Verhältnis des Individuums zu seiner Umwelt. Das aktive Ins-Verhältnis-Setzen von Innen (Subjekt) und Außen (Umwelt) ist verbindendes Element des erziehungswissenschaftlichen Diskurses zum Bildungsbegriff, es findet sich auch bei Klafki, der als wichtiger Vertreter des Bildungsbegriffs der Gegenwart gilt (vgl. Koller 2017, S. 93ff.). Die hier genannten Autoren unterscheiden sich in ihren vorgeschlagenen Strategien, wie Bildungsprozesse initiiert werden können. Während bei Humboldt vor allem die Beschäftigung mit fremden Kulturen und Sprachen im Rahmen einer Allgemeinbildung Bildungsmöglichkeiten eröffnet und die Persönlichkeitsbildung im Mittelpunkt steht, gerät bei Klafki die gesellschaftliche Dimension von Bildung in den Fokus. Epochale Schlüsselprobleme der ▸ **Gesellschaft** und die Beschäftigung damit bieten Spannungsverhältnisse zwischen Individuum und Welt, die Bildungsprozesse initiieren (können). Bildung verfolgt damit (auch) ein normatives Ziel – die Verbesserung der Gesellschaft (vgl. ebd., S. 113). Schule (und auch die Hochschulen und Universitäten im Zuge der Bologna-Reformen) ist als institutionalisierter Raum für Bildung (das Bildungssystem) stark formalisiert und curricular strukturiert. Die Lerngegenstände werden in Fächer unterteilt und in Lehrplänen strukturiert und nehmen selten individuelle Bildungsprozesse in den Blick. Die formale Bildung in Form des dreigliedrigen Schulsystems erfüllt neben der Sozialisationsfunktion eine Selektions- und Allokationsfunktion – sie sortiert die Schülerinnen und Schüler, abhängig von ihren schulischen Leistungen auf verschiedene Schulformen, die zu verschiedenen Schulabschlüssen führen und unterschiedliche Grade an Freiheit der (beruflichen) Lebensgestaltung ermöglichen. Sie führt damit zur Reproduktion von Ungleichheit – denn Schulerfolg ist nach wie vor maßgeblich von der sozialen Herkunft abhängig, wie auch die jüngste PISA-Studie bestätigte (vgl. Reiss u.a. 2019, S. 9). Eine Reaktion auf den PISA-Schock war und ist die in Gang gesetzte Debatte um die Ganztagsschule/-bildung. Im Rahmen des Ausbaus von Ganztagsschulangeboten hat auch die Soziale Arbeit vermehrt ihren Weg in die Institution Schule in Form des Handlungsfeldes Schulsozialarbeit und damit die formale Bildung gefunden und soll hier kurz diskutiert werden.

Soziale Arbeit als Teil der formalen Bildung

Die Soziale Arbeit ist Gast im Hause der formalen Bildung, in der die Vermittlung von Weltwissen im Vordergrund steht, d.h. die Vermittlung von Wissen und Wissensanwendungskompetenzen, aufgefächert in einzelne Fächer und Wissenschaftsdisziplinen, streng curricular aufgebaut und formalisiert. Soziale Arbeit an Schulen (Schulsozialarbeit) als relativ neues Arbeitsfeld ist in der Regel für die Gewährleistung von möglichst reibungslosen Abläufen des Schulalltags mitverantwortlich und soll eine Reihe von weiteren Aufgaben im System Schule übernehmen, z.B. die Betreuung von Schülerinnen und Schülern im Mittagsband, niedrigschwellige Beratung und das Schaffen von Angeboten im Rahmen des Ganztages, wie Arbeitsgemeinschaften und Ähnlichem. Dabei ist die Schulsozialarbeit ein Angebot der ▸ **Kinder- und Jugendhilfe** am Ort Schule und damit den allgemeinen Grundsätzen und Handlungsprinzipien der Kinder- und Jugendhilfe verpflichtet (vgl. Speck 2014, S. 83). Sie bildet damit eine Schnittstelle zwischen zwei Institutionen und die engste Form der Kooperation ab. Als Gemeinsamkeit haben beide Institutionen die Zielgruppe der Kinder und Jugendlichen (▸ **Kindheit und Jugend**), den pädagogischen Auftrag und wachsende pädagogische Herausforderungen, sie unterscheiden sich jedoch elementar in ihrer Funktion und in inhaltlichen Schwerpunkten, methodischen Zugängen und dem Grad der Freiwilligkeit der Teilnahme (vgl. ebd., S. 117 f.). Die Ausgestaltung der Angebote ist dabei schulspezifisch und wird aus dem Bedarf der Schule entwickelt. Festzuhalten ist, dass einige der Angebote den klassischen Handlungsfeldern Sozialer Arbeit entsprechen, die Freiwilligkeit der Teilnahme betonen und damit wenig mit der Begriffsdefinition (formaler) Bildung zu tun haben. Dagegen werden Arbeitsgemeinschaften u.a. im Rahmen der für die Schüler und Schülerinnen verpflichtenden Ganztagsschule aber zu Pflichtelementen der Schule und können damit als formale Bildungsangebote interpretiert werden. In ihrer Ausgestaltung folgen sie jedoch häufig Prinzipien der nonformalen Bildung.

Soziale Arbeit als nonformale Bildung

Während das schulische Bildungssystem durch Gesetze als unmittelbarer Rechtsanspruch umgesetzt wird (▸ **Recht**) und, mit Ausnahme einiger Privatschulen, zentralisiert und in öffentlicher Trägerschaft, sind viele Aufgaben der Sozialen Arbeit im Rahmen des Subsidiaritätsprinzips strukturiert durch die Trennung von Gesetzesanspruch und Realisierung durch freie Träger (▸ **Organisation Sozialer Arbeit**). Damit einher geht eine vielfältige Ausgestaltung von konkurrierenden Angeboten, die unübersichtlich und nicht formalisierbar sind, dabei aber auch ein hohes Maß an Flexibilität und damit bedarfsgerechter Angebote ermöglichen (vgl. Thiersch 2008, S. 247).

Soziale Arbeit schafft also auch am Ort Schule Gelegenheitsstrukturen, in denen nonformale Bildungsprozesse realisiert werden können, ohne dabei diese Bildungsprozesse zum Hauptgegenstand der Arbeit zu machen und diese zu formalisieren. Dabei unterscheiden sich die Handlungsfelder der Sozialen Arbeit in ihrer Nähe zu formalisierten Bildungsprozessen – so ist das soziale Lernen in der erlebnispädagogischen Arbeit mit Kindern und Jugendlichen mit seinen Methoden, wie kooperativen Übungen, und der Reflexion dichter an einer Unterrichtsstunde, also an didaktischen Prinzipien, als ein Beratungsgespräch. Dennoch bleiben beide Settings situativ:

- Es kann in dem ersten Setting nur ungefähr im Voraus festgelegt werden, welche Bildungsprozesse ermöglicht werden.
- In dem zweiten Setting ist das (insbesondere im Rahmen einer Erstberatung) noch offener.
- Genau diese Offenheit ist die große Herausforderung, aber auch die große Stärke der Sozialen Arbeit als Bildung. In den aktuellen Diskursen zur inklusiven Bildung wird diese Offenheit aufgegriffen. Im Bereich der Kindheitspädagogik, aber auch in reformpädagogischen Schulkonzepten wie dem von Montessori wird ein Bildungsbegriff aufgegriffen, der ganzheitlich ist und die Selbsttätigkeit in den Mittelpunkt stellt.

Soziale Arbeit als Bildungsarbeit

Was hat nun der beschriebene Fall mit der Frage zu tun, was Bildung mit Sozialer Arbeit verbindet? Die Antwort bleibt abhängig von der Bildungsdefinition, die zugrunde gelegt wird. Im Rahmen der schulischen und damit formalisierten Bildung wurde Marouf, der den geplanten und didaktisch aufbereiteten Fachunterricht störte, des Settings (Unterricht) verwiesen. Durch diesen Ausschluss wurde ihm also Teilhabe an der (schulischen) Vermittlung von Weltwissen verwehrt. Im Rahmen des Gesprächs wurde deutlich, warum Marouf störte und welche Motivation hinter der Eskalation steckte – die Empörung über Unterschiede in medialer Aufmerksamkeit und gesellschaftlicher Betroffenheit in Bezug auf Akte der Gewalt gegenüber der Zivilbevölkerung in Abhängigkeit von geographischer und kultureller Nähe –, und es entwickelten sich Fragen der eigenen Zugehörigkeit und Perspektive. Hier hätte – um auf Klafki zurückzukommen – die Bearbeitung eines epochalen Schlüsselproblems der Gesellschaft (die Pluralisierung von Lebensformen) Bildungsprozesse im Unterricht ermöglichen können und die Chance geboten, sich in die Perspektive der anderen hineinzuversetzen. Hier geht es um einen Bildungsbegriff, der für diesen Fall von Bedeutung ist. Bildung ist für *Peter Bieri* unter anderem historisches Bewusstsein und bedeutet, dass man sich bewusst wird über die Zufälligkeit der eigenen Geburt in ein gesellschaftliches System, eine Kultur und soziale Schicht – gebildet sein heißt hier: „Wissen um die Vielfalt, Respekt vor dem Fremden, Zurücknahme von anfänglicher Überheblichkeit" (Bieri 2008, S. 17). In Maroufs Fall wurde im Unterricht eine Gelegenheit verpasst, einen Bildungsprozess anzustoßen, der für ein vertieftes interkulturelles Verständnis hätte sorgen und zu einem Dialog zwischen ihm und der Lehrerin hätte führen können. In diesem Dialog lag die Chance, zu erkennen, dass Marouf und die Lehrerin eine ähnliche Motivation für ihr resolutes Handeln hatten: Der Schüler in seiner heftigen Reaktion auf die Ermahnung und die Lehrkraft in der Suspendierung vom Unterricht haben unter Umständen so reagiert, weil sie persönlich betroffen waren, die Französisch-Lehrerin naheliegender Weise mehr beeindruckt von den Anschlägen in Paris, Marouf mit dessen familiären Wurzeln im Libanon dagegen in besonderer Weise von den Anschlägen in Beirut am Tag davor.

Hier wird die Stärke der Sozialen Arbeit auch in anderen Handlungsfeldern für Bildungsprozesse, die über die Vermittlung von reinem Weltwissen hinausgehen, deutlich – im Mittelpunkt stehen weder ein Rahmenlehrplan noch festgeschriebene Bildungsziele, sondern die soziale Interaktion mit Menschen:

- In der formalen Struktur des Unterrichts wurde das Schülerhandeln als Störung abgetan und Marouf reagierte auf die Ermahnung nicht mit einer Erklärung seines Verhaltens.
- Ein Dialog kam erst in dem wenig strukturierten Setting der Sozialen Arbeit (Schulsozialarbeit) zustande, und es konnte situativ gearbeitet werden. (Den

Ärger des Schülers konnte ich verstehen, hatte ich doch selbst keine gute Erklärung für das von ihm erlebte Gefühl der Ungleichbehandlung und Ungerechtigkeit; ich konnte ihm aber auch verdeutlichen, warum seine Äußerung eventuell gerade für eine Französischlehrkraft, die eventuell sogar in Paris studiert hat, dort Familie oder Freunde hat, schwer zu ertragen ist [▸ **Verstehen**].)

Bildungsprozesse im Rahmen von Sozialer Arbeit sind nie garantiert und deren Einleitung ist maßgeblich von der Haltung der Sozialarbeiterin bzw. des Sozialarbeiters abhängig. Auch hier soll Bieri mit seiner Definition von Bildung gefolgt werden, denn gebildet zu sein bedeutet „zu wissen, was der Fall ist, und zu verstehen, warum es der Fall ist" (ebd., S. 13). Der Bildungsprozess in unserem Fall wird nur möglich, weil in der Verhandlung mit dem Schüler ein tieferes Verständnis für die Situation oder den Fall ermöglicht wird. Würde das Verhalten Maroufs als reine Provokation abgetan und keine Erklärung für sein Verhalten eingefordert werden, dann wäre eine reine erzieherische Maßnahme (eine Sanktion oder eine moralisierende Ansprache) zustande gekommen, ohne einen fruchtbaren Dialog zu ermöglichen, in dessen Verlauf beide Gesprächspartner etwas lernen können. Soziale Arbeit als Bildungsarbeit ist damit immer auch der „sensible Umgang mit Nicht-Wissen" (vgl. Müller 2017, S. 107 ff.) – die Bereitschaft des Sozialarbeiters/Pädagogen also, Arbeitshypothesen, die das Verhalten Maroufs erklären (z. B. die Deutung des Verhaltens als Provokation) als solche ernst zu nehmen, aber auch ihre Vorläufigkeit und Unbestimmtheit ernst zu nehmen und im gemeinsamen Gespräch zu evaluieren – die Bereitschaft, sich auf die Lebenswelten und Perspektiven der Adressaten von Sozialer Arbeit einzulassen (▸ **Lebenswelt und Alltag**), sie in ihrer Funktionslogik anzuerkennen und in Dialog zu treten – um dem Gegenüber die Möglichkeit zu geben, sich in andere Perspektiven hineinzuversetzen und damit Bildungsprozesse zu initiieren.

Leseempfehlungen

- Müller, B.: Sozialpädagogisches Können. Ein Lehrbuch zur multiperspektivischen Fallarbeit, 8. Aufl. Freiburg/Brsg. 2017
- Thiersch, H.: Bildung und Soziale Arbeit; in: Otto, H.-U., und Rauschenbach, T. (Hg.), Die andere Seite der Bildung, 2. Aufl. Wiesbaden 2008, S. 237–252
- Züchner, I., und Rauschkolb, J.: Schulsozialarbeiterinnen/-sozialarbeiter und Schulpsychologinnen/-psychologen; in: Harring, M., Rohlfs, C., und Gläser-Zikuda, M. (Hg.), Handbuch Schulpädagogik, Münster und New York 2018, S. 383–392

Max Haberstroh

Integration und Inklusion

Vitali K. (39) kommt 1986 im Alter von sechs Jahren mit seinen Eltern aus der damaligen Sowjetunion nach West-Deutschland. Die Familie stammt von deutschen Auswanderern ab und nutzt, wie zwischen 1980 und 1989 fast eine Million weiterer sogenannter Spätaussiedler, die Möglichkeit der Migration in die Bundesrepublik. Vitali lernte bereits in seiner Kindheit die deutsche Sprache und hatte von seiner Einschulung an keine Probleme, dem Unterricht zu folgen. Seinen Eltern gelang es durch Kontakte zu anderen Spätaussiedlern recht schnell, Wohnung und Arbeit zu finden.

Kurz nach seiner Heirat, im Alter von 25 Jahren, wird bei Vitali zum ersten Mal eine Depression diagnostiziert. Nach einer mehrmonatigen stationären Behandlung gelingt ihm der Weg zurück zu Frau und Beruf noch recht problemlos. Aus der Beziehung gehen zwei Kinder hervor. Nach mehreren wiederkehrenden Erkrankungsphasen verliert Vitali K. im Alter von 33 Jahren seine Arbeitsstelle durch die Schließung seines Betriebs. Trotz intensiver Bemühungen hat er bis heute keine neue Arbeitsstelle gefunden. Er lebt seit zwei Jahren von seiner Frau und den Kindern getrennt. Seinen Lebensunterhalt bestreitet er durch Leistungen der Grundsicherung für Arbeitssuchende (SGB II).

Integration

In den meisten Fällen gelingt Migration. Migration ist nicht automatisch ein „Fall“ für die Soziale Arbeit. Wie bei der Migration in der Kindheit von Vitali K. können sich Migranten durch informelle Leistungen (soziale Netzwerke), staatliche Geldleistungen (z. B. Fürsorgeleistungen) oder Rechtsansprüche (z. B. die Erlaubnis, eine Arbeit aufzunehmen [► **Recht**]) in die aufnehmende ► **Gesellschaft** integrieren.

Der Begriff der Integration nahm in der sozialpolitischen Diskussion der Bundesrepublik seinen Ausgang in der Bewältigung der Migrationswellen nach dem 2. Weltkrieg. In den 1950er Jahren wurden mehrere Millionen sogenannter „Flüchtlinge“ aus den ehemaligen deutschen Ostgebieten in West- und Ostdeutschland integriert. Gefolgt wurde diese Gruppe von den Gastarbeitern der 1960er Jahre und den Spätaussiedlern der 1980er und 1990er Jahre. Die sozialpolitische Aufgabe der Integration bestand primär in der Eingliederung der Migranten in Arbeits- und Wohnungsmärkte sowie der Integration der Kinder in das Bildungssystem. Nur bei Personen, Gruppen oder Gemeinwesen, bei denen die sozialpolitischen Maßnahmen an ihre Grenzen stießen, wurde die Integration von Migranten auch zum Thema professioneller Sozialer Arbeit. Wendet man nun das bis hier Gesagte auf Vitali K. an, so kann gesagt werden: In der ersten Phase von Vitali K.s Leben gelang seine Integration in den Staat Bundesrepublik Deutschland aufgrund der hier geltenden rechtlichen Möglichkeiten der Migration für Menschen deutscher Abstammung. Die Integration ins Bildungssystem basierte einerseits auf der Schulpflicht, die für deutsche Staatsbürger gilt, und gelang andererseits problemlos aufgrund seiner sprachlichen Fähigkeiten. Die Integration von Vitali K. in die deutsche Gesellschaft erfolgte problemlos und war insoweit auch kein „Fall“ für die Soziale Arbeit.

Integration ist kein fest definierter Begriff, wie alle sozialpolitisch relevanten Begriffe unterliegt Integration je nach Kontext einer Bandbreite von Definitionen. Soziale Integration kann von einer sehr formalen Sicht (integriert ist, wer über Arbeit und Wohnung verfügt) bis zu sehr komplexen Definitionen reichen (integriert ist, wer über die vollen bürgerlichen Rechte verfügt, am kulturellen und politischen Leben teilnimmt und die Werte oder gar Religion der Mehrheitsgesellschaft teilt). Der Integrationsbegriff kann zudem auch auf Gruppen an den Grenzen der Mehrheitsgesellschaft angewendet werden: Die Integration von Menschen mit Behinderungen, die Integration von Langzeitarbeitslosen oder die Integration eines ganzen Staatswesens nach dem Fall der Mauer 1989 sind solche Beispiele.

Eine Soziale Arbeit im Sinne der Integration unterstützt bei der Veränderung und Anpassung des Individuums an eine gesellschaftliche Normvorstellung.

Inklusion

Inklusion hat ebenso wie Integration eine sozialpolitische Herkunftsgeschichte. Der Begriff Inklusion war im deutschen Sprachraum bis zur Ratifizierung der UN-Konvention über die Rechte von Menschen mit Behinderungen (UN-BRK) im Jahr 2009 kaum bekannt. Seit dieser Zeit hat der Inklusionsbegriff eine höchst kontroverse Karriere erlebt. Inklusion wurde zum Leitbegriff einer sozial- und bildungspolitischen Debatte um die Teilhabe von Menschen mit Behinderungen. Besondere Aufmerksamkeit erhielt Inklusion im Bereich des Bildungssystems, in dem in Deutschland seit dem 19. Jahrhundert in Regelschulen und Schulen für Menschen mit Behinderungen unterschieden wird. Inklusion wurde hier zur Leitidee einer sog. „Schule für alle“, in der die Trennung zwischen Sonder- und Regelschulen aufgehoben werden soll. Weniger von öffentlicher Aufmerksamkeit (und elterlichem bzw. pädagogischem Furor) begleitet ist die Aufgabe einer inklusiven Gesellschaft, die sich aus der UN-BRK ebenfalls ableiten lässt. Eine inklusive Gesellschaft ermöglicht Menschen mit Behinderungen die barrierefreie und selbstbestimmte Teilhabe am öffentlichen Leben, im Nahverkehr, im Arbeitsleben, an Hochschulen, im Gesundheitswesen u. v. m. Wesentlich ist hier der Perspektivwechsel zwischen Integration und Inklusion. Integration erwartet die Anpassungsleistung vom Individuum (sich integrieren), während Inklusion die Anpassungsleistung von der Gesellschaft (inkludiert werden) erwartet.

Eine Soziale Arbeit aus dem Verständnis der Inklusion akzeptiert zunächst die Lebenssituation und die Fähigkeiten von Vitali K. Sie fragt nach dessen

Lebensentwurf und den Zielen – z. B. der Aufnahme einer regelmäßigen Arbeit. Daraus leitet sich die Aufgabe ab, bei möglichen Arbeitgebern für Akzeptanz zu werben, die für die Situation eines Menschen mit chronischen psychischen Erkrankungen notwendig ist. Soziale Arbeit würde hier versuchen, Hilfen und Unterstützungssysteme für Vitali K. zu aktivieren, um den Alltag aus seiner Sicht gelingen zu lassen.

Betrachtet man nun das sozialpolitische Verständnis professioneller Sozialer Arbeit, so zeigen sich folgende Unterschiede zwischen Integrations- und Inklusionsperspektive. Eine Soziale Arbeit im Sinne der Integration unterstützt bei der Veränderung und Anpassung des Individuums an eine Normvorstellung. Eine Soziale Arbeit im Sinne der Inklusion arbeitet als Anwalt eines Individuums und vermittelt zwischen den Fähigkeiten des Individuums und der Anpassungsbereitschaft der Akteure der Mehrheitsgesellschaft.

Für Vitali K. könnte dies Folgendes bedeuten: Eine Soziale Arbeit aus dem Verständnis der Integration würde fragen, welche Hilfe Vitali K. benötigt, um die Normen des Arbeitsmarktes zu erfüllen. Sie hilft Vitali K., um wieder in ein Regelarbeitsverhältnis zu kommen. Sie würde sich in den Dienst der Psychiatrie stellen, die an der Gesundwerdung und Wiederherstellung der Arbeitsfähigkeit von Vitali K. arbeitet.

Wie kann eine sozialwissenschaftliche Theorie von Inklusion bei der Analyse des Falls helfen?

In die sozialwissenschaftliche Theoriebildung wurde der Begriff Inklusion u. a. durch *Niklas Luhmann* (1981) in seiner Analyse des Wohlfahrtsstaats eingeführt. Er definierte Inklusion als Ziel moderner Wohlfahrtsstaaten, deren Bürgerinnen und Bürger in alle Funktionssysteme, wie Arbeit, Freizeit, Wohnen, Politik, Kultur, Sport etc. teilhaben und teilnehmen können. Er basiert auf einer systemtheoretischen, konstruktivistischen Sicht als Theorie der Gesellschaft. Der gemäß besteht die Gesellschaft aus sozialen Systemen.

Umgangssprachlich würde man zwar sagen, dass Vitali K. von der sowjetischen (sozialistischen) Gesellschaft in die deutsche (kapitalistische) Gesellschaft migriert ist – aus systemtheoretischer Sicht kann jedoch festgehalten werden, dass Herkunfts- und Zielland als funktional-differenzierte Gesellschaften zu bezeichnen sind und nach den gleichen Prinzipien funktionieren. Moderne Gesellschaften sind „funktional differenziert", d. h. für bestimmte Aufgaben und wiederkehrende Probleme dieser Gesellschaften haben sich spezialisierte Funktionssysteme entwickelt. Das Rechtssystem zur Stabilisierung von Erwartungen an die Zukunft, das Wirtschaftssystem zur Bewältigung des Knappheitsproblems von Gütern, das Erziehungssystem zur Befähigung der nachwachsenden Generation oder das politische System zur Herstellung kollektiv verbindlicher Entscheidungen. Während es in vormodernen Gesellschaften selbstverständlich schon Sorgetätigkeiten (Aufsicht und Anleitung von Kindern) gab, werden diese in funktional-differenzierten Gesellschaften in Funktionssystemen (z. B. der Sozialen Arbeit) und Organisationen (z. B. Kindertagesstätten) bewältigt und professionalisiert (▸ **Organisation Sozialer Arbeit**). Soziale Arbeit wird insbesondere dort tätig, wo informelle Hilfen, staatliche Geldleistungen und Rechtsansprüche an ihre Grenzen stoßen.

Basierend auf dem sozialstaatlichen Ziel umfassender Inklusion (▸ **Sozialstaat**) kann aus Sicht der Theorie Sozialer Systeme gefragt werden, welche Barrieren für die Teilnahme und Teilhabe an den unterschiedlichen Systemen für Vitali K. vorhanden sind. Da kein System als Selbstverständlichkeit behandelt wird, kann auch nicht einseitig das Thema „Arbeit" fokussiert werden. Gesellschaftliche Teilhabe wird umfassend konzipiert und alle Bereiche möglicher Inklusion können Gegenstand der Beobachtung werden: Familie, Freizeit, ▸ **Bildung**, Wirtschaft etc. In allen Systemen bestehen Voraussetzungen/Barrieren für Inklusion. Insoweit kann nun aus Sicht der Sozialen Arbeit untersucht werden, an welchen Stellen die mögliche Exklusion aus Sozialen Systemen die gesellschaftliche Teilhabe und Selbstbestimmung von Vitali K. besondere Bedeutung hat und sein Leben in relevanter Weise beeinträchtigt. Möglicherweise ist für Vitali K. die Teilhabe an seinem Familienleben und der Kontakt zu seinen Kindern von höherer Relevanz als die Wiederaufnahme einer Berufstätigkeit. Ebenso kann Soziale Arbeit unterstützend tätig werden, um Zugang zu Ressourcen wie Geld oder Recht zu ermöglichen, die bei der Stabilisierung von Vitali K.s Leben beitragen können.

Leseempfehlungen

- Bommes, M., und Scherr, A.: Soziologie der Sozialen Arbeit. Eine Einführung in Formen und Funktionen organisierter Hilfe, Weinheim und München 2000
- Heimlich, U., und Kiel, E. (Hg.): Studienbuch Inklusion, Stuttgart 2019
- Wansing, G.: Der Inklusionsbegriff zwischen normativer Pragmatik und kritischer Perspektive; in: Archiv für Wissenschaft und Praxis der Sozialen Arbeit 3/2013, S. 16–27

Sascha Weber

Recht(e)

Lena, ein 17½-jähriges Mädchen, wendet sich an das Jugendamt. Sie ist im dritten Monat schwanger, hat sich mit ihren Eltern, bei denen sie bis vor kurzem wohnhaft war, verstritten, und lebt nach ein paar Tagen auf der Straße nun seit zwei Wochen gemeinsam mit einer Freundin in deren Ein-Zimmer-Wohnung. Das ist jedoch kein Zustand, und so bittet Lena das Jugendamt um Hilfe. Sie hat davon gehört, dass man beim Jugendamt bis zum 21. Lebensjahr professionelle Hilfe beantragen kann, die einen bei der Verselbständigung unterstützt, und dass es auch besondere Möglichkeiten der Unterbringung und Unterstützung für junge Mütter mit Kindern gibt. Die Mitarbeiterin vom Jugendamt gibt ihr nun jedoch die Auskunft, dass es ihr zwar sehr leid tue, aber dass es da keine Möglichkeit geben würde. Schließlich sei sie fast 18 Jahre alt. Da sei entweder das Job-Center (U 25) oder die Wohnungshilfe des Sozialamtes zuständig. Dort kriege sie in ihrer Lage persönliche Hilfe und finanzielle Unterstützung. Finanzielle Unterstützung allein ist eigentlich nicht das, was Lena sich vorgestellt hatte.

Sie hatte gehofft, dass ihr auch jemand dabei helfen könnte, die nächsten Schritte bis zur Geburt des Kindes zu unternehmen: eine Wohnung finden, einen Nebenjob finden – oder trotz Kind noch den Realschulabschluss nachholen? –, den Alltag mit Kind organisieren, Erziehungsratschläge einholen etc. Dafür hätte sie gerne jemanden gehabt, der/die sie beratend und mit einer helfenden Hand unterstützen kann. Aber wenn die Frau vom Jugendamt sagt, da gibt es nichts … Die muss es ja wissen!

Gemeinsam ist dem Recht und der Soziale Arbeit, dass sie sich mit gesellschaftlichen Problemlagen (▸ **Gesellschaft**) befassen und ein gemeinsames Anliegen haben, individuelle, soziale und gesellschaftliche Problemlagen positiv zu beeinflussen. Insbesondere verfolgt Soziale Arbeit – auch mit den Mitteln des Rechts – das Ziel der Beachtung der Menschenrechte, insbesondere der Grundrechte des Grundgesetzes, der Sicherung einer menschenwürdigen materiellen Existenz, der Förderung der Selbstbestimmung und gesellschaftlichen ▸ **Integration und Inklusion** sowie der Ausübung des sogenannten staatlichen Wächteramtes im Rahmen des Kinderschutzes (Art. 6 Abs. 2 GG).

Den rechtlichen Bezügen kommt deshalb grundsätzlich in der Ausbildung der Sozialen Arbeit/Sozialpädagogik große Bedeutung zu, weil eine Eindimensionalität, die die rechtlichen Bezüge den Jurist*innen überließe, nicht ausreichend wäre, angemessen klientenorientiert arbeiten zu können. Zu einer fachlichen Sozialarbeitskompetenz gehört daher unverzichtbar eine rechtliche Handlungskompetenz bezogen auf das Handeln von (zivilrechtlichen) Streitparteien, auf den Umgang mit strafrechtlichen Vorwürfen, polizeilichem/staatsanwaltlichem Ermittlungshandeln und prozessualen Vollstreckungsmaßnahmen, auf behördliches Verwaltungshandeln und gerichtliche Prozesse und Entscheidungen.

Im Beispiel ist das sozialrechtliche Wissen über die sachliche Zuständigkeit (§ 27 SGB I, § 8 Abs. 2 SGB VIII) und die möglichen jugendhilferechtlichen Anspruchsberechtigungen von schwangeren Minderjährigen (ggfls. §§ 19, 27 ff. SGB VIII) relevant. Darüber hinaus ist von besonderer Bedeutung, dass Lena eine zugewandte Person mit sozialpädagogischer Kompetenz findet (insbesondere bei den Fachkräften des Jugendamtes), die in der Lage ist, ihr zuzuhören, sie zu verstehen und mit ihr interaktiv Lösungen zu suchen und zu finden (▸ **Verstehen**).

Allerdings sind die Erwartungen von Studierenden an die Bedeutung des Rechts allgemein und in der sozialarbeiterischen Ausbildung (▸ **Ausbildung und Beruf**) zu meist zwiespältig: Nicht wenige Auszubildende in der Sozialen Arbeit treten den Rechtsseminaren mit einem Unbehagen gegenüber, als wäre Recht Inbegriff einer inakzeptable Formalisierung vitaler Lebensumstände und Lebenslagen von Klienten der Sozialen Arbeit, also ohne Verständnis der eigentlichen Dynamiken fern des „formalen Krams" im Einzelfall; andere Studierende überhöhen geradezu mit ihren Erwartungen an das Recht deren Bedeutung, indem dem Regelwissen und dessen normative Kraft zu umfassende Funktionen zur Problem- und Konfliktbewältigung von Klienten zugeschrieben werden.

Entwicklungen der Verrechtlichung

Mit der Entwicklung des ▸ **Sozialstaats** war seit den 1970er Jahren eine schnell wachsende Zunahme rechtlicher Regulierungen verbunden. Damit einher gingen verschiedene Aspekte der Verrechtlichung, die sich auf die Strukturen, Arbeitsfelder und Handlungsoptionen Sozialer Arbeit auswirkten:

- als *Vergesetzlichung* von Situationen, die bis dahin in Verwaltungsbestimmungen geregelt waren, wie z. B. das sogenannte besondere Gewaltverhältnis, welches dem Staat trotz Geltung des Grundgesetzes auf ungesetzliche Weise Eingriffe in die Grundrechte der Bürger erlaubte – etwa im Strafvollzug, in der Psychiatrie, in der Schule, in der ehemaligen Heimerziehung;
- als *Vergerichtlichung* sozialer Konfliktaustragung, die sich zunehmend auf die Gerichte verlagerte (z. B. das Bundesverfassungsgericht als Schiedsrichter politischer Auseinandersetzungen wie im Falle der Schwangerschaftsunterbrechung, vgl. BVerfGE 39, 1 ff.);
- als *rechtliche Regelung neuer Sachverhalte* bzw. Schaffung von Rechtsansprüchen, die dazu beitrugen, dass soziale Probleme vornehmlich auf deren rechtliche Beantwortung beschränkt werden (könnten) (vgl. Kreft/Münder 1994, S. 24 ff.).

Ob die Verrechtlichung jeweils positiv gewollt (z. B. straffreie Zulässigkeit des Schwangerschaftsabbruchs) oder skeptisch kritisiert wird (z. B. mit der Behauptung, dem Staat würden ordnungspolitische Freiheiten genommen werden), ist eine Frage der Interessenslage und des jeweiligen (gesellschaftspolitischen) Inhalts. Hierbei wird öffentlich bisweilen heftig über den Inhalt von Rechtsnormen gestritten in der Erwartung, sie würden ein hohes Maß an Klarstellung, Berechen- und (individuelle) Durchsetzbarkeit begründen, jedoch nimmt das Maß an nicht eindeutigen rechtlichen Regelungen durch Zweckprogramme zu: So wird rechtspolitisch nicht ein eindeutiger Tatbestand mit klarer Rechtsfolge (als Konditionalität), sondern final ein Zweck der Norm formuliert („Personen, bei denen besondere soziale Schwierigkeiten der Teilnahme am Leben in der Gemeinschaft entgegenstehen, ist Hilfe zur Überwindung dieser Schwierigkeiten zu gewähren, wenn sie aus eigener Kraft hierzu nicht fähig sind“, vgl. § 67 Satz 1 SGB XII). Auch sind es nicht selten Generalklauseln, die in ihrer Allgemeinheit eine abstrakte Richtung des Rechts beschreiben (z. B. „Ein Rechtsgeschäft, das gegen die guten Sitten verstößt, ist nichtig“, § 138 Abs. 1 BGB), die ohne Auslegungswissen (z. B. durch Rechtsprechung) praktisch nicht nutzbar gemacht werden können, soziale Lebensverhältnisse mit den Mitteln des Rechts zu gestalten, schon erst recht nicht, besondere soziale Probleme klärend zu lösen (z. B. Pflicht der Eltern, die Personensorge zum „Wohle des Kindes“ auszuüben, vgl. § 1627 BGB).

Rechtliche Kompetenzen

Um rechtliche Kompetenzen in der Sozialen Arbeit nutzen und einsetzen zu können, bedarf es eines strukturellen rechtlichen Wissens über die Zusammenhänge von Recht, Staat und Gesellschaft, um Auseinandersetzungen in den Feldern Sozialer Arbeit einordnen und deren jeweiligen rechtlichen Begründungen verstehen zu können (z. B. Mietrecht und Probleme der Gentrifizierung). In wichtigen sozialen Handlungsfeldern ist darüber hinaus ein rechtliches Detailwissen erforderlich (z. B. ALG-II-Beratung nach dem SGB II), um Zusammenhänge zwischen rechtlichen Fragen und psychosozialen Belastungen im Einzelfall erkennen und interdisziplinär beraten zu können (insbesondere im Arbeitsfeld der Schuldnerberatung in der Sozialen Arbeit). Hilfreich hierbei ist sicherlich, wenn es in der zweiten Hälfte der Ausbildung in der Sozialen Arbeit Schwerpunktbildungen modular angeboten werden, um die Fülle an rechtlichem Detailwissen zu reduzieren bzw. zu konzentrieren (z. B. Jugendstrafrecht, Betreuungsrecht, Schuldnerberatung, Sozialmanagement).

Gegenstände des Rechts der Sozialen Arbeit

Zu den Gegenständen des Rechts in der Sozialen Arbeit gehört – umfassender als das Sozialrecht – jedes Recht, das im weitesten Sinne einen sozialpolitischen Zweck verfolgt; es ist sowohl im öffentlichen Recht als auch im Zivil- und Strafrecht zu finden. Neben den Sozialgesetzbüchern (SGB I–XII) findet sich soziales Recht im Bereich des sozialen Förderungsrechts (BAföG, Bundeselterngeld- und Elternzeitgesetz, Opferentschädigungsgesetz), im Antidiskriminierungsrecht des Bundes (z. B. Allgemeines Gleichbehandlungsgesetz, Bundesgleichstellungsgesetz, Bundesbehindertengleichstellungsgesetz), aber auch in vielen Ländergesetzen, so in den psychiatrischen Unterbringungsgesetzen, den Landesgleichstellungs- und den Heimgesetzen. Hierzu zählen viele Regelungen aus dem Zivilrecht, wie das Familienrecht, der Kündigungsschutz im Wohnraummietrecht oder im Arbeitsrecht, die Verbraucherinsolvenz, der Pfändungsschutz, der Gewaltschutz und die Rechtsinstitute Betreuung und Vormundschaft. Das materielle Strafrecht beinhaltet als „Recht in der Sozialen Arbeit" beispielsweise den Schutz der körperlichen Unversehrtheit, den Kindesschutz und den Schutz der sexuellen Selbstbestimmung. Aber auch im Internationalen Recht sind Ausprägungen des Sozialen Rechts enthalten, wie der UN-Kinderrechtskonvention oder der UN-Konvention über die Rechte von Menschen mit Behinderungen.

Bestandteil des Sozialen Rechts sind – korrespondierend zum materiellen Recht – verfahrensrechtliche Regelungen wie die Mitwirkung im kindschaftsrechtlichen Verfahren, Verfahrenspflegschaft und Verfahrensbeistandschaft. Im Bereich der Strafjustiz bilden diejenigen Normen soziales Recht, die die Aufgaben, Ziele und Rahmenbedingungen der Sozialen Arbeit im Strafverfahren und der Strafvollstreckung regeln, hierzu zählen die Jugendgerichtshilfe, die Bewährungshilfe und die Prozessbegleitung und Beratung von Zeuginnen und Zeugen, die Opfer von Gewalt wurden, aber auch die Betreuung und Resozialisierung von Insassen in Justizvollzugsanstalten und forensischen Kliniken.

Rechtsanwendung

Rechtsanwendung meint die Anwendung einer Rechtsnorm oder von Rechtsnormen auf einen konkreten Lebenssachverhalt. Die meisten Rechtssätze bestehen aus Tatbestand und Rechtsfolge. Wenn der Tatbestand erfüllt ist, dann löst dies in der Regel eine Rechtsfolge aus (Beispiel: § 823 BGB, der eine Schadensersatzpflicht normiert, wenn jemand vorsätzlich oder fahrlässig das Leben, den Körper, die Gesundheit, die Freiheit, das Eigentum oder ein sonstiges Recht eines anderen widerrechtlich verletzt). Die meisten Normen des BGB, aber auch des Sozialrechts sind sogenannte Anspruchsnormen (Anspruch auf Schadensersatz, Anspruch auf Arbeitslosengeld II etc.). Sie beinhalten das Recht, von einer anderen Person ein Tun oder Unterlassen zu fordern (vgl. § 191 BGB). Es gibt aber auch Normen, die keinen Anspruch begründen. Solche Normen bezeichnet man als Hilfsnormen oder als Definitionsnormen. So definiert z. B. § 90 BGB lediglich, was eine „Sache" im Sinne des BGB ist.

Rechtsnormen sind begriffsnotwendig allgemein und abstrakt umschrieben und treffen eine unbestimmte Vielzahl von Fällen. Demgegenüber beinhaltet ein Lebenssachverhalt (z. B. Körperverletzung) immer ein konkretes Geschehen. Das Problem besteht nun darin festzustellen, ob dieser Lebenssachverhalt auch unter eine bestimmte Rechtsnorm passt, denn an sich wird es nie eine Rechtsnorm geben, die genau dieses konkrete Geschehen zwischen zwei Beteiligten einer Körperverletzung erfasst (zu prüfen ist: § 823 BGB, § 223 StGB).

Rechtsanwendung erfolgt regelmäßig in drei Schritten: Feststellung des Sachverhaltes, Ermittlung der anzuwendenden Normen sowie Subsumtion. Die Sachverhaltsfeststellung ist in der Praxis besonders wichtig: Was ist konkret geschehen? Welche Fallfrage ist zu lösen? Die tatsächlichen Umstände sind zu rekonstruieren, denn nur für festgestellte Sachverhalte kann die Rechtsanwendung zu sachgerechten Ergebnissen führen. Der zweite Schritt ist schwieriger. Die Jurist*innen lernen hierzu den allgemeinen Satz: Wer kann was von wem woraus verlangen? Es gilt, die passende Rechtsnorm zur Sachverhaltsfeststellung zu ermitteln. Im dritten Schritt erfolgt die Subsumtion, die eigentliche Rechtsanwendung: Passt der Lebenssachverhalt unter die abstrakt generelle Rechtsnorm? Welche konkrete Entscheidung ergibt sich? Merkmal für Merkmal des Tatbestandes einer Rechtsnorm sind zu prüfen. Die Technik der Subsumtion ist nicht den Jurist*innen vorbehalten, sie ist als Anwendungstechnik auch im Recht der Sozialen Arbeit weitgehend problemlos erlernbar und nützlich anwendbar.

Grenzen sind der Sozialarbeitsausbildung in der Rechtsauslegung z.B. unbestimmter Begriffe gesetzt, wenn es dabei auf die Anwendung juristischer Auslegungsmethodik ankommt. Hierzu werden in der Rechtswissenschaft fünf Werkzeuge angewendet:

- *Historische Auslegung:* Hier wird nach dem historischen Willen des Gesetzgebers gefragt; z.B. Gesetzgebungsmaterialien wie die Bundestags- und Bundesratsdrucksachen bzw. Ausschussprotokolle;
- *Wörtliche oder grammatikalische Auslegung:* Erschließung der Bedeutung eines Begriffes durch Abstellen auf den Wortsinn;
- *Systematische oder logische Auslegung:* Wo steht die Vorschrift im Gesetz, in welcher Umgebung, was ist davor und danach wie geregelt?;
- *Teleologische Auslegung oder Auslegung nach Sinn und Zweck:* Was ist das Ziel der Norm, wozu dient sie speziell? (sog. „ratio legis“);
- *Analogiebildung:* Wird angewandt, wenn es nichts auszulegen gibt, also eine Regelungslücke besteht; hierzu sucht man sich einen ähnlich gelagerten Fall im Gesetz und analysiert, ob die dafür vorgesehene Rechtsfolge übertragbar ist auf die Regelungslücke.

Als Kernkompetenzen der juristischen Ausbildung markieren die Rechtsauslegungsregeln eine deutliche Grenze für die erforderlichen Rechtskompetenzen der Beschäftigten in der Sozialen Arbeit. Man spricht in diesem Zusammenhang von der „Kompetenz zur Kompetenz“ bzw. von der Kompetenz, die Grenzen der eigenen Kompetenz in der Praxis beurteilen zu können. Die sich für den Anwendungsumfang von Recht in der Sozialen Arbeit dort findet, wo die praxisbezogen abverlangte Fachlichkeit der Sozialen Arbeit nicht ihren Schwerpunkt in der Beurteilung rechtlicher Fragen hat, sondern rechtliches Wissen argumentativ in individuellen, sozialen und gesellschaftlichen Diskursen zu nutzen ist (die rechtlich eingesetzte Argumentation wird z.B. nicht mit den Mitteln der Rechtsauslegung hergeleitet). Gleichwohl:

> „Das Recht hat bei der Bearbeitung der meisten sozialen Probleme einen hohen Stellenwert. Recht reduziert Komplexität. Das Eltern ihren Kindern Unterhalt leisten, kann von Rechts wegen erwartet werden und steht nicht in deren Belieben, vorausgesetzt, sie können leisten. Das Recht verheißt nicht nur ein bestimmtes Maß an Verhaltenssicherheit, der ‚Charme' des Rechts ist seine Durchsetzbarkeit" (Gastinger 2010, S. 36).

Das Verfahren und seine interdisziplinäre Verschränkung

Nicht zuletzt kommt dem Verfahrensrecht (z.B. SGB I, SGB X, ZPO, StPO), dem prozeduralen Recht eine wesentliche Bedeutung für die Wahrnehmung und Durchsetzbarkeit von (Sozial-)Recht zu. Ob es eine Generalklausel oder eine tatbestandliche Auslegung einer Norm im Einzelfall ist, erst das Verfahren konkretisiert z.B. die mit der Teilnahme am Leben entstehenden sozialen Schwierigkeiten, das Kindeswohl bzw. deren Gefährdung.

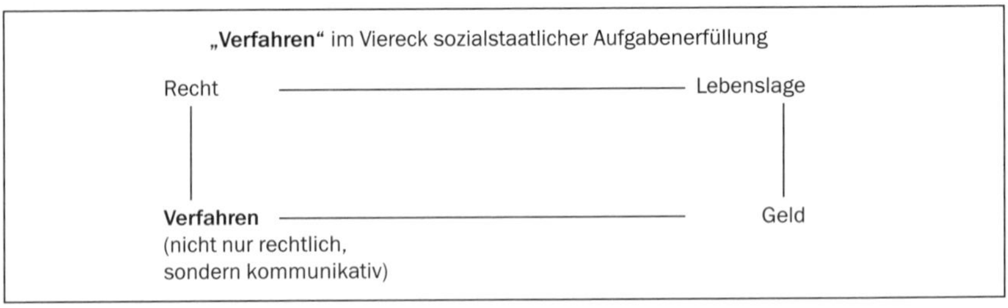

Hierbei ist es gerade die Soziale Arbeit in den letzten 15 Jahren gewesen, die mit der fachpolitisch mittlerweile anerkannten „Ombudschaft in der Kinder- und Jugendhilfe" darauf aufmerksam gemacht hat, dass es in Verfahrensfragen z.B. zu Fragen des rechtlichen Gehörs und des Rechtsschutzes nicht allein auf rechtlich vorgegebene Verfahrenswege ankommt (z.B. Widerspruchsverfahren, einstweiliger Rechtsschutz, Dienstaufsichtsbeschwerde), sondern ebenso auf sozialarbeiterisch begleitete Wege der Interaktion, des Abbaus von Machtasymmetrien (z.B. im Hilfeplanverfahren des Kinder- und Jugendhilferechts [▸ **Macht und Haltung**]). Hierauf kann sich die Ausbildung zum Recht in der Sozialen Arbeit konzentrieren, sich neben dem erforderlichen rechtlichen Detailwissen (z.B. relevante Sozialgesetzbücher) auf Fragen der Stärkung der Leistungsberechtigten im Verwaltungsverfahren zu konzentrieren, damit diese ihre Interessen besser einbringen und notfalls (mithilfe von Beiständen/Bevollmächtigten, vgl. § 13 SGB X) durchsetzen können – denn bekanntlich ist „Recht haben“ und „Recht bekommen“ zweierlei.

Im Beispiel schafft es Lena nicht, sich gegen die Machtasymmetrie der Behörden durchzusetzen, um die ihr zustehenden Leistungsrechte des Sozialrechts zu realisieren. Dritte, gelernte SozialarbeiterInnen mit Kompetenzen im Recht der Sozialen Arbeit (► **Ausbildung und Beruf**), können Lena ermutigen und ihr beistehen, ihre Probleme besser zu bewältigen: mit der Schwangerschaft umgehen, eine Wohnung finden, den Realschulabschluss nachholen können ….

Rechtswirklichkeit und sozialarbeiterisches Handeln

Bei respektvoller Beachtung der Selbstbestimmungsrechte der Adressatinnen und Adressaten der Sozialen Arbeit kann die normative Definitionsmacht des Rechts zu Kollisionen mit den jeweiligen sozialarbeiterischen/sozialpädagogischen Handlungsoptionen führen. Die Arbeitsgemeinschaft für Kinder- und Jugendhilfe (AGJ 2018) hat in einem Positionspapier zum Verhältnis von Recht und Sozialer Arbeit drei Grundannahmen formuliert:

- Ohne die Perspektive der sozialpädagogischen Fachlichkeit lässt sich z. B. das SGB VIII nicht konkretisieren.
- Das Handeln im konkreten Fall kann durch Recht nicht ersetzt werden. Rechtliche Vorgaben begrenzen lediglich bestehende Handlungsunsicherheiten.
- Rechtsnormierungen sind stets selbst durch fachliches Handeln zu füllen.

Um mit einem großen Maß an Verrechtlichung, um mit einer zu weitgehenden Anpassung an rechtliche Vorgaben, um mit den Folgen fachlicher Reflexivität in der Sozialen Arbeit umgehen zu können, bedarf es insbesondere durch die Fachkräfte der Sozialen Arbeit einer (auch ggf. am Recht orientierten) ethisch fundierten Haltung, um ein selbstbestimmtes, der Menschenwürde entsprechendes Leitbild der Adressatinnen und Adressaten zu befördern und in der praktischen Durchsetzbarkeit zu unterstützen – dabei ist das Recht in der Sozialen Arbeit eine wesentliche Orientierungsgröße und argumentative Handlungsverstärkung.

Leseempfehlungen

- Lehmann, M. K.-H.: Recht sozial. Rechtsfragen der Sozialen Arbeit, 2., erw. Aufl. Hannover 2002
- Wabnitz, R. J.: Grundkurs Recht für die Soziale Arbeit, 3. Aufl. München 2016

Peter Schruth

Sozialstaat

Lisa ist gerade erstmals Mutter geworden und befindet sich nun für acht Wochen im Mutterschutz, sie erhält in dieser Zeit Mutterschaftsgeld und die gesetzlich vorgeschriebene Lohnfortzahlung ihres Arbeitgebers. Danach möchte sie sich einige Monate ganz um ihre Tochter kümmern und dafür ihren Anspruch auf Elternzeit nutzen. Sie ist froh, dass ihr das Elterngeld in dieser Zeit ein Einkommen sichert, dazu gibt es auch Kindergeld für die junge Familie. Weil das Geld trotzdem knapp ist, möchte sie bald auch einen Kinderzuschlag beantragen, um nicht Grundsicherungsleistungen beziehen zu müssen. In Thüringen, Sachsen und Bayern gibt es sogar noch die Möglichkeit, später ein Landeserziehungsgeld zu beantragen, hat sie gehört.

Moritz ist Lisas Freund und kümmert sich derweil um die neue Wohnung für die Familie. Derzeit ist er arbeitslos, einen neuen Arbeitsvertrag hat er jedoch schon. Vorher möchte er jedoch noch Zeit ganz der jungen Familie widmen, in der Zeit kann auch er Elterngeld bekommen. Übergangsweise bezieht er Arbeitslosengeld. Bei der Finanzierung der neuen Wohnung hilft es deshalb sehr, dass er von der Möglichkeit erfahren hat, zusätzlich Wohngeld für die Mieter der neuen, größeren Wohnung beantragen zu können. Regelmäßig hilft er auch ihrer neuen Nachbarin, Frau Maier, beim Einkauf.

Frau Maier ist Rentnerin und freut sich über die neuen Nachbarn und die Hilfe, sie hat dabei selbst viel zu organisieren. Da sie nur geringe eigene Ansprüche erworben hat, lebt sie vor allem von der Hinterbliebenenrente, die sie seit dem Tod ihres Mannes bekommt. Da das aber nicht reicht, benötigt sie darüber hinaus ergänzende Leistungen der Grundsicherung im Alter, dazu einen Mehrbedarfszuschlag. Weil sie chronisch krank ist und Hilfe benötigt, erhält sie daneben Leistungen der Hilfe zur Pflege.

Annäherungen an einen vielgestaltigen Begriff

Eine einheitliche Definition des Begriffes des Sozialstaates gibt es nicht. In verschiedenen Zusammenhängen wird der Sozialstaat unterschiedlich bestimmt. Zum Teil wird der Begriff Wohlfahrtsstaat synonym verwendet, teilweise wird der Begriff des Wohlfahrtsstaates als Oberbegriff für Staaten verwendet, die durch Dienst-, Sach- und Geldleistungen Sorge für den sozialen Ausgleich in der Bevölkerung tragen. In der Literatur wird der Begriff des Wohlfahrtsstaates überwiegend bei internationalen Vergleichen verwendet, während der Begriff des Sozialstaates vorwiegend das deutsche Modell bezeichnet. Der Sozialstaat umfasst mehr als nur staatliche Sozialpolitik, seine Handlungsfelder sind vielfältig und betreffen auch die rechtliche Regulierung des Sozialen (▸ **Recht**). Das umfasst Arbeitsverfassung und Arbeitsrecht, den Arbeitsschutz, die Organisation der sozialen Sicherung, die Sicherung im Alter und bei Invalidität, den Gesundheitsschutz und die Absicherung bei Krankheit und im Pflegefall (▸ **Alten-**

hilfe, ▸ **Gesundheit**), die Unfallversicherung, Rehabilitation und Hilfen für Menschen mit Behinderungen (▸ **Integration und Inklusion**), Sozialhilfe (▸ **Besondere Lebenslagen**), Familien- und Jugendpolitik (▸ **Kinder- und Jugendhilfe**), Bildungspolitik (▸ **Bildung – Bildungsarbeit**), Ausgleich von Kriegs- und Diktaturfolgen, soziales Entschädigungsrecht, Beschäftigung (▸ **Lebensbewältigung – Soziale Arbeit im mittleren Lebensalter**), soziale Sicherung von Migranten (Migration), soziale Infrastruktur und soziale Dienste, Wohnungspolitik und internationale Sozialpolitik (vgl. BMAS 2001–2008).

Prinzipien des Sozialstaates

Drei bedeutende Prinzipien prägen unterschiedliche Funktionsbereiche des Sozialstaates: das Versicherungsprinzip, das Fürsorgeprinzip und das Versorgungsprinzip. Viele Leistungen im deutschen Sozialstaat werden der Bevölkerung nicht grundsätzlich gewährt, sondern beruhen auf Ansprüchen, die durch eigene Beiträge erworben wurden. Diese Leistungen werden nach dem Versicherungsprinzip geleistet. Die fünf Sozialversicherungen in Deutschland sind die Rentenversicherung, die Krankenversicherung, die Pflegeversicherung, die Arbeitslosenversicherung und die Unfallversicherung. Bis auf die Unfallversicherung, die allein von den Arbeitgebern finanziert wird, um diesen einen Anreiz für präventive Arbeitsschutzmaßnahmen zu geben, werden die Versicherungen vorwiegend durch Beiträge der Arbeitnehmerinnen und Arbeitnehmer finanziert und durch Zuschüsse des Staates, häufig als Ausgleich für von den Sozialversicherungen übernommene Aufgaben für die gesamte Bevölkerung, ergänzt. Die Sozialversicherungen sind unabhängig vom Staat in Körperschaften des öffentlichen Rechts organisiert, befinden sich aber in Selbstverwaltung durch ihre Organe, die – mit Ausnahme des Verwaltungsrates in der Arbeitslosenversicherung – in Sozialwahlen bestimmt werden.

Das Fürsorgeprinzip bezeichnet jene Sozialleistungsbereiche, in denen durch die Berechtigten keine Vorleistungen erbracht werden müssen. Die nach dem Fürsorgeprinzip erbrachten Leistungen setzen einen Bedarf voraus, in der Regel eine soziale Notlage, in der die Menschen staatliche Unterstützung benötigen. Beispiele dafür sind die Grundsicherung im Alter und bei Erwerbsminderung, die Grundsicherung für Arbeitsuchende (Arbeitslosengeld II), das Sozialgeld oder das Wohngeld.

Das Versorgungsprinzip prägte alle die Bereiche, in denen Menschen ihren Anspruch nicht durch eigene Beiträge, sondern durch eine Leistung oder ein besonderes Opfer erbracht haben. Zu den Leistungen, die nach dem Versorgungsprinzip erbracht werden, zählen beispielsweise die Beamtenversorgung, Kindergeldzahlungen und die Kriegsopferfürsorge.

Sozialstaatliche Leistungen können auch danach differenziert werden, nach welchem Prinzip sie erbracht werden. Wenn die Leistung abhängig von der Höhe der Vorleistung erbracht wird, dann spricht man vom Prinzip der Äquivalenz. Das betrifft beispielsweise die Arbeitslosen- und Rentenversicherung. Knüpfen die Leistungen an eine bestimmte Ursache an, wie etwa bei der Arbeitslosen-, Kranken- und Rentenversicherung, so erfolgt die Leistung nach dem Kausalprinzip. Im Gegensatz zum Kausalprinzip stehen Leistungen, die nach dem Finalprinzip erbracht werden. Hier spielt es keine Rolle, warum eine Leistung notwendig ist, stattdessen soll ein bestimmtes Ziel erreicht werden, etwa die Überwindung von Armut durch Leistungen der Grundsicherung.

Der Sozialstaat tritt nicht nur mit Leistungen an die Bevölkerung heran. Den Verpflichtungen des Staates gegenüber den berechtigten Menschen stehen Verpflichtungen des Staates an die Bevölkerung gegenüber, etwa bei der Finanzierung der Sozialausgaben durch Steuern und Beiträge oder durch die Mitwirkung an sozialstaatlichen Verfahren. Ein wichtiger Grundsatz des deutschen Sozialstaates ist dabei das Prinzip der Subsidiarität, dass seine Wurzeln in der katholischen Soziallehre hat und häufig auch als Nachrangigkeitsprinzip bezeichnet wird. Hier gilt der Vorrang der Selbsthilfe bzw. der Vorrang der Hilfe durch familiäre oder lokale Gemeinschaften vor Interventionen des Staates. Umgekehrt verpflichtet das Subsidiaritätsprinzip immer dann zur Unterstützung, wenn Selbsthilfe oder Unterstützung durch nahestehende Personen allein nicht mehr ausreichen. Es gibt deshalb auch steuerlich geförderte Systeme der privaten Vorsorge durch freiwillige Versicherungen, etwa Leistungen der ergänzenden Altersvorsorge.

Die volkswirtschaftliche Bedeutung des Sozialstaates

Wie auch die Beispiele zeigen, gehören eine Vielzahl von Leistungsarten in Deutschland zum Sozialstaat, von „A“ wie Ausbildungsförderung und Arbeitslosengeld bis „Z“ wie Zahnersatz und Zusatzversorgung. Das sogenannte Sozialbudget in Deutschland, das sowohl Versicherungsleistungen als auch die Fürsorge- und Versorgungsleistungen enthält, betrug 2018 fast eine Milliarde Euro. Über 60 % dieser Sozialausgaben entfielen dabei auf die Leistungen der fünf Sozialversicherungen. Die größten Anteile entfallen dabei auf die Rentenversicherung, die allein über 30 % des Sozialbudgets ausmacht, gefolgt von der Krankenversicherung mit gut einem Fünftel des Sozialbudgets. Die nächstgrößeren Anteile entfallen auf die Jugend- und Sozialhilfe mit gut acht und die Leistungen für Beamte mit gut sieben Prozent. Auf die Grundsicherung für Arbeitsuchende, auf die 2018 fast sechs Millionen Menschen angewiesen waren, entfielen im gleichen Jahr nur 4,5 % des Sozialbudgets. Das zeigt auch, dass der Sozialstaat in Deutschland nicht in erster Linie zwischen Arm und Reich umverteilt, sondern auf Bedarfe der ganzen Bevölkerung ausgerichtet ist. Insbesondere die Mittelschicht trägt durch Beiträge zur Finanzierung bei, profitiert aber umgekehrt auch besonders stark.

Ein Indikator für den Umfang der sozialstaatlichen Tätigkeit ist die Sozialleistungsquote. Sie beschreibt das Verhältnis zwischen allen im Inland fertiggestellten Produkten zu den Sozialleistungen. Deren Anteil beträgt im Jahr 2018 29,6 %. Seit Mitte der 90er Jahre ist die Sozialleistungsquote in etwa gleich, etwa zwischen 28,7 % 1996 und dem Höchstwert von 30,6 % im Jahr 2009. Die Aussagekraft der Sozialleistungsquote ist jedoch begrenzt.

Zur Geschichte des Sozialstaates

Der Sozialstaat hat sich entwickelt, es gibt kein Gründungsdatum des deutschen Sozialstaates. Zum Schutz der öffentlichen Sicherheit und Ordnung unternahmen Städte und Gemeinden schon frühzeitig Maßnahmen zur Regelung sozialer Angelegenheiten. Nürnberg etwa erließ bereits 1370 eine „Almosenordnung", in der Unterstützungsmaßnahmen formuliert waren. Vor allem dienten die Regelungen aber auch der Beschränkung und Regulierung des Bettelns. Im frühen 16. Jahrhundert entstanden vielerorts Bettelordnungen, in denen bestimmt wurde, ob und welche Gruppen betteln durften oder Anspruch auf Almosen hatten. Bettelzeichen sorgten dafür, dass die Betroffenen erkennbar waren. Auch in den folgenden Jahrhunderten verblieb die Fürsorge auf sehr geringem Niveau, vorwiegend kirchlich oder durch die Kommunen organisiert. Mit der Kaiserproklamation am 18. Januar 1871 und der Reichsgründung änderte sich das nur langsam. Als der Einfluss der Arbeiterbewegung wuchs und die Sozialdemokratie wachsende Erfolge erzielte und 1875 mit dem Gothaer Programm ein sozialrevolutionäres Manifest verkündete, versuchte der damalige Reichskanzler Bismarck, durch die Etablierung von Sozialversicherungen sowohl eine stärkere Kontrolle der Arbeiterbewegung zu erreichen als auch deren Loyalität an das neu gegründete Reich zu festigen. Der Einführung der Krankenversicherung (1883) folgten die der Unfallversicherung (1885) und der gesetzlichen Invaliditäts- und Alterssicherung (1889). 1927, vor dem Hintergrund der Weltwirtschaftskrise, folgte die Arbeitslosenversicherung, 1955 die Pflegeversicherung. Die Fürsorge blieb Aufgabe der Kommunen. Dies änderte sich erst nach dem 1. Weltkrieg. Die Weimarer Verfassung bot dem Zentralstaat mehr Kompetenzen und sah selbst soziale Rechte vor, die jedoch weitgehend uneingelöst blieben. Ab 1924 wurde auch das Fürsorgerecht auf Reichsebene vereinheitlicht. Zeitgleich wurde das für den deutschen Sozialstaat charakteristische „duale System" der Wohlfahrtspflege entwickelt, das dem Staat die Gesamtverantwortung und eine Förderverpflichtung gegenüber den freigemeinnützigen Wohlfahrtsverbänden zuweist, während diese vorrangig und eigenständig für die Erbringung sozialer Dienstleistungen zuständig sind.

Im nationalsozialistischen Staat überlagerten völkische und rassistische Zielsetzungen sozialstaatliche Zielsetzungen der Gleichheit und sozialen Integration (▸ **Integration und Inklusion**).

Nach dem 2. Weltkrieg wurde der Sozialstaat in Deutschland, anknüpfend an die fortbestehenden oder wiederhergestellten Sozialversicherungen und Wohlfahrtsverbände, schnell rekonstruiert und mit dem wirtschaftlichen Aufschwung kontinuierlich ausgebaut, besonders weitreichend etwa durch die Einführung der lebensstandardsichernden und dynamischen Rente 1957. Ab der zweiten Hälfte der 1970er Jahre und in den 1980er Jahren verlangsamte sich die sozialpolitische Expansion, teilweise kam es auch zu einem Rückbau des Sozialstaates. Mit der Wiedervereinigung 1990 wurden die Strukturen des westdeutschen Sozialstaates auf das Gebiet der ehemaligen DDR übertragen. Zu weitreichenden Reformen kam es in den Jahren 2003 bis 2005 mit den Sozialreformen der „Agenda 2010". Sie waren insbesondere durch stärkere Selbstbehalte im Gesundheitswesen sowie durch die Abschaffung des damaligen Systems der Arbeitslosenhilfe und eine deutlich stärker fordernde Arbeitsmarktpolitik gekennzeichnet.

Der soziale Rechtsstaat im Grundgesetz

Das Grundgesetz formuliert an zwei Stellen das Staatsziel der Sozialstaatlichkeit. In Artikel 20 des Grundgesetztes heißt es: „Die Bundesrepublik Deutschland ist ein demokratischer und sozialer Bundesstaat." Dieser Artikel zählt zusammen mit Art. 1 des Grundgesetzes, der die Unantastbarkeit der Würde des Menschen formuliert, zu den beiden Artikeln, deren Grundsätze gemäß Art. 79 Abs. 3 des Grundgesetzes („Ewigkeitsgarantie") nicht verändert werden dürfen. In Art. 28 Abs. 1 GG ist darüber hinaus bestimmt, dass die verfassungsmäßige Ordnung der Länder den „Grundsätzen des republikanischen, demokratischen und sozialen Rechtsstaates" entsprechen muss. Soziale Rechte enthält das Grundgesetz nicht. Stattdessen obliegt die Ausgestaltung der Sozialstaatlichkeit in Deutschland den Gesetzgebern in Bund und Ländern. Eine wichtige Rolle bei der Gestaltung des Sozialstaates nehmen auch die Gerichte ein, die in ihrer Rechtsprechung häufig Ansprüche aus den Grundrechten ableiten, auch wenn sie sich nicht im Wortlaut der Verfassung finden. So hat etwa das Bundesverwaltungsgericht 1954 aus dem Schutz der Menschenrechte und dem Sozialstaatsprinzip einen Anspruch für jeden auf Gewährleistung eines Existenzminimums abgeleitet. Erst daraufhin erarbeitete der Gesetzgeber ein eigenes Gesetz dazu, das 1962 in Kraft getretene Bundessozialhilfegesetz. Wegweisend war auch die 1972 ergangene Numerus-Klausus-Entscheidung des Bundesverfassungsgerichts. Das Grundgesetz enthält das Grundrecht auf Berufsfreiheit, also das Recht, Beruf, Arbeitsplatz und Ausbildungsstätte frei zu wählen. Das Bundesverfassungsgericht stellte jedoch klar, dass der Staat dadurch nicht nur Menschen nicht bei der Berufswahl einschränken dürfe, sondern auch verpflichtet sei, die Voraussetzungen dafür zu schaffen, dass Menschen diese Rechte auch tatsächlich ausüben können, etwa durch die Ermöglichung des Zugangs zum Hochschulstudium (► **Ausbildung und Beruf**).

Der Sozialstaat heute

Der Sozialstaat bietet heute umfassende soziale Leistungen für breite Bevölkerungsgruppen, die aber dennoch in vielen Bereichen, etwa in der Grundsicherung und Pflege, nicht ausreichend sind und Notlagen zwar mildern, aber nicht beseitigen. Im internationalen Vergleich gilt der deutsche Sozialstaat als „konservativ", weil seine Leistungen – wie in der Arbeitslosen- und Rentenversicherung – von Vorleistungen abhängig sind und damit die vorherige Stellung konservieren helfen. Dies spiegelt sich auch in einer hohen Armutsbetroffenheit von Kindern, von älteren Menschen und von Erwerblosen und Menschen mit niedrigem Einkommen. Kritisch wird immer wieder die Komplexität und Unübersichtlichkeit des Leistungssystems diskutiert, die etwa durch ein bedingungsloses Grundeinkommen reduziert werden könnte. Dabei wird häufig übersehen, dass die Komplexität der Regelungen eine Folge des Bemühens ist, soziale Teilhabe in jedem Einzelfall, in ganz unterschiedlichen Lebenssituationen individuell angepasst, zu ermöglichen. Form und Reichweite des Sozialstaates werden dadurch auch künftig umstritten bleiben.

Leseempfehlungen

- Bäcker, G., u. a.: Sozialpolitik und soziale Lage in Deutschland, Wiesbaden 2019
- Butterwegge, C.: Krise und Zukunft des Sozialstaates, Wiesbaden 2018
- Rock, J.: Störfaktor Armut. Ausgrenzung und Ungleichheit im „neuen" Sozialstaat, Hamburg 2017

Joachim Rock

Organisation Sozialer Arbeit

Rieke, Ralf und Regina wollen eine Drogenberatungsstelle gründen. Sie haben im letzten Jahr ihren Bachelor in Sozialer Arbeit gemacht. Die drei haben sich im Master-Studium kennengelernt und ihnen ist aufgefallen, dass an ihrem Studienort durch die Schließung eines Automobilherstellers eine große Zahl von Jugendlichen keine traditionelle berufliche Perspektive mehr hat. Viele haben sich, wie schon ihre Eltern, auf die sicheren Arbeitsplätze in der Industrie verlassen und sind nun arbeitslos. Seit der Schließung hat sich die offene Drogenszene in der Stadt zu einem Problem entwickelt, das in der Regionalpresse intensiv diskutiert wird. Rieke, Ralf und Regina haben sich im Studium intensiv mit Suchthilfefragen beschäftigt. In ihrer bislang so geordneten Heimatstadt existieren keine Angebote der Suchthilfe. Die Kommune selbst ist nicht bereit, ein entsprechendes Angebot zu schaffen, da die Steuereinnahmen durch die Werksschließung massiv eingebrochen sind. Deshalb beschließen die drei kurzerhand, selbst ein offenes Hilfsangebot (Beratungsstelle) für Jugendliche mit Drogenproblemen zu gründen. Doch das scheint gar nicht so leicht. Schließlich können sie nicht einfach so starten.

Die Gründung einer Beratungsstelle für Jugendliche mit Drogenproblemen berührt eine Vielzahl von Fragen der Bearbeitung sozialer Probleme, wie sie sich in Deutschland entwickelt hat. Die Seminare zur Organisation Sozialer Arbeit liegen schon eine Weile hinter ihnen. Was müssen die drei über die Organisation Sozialer Arbeit wissen? Folgende Fragen sollen deshalb hier beantwortet werden: Ist das Angebot grundsätzlich der Sozialen Arbeit zuzuordnen? Wie soll das Angebot organisiert sein? Gibt es eine staatliche Zuständigkeit für das beschriebene Problem? Welche Stellen könnten für die Finanzierung des Angebots herangezogen werden? Müssen die Gründer Mitglied bei einem Wohlfahrtsverband werden?

Zunächst müssen sich die drei Gründer Rieke, Ralf und Regina fragen, ob es sich bei ihrem geplanten Hilfsangebot überhaupt um eine Frage der Sozialen Arbeit handelt. Sie wollen mit ihrem Angebot die sozialen Folgen des Drogenkonsums, die drohende Exklusion von Jugendlichen durch Drogenmissbrauch mit den Mitteln der Sozialen Arbeit, hier Beratung, Angebot von Unterstützung etc., bearbeiten. Sie wollen also nicht therapeutisch oder rechtsberatend tätig werden, womit sie dann im Bereich der Heilberufe (Ärzte, Psychotherapeuten etc.) oder rechtsberatenden Berufe (z. B. Anwälte) lägen.

Wer erbringt die Soziale Arbeit?

Aus historischen Gründen gehört die Soziale Arbeit in Deutschland, wenngleich immer in enger Nachbarschaft, weder zu den Freien Berufen, die in sog. Kammern organisiert sind (Ärzte, Rechtsanwälte, Architekten etc.), noch zu den gewerblichen oder handwerklichen Berufen. Soziale Arbeit wurde und wird

SA wurde (& wird heute noch) als „gemeinnützige Tätigkeit" von Trägerorganisation verstanden, was bedeutet dass sich engagierte Bürger für einen gemeinnützigen Zweck zu einem Verein zusammenfanden (Bsp Hilfe für Behinderte, Arme, Kranke)

weit überwiegend als „gemeinnützige Tätigkeit“ (im Sinne der Abgabenordnung) von Trägerorganisationen wahrgenommen. Trägerorganisationen waren traditionell Vereine, in denen sich engagierte Bürger für einen gemeinnützigen Zweck, z.B. die Hilfe für Menschen mit Behinderungen (▶ **Integration und Inklusion**) oder die Hilfe für arme oder kranke Menschen (▶ **Besondere Lebenslagen**), zusammenschlossen. Es würde also naheliegen, als Organisationsgrundlage für die Drogenberatungsstelle einen Verein zu gründen, der die Trägerschaft übernimmt. Der Verein ist dann die Rechtsperson, in der sich Rieke, Ralf und Regina für die Drogenberatung engagieren können. Zur Wahrnehmung gemeinnütziger Zwecke sind aber auch andere Rechtsformen möglich, wie z.B. die Gründung einer GmbH oder einer Stiftung. Entscheidend für die Gemeinnützigkeit ist nicht die Rechtsform, sondern der Zweck der Organisation. Da unsere drei Gründer nicht vorhaben, mit der Beratungsstelle Gewinne zu erwirtschaften, entschließen sie sich für die Gründung eines eingetragenen Vereins (e.V.). Eine solche Trägerorganisation für Soziale Arbeit wird nun als „Freier Träger“ oder „freigemeinnütziger Träger“ bezeichnet. Verfolgt die Organisation eine Gewinnerzielungsabsicht, so spricht man meist von „privaten (bzw. privat-gewerblichen) Trägern“.

Wer übernimmt die Kosten?

Grundsätzlich sind in Deutschland die Kommunen für die sogenannte Daseinsfürsorge zuständig. Das bedeutet, die allgemeinen Folgen und Probleme des Zusammenlebens in einer Stadt oder einem Landkreis, von der öffentlichen Sicherheit über den Straßenbau, Ver- und Entsorgungsfragen bis hin zu sozialen Problemen der Bevölkerung, fallen traditionell in die Zuständigkeit der Kommunen.

Die Kommunen bilden in eigener Zuständigkeit Organisationseinheiten (z.B. Ordnungsamt, Jugendamt, Sozialamt), die mit dem Vollzug der einschlägigen Gesetze und der Ausübung der Daseinsfürsorge beauftragt sind. Im Bereich der Suchthilfe wäre z.B. in der Regel das Gesundheitsamt der Ansprechpartner für die drei Gründer.

Für die meisten Lebensrisiken wurden in Deutschland Sozialversicherungssysteme gegründet. Diese Sozialversicherungen entlasten die Kommunen in der Daseinsvorsorge. So werden z.B. die Risiken von Arbeitslosigkeit durch die Arbeitslosenversicherung und die Grundsicherung für Arbeitssuchende (SGB II und III) und das Risiko der Pflegebedürftigkeit durch die Pflegeversicherung (SGB XI) abgedeckt. Bis zur Einführung der jeweiligen Sozialversicherungen lag die Zuständigkeit für diese sozialen Probleme bei den Kommunen, d.h. bei der Armenfürsorge und später bei der Sozialhilfe. Kommunen und Sozialversicherungen werden auch als „öffentliche Träger“ bzw. „Leistungsträger“ bezeichnet.

Das Verhältnis von öffentlichen und freigemeinnützigen Trägern

Die Zuständigkeit des öffentlichen Trägers bedeutet in Deutschland, dass der öffentliche Träger die rechtlichen und finanziellen Voraussetzungen schafft, um die Tätigkeit der freigemeinnützigen oder privaten Träger zu ermöglichen. Dieser Vorrang der freien Träger soll sicherstellen, dass die zivilgesellschaftliche und weltanschauliche Vielfalt der ▸ **Gesellschaft** in der entsprechenden Vielfalt von Trägerorganisationen abgebildet wird. Der Staat soll erst dann tätig werden, wenn sich kein freier Träger für eine Aufgabe findet. Dieser Nachrang des Staates bei der Leistungserbringung wird als „Subsidiaritätsprinzip" bezeichnet.

Der öffentliche Träger finanziert also in unserem Beispiel die Tätigkeit der Drogenberatung. Dies kann in zwei unterschiedlichen Finanzierungsformen erfolgen. Entweder als Zuschussfinanzierung, indem der öffentliche Träger durch einen festen Geldbetrag (z. B. in Höhe der erwarteten Personalkosten und der Miete eines Büros) die regelmäßige Tätigkeit und damit die selbstgesetzten Ziele der Drogenberatungsstelle finanziert und fördert. Hierzu erhält dann der Verein dann z. B. einmal jährlich eine feste Zahlung.

Alternativ besteht die Möglichkeit einer Finanzierung über einen Leistungsvertrag. Dies bedeutet, dass der Trägerverein der Beratungsstelle und die Stadt einen Vertrag über die konkreten Leistungen der Beratungsstelle schließen. Für die Leistungen (z. B. eine Beratungsstunde) werden dann Leistungsentgelte vereinbart, die dann mit dem öffentlichen Träger abgerechnet werden können. Meist werden in solchen Leistungsverträgen auch Kontroll- und Prüfungsmöglichkeiten für den öffentlichen Träger geregelt (in der ▸ **Kinder- und Jugendhilfe** heißen diese Vereinbarungen z. B. Qualitätsentwicklungsvereinbarungen).

Während eine Zuschussfinanzierung dem freigemeinnützigen Träger in seiner Tätigkeit relativ freie Hand lässt und mehr auf wechselseitigem Vertrauen basiert, ist die Leistungsvertragsfinanzierung stärker dazu geeignet, die Kontroll- und Steuerungsinteressen des öffentlichen Trägers zu berücksichtigen. Damit kann z. B. vom öffentlichen Träger gegenüber den Bürgerinnen und Bürgern nachgewiesen werden, was genau mit den Steuergeldern gemacht wurde.

Das sozialrechtliche Dreiecksverhältnis

Bezieht man nun die betroffenen Jugendlichen als Zielgruppe der Leistungen mit ein, entsteht ein Dreiecksverhältnis aus Leistungsberechtigten (Jugendlichen), Leistungsträger (Stadt als öffentlicher Träger) und Leistungserbringer (Trägerverein der Beratungsstelle). Dieses Leistungsdreieck findet sich in nahezu allen Bereichen sozialer Leistungen in Deutschland (▸ **Recht**, ▸ **Sozialstaat**).

Wer sind denn nun Caritas, Arbeiterwohlfahrt usw.? Die Rolle der Verbände

Die in Deutschland tradierte Form der Wohlfahrtsverbände bildet die sozialen Milieus zur Zeit der Gründung der meisten Verbände zu Beginn des 20. Jahrhunderts ab. So repräsentierte die Arbeiterwohlfahrt das Arbeitermilieu, der

Caritasverband das katholische Milieu, die Diakonie das evangelische Milieu, der Paritätische das bürgerliche Milieu und das Rote Kreuz hat seine Wurzeln sowohl in der Frauenbewegung des bürgerlichen Milieus wie im militärisch-feudalistischen Milieu.

Aufgabe der Wohlfahrtsverbände ist die Interessenvertretung der in ihnen zusammengeschlossenen Trägerorganisationen gegenüber dem Staat, d.h. gegenüber Kommunen, Ländern, dem Bund und den Sozialversicherungen. Je nach innerem Aufbau der Wohlfahrtsverbände finden sich auch Verbände, die in eigener Verantwortung Leistungen erbringen, d.h. nicht nur als Interessenvertreter ihrer Mitglieder auftreten, sondern zudem selbst Leistungen anbieten, sie können mit dieser Doppelfunktion als „hybride Verbände" bezeichnet werden. Auch die privat-gewerblichen Leistungserbringer sind in Verbänden zusammengeschlossen. Diese Leistungserbringerverbände (beispielhaft können hier der Bundesverband privater Anbieter sozialer Dienste e.V. [bpa], der Verband deutscher Alten- und Behindertenhilfeeinrichtungen e.V. [VdAB] oder der Bundesverband der privater Träger der freien Kinder-, Jugend- und Sozialhilfe e.V. [vpk] genannt werden) übernehmen die genannten Aufgaben, mit dem wesentlichen Unterschied, dass sie nicht selbst als Leistungserbringer auftreten.

Der Vorteil für die Mitglieder von Wohlfahrtsverbänden und privaten Leistungserbringerverbänden liegt in der Mitsprache und Mitgestaltung der rechtlichen und finanziellen Rahmenbedingungen Sozialer Arbeit. Zudem ermöglichen die Verbände den fachlichen Austausch von Trägern mit ähnlichen Angeboten, wie er z.B. in den jeweiligen Fachverbänden für Sucht- und Drogenhilfe erfolgt.

Rieke, Ralf und Regina überlegen, ob sie nicht einem der kirchlichen Verbände beitreten sollten. Hierbei erfahren sie, dass diese Verbände durch das sogenannte Staatskirchenrecht eine Sonderstellung innehaben, die es ihnen erlaubt, ein eigenes Tarifrecht auszubilden. Auch gilt hierdurch in diesem Bereich nicht das Betriebsverfassungsgesetz mit seinen Regelungen zu betrieblicher Mitbestimmung, Streikrecht, Betriebsrat etc.

Die drei Gründer erwägen, dass die kirchlichen Verbände als hybride Verbände eine starke Stellung sowohl als Leistungsanbieter als auch als Verband haben. Dies kann gegenüber reinen Mitgliedern zu Interessenkonflikten führen, welche die drei Gründer bei reinen Verbänden weniger erwarten. Sie entschließen sich deshalb für einen Verband mit Schwerpunkt in der Mitgliedervertretung ohne eigene Einrichtungen und ohne Konflikt mit unterschiedlichem Arbeitsrecht.

Leseempfehlungen

- Bauer, R., Dahme, H.-J., und Wohlfahrt, N.: Freie Träger; in: Thole, W. (Hg.), Grundriss Soziale Arbeit. Ein einführendes Handbuch, 4. Aufl. Wiesbaden 2012, S. 813–829

- Bettmer, F.: Die öffentlichen Träger der Sozialen Arbeit; in: Thole, W. (Hg.), Grundriss Soziale Arbeit. Ein einführendes Handbuch, 4. Aufl. Wiesbaden 2012, S. 795–812
- Boeßenecker, K.-H.: Spitzenverbände der Freien Wohlfahrtspflege. Eine Einführung in Organisationsstrukturen und Handlungsfelder der deutschen Wohlfahrtsverbände, Weinheim und München 2005

Sascha Weber

Teil II
Die Subjekte

Subjekt- und Ressourcenorientierung

Lena ist 19 Jahre alt und lebt zusammen mit ihrer Mutter und ihren beiden Schwestern in einer deutschen Großstadt. Ihre Mutter ist teilzeitberufstätig, die Familie bezieht aufstockende Leistungen nach dem Sozialgesetzbuch II. Lena hat die Realschule abgeschlossen und im Anschluss auf dem Berufskolleg die Fachoberschulreife erworben. Da sie trotz intensiver Bemühungen im Anschluss keinen gewünschten Ausbildungsplatz erhalten hat, meldet sie sich arbeitslos und erhält daraufhin ein Schreiben von der Arbeitsagentur mit der Aufforderung, eine „Maßnahme für arbeitslose Jugendliche" zu absolvieren. Lena entschließt sich nach einigen Überlegungen teilzunehmen, da ihr erstens zu dem Zeitpunkt keine geeigneten Alternativen zur Verfügung stehen. Gleichwohl vermutet sie zweitens, dass die Professionellen in der Maßnahme „Ahnung" haben, die möglicherweise zu ihrer Unterstützung beitragen kann, denn gegenwärtig können weder ihre Mutter noch ihre Freund_innen ihr konkrete Unterstützung bei der Einmündung in eine Ausbildung anbieten. Zudem weiß sie drittens aber auch, dass sie verpflichtet ist, alle ‚Aktivierungshilfen', die ihre Hilfsbedürftigkeit verringern, anzunehmen.

Lena erklärt ihren bisherigen fehlenden Erfolg, einen Ausbildungsplatz zu bekommen, primär mit subjektivem Versagen sowie mangelnden Fähigkeiten und Begabungen.

Gründe für Subjektorientierung in der Sozialen Arbeit

Subjektorientierung als normative Haltung hat ihren Ursprung in den Überlegungen der 1980er Jahre, als in Bezug auf die Soziale Arbeit Themen wie ‚Kontrolle und Disziplinierung von Adressat_innen' und ‚Entmündigung durch Expert_innen' diskutiert wurden. Verstärkt wurde diese Fokussierung auf die Subjekte durch demokratisierungsorientierte, auf Partizipation und Emanzipation zielende soziale Bewegungen sowie durch Bemühungen in der Praxis, das expertokratische Machtgefälle zwischen Professionellen und Inanspruchnehmenden Sozialer Arbeit zu vermindern (► **Macht und Haltung**). Gleichsam lässt sich aufzeigen, dass Subjektorientierung auch als ‚Gegenbewegung' zu einer einseitigen politischen Fokussierung auf neoliberale Wirksamkeit zurückzuführen ist, wie sie im Rahmen der Neuen Steuerung seit Mitte der 1990er Jahre mehr und mehr von den sozialen Dienstleistungen eingefordert wurde. So werden in Abgrenzungen zu diesen expertokratischen und funktionalistischen Logiken aus einer subjektorientierten Perspektive nicht die Institutionen und Programme Sozialer Arbeit, sondern explizit die Menschen selbst zu den zentral Handelnden, die ihre individuelle Wohlfahrt und ihren Alltag erzeugen.

Theoretische Begründungen für eine Subjektorientierung

Subjektorientierung schließt an emanzipatorische Theorien Sozialer Arbeit an, die als normativen Bezugspunkt die Autonomie der Lebenspraxis und die Teilhabe jener, die ihre Angebote in Anspruch nehmen (müssen), in das Zentrum rücken (▸ **Autonomie und Würde**). Diese Theorien beruhen unter anderem auf der Annahme, dass Menschen aktiv wie eigensinnig ihr Leben gestalten und versuchen die Schwierigkeiten in ihrem Alltag zu bewältigen, auch, indem sie auf institutionalisierte soziale Dienstleistungen zurückgreifen. Professionelles Handeln im Kontext Sozialer Arbeit wird so als Ressource verstanden, das von den Einzelnen im Hinblick auf ein selbstbestimmte(re)s Leben und für ihre Lebenswelt genutzt und angeeignet werden kann. Die Subjekte werden dabei sowohl als eigentliche Produzent_innen der sozialen Dienstleistungen – wie es Schaarschuch (2008) dienstleistungstheoretisch fundiert – verstanden, mit der Begründung, dass es die Menschen selber sind, die ihre Lebenszusammenhänge, Krisen und Probleme bearbeiten, oder aber auch als soziale Akteur_innen, die ihre Situation unter Rückgriff auf ihnen zur Verfügung stehende Ressourcen aktiv bearbeiten und so als handelnde Subjekte im Mittelpunkt stehen, wie es Bareis und Cremer-Schäfer (2013) alltagstheoretisch begründen. Dies wird ebenso in den gewählten Termini deutlich, so nutzen subjektorientierte Perspektiven Begriffe wie Adressat_innen oder Nutzer_innen auch in Abgrenzung zu objektivierenden Begriffen wie beispielsweise Klient_innen.

Ausrichtung des methodischen Handelns im Hinblick auf Subjektorientierung

Im Gegensatz zu einer Objektorientierung und der damit verbundenen Reduzierung der Inanspruchnehmenden Sozialer Arbeit auf reine Konsument_innen oder Empfänger_innen sind aus einer subjektorientierten Perspektive die Inanspruchnehmenden mit ihren Erfahrungen, konkreten Lebenssituationen und Erwartungen Bezugspunkt der Ausrichtung der Hilfen und haben Einfluss auf deren methodische Ausgestaltung.

Ansatzpunkt im methodischen Handeln ist dafür erstens eine konsequente und kontinuierliche Beteiligung der Inanspruchnehmenden Sozialer Arbeit an der Problemdefinition, -bearbeitung und -lösung, um so die konkreten Unterstützungsbedarfe subjektorientiert aufzugreifen und zu verfolgen, denn – so Winkler in seiner Theorie der Sozialpädagogik – Soziale Arbeit hat die Subjektivität der Inanspruchnehmenden zu achten und für die Verwirklichung Sorge zu tragen (Winkler 1988). Zweitens erweist sich ebenso ein dialogisches Arbeitsbündnis und damit verbunden eine akzeptierende und respektierende Beziehung – die aber gleichwohl auch kritisch sein darf – zwischen den Inanspruchnehmenden und den Sozialarbeiter_innen als Option, um das methodische Handeln subjektorientiert auszurichten. Drittens gilt es, methodisch gleichfalls die vorhandenen bzw. (noch) fehlenden oder zu aktivierenden subjektiven Ressourcen in den Blick zu nehmen und damit jene Potenziale, die dahingehend unterstützen, spezifische Situationen zu bewältigen oder aber auch die subjektiv gewählten Zielstellungen der Einzelnen zu erreichen. Ressourcen können dabei sowohl in der Person selber als auch in deren Umwelt vorhanden sein. Deutlich wird, dass die Beteiligung der Inanspruchnehmenden an der Ausrichtung des methodischen Handelns nicht nur theoretisch begründbar, sondern im Sinne eines subjektorientierten Hilfeprozesses unabdingbar ist.

Anknüpfend an die zu Beginn skizzierte Situationsdarstellung ließe sich so fragen, inwieweit die Teilnahme an der Maßnahme Lena Handlungs- und Gestaltungsmöglichkeiten offeriert, damit sie ihre individuelle Lebenssituation selbstbestimmt(er) gestalten kann. So ist der Zugang zu einer Ausbildung nicht nur Lenas Wunsch, sondern stellt in den gegenwärtigen gesellschaftlichen Verhältnissen (▸ **Gesellschaft**) sowohl einen Zugang zu Erwerbsarbeit dar als die Ausbildung selber auch eine notwendige Ressource ist, welche die zukünftige Existenzsicherung, individuelle Lebensgestaltung sowie umfassende gesellschaftliche Teilhabe eher ermöglicht (zur wechselseitigen Verwertungslogik des subjektiven wie institutionellen Relevanzkontextes vgl. Beckmann 2020). Daran anknüpfend gerät in den Fokus, wie das methodische Handeln die Einmündung in eine Ausbildung von Lena unterstützen kann, so dass ihre subjektiven Zielsetzungen und Handlungsspielräume Berücksichtigung erfahren. Dabei ist es relevant, Lenas gegenwärtige Situation, ihre Erwartungen und auch ihr Handeln stets im Kontext gesellschaftlicher Bedingungen und Strukturen zu deuten, denn das Subjekt ist immer verwoben mit und in Bedingungen und Verhältnissen der Gesellschaft und diese müssen somit direkt aufeinander bezogen werden.

Zudem kann die Absolvierung der Maßnahme für Lena eine potenzielle Ressource sein, die es ihr ermöglicht, ihre ungleichen Voraussetzungen im Hinblick auf (noch) nicht ausreichende familiäre Unterstützungsoptionen aus- bzw. anzugleichen. Das Wissen, die Netzwerke sowie die Unterstützung und Begleitung der Professionellen können für Lena eine Ressource darstellen, sich (auch) einen Zugang zu einem Ausbildungsplatz zu verschaffen. Ferner sollte das ▸ **methodische Handeln** ebenso darauf ausgerichtet sein, vorhandene Ressourcen sichtbar zu machen und ggf. zu aktivieren, die Lena auch bei der Erreichung ihrer Zielsetzungen unterstützen können (bspw. soziale Beziehungen, Netzwerke, aber auch subjektive physische und psychische Ressourcen). Gleichwohl kann eine solche Unterstützung, selbst wenn sie erfolgreich verläuft, nicht die strukturellen Ursachen fehlender oder nicht passender Ausbildungsplätze kompensieren. Sie bietet daher bestenfalls die Option zu einer Demokratisierung des Wettbewerbs um nicht ausreichend zur Verfügung stehende Ausbildungsplätze und kann somit einen Beitrag gegen soziale Ausgrenzung leisten.

Davon ausgehend könnte es abschließend auch Aufgabe einer subjektorientierten Sozialen Arbeit sein, die Verhältnisse zu problematisieren, die dazu führen, dass nicht für alle Ausbildungsinteressierten ausreichend passende Ausbildungsplätze zur Verfügung stehen (Verhältnis- statt Verhaltensproblematisierung). Dies käme nicht nur Lena zugute, sondern allen jungen Erwachsenen, die sich vor dem Hintergrund wachsender sozialer Ungleichheit in dieser prekären Situation befinden. Damit stellt sich auch aus einer subjektorientierten Position nicht nur die Frage, ob und inwieweit Soziale Arbeit in Maßnahmen mit erwerbslosen jungen Erwachsenen Angebotsmöglichkeiten gestalten kann, um diese in ihrer selbstbestimmten gesellschaftlichen Teilhabe ganzheitlich und verständigungsorientiert zu unterstützen, sondern auch, wie sie sich in deren Sinne anwaltschaftlich für deren Rechte einsetzen kann (► **Mandat**).

Subjektorientierte Forschungsperspektiven in der Sozialen Arbeit

In den letzten Jahren haben sich eine Reihe von Forschungsperspektiven herausgebildet, die Angebote Sozialer Arbeit aus einer subjektorientierten Perspektive in den Blick nehmen, insbesondere werden in der sozialwissenschaftlichen Diskussion die Wirkungsforschung, die Adressat_innenforschung, die sozialpädagogische Nutzer_innenforschung und die sozialpolitische (Nicht-)Nutzungsforschung als jene klassifiziert (für einen Überblick vgl. Graßhoff 2013 sowie van Rießen 2016, S. 88 ff.). Gemeinsam ist diesen Forschungsperspektiven, die Perspektive der Inanspruchnehmenden auf Angebote Sozialer Arbeit stärker als bisher in das Zentrum zu rücken und zum Ausgangspunkt für professionstheoretische Weiterentwicklungen zu nehmen. Dem liegt der Gedanke zugrunde, dass eine Bewertung nicht nur aus Sicht der Institutionen und Professionellen erfolgen kann, sondern dass Beurteilungen hinsichtlich der „Qualität" oder des „Erfolges" Sozialer Arbeit immer als Kompromiss zwischen den verschiedenen beteiligten Akteur_innen zu verstehen sind. Gleichwohl basieren die unterschiedlichen subjektorientierten Forschungsperspektiven nicht nur auf differenten Verständnissen der Subjektpositionen selber, sondern sie gründen auch auf verschiedene theoretische Bezüge und forschungsmethodische Zugänge.

Fazit: Chancen und Herausforderungen von Subjektorientierung

Deutlich geworden ist, dass sich Subjektorientierung zunehmend als ein normatives Leitprinzip methodischen Handelns in der Sozialen Arbeit etabliert hat. Subjektorientierung ermöglicht es, dass sich die Unterstützungsangebote (eher) an den Erfahrungen, den gegenwärtigen Lebenskontexten und Erwartungen der Inanspruchnehmenden selber ausrichten und diese sich somit als gebrauchbar(er) im Hinblick auf selbstbestimmte gesellschaftliche Teilhabe erweisen. Subjektorientierung ist dabei eine komplexe professionelle Perspektive, die gekennzeichnet ist sowohl durch eine partizipative Ausrichtung des methodischen Handelns als auch durch eine reflexive Professionalität der Sozialarbeiter_innen. Somit sind auch gerade aus einer subjektorientierten Perspektive die intendierten Probleme nicht nur zu individualisieren und sozialpädagogisch zu bearbeiten, sondern verweisen ebenso auf gesellschaftliche Verhältnisse, die erst die Grundlage für die Konstruktion spezifischer Problemlagen darstellen und somit gleichfalls Auslöser dafür sein können, zu einem ‚Fall' Sozialer Arbeit zu werden.

Leseempfehlungen

- Graßhoff, G. (Hg.): Adressaten, Nutzer, Agency. Akteursbezogene Forschungsperspektiven in der Sozialen Arbeit, Wiesbaden 2013
- van Rießen, A., und Jepkens, K. (Hg.): Nutzen, Nicht-Nutzen und Nutzung Sozialer Arbeit. Theoretische Perspektiven und empirische Erkenntnisse subjektorientierter Forschungsperspektiven, Wiesbaden 2020

Anne van Rießen

Lebenswelt und Alltag

„Die meisten Sträucher und Bäume sind noch kahl. Aber wenn sie die Augen schließt und das Gesicht in die Sonne hält, spürt Unku schon die Kraft ihrer Strahlen. Auch wenn sie noch nicht ausreicht, um den Boden, über dem die nackten Füße des Mädchens baumeln, zu wärmen. Es spürt die Kälte an seinen Zehen. Unku sitzt im Türrahmen des Wohnwagens und atmet die klare Aprilluft ein, die sich mit dem Geruch frischer Farbe vermischt. Ihre Familie hat den Wohnwagen erst grün gestrichen. Wie jeden Frühling. Im Sommer werden sie ihre Pferde davor spannen und Richtung Südosten ziehen. Bis zur Elbe und noch weiter. Erst im Herbst werden sie wieder nach Berlin zurückkehren.

Unkus Blick bleibt an einer Frau hängen, die auf der Anhöhe steht.

Die Fremde sieht sie an, sie beobachtet sie. Für die Neunjährige ist das nichts Ungewöhnliches. Die Gadsche (Nicht-Roma, G. H.) tun das oft, mal mit Neugierde, mal mit Furcht und manche auch mit Hass in den Augen. Und so kümmert sich Unku nicht weiter um die Fremde, sondern hangelt sich stattdessen vom Wagen und läuft hinüber zum Stall. Als sie noch einmal kurz zum Hang schaut, ist die Frau verschwunden.“ (Lauenberger/Wedemeyer 2018, S. 18 f.)

„Neulich habe ich mit ‚Sinti Swing‘ in einem Golfclub gespielt. Vor uns tanzen ältere Paare – elegant gekleidete Damen und Herren. Die Stimmung ist gut. Bis mein Blick auf einen Tänzer fällt, der sich mit seiner Partnerin auf mich zubewegt. Aber er will nicht zu mir, sondern zu dem leeren Stuhl neben mir, an dem eine einsame Handtasche hängt. Ich nehme an, sie gehört seiner Frau. Jedenfalls schnappte er sie sich während einer ungeschickten Drehung, um sie an einem anderen Stuhl wieder aufzuhängen. An einem Stuhl, der weiter weg von mir steht. Er hat ganz offensichtlich Angst, dass ich sie klaue.

Ich bin verletzt. Ich will meine Gitarre auf den Boden legen, aufspringen und ihm hinterherlaufen, ihn fragen, was das soll. Ich fühle mich wie damals als Achtjähriger in meiner neuen Berliner Klasse. Dabei hat der Mann nicht einmal etwas gesagt. Im Gegenteil, er wollte uns doch hier haben, er hat dafür bezahlt, unsere Musik zu hören. Da spüre ich eine Hand auf meiner Schulter. Als ich hochsehe, steht Bernd Huber neben mir, schüttelt den Kopf, zwinkert mir zu und lächelt traurig. ‚Lass die, die sind es nicht wert!‘, soll das wohl heißen. Er hat Recht. Also spiele ich einfach weiter.“ (ebd., S. 211)

Alltag – Lebenswelt

Die Orientierung am Alltag und an der Lebenswelt der Adressat*innen Sozialer Arbeit sind anerkannte Handlungsprinzipien. Seit den 1970er Jahren richtet die Soziale Arbeit ihren Blick verstärkt auf den Alltag ihrer Adressat*innen.

Die Orientierung der Sozialen Arbeit an Lebenswelt und Alltag ist spätestens seit dem 8. Jugendbericht der Bundesregierung 1990 zentrales Paradigma der ▸ **Kinder- und Jugendhilfe**. Lebensweltorientierung wurde zu einem der zentralen Handlungsprinzipien. Die Lebenswelt der Adressat*innen Sozialer Arbeit, nicht nur der Kinder- und Jugendhilfe, wurde zur Perspektive sozialpädagogischen Handelns.

Die Wurzeln des Lebensweltbegriffs gehen zurück auf *Edmund Husserl* (1859–1938, Philosoph und Mathematiker, Begründer der Phänomenologie). Er benutzte den Begriff „Lebenswelt" doppeldeutig. Lebenswelt ist für Husserl einerseits das anthropologische Fundament des Verhältnisses des Menschen zur Welt und andererseits ist Lebenswelt die praktische, konkrete und jeweils von den Menschen anschauliche und wahrgenommene. Die Wahrnehmung der konkreten Lebenswelt ist immer abhängig von der Sozialisation, der Zugehörigkeit zu einer Kultur (Kulturation) und der Entwicklung der individuellen Persönlichkeit (Personalisation). Der Lebenswelt, so wie sie von den Individuen wahrgenommen wird, steht die sozio-historisch kulturell geprägte Umwelt gegenüber.

Alfred Schütz (1899–1959, Begründer der phänomenologischen Soziologie) hat aus der Phänomenologie der Lebenswelt von Husserl eine Soziologie des Alltags entwickelt. Alltag ist für Schütz die Welt, in der jeder Mensch lebt, denkt, handelt und sich mit anderen verständigt. Die Alltagswelt ist jedem Menschen vorgegeben und selbstverständlich, gleichzeitig basiert sie auf soziokulturell entstandenem Wissen. Durch das Handeln in der sozialen Welt seines Alltags erfährt der Mensch die Welt. Die Lebenswelt ergibt sich demnach aus der subjektiven Wahrnehmung und der Auseinandersetzung des Menschen mit seiner Umwelt vor dem Hintergrund seiner bisher gemachten Erfahrungen. „Da sich der Prozess des ‚Welt Erfahrens' sowohl unter unterschiedlichen sozialen und materiellen Lebensumständen als auch vor dem Hintergrund unterschiedlicher psychischer und physischer Bedingungen vollzieht, ist anzunehmen, dass sich die Lebenswelten von Menschen unterscheiden" (Kraus 2005, S. 4). Der Mensch entwickelt auf der Grundlage seiner individuellen Persönlichkeit seine subjektive Lebenswelt, die aber intersubjektiv durch jeweils gleiche sozio-kulturelle Annahmen über und Interaktion mit seiner sozialen Umwelt vermittelt ist. Für Schütz ist Lebenswelt deshalb nicht mit der individuellen Privatwelt gleichzusetzen. Lebenswelt ist für Schütz also der in subjektiver Perspektive wahrgenommene Alltag eines Menschen. Da sich die Menschen hinsichtlich ihrer psychischen und physischen Ausstattung unterscheiden, unterscheiden sich auch ihre Lebenswelten, auch wenn ihre soziale und materielle Umwelt die gleiche ist. Nicht nur unterschiedliche Lebensbedingungen und individuelle Verschiedenheit konstituieren die Lebenswelt eines Menschen. Die Lebenswelt eines Menschen wird bestimmt durch das was er wahrnimmt und wie er etwas wahrnimmt. Daraus ergibt sich als erste Konsequenz für die Soziale Arbeit: Die Lebenswelt der Adressat*innen lässt sich nicht objektiv, unabhängig von den handelnden Akteuren*innen (Adressat*innen und Sozialarbeiter*innen) und deren Bewusstsein, erkennen.

Jürgen Habermas (Jg. 1929, Philosoph und Soziologe) erweitert den Begriff der Lebenswelt von Schütz kommunikationstheoretisch, indem er die Struktur der Lebenswelt als sprachlich erzeugte Intersubjektivität beschreibt. Lebenswelt ist für Habermas bestimmt durch die Wechselbeziehung zwischen Individuum und ▸ **Gesellschaft**. Sie bildet den sinnstiftenden Kontext für alle kommunikativen Handlungen, auch die zwischen den Adressat*innen Sozialer Arbeit und Sozialarbeiter*innen. Lebenswelt wird durch Sprache repräsentiert. Der Zugang zur Lebenswelt konkreter Menschen gelingt nicht durch die phänomenologische Betrachtung ihrer Handlungen, sondern durch die gelebte Teilnahme an ihren sozialen Interaktionen. Sozialarbeiter*innen sind deshalb nicht nur Beobachter der Lebenssituationen ihrer Adressat*innen, sondern immer auch Teil der Lebenswelt ihrer Adressat*innen und umgekehrt. Damit formuliert Habermas eine Grundregel lebensweltorientierten sozialarbeiterischen Handelns. Sozialarbeiter*innen und Adressat*innen Sozialer Arbeit verständigen sich als kommunikativ handelnde Subjekte immer im Kontext ihrer jeweiligen Lebenswelten (▸ **Beziehung und Arbeitsbeziehung**). Das bedeutet, sozialarbeiterisches Handeln erfolgt verständnisorientiert, weil sich nur so die Lebenswelt der Adressat*innen erschließt. Das erfolgt sowohl aus der Kenntnis objektiver gesellschaftlicher und sozialer Tatsachen, dem Wissen über soziale Werte und Normen und als auch über subjektive Erfahrungen.

Der Lebensweltbegriff von Habermas ist sehr komplex. Er bezieht sich auf die konkrete materielle Umwelt der Menschen und auf die symbolischen Elemente, die den kommunikativen Alltag bestimmen und von Generation zu Generation weitergegeben werden. Diese symbolischen Elemente sind die Kultur, das gesellschaftliche Wissen der Menschen und die Deutungsmuster, ohne die eine kommunikative Verständigung nicht möglich ist. Die Gesellschaft basiert auf konkreten sozialen Beziehungen, auf der Einbindung jedes Einzelnen und der Solidarität untereinander. Drittes Element ist die im Rahmen der Sozialisation erworbene kommunikative Kompetenz jedes/jeder Einzelnen.

Aus der Perspektive der Akteure, Adressat*innen Sozialer Arbeit und Sozialarbeiter*innen, ist der Ort ihres kommunikativen Handelns Teil ihrer alltäglichen Lebenswelt. Kommunikatives Handeln in diesen sozialen Situationen, die ein Ausschnitt der Lebenswelt der beteiligten Akteur*innen sind, entsteht aufgrund eines Problems oder Konflikts, die eine Verständigung erforderlich machen. Die jeweiligen Interessen und Handlungsziele der Beteiligten thematisieren in dieser sozialen Situation jeweils Teile ihrer Lebenswelten. Bestimmt sind die sozialen Situationen durch Ort, Zeit, die sozialen Beziehungen der Beteiligten und die subjektiven und objektiven Rahmenbedingungen. In der Regel ist davon auszugehen, dass die lebensweltlichen Situationsdefinitionen von Adressat*innen und Sozialarbeiter*innen nicht übereinstimmen. Deshalb ist zunächst in einem Prozess der Verständigung eine gemeinsame Situationsdefinition auszuhandeln. Diese sozialen Situationen und der auf sie bezogene Verständigungsprozess sind die Grundlage einer verstehenden, lebensweltorientierten Sozialen Arbeit. Bedingungen gelingender Verständigung sind nach *Jürgen Habermas* verständliches Sprechen, auf die objektiven Tatsachen bezogen Wahrheit, Aufrichtigkeit und Authentizität bezogen auf die jeweils eigenen Absichten, Gefühle und die angemessene Kommunikation der sozialen Beziehungen. Verständlichkeit, Wahrheit, Richtigkeit, Aufrichtigkeit und Authentizität sind Grundlagen des Verständigungsprozesses.

Da die Menschen ihre Lebenssituation nur zu einem kleinen Teil durchschauen und beherrschen, sind dem Prozess des Verstehens Grenzen gesetzt. Sozialarbeiter*innen können sich in ihrer sozialen Diagnose nicht nur auf sozialwissenschaftliche Erkenntnisse verlassen. Die Akteuren*innen in diesen sozialen Situationen sind nicht nur Handelnde, sondern immer auch verstrickt in ihren jeweiligen Systemen, denen sie zum Teil mehr oder weniger hilflos ausgeliefert sind. Eine auf die Lebenswelt ihrer Adressat*innen ausgerichtete verstehende Soziale Arbeit kann nicht von autonom handelnden und aufgeklärten Subjekten ausgehen, weil sie die kulturellen Selbstverständlichkeiten ihrer Adressat*innen nicht in Frage stellen kann, sondern ▸ **Verstehen** immer das Ergebnis eines Verständigungsprozesses ist. Der Zugang zur alltäglichen Lebenswelt der Adressat*innen Sozialer Arbeit erfordert:

1. Das Handeln der Menschen muss als Teil eines Systemzusammenhangs verstanden werden. Die Analyse der Lebenswelt muss durch eine gesellschaftliche Systemanalyse ergänzt werden.
2. Um die Sicht der Adressat*innen auf ihre Lebenswelt verstehen zu können, sind unmittelbare Kommunikationsprozesse mit ihnen erforderlich. Ohne Teilnahme an Kommunikationsprozessen ist das Verstehen der Lebenswelt nicht möglich.
3. Das Aufdecken von verzerrten Kommunikationsmustern und Selbsttäuschungen der Adressat *innen Sozialer Arbeit erfordert Verständigungsprozesse, die deren Selbstaufklärung unterstützen und sie befähigen, ihre Lebenswelt kritisch-emanzipativ zu erfassen und auf sie verändernd einzuwirken.

Hans Thiersch (Jg. 1935, Prof. für Erziehungswissenschaft und Sozialpädagogik) hat den Begriff „Lebensweltorientierung" für die Soziale Arbeit geprägt. Lebensweltorientierung, wie seit den 1970er Jahren entwickelt, hat die Methodendiskussion zunehmend bestimmt. Es ist ein Handlungskonzept, das eine bestimmte Sicht auf die Adressat*innen hat. Eine Sicht, die die Adressat*innen nicht als Individuen, sondern als Individuen in ihrem Alltag sieht, in ihren Auseinandersetzungen mit ihren alltäglichen Lebensverhältnissen. Der Alltag mit seinen Problemen und Ressourcen, seinen Einschränkungen und Freiheiten bestimmt das Leben der Adressat*innen.

Inzwischen werden die Begriffe „Alltag“ und Lebenswelt“ synonym verwendet. Thiersch bestimmt Lebenswelt wie folgt:

1. „Lebenswelt ist ein beschreibendes, phänomenologisch orientiertes Konzept, in dem ▸ **Lebensbewältigung** als allgemeines Verhältnis des Menschen zur Wirklichkeit und der Realisierung dieses Verhältnisses in konkreten Lebensfeldern (Familie, Arbeit, Freizeit, Öffentlichkeit, Verein etc. [G.H.]) voneinander unterschieden werden können“ (Grundwald/Thiersch 2018, S. 908). Der Mensch wird nicht nur als Individuum gesehen, er ist immer auch Teil einer Wirklichkeit, die er sich mit seinen subjektiven Deutungsmustern und Handlungsstrategien, seinen Ritualen und Routinen und seinen Erfahrungen selbst schafft.
2. Die lebensweltlichen Erfahrungen repräsentieren immer auch die Strukturen und Gesetze, die gesellschaftlichen Verhältnisse im konkreten Alltag. Lebenswelt ist also immer auch sozial und historisch zu verstehen.
3. In der Lebenswelt sind die individuellen lebensweltlichen Verhältnisse und die gesellschaftlichen Strukturen präsent, die immer auch in kritischer Perspektive neben dem Gegebenen auch das mögliche Bessere enthalten. Gegenstand und Ziel Sozialer Arbeit ist deshalb immer, die Möglichkeiten gelingenderen Lebens mit den Adressat*innen herauszuarbeiten.

Die Schilderungen am Anfang geben ein Beispiel, wie die Begriffe „Alltag“ und „Lebenswelt“ zu verstehen sind. Die Schilderungen beschreiben sowohl Ausschnitte des Alltags und der Lebenswelt von Unku als auch des Swing-Musikers.

Leseempfehlungen

- Böhnisch, L.: Sozialpädagogik der Lebensalter. Eine Einführung, 5. Aufl. Weinheim und München 2008
- Bründel, H., und Hurrelmann, K.: Kindheit heute; Weinheim und Basel 2017
- Löcherbach, P., und Puhl, R.: Einladung zur Sozialen Arbeit, Baden-Baden 2016
- Thomas, P.M., und Calmbach, M. (Hg.) (2013): Jugendliche Lebenswelten, Heidelberg 2013

Georg Horcher

es Milieu

Szene A: Opernhaus in einer mittelgroßen ostdeutschen Großstadt, es herrscht eine entspannte Atmosphäre unter den hauptsächlich älteren und z. T. auch alten Besucher*innen. Ein Teil kennt sich, weil man ein Abo hat, einige begrüßen sich auch persönlich, manche haben sich verabredet. Die Kleidung ist zwischen schick, gediegen und leger, in keinem Fall extravagant und in Jeans sieht man auch niemanden; nur relativ wenige besuchen die Einführungsveranstaltung und nur eine deutliche Minderheit unterhält sich in der Pause und danach über die Aufführung. Für viele ist es auch oder sogar vorrangig eine gesellige Veranstaltung mit künstlerischem Entspannungscharakter, die aufgrund des breiten, insgesamt moderaten Spektrums der Eintrittspreise auch für diejenigen akzeptabel ist, die nicht zum Bildungsbürgertum bzw. den oberen Mittelschichten oder Eliten gehören. Besucher*innen aus unteren Sozialschichten fallen aus dieser heterogenen Homogenität heraus; ein Teil achtet deshalb streng darauf, nicht durch Verletzen der „Etikette" aufzufallen, ein anderer setzt sich aufgrund seiner starken hochkulturellen Interessen darüber hinweg.

Szene B: Eine ehemalige Arbeiter-Kneipe, im Außenbezirk der gleichen Großstadt zwischen zwei ehemaligen Schwermaschinenkombinaten gelegen, Eckhaus aus der Gründerzeit mit brauner Holzeingangstür und anschließender Schwenktür. Im länger nicht renovierten (aber nicht verwahrlosten), eher spartanisch, dennoch gemütlich mit schwerer deutscher Eiche eingerichteten Gastraum ohne Rauchverbot ein uriger überdimensionaler Tresen (lange Zeit zapfte der Inhaber das Bier selbst, jetzt hat die Köchin, die dort seit 30 Jahren arbeitet, das „Regime" übernommen). Die meisten der sechs Tische davor sind besetzt von einer Rommy spielenden Vierer-Frauengruppe, einer Männergruppe aus Arbeitern und kleinen Geschäftsleuten bzw. Handwerkern (zu der sich später zwei Frauen zugesellen) – alle mittleren Alters oder älter; ferner einem etwas jüngeren, alleine sitzenden Mann und einem älteren Mann mit allseits bekanntem Hund am Tresen; drei Tische im nicht beleuchteten Teil sind unbesetzt. Man kennt und begrüßt bzw. verabschiedet sich durch Klopfen auf den Tisch; darin werden auch „Fremde" in freundlich-interessierter Weise einbezogen. Es gibt deftige Hausmannkost und an einem normalen Werktagabend das, was noch übrig geblieben ist, und darauf muss man ggf. etwas länger warten, aber das Bier aus den 0,2-Liter-Gläsern (es gibt nur die) hilft dabei (vgl. zu den sozialen Kontexten der Beispiele Dröge/Krämer-Badonie 1987, Kap. II, VI u. VIII; Reuband 2018, Teil V).

Milieus sind soziale Räume (oder auch Morphologien), die in der alltäglichen Lebensführung systematische Relationen herstellen zwischen den verschiedenen sozialen Lagen (Oben, Mitte, Unten) und lebenspraktischen kulturellen Orientierungen (traditionell, teilweise modern und radikal modern/postmodern). Dabei kann man diesen Szenen exemplarisch-vergleichend dreierlei entnehmen:

1.

Die allseits bekannten strukturellen gesellschaftlichen Ungleichheiten (▸ **Gesellschaft**) sind nicht nur solche der ökonomischen und politischen Systemstrukturen, also – klassisch gesprochen – der Klassenverhältnisse, sondern sie bestimmen auch in hohem Masse das Alltagsleben der Menschen und dieses wird nicht nur *vertikal* bestimmt von der objektiven soziale Lage (Klassen- bzw. Schichtzugehörigkeit aufgrund von Einkommen, Wohnung, Arbeitsverhältnisse, berufliche Stellung Bildungsabschlüsse usw.), sondern auch *horizontal* durch die soziokulturellen Präferenzen, Erfahrungsräume, Alltagsroutinen, Wertorientierungen und biografischen Sinnentwürfe im Spannungsfeld von Tradition und Modernität, von Autoritätshörigkeit und Autonomieansprüchen, womit sich hier auch eine *historische* Dimension auftut. Um den ökonomischen Reduktionismus der klassischen Sozialstrukturtheorien zu überwinden, wurde von *Pierre Bourdieu* (1987, 1997) der *Kapitalbegriff* erweitert: Er fasste darunter nicht mehr nur das *ökonomische* (in Geld konvertierbare), sondern auch das *kulturelle* (das verinnerlichte, inkorporierte – z. B. musikalische Urteilsfähigkeit; das in Kulturprodukten wie Partituren verobjektierte; das besonders in Bildungszertifikaten wie Abitur institutionalisierte), das *soziale* (die verschiedensten sozialen Beziehungen und Netzwerke, u. a. das berühmte „Vitamin B"), das *politische* (auch zivilgesellschaftliche) und nicht zuletzt das *symbolische* Kapital (z. B. wirksam in habitualisierten Sprechweisen und mimischen Gewohnheiten) als Mittel, sich durch Umfang und Zusammensetzung des eigenen Kapitals von anderen Menschen und Gruppen – besonders nach unten – offen oder verdeckt abzugrenzen (z. B. die Hochkultur von der Subkultur). Bei den Opernbesucher*innen lassen sich alle diese Kapitalformen und deren Relationen unschwer erkennen und damit auch die latente bzw. indirekte Abgrenzung zu den Kneipenbesucher*innen (sie würden sich nicht in diese Kneipe „verirren"). Auf diese Weise (re)produzieren sich im Alltag die Klassenstrukturen. Dabei ist Klasse ein theoriegeleitetes und zugleich empirie- und erfahrungsgesättigtes synthetisches Konstrukt, welches Menschen in Gruppen zusammenfasst, die mit hoher Wahrscheinlichkeit wesentliche Merkmale der Kapitalausstattung gemeinsam haben, insofern ähnlich und deshalb von anderen sozialen Gruppen begründet unterscheidbar sind (soziale Nähe vs. Distanz). In der gesellschaftlichen Unmittelbarkeit des Alltagslebens (▸ **Lebenswelt und Alltag**) schlagen sich die Klassenstrukturen in der jeweiligen Milieulandschaft nieder. Soziale Milieus sind also typische, im Sinne von hoch wahrscheinlichen („logischen"), Relationen zwischen bestimmten *objektiven Feldern* bzw. *Sozialräumen* (Arbeitsverhältnissen und beruflichen Positionierungen, Wohn- und Freizeiträumen, öffentlichen und privaten Räumen usw.) und *intersubjektiven Lebenswelten* (Erlebnisweisen, Lebensstilen, psychodynamischen Konfliktbearbeitungsmodi, Sitten, Bräuchen, Mentalitäten usw.), zwischen äußeren *Ressourcen* und darauf beruhenden *Strategien* und zwischenmenschlichen *Regeln* und inneren

Dispositionen, zwischen *äußerem* objektiven und intersubjektiv geteilten *inneren Sinn.*

2.

Je typische Lebenswelten und deren sozialräumliche Kontextualisierungen stehen im Zentrum der relationalen multisektoralen und mehrperspektivischen Sinus-Milieuforschung (vgl. Barth u.a. 2018; www.sinus-milieu.de): *Vertikal* werden die drei sozialen Hierarchiestufen (Unterschicht/untere Mittelschicht, mittlere Mittelschicht und obere Mittelschicht/Oberschicht) erfasst und *horizontal* die soziokulturellen Grundorientierungen im Spannungsfeld von Tradition (traditionsverwurzelte oder modernisierte Tradition), Modernisierung/Individualisierung (Lebensstandard, Status, Besitz bzw. Selbstverwirklichung, Emanzipation, Authentizität) und Neuorientierung (Multioptionalität, Beschleunigung, Pragmatismus bzw. Exploration, Refokussierung, neue Synthesen). Daraus ergibt sich aktuell (dargestellt in der legendären „Kartoffelgrafik", die auch Überlappungen zwischen den Milieus und lageübergreifende soziokulturelle Gemeinsamkeiten erfasst) folgende Milieueinteilung: Im *unteren* Segment sind vorrangig das prekäre Milieu (9%) verankert, die großen Teile der 15% des hedonistischen und die Hälfte des traditionellen (13%); im *mittleren* die andere Hälfte des traditionellen, fast ausschließlich die bürgerliche Mitte (13%), große Teile der 10% des adaptiv-pragmatischen, Teile der 7% des sozialökologischen und 8% des expeditiven Milieus. Im *obersten* Segment finden sich die anderen Teile der sozialökologischen und expeditiven Milieus, große Teile des konservativ-etablierten (10%) und fast ausschließlich das liberal-intellektuelle (7%) und das der Performer (8%). Während die überwältigende Mehrheit der Opernbesucher*innen der mittleren und oberen Mittelschicht zuzuordnen ist, gehören die Kneipenbesucher*innen eher der unteren Mittelschicht an („Langzeithartzer" trifft man hier auch nicht, sondern in einem Döner-Laden 3 km stadteinwärts und vor „Netto"). Betrachtet man die soziale Milieulandschaft insgesamt, so trifft auf sie das Bild der Pyramide keinesfalls zu, sondern das einer Zitrone mit dominierender Mitte und relativ kleinerem unteren und oberen Teil.

Hinsichtlich der tiefenstrukturellen Relationen von sozialem Milieu und physischem Raum hat Bourdieu von *„Ortseffekten"* gesprochen. (So unterscheidet sich die soziale Atmosphäre im von der Deindustrialisierung geprägten Einzugsgebiet der Kneipe deutlich von dem privilegierten Wohnmilieu einer elbnahen Eigenheimsiedlung im „Neo-Bauhausstil".) Diese werden mithilfe der Sinus-Geo-Milieus systematisch empirisch untersucht: nämlich die jeweils dominierende Präsenz von bestimmten Milieus an bestimmten sozialen Orten (z.B. die o.a. Kneipe in einem heute eher abgehängten Stadtteil). Dabei ist es heute möglich, für jeden Ort (Stadt[teil], Dorf, Wohngebiet, Straßenzug usw.) die jeweils dominierenden Milieus zu bestimmen. Allerdings stellt Sinus diese Erkenntnisse nur sehr kostenintensiv zur Verfügung (Großkonzerne wie der

Otto-Versand bestimmen nach der Gefahr, dass ein Kredit nicht zurückgezahlt wird, gebiets- und straßenbezogen die Zinshöhe).

3.

Während die Sinus-Gruppe die Lebenswelten ins Zentrum stellt und die sozialen Bedingungen eher randständig berücksichtigt, fokussiert die Vester-Forschungsgruppe systematisch die Zusammenhänge zwischen den Wirtschafts- und Arbeitsstrukturen sowie der Sozialpolitik einerseits und den Bedingungen und Verlaufsformen der alltäglichen Lebensführung und der personalen Sinnentwürfe andererseits (vgl. Vester u.a. 2001). Auch sie geht von einer Dreiteilung der sozialen Morphologie aus und unterscheidet dementsprechend zwischen den Milieus der *unterprivilegierten Arbeiternehmer*innen* (11%, differenziert nach Unangepassten, Resignierten und Statusorientierten, die auf eine flexible Gelegenheitsnutzung angewiesen sind) und den *respektablen Volks- und Arbeitnehmermilieus.* Diese werden differenziert nach den *modernen* Milieus der Facharbeit und praktischen Intelligenz (ca. 35%), denen ihre Unabhängigkeit sehr wichtig ist, die sie zu erreichen und zu erhalten suchen durch gute Arbeit, angemessene Bildung und gegenseitige Hilfe, Selbst- und Mitbestimmung, Solidarität auf Gegenseitigkeit, Leistung gegen Teilhabe und Differenzierung ohne Privilegierung; und den *konservativen, ständisch-kleinbürgerlichen* Arbeiternehmermilieus (ca. 25%), deren Hauptmaxime die Statussicherung ist, welche sie erlangen wollen durch Einordnung in die gegebenen Hierarchien, Pflichterfüllung, Konventionalismus, ein Patron-Klient-Nexus mit Treue gegen Fürsorge und Hierarchie der Rechte und Pflichten (beiden Milieus begegnet man in den Kneipengesprächen). Ergänzt werden diese noch durch die hedonistischen Milieus (ca. 9%). Von diesen „mittleren" Milieus sind durch das Merkmal der Distinktion abgetrennt die *oberen bürgerlichen Milieus* der *akademischen Intelligenz* (ca. 8%, die miteinander verbinden Dienst und Selbstverwirklichung, kulturelle Hegemonie sowie Konkurrenz um Aufstieg und Autonomie); und die politischen und ökonomischen *Elitemilieus von Macht und Besitz* (ca. 7%), die sich ausrichten nach Pflicht und Ordnung, institutioneller Hegemonie, Schließung nach unten und Repräsentation.

Milieuanalysen sind wegen ihrer stark anwendungsbezogenen Ausrichtung für die Soziale Arbeit von Interesse, weil sie ein auf anschaulichen Ähnlichkeiten beruhendes professionelles Orienticrungswissen bieten zum sensiblen Verständnis typischer sozialer Entwicklungskonstellationen im Widerspruchsfeld zwischen Bildung und Herrschaft. Sie stellen *für alle* am pädagogisch-sozialen Prozess Beteiligten ganzheitliche und binnendifferenzierte Kenntnisse im Spannungsverhältnis von Allgemeinem und Besonderem zur Verfügung für die milieugerechte und fallbezogene *reflexive Selbstverortung* im gesellschaftlichen Alltagsleben und seinen systemischen Voraussetzungen.

Leseempfehlungen

- Barth, B., u.a. (Hg.): Praxis der Sinus-Milieus, Wiesbaden 2018
- Braun, K.-H.: Entwicklungspädagogische Theorien, Konzepte und Methoden 2. Jugendliche und Jugend, Wiesbaden 2020, Kap. 1
- Bremer, H., und Lange-Vester, A. (Hg.): Soziale Milieus und Wandel der Sozialstruktur, Wiesbaden 2006

Karl-Heinz Braun

Autonomie und Würde

In der Offenen Kinder- und Jugendarbeit kommt es immer wieder zu informellen Beratungsgesprächen. Von einem möchte ich hier kurz berichten, da es mir selbst damals die Bedeutung von Menschenrecht und Würde zwischen Sozialarbeitenden und Jugendlichen aufzeigte.

Ein junger Mann im Alter von 15 Jahren war regelmäßiger Besucher der Einrichtung und fiel immer wieder durch verletzendes Verhalten gegenüber anderen, vor allem jüngeren Besuchern auf. „Menschen, die Probleme machen, haben selber welche", hatte ich im Studium gelernt und begab mich intensiv in den Aufbau einer Beziehung zu ihm. Ein paar Wochen später bat er mich um ein Gespräch. Er erzählte mir von allerlei kriminellen Vergangenheiten, von seinem aktuellen Freundeskreis, von denen ich nur wenige kannte, und von der Situation seiner geschiedenen Eltern. Er fragte mich nach einer langen Phase des Erzählens, in der ich einfach da war und empathisch zuhörte, ohne zu bewerten, was er denn nun tun solle. Ich antwortete, dass ich dies nicht sagen kann und will. Ich erzählte ihm, dass es nicht meine Rolle sei, ihm zu erzählen, was er machen soll. Ich kann lediglich helfen, die Situation etwas näher zu beleuchten, und eventuelle, entstehende Konsequenzen seines Verhaltens aufzeigen.

„Ich möchte dich in deiner Freiheit nicht beschneiden und ich möchte dir auch nicht die Gelegenheit nehmen, dein Leben in Selbstbestimmung zu führen und zu wachsen. Gleichzeitig höre ich, dass du eine Einschätzung von mir haben möchtest, welche Konsequenzen evtl. auf dich zukommen könnten. Ist das so?" „Ja", erwiderte er sichtlich irritiert. Ich zeigte ihm auf, welche seiner vielen Tätigkeiten zu welchem Strafmaß bzw. sozialer Wirkung führen könnten. Ich erwähnte die möglichen Gefahren seines Drogenkonsums und erklärte ihm, wie aus Tätigkeiten Gewohnheiten werden und am Ende Zwänge und Süchte entstehen können.

„Aus meiner Sicht bist du auf dem besten Weg in eine Zukunft, in der du dich von Gerichtsverhandlung zu Gerichtsverhandlung bewegen wirst. Dabei wird sich dein Frust auf dich und die Welt erhöhen und du wirst noch mehr an Gewalt auf dich und andere anwenden wollen, weil du denkst, das würde helfen. Und weißt Du was? Das kannst du tun. Du bist ein freier Mensch. Wenn du Alternativen suchst, dann kann ich dich gerne ein Stück begleiten, doch Verantwortung für dein Leben hast nur du. Ich nehme dir nicht das Wichtigste, was ein Mensch besitzt weg, Freiheit und Eigenverantwortung. Ich kann hier jeden Abend nach Hause fahren und in mein glückliches Leben fahren. Wie steht's mit Dir? Wie willst Du leben?"

Ich sah ihn mehrere Wochen nicht. Bis er eines Tages wieder die Einrichtung besuchte und mir im persönlichen Gespräch „danke" sagte. „Wofür?", fragte ich.

„Conny", erwiderte er, „ich habe in meinem Leben schon viele von Euch Sozialaffen kennenlernen müssen und alle haben sie auf mich eingeredet und mir gesagt, was ich alles tun soll und muss. Du bist anders, du hast irgendwas mit mir gemacht. Ich glaube, ich habe verstanden, dass ich mein Leben nicht für meine Eltern, meine Lehrer oder für sonst jemanden leben muss, sondern für mich. Deswegen habe ich folgende Dinge beschlossen und auch schon einige umgesetzt."

Er berichtete von verschiedenen Dingen, die mich begeisterten. Selten hatte ich eine solche Wandlung in einem jungen Menschen erlebt.

Das Menschenrecht und die Menschenwürde

Die Soziale Arbeit ist eine ▸ **Menschenrechtsprofession**. Sie beinhaltet in ihrer Berufsethik (▸ **Ethik**) die Anerkennung eines jeden Menschen als ein autonomes Wesen, welches kompetent und Experte für sein Leben ist (vgl. DBSH 2014, S. 24 f.). Die Menschenrechte bilden hierbei die Grundlage unseres Berufsethos und in Deutschland zusätzlich unser Grundgesetz.

Doch ein Recht zu haben heißt noch lange nicht, auch davon Gebrauch machen zu können. In der Wahrung seiner Rechte spielt die Soziale Arbeit eine wichtige Rolle (▸ **Recht**). Diejenigen zu beraten und zu begleiten, die sich ihrer Rechte nicht bewusst sind, und ihnen Klarheit und Orientierung in den Möglichkeiten aufzuzeigen, davon Gebrauch zu machen, ist eine Seite der Sozialen Arbeit in Bezug auf Menschenrechte. Insbesondere in der ▸ **Kinder- und Jugendhilfe**, da junge Menschen oft noch gar keine Gelegenheit hatten, sich mit diesem Thema und der Bedeutung für ihr Leben auseinanderzusetzen. Auf diese Seite möchte ich hier jedoch nicht näher eingehen. Es ist die Menschenwürde und ihre Bedeutung bezüglich der Wirksamkeit von Sozialer Arbeit, auf die ich hier besonders aufmerksam machen möchte.

Wie in dem Fallbeispiel oben erwähnt, kann eine enorme Wirkung entfaltet werden, wenn Soziale in würdevollen Kontakt mit den Nutzerinnen und Nutzern ihrer Angebote treten. Hierzu gebe ich einen kurzen Überblick über Möglichkeiten, eine würdevolle Haltung gegenüber sich und anderen Menschen zu entwickeln und zu erhalten. Dies ist aus meiner Sicht eine der ersten und wichtigsten Entwicklungen von Professionalität in der Sozialen Arbeit. Unsere mitfühlende und würdevolle Haltung wird immer dann herausgefordert, wenn wir ein Verhalten als schräg, quer, komisch, verwirrend, falsch, schlecht, anmaßend oder auch menschenverachtend verurteilen. Diese Urteile entstehen jedoch in uns und entsprechen nicht dem, was ist.

Es geht in der Sozialen Arbeit eben nicht um das Be- bzw. sogar Verurteilen von Verhalten, sondern vielmehr um das Beobachten und das Wahrnehmen, was in uns und unseren Nutzerinnen und Nutzern vorgeht, um damit professionell arbeiten zu können.

Der Mensch – ein selbstorganisierendes biologisches System

Im Kontakt mit Menschen, insbesondere dann, wenn diese sich in ihrem Leben in problematischen Lagen befinden, ist es hilfreich, sich bewusst zu machen, dass jedes Verhalten eines Menschen der Versuch ist, angenehme Gefühle (Glück) zu erlangen und unangenehme Gefühle (Leid) zu vermeiden (intrinsisch motiviert). Wir haben alle die gleichen Bedürfnisse und wir wählen immer die bestmögliche Strategie, die uns in diesem Moment zur Verfügung steht, um uns mindestens eines davon zu erfüllen. Wir Menschen haben eine Wahl. Diese liegt zwar nicht, wie im letzten Jahrhundert noch oft propagiert, auf einer rationalen Ebene, sondern wir können unsere, auf Basis unserer Sozialisation entstandenen Handlungsmuster und Impulse erkennen und hemmen und andere Muster aktivieren, um unser Verhalten zu verändern (vgl. Bauer 2018, S. 19 ff.).

Dies bedeutet für uns Soziale, dass wir Verhaltensänderungen bei anderen Menschen, sei es von anderen gewünscht oder von dem Menschen selber, nicht direkt beeinflussen können. Die Entscheidung für ein Verhalten liegt immer beim Menschen selber. Was wir jedoch tun können, ist, die Umwelt und die Rahmenbedingungen zu beeinflussen, welche dann wieder Einfluss auf die aktuelle Bedürfnislage des Menschen nehmen. *Marshall B. Rosenberg* formuliert hierzu zwei Fragen, die wir uns im Umgang mit Menschen stellen können um die Selbstorganisation und damit die Autonomie und Würde von Menschen in den Fokus zu bringen (vgl. Rosenberg 2016, S. 180 f.):

1. Was möchte ich, das mein Gegenüber tut?
2. Welches Bedürfnis soll ihn dabei zu der Entscheidung bringen, dies zu tun?

Nehmen wir den jungen Mann aus dem Fallbeispiel. Natürlich möchte ich ihn vor Schaden an sich selbst und anderen bewahren. Ich wünsche mir also im ersten Gedanken, dass er aufhört, Drogen zu konsumieren, und auch aufhört, diese an andere junge Menschen weiterzuverkaufen. Damit wäre mein Bedürfnis nach Wirksamkeit und Schutz anderer Menschen erfüllt.

Doch aus welchem Grund soll er dies tun? Ich kann ihm Gewalt in vielerlei Form androhen. Ich könnte ihm mit Hausverbot in unserer Einrichtung drohen, dann würde er vermutlich aus dem Bedürfnis nach Sicherheit und dem Verlangen, weiterhin zu unserer Gruppe zu gehören, handeln wollen. Gleichzeitig würde er sich meiner Macht unterwerfen müssen (▸ **Macht und Haltung**). Er könnte auch, und das ist gerade bei Jugendlichen eher wahrscheinlich, aus dem Wunsch, sich als autonomes Wesen wahrzunehmen, eher das Gegenteil tun. Egal wie er sich auf Basis der neuen Umweltbedingungen (meine Drohung) entscheidet, unsere Beziehung wird leiden (▸ **Beziehung und Arbeitsbündnis**), denn die Nachricht ist eindeutig: „Du bist nicht ‚OK', wie du bist. Du musst von mir gezwungen werden, um ‚richtig' zu sein!". Eine Nachricht, die das Selbstwertgefühl und damit das eigene Würdeempfinden negativ beeinträchtigt und den Glaubenssatz prägen kann: „Ich kann nicht für mich sorgen. Ich bin nicht kompetent."

Ich möchte im Kontakt mit anderen Menschen, insbesondere in meiner Tätigkeit als Sozialarbeiter, die Fähigkeit der Selbstbestimmung, Eigen- und Mitverantwortung fördern. Soziale Arbeit bedeutet für mich, besonders Lebenskompetenzen zu fördern. Daher ist mein Ziel, dass Menschen sich ihrer selbst bewusst werden und ihr Verhalten aus Verständnis gegenüber ihrer eigenen Situation heraus verändern und/oder aus dem Verständnis gegenüber der Konsequenzen ihres Verhaltens auf das Glück anderer.

Dies ist ein zentraler Bestandteil der Sozialen Arbeit, ja aller helfenden Berufe. So schreibt *Jesper Juul* zum Beispiel, dass jeglicher Hilfeprozess nur dann von nachhaltigem Erfolg ist, wenn folgende Kriterien erfüllt sind:

> „Das Maß, in dem sie sich selbst bewusst wurden, war entscheidend und konsequenterweise ihre Fähigkeit, sich mit ihren persönlichen Bedürfnissen und Grenzen zu identifizieren und sie zu definieren. und zudem die Fähigkeit, nein zu sagen, wenn sie nein meinen, und ja zu sagen, wenn sie ja meinen. Das ist die Essenz geistiger und sozialer Gesundheit, auch wenn die Tradition uns glauben machen will, es wäre anders. So einfach und so schwer ist das!" (Juul 2016, S. 22 f.)

Was heißt das für Sozialarbeiterinnen und Sozialarbeiter?

Die zweite Frage wird in einer menschenrechtskonformen Sozialen Arbeit demnach immer wie folgt beantwortet: Ich als Sozialarbeiter möchte, dass die Nutzerinnen und Nutzer meiner Angebote ihr Verhalten aus Verständnis, Mitgefühl und Klarheit bezüglich ihrer eigenen Situation und ihrer eigenen Ziele verändern, weil ich an einer nachhaltigen und positiven Wirksamkeit meiner selbst interessiert bin. Deswegen gebe ich in der Regel nur dann Ratschläge, wenn ich mir vorher die Erlaubnis, wie im obigen Beispiel erwähnt, eingeholt habe, um die Würde zu wahren. Andernfalls sind Ratschläge Schläge auf die Würde des Menschen. Ich gebe ebenfalls nur nach vorheriger Erlaubnis Informationen und zeige mögliche Wirkungen und Konsequenzen auf. Die Entscheidung über die Verhaltensänderung bleibt beim Nutzer, der Nutzerin selbst.

Sie werden beim Lesen sofort denken: Aber was ist bei Gefahr für Leib und Leben? Da kann ich doch nicht einfach zugucken! Ja, das ist so. Die Gewaltanwendung aus Schutz ist eine, für mich die einzige, legitime Eingrenzung der menschlichen Freiheit und Würde. Ein Mensch, der sich selbst oder andere verletzt und gerade keinen anderen Ausweg kennt, wird in Gewahrsam genommen, um sich und andere zu schützen. Kleine Kinder und manchmal auch Erwachsene werden von mir, ohne zu fragen, von der Straße gezogen, wenn ein Auto kommt, um sie zu schützen. Den exzessiven Alkoholkonsum von jungen Menschen werde ich versuchen zu unterbinden und in den Dialog mit ihnen treten. Sie sehen, es gibt viele Situationen, in denen durchaus auch Gewalt und Macht auf andere Menschen im Sinne ihrer Würde angewendet werden kann. Diese Situationen sollten aus meiner Sicht spätestens nach der Gefahr erläutert werden. Denn wenn etwas im Sinne des Menschen geschieht, im Sinne seiner Bedürfnisse, dann kann ich im Nachhinein auch für Verständnis sorgen. Diese Situationen sind übrigens seltener, als Sie denken. Machen Sie bitte nur in den seltensten Fällen von ihrer durch Körper, Funktion oder Beziehung gegebenen Macht über andere Menschen Gebrauch und versuchen Sie, dabei oder danach zu erklären, dass dies aus Respekt und Mitgefühl dem Leben gegenüber geschehen ist (vgl. Rosenberg 2017, S. 177–184).

Das Schwierige an diesen Tatsachen ist, dass ich oft dabei zuschauen kann, wie Menschen ein Verhalten wählen, welches ich als nicht förderlich empfinde, und sofort eingreifen möchte. Hierbei hilft mir seit Jahren die Frage: „Wem gehört das Problem?" (vgl. Gordon 2012, S. 165 ff.). In den meisten Fällen gehört das Problem den Nutzerinnen und Nutzern, nicht mir als Sozialarbeiter. Daher achte ich die Würde und nehme das Problem nicht weg und löse es, sondern ich stelle Fragen, gebe Orientierung bei der Selbstklärung und Findung eines eigenen Lösungsweges, der aus dem Menschen selber kommt. Dies führt zu der größtmöglichen positiven Entwicklung eines selbstbestimmten, eigen- und mitverantwortlichen Wesens, eben eines würdevollen.

Stellen Sie sich bitte abschließend die Frage, aus welcher Intention heraus Sie Soziale Arbeit studieren? *Wollen Sie „Macht über" Menschen haben? Wollen Sie „besser" sein und Menschen „auf den richtigen Weg" bringen?* In diesem Fall laufen sie Gefahr, die Nutzerinnen und Nutzer ihrer Angebote zu objektivieren. Wollen Sie dagegen ihr Wissen und ihre institutionelle „Macht mit" den Menschen einsetzen, um diese im Sinne der Bedürfnisse der Nutzerinnen und Nutzer zu begleiten, dann können sie eine unfassbar nachhaltige Wirksamkeit in den Menschen entfalten, denen Sie im Laufe ihres Lebens begegnen werden. Dies kann schon in einem einzigen Gespräch geschehen.

Leseempfehlungen

- Berndt, C.: Resilienz: Das Geheimnis der psychischen Widerstandskraft, München 2015
- Hüther, G.: Würde: Was uns stark macht – als Einzelne und als Gesellschaft, München 2019

Cornelius Scheier

Kindheit und Jugend

Leon (13 Jahre) ist seit einiger Zeit Stammbesucher im Jugendklub seiner Gemeinde. In den Sommerferien findet dort immer ein Freizeitangebot statt, das der Träger der Einrichtung für alle Ferienkinder mit niedrigschwelligen Angeboten (z. B. Basteln, Trampolin) organisiert. Dieses Spektakel besuchte in diesem Jahr auch Leons Schwester Lea (7) zum ersten Mal. Nun kennt auch sie den Jugendklub und ist seither dort regelmäßig zu Gast. Der Jugendklub formuliert in seinem Konzept die Zielgruppe ab zwölf Jahre. Doch werden jüngere Kinder nicht per se ausgeschlossen. In letzter Zeit allerdings hat der Anteil der Kleinen spürbar zugenommen. Einige ältere Besucher*innen finden das nicht gut und fühlen sich benachteiligt in „ihrer" Einrichtung. Und so beginnen auch die Mitarbeiter*innen eine Diskussion, wie sie damit umgehen wollen, denn eine klare Richtlinie im Konzept haben sie bislang nicht.

Wenn hier Kindheit und Jugend zusammengefasst werden, so heißt es zunächst, Gemeinsamkeiten und Unterschiede darzustellen. Rechtliche Klärungen (▸ **Recht**) orientieren sich an dieser Trennung, so im Jugendschutzgesetz. In diesem Sinne sind Kinder Personen, die noch nicht 14 Jahre alt sind. Jugendliche dagegen sind 14, aber noch nicht 18 Jahre alt (JuSchG § 1). Diese Festlegungen sind identisch mit denen des Achten Sozialgesetzbuches (§ 7) und des Jugendstrafrechts, nicht jedoch mit denen des Grundgesetzes und des Bürgerlichen Gesetzbuches: Dort wird jede(r) Minderjährige unter 18 Jahren als „Kind" bezeichnet. Weitere Abgrenzungen sind dann „junge Volljährige", die 18, aber noch nicht 27 Jahre alt sind, bzw. ein „junger Mensch", der noch nicht 27 Jahre alt ist. Den Begriff des „Heranwachsenden" kennt allein das Jugendstrafrecht und meint Personen im Alter von 18 bis unter 21 Jahren. Diese Alterskategorien lösen sich im Alltag oft auf. Wir sprechen umgangssprachlich von Kids und Teens/Teenagern und beziehen uns mit den Anglizismen auf eine Trennung im Übergang von 12 auf 13 Jahren. Die Entscheidung, ab wann die Kleinen koffeinhaltige Getränke oder ab wann die Größeren rauchen dürfen, muss über Altersabfrage und der entsprechenden Entscheidung nach den oben genannten Gesetzen erfolgen.

Vor knapp 200 Jahren begann die Erforschung von Kindheit und Jugend, die sich dann 100 Jahre später etablierte und bis heute immer wieder den Fokus mehr auf das eine oder andere Lebensalter richtete. Die Begriffe wurden anfangs synonym verwendet. So schloss „Jugendkunde" das Phänomen Kindheit mit ein. Diese uneinheitliche Begriffsverwendung zieht sich durch die Literatur mit dem Ergebnis, dass der Erkenntnisstand überwiegend im Nebeneinander der Lebensjahre dargestellt erscheint. Heute ist diese integrative Begriffsnutzung nicht mehr üblich: „Kindheit und Jugend werden als differente Lebensphasen untersucht, mit dem Terminus der Kindheits- und Jugendforschung wird jedoch eine Nähe und Verbindung der Forschungsgebiete zum Ausdruck gebracht“ (Helm 2014, S. 41).

In seiner „Geschichte der Kindheit“ behauptet *Philippe Ariès* 1960 (dt. 1975), dass unsere traditionelle ▸ **Gesellschaft** vom Kind und mehr noch vom Heranwachsenden nur schwach entwickelte Vorstellungen hatte:

> „Die Dauer der Kindheit war auf das zarteste Kindesalter beschränkt, d.h. auf die Periode, wo das kleine Wesen nicht ohne fremde Hilfe auskommen kann; das Kind wurde also, kaum dass es sich physisch zurecht finden konnte, übergangslos zu den Erwachsenen gezählt, es teilte ihre Arbeit und ihre Spiele. Vom sehr kleinen Kind wurde es sofort zum jungen Menschen, ohne die Etappen der Jugend zu durchlaufen (…). Die Weitergabe der Werte und der Kenntnisse und, allgemeiner gesprochen, die Sozialisation des Kindes wurden also von der Familie weder gewährleistet noch durch sie kontrolliert. Das Kind entfernte sich schnell von seinen Eltern, und man kann sagen, dass die Erziehung dank dem Zusammenleben von Kind bzw. Jugendlichem und Erwachsenen jahrhundertelang auf dem *Lehrverhältnis* beruhte. Es lernte die Dinge, die es wissen musste, indem es den Erwachsenen bei ihrer Verrichtung half“ (Ariès 1978, S. 46, Hervorh. i. O.).

Solange das Kleinkind ein drolliges Wesen war, wurde es gehätschelt, man vergnügte sich mit ihm wie mit einem „ungesitteten Äffchen“ gleich einem Haustier. Individualität baute sich erst im späteren Leben auf, wenn denn das Kind die vielen Gefahren der Zeit (Krankheit, Hunger) noch erlebte. Kinder wurden grob behandelt und waren zum Gehorsam verpflichtet – Rechte hatten sie nicht. Beim Kampf ums Überleben hatten sie ganz selbstverständlich ihren Einsatz zu bringen. Diesen rohen Umgang bestätigt der Schriftsteller *Peter Kurzeck* (2007) noch für die Dorfkinder im Westdeutschland der 1950er Jahre. Die Eltern betitelten den Nachwuchs nicht selten als „Missgeburt“. In der Freizeit waren nur sinnvolle Tätigkeiten erlaubt. Spielen war verpönt und Bücherlesen außerhalb der auf das Minimalste begrenzten Schulzeit gar nutzlos.

Inzwischen sind die Rechte von Kindern und die Standards zum Kinderschutz klar definiert und gesetzlich festgeschrieben, so in Form der Kinderrechtskonvention der Vereinten Nationen, die seit 1992 in Deutschland gelten. Neben dem Thema des Überlebens geht es um das Verbot der Diskriminierung, die Sicherung der Interessen der Kinder und deren Beteiligung dabei.

Auch das sogenannte „Bild vom Kind“ hat einen Wandel durchlaufen. Soziale konstruieren heute ihr frühpädagogisches Bildungs- und Erziehungskonzept auf der Basis eines disziplinübergreifenden Verständnisses von der nachwachsenden Generation. Als Grundlage methodischen Handelns galt lange Zeit die sogenannte Defizithypothese, nach der Kinder als unwissende und unmündige Wesen gesehen wurden, die vom Erwachsenen zu Menschen gemacht (erzogen) werden müssen. Das ist überholt. Heute überwiegt bei Fachkräften die Deutung vom Kind als natürlich begabtem und mit produktiver Phantasie ausgestattetem Wesen. Für den Sozialen bedeutet das, Kinder als Mitgestalter der eigenen Entwicklung zu begreifen und sich dementsprechend auch auf deren Verständnis von Welt einzulassen. Insgesamt werden Kinder gegenwärtig also als aktiv und kompetent, als lernend und konstruierend, als soziales und würdevolles Wesen verstanden. Unterschieden werden die Entwicklungsphasen „Frühe Kindheit“ (bis fünf Jahre) und „Mittlere Kindheit“ (sechs bis elf Jahre) mit den entsprechenden Inhalten und Aufgaben. So lernt das Kind in der ersten Zeit erste körperliche und motorische Regulationen oder auch, sich in die Gruppe Gleichaltriger zu integrieren. Später dann werden kognitive Fähigkeiten und Kulturtechniken oder auch die Selbstständigkeit in alltäglichen Verrichtungen (Essen, Kleidung, Körperhygiene) gelernt (vgl. Jungbauer 2017, S. 30).

Sich mit Kindheit und Jugend zu beschäftigen bedeutet hier also auch, die Auswirkungen des anhaltenden gesellschaftlichen Wandels zu diskutieren. Dem Übergang von einer Leistungsgesellschaft („Ohne Fleiß kein Preis“) hin zur Erfolgs- und Risikogesellschaft („Alles ist möglich“) kann sich keiner entziehen, also weder die Erzieher(innen) noch die zu Erziehenden. Phänomene wie Individualisierung, Entsolidarisierung, Erlebnishunger, Konsumorientierung und Belastungsdruck (hier in Schule und Freizeit) werden zu Grundbedingungen sozialpädagogischen Denkens. Die primären Aufgaben sind unmittelbar davon betroffen, wenn es darum geht, jungen Menschen ein positives und hohes Selbstwertgefühl und Selbstvertrauen zu vermitteln, um sie gegenüber gesellschaftlichen, sozialen, gesundheitlichen und psychischen Entwicklungsrisiken widerstandsfähig zu machen.

Erkenntnisse der Erziehungswissenschaften konstruieren ein Bild der Jugend, das Sozialen immer schon als Grundlage ihrer Profession diente. Frühere Konzepte beschrieben die Jugendphase als Moratorium und meinten damit einen „Schonraum“, in dem sich das Selbst der Heranwachsenden entwickeln („erfinden“) konnte und in dem sie das Erwachsenenleben proben können (z. B. bei E. Spranger oder E. Erikson). Dieser Ansatz ist aufgrund des pluralistischen gesellschaftlichen Wandels (s. o.) nicht mehr tragbar. Heutige Jugendforschung untersucht differenzierter nach Kriterien wie z. B. Bildungs- und Sozialstatus, Schichtzugehörigkeit und geographischem/sozialräumlichem Umfeld.

Biologische und entwicklungspsychologische Ansätze zeigen, dass die Lebensphase „Jugend“ (synonym Adoleszenz, Reifealter, „Flegeljahre“) heute eine durchschnittliche Spanne von 15 Lebensjahren umfasst. Die Pubertät und damit das Ende der Kindheit setzt immer früher ein. Dagegen verschiebt sich der Übergang ins Erwachsenenalter immer weiter nach hinten. In diesem Altersabschnitt erleben Soziale dann jugendliche Individuen, die trotz gleichen Alters auf unterschiedlichen Entwicklungsniveaus stehen, was körperliche Veränderungen, soziale Erwartungen sowie individuelle Ziele und Werthaltungen angeht. Für die Adoleszenz (12 bis 17 Jahre) sind das in erster Linie Identitätsentwicklungen und Geschlechterrollenverhalten. Im pädagogischen Alltag sind das alberne Spielereien, ungeordnete Provokationen oder plötzliche Temperamentausbrüche. Diese werden in Fachbüchern als völlig normale hirnbiologische bzw. hormonelle Veränderungen in diesem Lebensabschnitt erläutert. Beachtenswert sind auch die historischen Veränderungen und die zeitlichen Verschiebungen der Rollenmuster beim Übergang vom Jugend- zum Erwachsenenalter. Hurrelmann und Quenzel (2016, S. 42 ff.) unterscheiden dabei Konsumentenrolle (bis ca. 13 Jahre), politische Bürgerrolle (bis Anfang 20), Berufsrolle (bis Mitte 20), Familienrolle (bis Anfang 30).

Soziologische Ansätze versuchen, die jugendliche Lebenswelten und Kulturen im Kontext von Gruppen und Kohorten und/oder Generationen zu erklären (▸ **Lebenswelt und Alltag**). Im Vergleich der ehrgeizigen, konkurrenzbetonten leistungsstarken Baby-Boomer-Generation (geboren 1946–1964) zeigt sich die Y-Generation (geboren ab ca. 2001) als fokussiert auf eigene Ziele und sinnstrebend; dem Motto „Leben, um zu arbeiten" ihrer Großeltern folgt sie in den allerwenigsten Fällen. Die Shell-Jugendstudie ermittelt, unter welchen politischen und sozialen Bedingungen Jugendliche heute aufwachsen und wie sie sich eine Persönlichkeit erarbeiten. Sie bildet jugendliche Lebenswelten ab und zeigt Unterschiede zu vorherigen Generationen auf (www.shell.de). Die Sinus-Studie (▸ **soziales Milieu**) richtet den Blick dagegen auf Jugendmilieus (z. B. Konservativ-Bürgerliche vs. Experimentalistische Hedonisten) und erforscht Lebenswelten mit der Fragestellung „Wie ticken Jugendliche?". Beachtenswert sind hier drei Beobachtungen:

1. Es gibt heute immer weniger typisch jugendliche Abgrenzungsbemühungen gegenüber der Erwachsenenwelt; den Eltern gegenüber tritt der Nachwuchs nicht mehr als Rebell auf (Neo-Konventionalismus).
2. Die Identifikation mit Werten wie Toleranz und Aufklärung ist gestiegen, weil sie „das gute Leben", Freiheit und Wohlstand garantieren.
3. Der digitalen Durchdringung ihres Alltags begegnet die heutige Jugend mit der Überzeugung, dass der angemessene Umgang damit zu ihrem Wunsch nach Entschleunigung beiträgt (vgl. www.sinus-institut.de).

Eine Trennung der Besucher*innen nach Kindern und Jugendlichen, so wird dem Team im Jugendklub klar, ist nicht mehr zeitgemäß. Vor Ort werden also die Räume fortan allen angeboten. Damit bekommen alle die Chance, sich dort in selbst gewählten Gruppen und nach Interessen zusammenzufinden, oder auch, sich einfach nur zurückzuziehen. Seither ist die Stimmung im Haus entspannter geworden. Die Kleinen ab Schulalter werden in die Angebote altersgemäß einbezogen – das klappt. Ihnen wird aber auch immer wieder klargemacht, dass sie in einem Jugendhaus sind und sich so benehmen müssen. Die Doppeldeutigkeit dieser Aussage wird auch auf die Großen übertragen, denn sie können und sollen somit Vorbild sein.

Insgesamt bietet der Jugendklub somit eine neue Atmosphäre der Offenen Kinder- und Jugendarbeit durch ein wertschätzendes Klima, sicheren und belastbaren Bindungen zwischen den Sozialen und den Besucher*innen sowie einem zuversichtlichem (inter)generativen Lebens(bewältigungs)konzept, innerhalb dessen Kindheit und Jugend gelingen kann. Hierbei lassen sich exemplarisch drei Prinzipien aufzählen:

1. *Gemeinsame* ▸ **Lebensbewältigung**: Leon und Lea erleben sich hier in der gleichwertigen Rolle als Besucher*innen. Für sie beide gilt die Hausordnung als normativer Rahmen. Anders als zu Hause haben sie hier dennoch Freiräume zur Entfaltung und Formen andersartiger Begegnung. Wenn sie Ruhe voreinander haben wollen, so gibt es nun Rückzugsorte oder Bezugspersonen aller Altersgruppen. Eine extra eingerichtete „handyfreie Zone“ gibt ihnen die Chance, der „Medienfalle“ zu entfliehen. Sie haben somit einen Aktionsraum, der sie schützt – auch vor sich selbst.
2. *Gelingende Übergänge:* Im Miteinander der Alterskohorten kann sogenannten Bildungs- und Übergangsfallen mit alters- und alltagsübergreifenden Diskursen und Aktionsräumen begegnet werden (vgl. Böhnisch 2017, Kap. 8).
3. *Kindheit und Jugend ermöglichen:* Soziale Arbeit krankt oft daran, dass sie zu früh und zu oft in die Lebenswelten der Adressat*innen helfend eingreift. Auf diese Weise verhindert sie lebensnotwendige Erfahrungen. Kinder und Jugendliche können und sollen ihre Welt gestalten. Es ist anzunehmen, dass dieses Ziel allen Sozialen bereits bewusst ist, denn schließlich ist es in zahlreichen Pamphleten und Dienstkonzepten formuliert. Um Kindheit und Jugend zu ermöglichen, braucht es keine Projektgelder oder verschulte Maßnahmen, sondern eine optimistische pädagogische Haltung, die ein Denken einschließt, das sich auch am Leben und nicht nur am professionellen Handeln orientiert:

   > „Die Sozialpädagogik kann der Feind des Lebens sein, weil sie eingreift, typisiert, verengt. Aber sie kann auch das Dramatische, Abgründe-Aufbrechende des Lebens zähmen, ohne diese Abgründe zuzuschütten. Sie muss sie kennen: Sie muss das Drama anerkennen und doch zu integrieren versuchen. Und dazu braucht es Räume und Umwege, die – auch – von der Sozialpädagogik gestaltet werden können“ (Thiersch/Böhnisch 2014, S. 14).

Leseempfehlungen

- Thiersch, H., und Böhnisch, L.: Spiegelungen. Lebensweltorientierung und Lebensbewältigung, Weinheim und Basel 2014
- Weiler, J.: Das Pubertier, Reinbek 2014

René Börrnert

Mittleres Lebensalter

Michael (37) wohnt mit seiner Frau und Tochter 70 Kilometer entfernt von München. Er ist Systemadministrator eines mittelständischen Unternehmens, das in München als Zulieferer für die Automobilindustrie tätig ist. Die 140 Kilometer zur Arbeit und wieder nach Hause muss er in Kauf nehmen, weil er in München selbst keine Wohnung für seine Familie finden könnte, die halbwegs erschwinglich wäre.

Zur Zukunft seines Arbeitsplatzes kann er sich nicht äußern: Die Automobilindustrie beginnt sich auf E-Mobilität umzustellen; das verändert auch die Anforderungen und Marktchancen der Zulieferer. Auch die IT-Branche ist im permanenten Wandel: Die Systemveränderungen, denen Michael sich stellen muss, erfolgen immer schneller, sind komplexer und in ihren Folgen – bei Fehlern – weitreichender. Er merkt, wie ihn der Arbeitsalltag immer mehr aufzehrt. Von der vielzitierten Work-Life-Balance spürt er nicht viel. Seine zweijährige Tochter erlebt er meistens nur noch am Wochenende wach, und selbst dann muss er wegen Pannen im Systemablauf immer öfter in den Betrieb.

Ob er und seine Frau sich in Wolnzach auf dem schon ausgeguckten Baugrundstück ein Haus errichten können? – Das wissen beide nicht, zu unsicher ist vieles. „Es wird sich irgendwann und irgendwie schon finden“, sagt er.

Das Beispiel zeigt: Alltag und *Lebensstil* Michaels (und seiner Generation Mitte 30) werden sehr stark von den Bedingungen seiner Erwerbsarbeit diktiert, seine Erwartungen und seine Möglichkeiten (neben dem Hausbau die Entscheidungen zum persönlichen Konsum, zum Kauf eines neuen Autos einer bestimmten Marke oder über das nächste Urlaubsziel) in Abhängigkeit davon bewertet, ob der „Job“ sicher ist, welche Anforderungen er stellt, was dafür getan werden muss, beruflich „up to date“ zu sein.

Unter dem Lebensstil wird „der regelmäßig wiederkehrende Gesamtzusammenhang der Verhaltensweisen, Interaktionen, Meinungen, Wissensbestände und bewertenden Einstellungen eines Menschen“ (Hradil 2005, S. 46) verstanden. Es handelt sich um ein *„relativ stabiles, wiederkehrendes Muster der alltäglichen Lebensführung“*, ein „‚Ensemble‘ von Wertorientierungen, Einstellungen, Deutungen, Geschmackspräferenzen, Handlungen und Interaktionen, die aufeinander bezogen sind“ (Geißler 2002, S. 216, Hervorh. i. O.).

Normen, Rollenerwartungen und Handlungsmuster bilden damit implizit die *Entwicklungsaufgaben* ab, die *Robert J. Havighurst* (1953) in den Blick nimmt; sein Konzept verbindet Mensch und Umwelt, indem es die im Prozess der Individuation zu erlangende individuelle Leistungsfähigkeit mit den gesellschaftlichen Anforderungen (► **Gesellschaft**) in Beziehung setzt. Entwicklungsaufgaben stellen sich in einer bestimmten Lebensphase (z.B. dem Erwachsenenalter); der Grad der Bewältigung (ob erfolgreich oder misslingend) führt zur Erleichterung bzw. zu Schwierigkeiten bei der Bewältigung künftiger Aufgaben. Entwicklungsaufgaben ergeben sich aus der körperlichen Situation oder physiologisch-biologischen Veränderungen, aus kulturellen Normen und Erwartungen der Gesellschaft und aus individuellen Erwartungen und Wertvorstellungen. So zählt z.B. zu den Entwicklungsaufgaben im *frühen Erwachsenenalter* (im Alter von etwa 23 bis 30 Jahren), einen Ehepartner zu finden, zu lernen, mit ihm zusammenzuleben, eine Familie zu gründen, die Auseinandersetzung mit der Mutter- bzw. Vaterrolle, das Großziehen der Kinder, der Start ins Berufsleben oder der Aufbau eines Freundeskreises. 30- bis 60-Jährigen stellen sich andere Entwicklungsaufgaben, z.B. im *mittleren Erwachsenenalter* (zwischen ca. 31 bis 50, so wie Michael) den heranwachsenden Kindern zu helfen, glückliche Erwachsene zu werden, die Übernahme von Verantwortung in einem größeren sozialen, politischen Rahmen, das Erlangen und Erhalten einer befriedigenden Position im Berufsleben, die Entwicklung und Pflege von Freizeitaktivitäten, das Festigen der Beziehung zum Ehepartner oder die Unterstützung der eigenen Eltern. Im *späten Erwachsenenalter* (das um das 50. Lebensjahr beginnt) sind die Energien auf neue Rollen zu lenken und darauf, eine Akzeptanz des eigenen Lebens bzw. eine Haltung zum eigenen Tod zu entwickeln. Die Entwicklungsaufgaben im Erwachsenenalter bestehen damit in der ökonomischen Selbstversorgung, der Familiengründung und Wahrnehmung der Erziehungsaufgaben, der Teilnahme am Konsum- und Kulturleben und der politischen Teilhabe (auch *Erik H. Erikson* [1973] beschreibt ein ähnliches Konzept der psychosozialen Stadien der Persönlichkeitsentwicklung und definiert für das „frühe Erwachsenenalter" zwischen 20 und 45 und das „Erwachsenenalter" zwischen 45 und 65 Jahren vergleichbare Entwicklungsaufgaben [vgl. Böhnisch 2008, S. 214]). Im mittleren Lebensalter geht es damit grundsätzlich darum,

- Entscheidungen über den künftigen Status in Beruf, Partnerschaft, Elternschaft, Ehe, Wohnort, Wohnform und Lebensstil zu treffen sowie
- Arrangements zu finden, wie Arbeit, Partnerschaft und Elternschaft miteinander verbunden werden können, wobei diese Arrangements von Frauen und Männern unterschiedlich gestaltet werden und sich somit die Lebensläufe von Männern und Frauen im Erwachsenenalter unterscheiden (vgl. Schmid 2014, S. 177f.).

Nun muss sich ein/e Erwachsene/r immer wieder neu mit den sich verändernden Bedingungen der technischen und sozialen Umwelt auseinandersetzen (Michael z.B. mit der Unsicherheit, die die Zukunft der E-Mobilität für seinen Zuliefererbetrieb und seinen Arbeitsplatz mit sich bringt). Die Arbeitswelt, ihre Inhalte und Zeitstruktur (mit der Folge einer starken Identifikation mit Berufsarbeit, beruflichem Erfolg und der gesellschaftlich durch Schule und Medien vermittelten Leistungsideologie) sind relevant für den Lebensstil und sie beeinflussen und verändern die Wertorientierungen, z. B. durch den Einfluss des beruflichen Werdegangs der Eltern auf die Lebensweise der Familie und die Sozialisation ihrer Kinder, denn auf den Wert der Arbeit bezogene Orientierungen, Werte und Normen werden damit auch an die Generation der Kinder weitergegeben (vgl. Heinz 1995, S. 11 f.).

Aufgrund der technologischen Wandlungsprozesse ist das „klassische" Modell der linearen Berufsentwicklung und des sicheren und als befriedigend erlebten Normalarbeitsverhältnisses (gekennzeichnet z. B. durch das lebenslange Tätigsein im selben Beruf und beim gleichen Arbeitgeber) abgelöst worden durch diskontinuierliche berufliche Verläufe, verbunden mit Phasen erzwungener Arbeitslosigkeit, verknüpft mit der Notwendigkeit, sich beruflich lebenslang weiterzubilden und auf neue, im schnellen Wandel begriffene Arbeitsbedingungen einzustellen (worüber Michael spricht, wenn er auf die immer schnellere und komplexere Entwicklung der Systemsoftware verweist). Die Furcht, arbeitslos werden zu können (bzw. – wie Michael – nichts Sicheres über die berufliche Zukunft wissen zu können), rangiert deshalb in der Liste der Zukunftsängste Erwachsener weit oben. Erwachsene spüren eine diffuse (gesellschaftlich tabuisierte) Angst, der Lage nicht mehr gewachsen zu sein. Stattdessen müssen sie täglich beweisen, dass sie „mithalten" können und Probleme entweder nicht haben oder erfolgreich zu überdecken verstehen (vgl. Böhnisch 2008, S. 211–219, 242, 246). Den Sinn dieses Arbeitsregimes in Frage zu stellen liegt nicht nahe, denn dies bedeutet immer auch, den eigenen Lebensentwurf und dessen Rationalität zu bezweifeln, der durch Erwerbsarbeit erst verwirklicht wird. Es gibt kein Herumkommen um die Erwerbsarbeit; sonst ist es kaum möglich, die (sozialen, materiellen) Lebensziele (Wohneigentum, Auto, Reisen, Geselligkeit) zu verwirklichen. Erwerbsarbeit erhält so ihren Sinn: Egal ist, was gearbeitet wird, wichtig ist allein, dass das erzielte Einkommen Zugang zum Konsum ermöglicht (vgl. ebd., S. 236 ff., vgl. Böhnisch 2016, S. 69). Michael weiß im Moment nicht, ob er das Baugrundstück im Nachbarort erwerben und ein Haus bauen wird – er und seine Frau stellen den Plan einstweilen zurück; bis auf Weiteres wird das Auto ein Hinweis darauf sein (müssen), dass „man es zu etwas gebracht" hat.

Oskar Negt bilanziert in diesem Zusammenhang, dass die Identität als Person nicht mehr einfach (mit)gegeben ist (z. B. durch die Vorgaben des ▸ **sozialen Milieus**, in dem ein Mensch aufgewachsen ist), sondern alltäglich erworben werden muss; sie „muss gelernt werden, und sie verändert sich in den gesellschaftlichen Prozessen" (Negt 2010, S. 156). Es geht also um „die generelle Fähigkeit, das eigene Leben zu gestalten trotz der Unübersichtlichkeit und Offenheit von Zukunft, angesichts der Auflösung der Normalbiographie und des Zerbröckelns der sinnstiftenden Weltordnungen und sozialen Stützsysteme" (Sieber 1993, S. 69) – eine Fähigkeit, die in der Sozialen Arbeit als ▸ **Lebensbewältigung** verstanden wird.

Gesellschaftlich ebenso tief verankert wie die Bedeutung der Erwerbsarbeit ist das über Generationen entwickelte Bild der funktionierenden „Institution Familie", auch wenn viele Menschen – davon längst abweichend – offene Familienformen (z.B. Partnerschaften ohne Trauschein) bevorzugen. Dennoch existieren manche Familien deshalb, weil dies „gesellschaftlich vorgegeben und deshalb in vielen Bereichen (Steuer, soziale Sicherheit) nützlich ist, auch wenn der damit verbundene funktionale Sinn und die Rollenzwänge nicht mehr von allen Familienmitgliedern geteilt werden" (Böhnisch 2008, S. 231). Gesellschaftlich normiert ist, dass Eltern für die optimale Entfaltung aller kognitiven und intellektuellen Potenziale ihrer Kinder zu sorgen haben. Deutet sich dabei ein Misslingen an, dann werden Eltern und Familien „schnell als defizitär dargestellt" (Jurczyk/Thiessen 2011, S. 337). Propagiert wird ein Bild der harmonischen, stabilen Familien, das aber längst nicht mehr der Realität entspricht (so bleiben Spannungen zwischen Michael und seiner Frau nicht aus, wenn er meint, am Sonntag in den Betrieb fahren zu müssen, und sich nicht um seine Tochter kümmert).

Auch hier stellen sich Aufgaben der Lebensbewältigung, denn auch die Familie ist Veränderungsprozessen ausgesetzt. Nicht nur, dass offene Familienformen sich nennenswerter Beliebtheit erfreuen, Familie wird zudem auch zur Aushandlungsfamilie, in der die Verständigung untereinander nicht mehr aufgrund der Macht der Eltern erfolgt, sondern interessengeleitet zwischen tendenziell eher gleichberechtigten Familienmitgliedern. Spannungen zwischen den Interessen der Familie und einzelnen Familienmitglieder sind eine Folge. Zudem ist die „traditionelle" Familie einem Funktionswandel ausgesetzt: Aufgaben der schulischen wie beruflichen Erziehung und der sozialen Sicherung der Kinder erfüllt nun der Staat, während die Familie ein Ort sein soll, in dem sich die Familienmitglieder gegenseitig Geborgenheit und Rückhalt geben (vgl. Böhnisch 2008, S. 228ff.).

Die Entwicklungen der Erwerbsarbeit und der Familie verweisen auf einen zentralen Prozess: Die Bewältigung dieser (Entwicklungs-)Aufgaben ist – wie die Lebensbewältigung allgemein – weitgehend abgekoppelt von der Unterstützung durch die weitere Verwandtschaft und das soziale Umfeld wie Freundeskreis oder Nachbarschaft. Sie alle können (und wollen z.T. auch) nicht dabei helfen, die Schwierigkeiten und Krisen eines Menschen zu bewältigen. Der Mensch insbesondere im mittleren Lebensalter ist dabei auf sich selbst bezogen, muss sich selbst in die Lage versetzen, in ▸ **Lebenswelt und Alltag** „klarzukommen" – die Rede ist vom individualisierten Subjekt (▸ **Subjekt- und Ressourcenorientierung**).

Unter *Individualisierung* werden Verhältnisse der ▸ **Gesellschaft** verstanden, die mit dem von *Ulrich Beck* (1986) geprägten Begriff der Risikogesellschaft gekennzeichnet werden: Entstandardisierte Lebensentwürfe (mit einer unüberschaubaren Vielfalt von Antworten auf die Frage, was ich aus meinem

Leben *machen* will), Pluralisierung der Lebensstile (mit einer nicht minder großen Zahl von Möglichkeiten, mein Leben zu *gestalten*) und die Auflösung stützender sozialer Milieus (die mir helfen könnten, mein Leben *gelingen* zu lassen) sind Kennzeichen dieser Gesellschaft, die für Menschen zugleich Chance wie auch Risiko ist, sich im Leben zu verwirklichen, sich v. a. aber als (z. T. harte) Konkurrenz um die Chancen eines gelingenden Lebens darstellt. Früher stabile, aber auch beengende Lebensverhältnisse (die sich aus den Bedingungen des Lebens der Herkunftsfamilie, des Milieus oder der Klasse ergaben, in der Menschen lebten) werden durch im ständigen Wechsel befindliche („fluide") Verhältnisse abgelöst, in denen die Beziehungen der Menschen untereinander unsicher und durch Nützlichkeitserwägungen (worin z. B. der Ertrag besteht, sich auf andere Menschen einzulassen) charakterisiert werden. Die eigene Biografie ist durch Instabilität gekennzeichnet, ein einmal erlernter Beruf stiftet keine Sicherheit, lebenslang Beschäftigung und Einkommen zu sichern. Lebenslanges Lernen heißt, sich auf immer wieder neue Bedingungen der Erwerbsarbeit einstellen zu müssen; verlangt wird, sich stets neues Wissen anzueignen, um den Anforderungen noch gerecht werden zu können. Als „klassisch" bezeichnete Rollenbilder (zwischen Frauen und Männern, zwischen Alten und Jungen) lösen sich (allmählich) auf und werden z. T. durch neue Formen der Lebensgestaltung (z. B. gleichgeschlechtliche oder multiethische Lebensgemeinschaften) und Konkurrenzen abgelöst. Dabei haben sich unterschiedliche Muster, mit den Lebensbedingungen „klarzukommen", zwischen Männern und Frauen bzw. Angehörigen unterschiedlicher Kulturen oder Ethnien herausgebildet (► **Gender und Diversität**). Auch die Sicherheit des Milieus und des sozialen Umfelds der lokalen Gemeinschaft geht darüber verloren: Freund*innen und Nachbar*innen werden zu Konkurrent*innen in der Erwerbsarbeit, im Aufrechterhalten der (nach außen präsentierten) Fassade eines harmonischen Familienlebens und im Beweisen des sozialen Status, der sich im Hausbau, im Autokauf, den Urlaubsreisen und den allgemeinen Konsummöglichkeiten äußert.

Mit diesem hochgradig individualisierten „Klarkommen"-Müssen als Notwendigkeit der Lebensbewältigung ist „Streben nach unbedingter sozialer Handlungsfähigkeit" in kritischen Lebenssituationen gemeint, dann wenn „das psychosoziale Gleichgewicht – Selbstwertgefühle und soziale Anerkennung – gefährdet ist" und „die bislang verfügbaren personalen und sozialen Ressourcen für die Bewältigung nicht mehr ausreichen" (Böhnisch 2010, S. 223).

Zusammengefasst heißt das: Im mittleren Lebensalter orientieren sich Menschen daran, dass sie die Anforderungen v. a. der Erwerbsarbeit (mit beruflicher Weiterbildung und durch Aufgaben- und Stellenwechsel) einigermaßen gut bewältigen und man „wohlbehalten mit einem Schuss Wohlgefühl durch- und mitkommt" (Böhnisch 2008, S. 215). Doch das Misslingen solcher Konstruktionen (das Leben im Allgemeinen und das Berufsleben im Besonderen zu meistern), die von der erfolgreichen Teilnahme am Erwerbsleben, dem gelingenden Familienleben bis zur Statussicherung im sozialen Umfeld reichen, kann zu Schwierigkeiten (z. B. bei Trennung und Scheidung) führen, mit denen schließlich auch Soziale Arbeit konfrontiert sein kann.

Zusammengefasst lässt sich sagen, dass der Sozialen Arbeit als Unterstützung in der Lebensbewältigung im mittleren Lebensalter und in ► **besonderen Lebenslagen** eine herausgehobene Bedeutung zukommt, wenn Menschen den Anforderungen der individualisierten Gesellschaft nicht mehr gerecht werden können (weil sie z. B. arbeitslos geworden sind oder sich, um gegenüber der sozialen Umwelt zu zeigen, dass sie noch mithalten können, ein hoch angesehenes Auto gekauft, durch das sie sich verschuldet haben).

Leseempfehlungen

- Böhnisch, L.: Sozialpädagogik der Lebensalter. Eine Einführung, 8. Aufl. Weinheim und Basel 2018
- Weymann, A.: Lebensphase Erwachsenenalter. Sozialisation, Konstruktionen und institutionelle Vermittlung; in: Abels, H., u. a.: Lebensphasen. Eine Einführung, Wiesbaden 2008, S. 158–234

Peter-Ulrich Wendt

Alter

Frau Saal, 76 Jahre alt, lebt allein in einer Mietwohnung im 1. Stock eines Mehrfamilienhauses am Rand einer kleinen Stadt. Ihr Sohn ist schon lange weiter weggezogen, die berufstätige Tochter, die die beiden Enkel (15 und 17) alleine erzieht, wohnt in der Nähe. Sie kommt regelmäßig zweimal die Woche und nimmt ihr manches von der schweren Hausarbeit ab. Frau Saal fühlt sich wohl in ihrer Nachbarschaft und möchte dort bleiben, obwohl es nur einen kleinen Supermarkt gibt, Bank- und Postfiliale geschlossen haben und sie sich im Café am Markt nicht mehr wohlfühlt, seit es dort nur noch Barhocker zum Sitzen gibt. Auch zum Arzt muss sie inzwischen mit dem Bus in die Innenstadt fahren. Das Busfahren fällt ihr schwer, weil sie seit einer Hüftoperation oft Schmerzen hat und nicht mehr so gut laufen und Treppen steigen kann. Deshalb hat sie auch schweren Herzens ihren Kleingarten aufgegeben. Ihre beste Freundin, eine ehemalige Arbeitskollegin aus der Drogeriefiliale, in der sie viele Jahre als Verkäuferin gearbeitet hat, muss deshalb meist zu ihr kommen. Gemeinsam begeistern sie sich für Handarbeiten und ausgeklügelte Backrezepte. Ihre Enkel kommen nur noch gelegentlich vorbei. Seit der Mann von Frau Saal nach längerer Pflegebedürftigkeit gestorben ist und sie für die Enkelbetreuung kaum mehr gebraucht wird, fühlt sie sich oft nutzlos und manchmal einsam. Mit ihrer eigenen und der Witwenrente kommt sie aus, aber große Sprünge kann sie nicht machen, zumal die Miete immer teurer wird und sie für die Fahrt zum Arzt doch immer öfter lieber das Taxi nimmt.

Wann ist ein Mensch alt?

Alt zu werden ist heute, anders als noch vor hundert Jahren, Normalität: Die Lebenserwartung ist im 20. Jahrhundert stark angestiegen und immer mehr Menschen erreichen bei guter Lebensqualität ein Alter von 80 und mehr Jahren. Zu bestimmen, was genau das Alter ist, ist dadurch nicht leichter geworden. Wird in einer Gruppe, z. B. von Studierenden, die Frage aufgeworfen, wann ein Mensch alt ist, kommen gestützt auf verbreitete Alltagserfahrungen regelmäßig mindestens vier Definitionen aus Perspektiven, die auch wissenschaftlich gebräuchlichen Kategorien entsprechen: Ein hohes *kalendarisches* Alter von beispielsweise 90 oder 100 Lebensjahren gilt als sicherer Hinweis auf Alt-Sein. Als *biologische* Kennzeichen des Alters werden zum Beispiel Falten, graue Haare und zunehmende Gebrechlichkeit genannt. Die *psychologische* Seite des Alters wird oft mit der Aussage „Man ist so alt, wie man sich fühlt" zusammengefasst. Großeltern zu werden oder im Ruhestand zu sein thematisiert veränderte soziale Rollen, die aus *soziologischer* Perspektive typischerweise das Alter kennzeichnen. Auch wenn diese auf Erfahrung beruhenden Aussagen nicht für jeden alten Menschen zutreffend sein müssen, gibt es doch vielfache Belege für ihre soziale und biografische Bedeutsamkeit für die Selbst- und Fremdwahrnehmung.

Die Sichtweisen auf das Alter unterscheiden sich stark, je nach Blickwinkel: Für die meisten Menschen ab dem mittleren Erwachsenenalter ist ihr gefühltes Alter Studien zufolge deutlich jünger als ihr kalendarisches. Medizinische Untersuchungen belegen, dass die Alten von heute durchschnittlich gesünder sind als Gleichaltrige in früherer Zeit, während Alterskrankheiten, die mit funktionalen und kognitiven Einschränkungen einhergehen, zu Volkskrankheiten geworden sind. In der politischen und medialen Diskussion werden, je nachdem, welche Absicht damit verfolgt wird, entweder die Potenziale der zahlreichen Alten hervorgehoben, die es mit mehr oder weniger offensichtlichem Druck für soziale Aufgaben in der ▸ **Gesellschaft** in den (freiwilligen) Dienst zu nehmen gelte. Oder die persönlichen, familiären und gesellschaftlichen Belastungen, die aus der wachsenden Zahl pflegebedürftiger Alter erwüchsen, werden mit teils drastischen und altersdiskriminierenden Bildern von einer „Altenschwemme" herausgestellt. Damit werden mal Kürzungen der Renten, mal Aufrufe zur Vorsorge durch Privatversicherungen begründet – eine sachliche Diskussion fehlt meist, die bspw. berücksichtigt, wie unzuverlässig Bevölkerungsprognosen sind oder dass sich die Zahl der Alten und Kinder, die auf eine oder einen Erwerbstätigen kommen, zwar künftig noch weiter erhöht, aber wesentlich langsamer als in den vergangenen 70 Jahren. In dieser Hinsicht ist der demografische Wandel weitgehend bewältigt, und zwar ohne dass die damit verbundenen Kosten die Gesellschaft überfordert hätten. Das Alter, genauer der demografische Wandel und seine möglichen Implikationen, ist also auch ein sozial- und gesundheitspolitisch brisantes und hochaktuelles Thema.

Vielfalt im Alter/Alltag im Alter/Alter und Soziale Arbeit

Das Alter ist eine sehr vielfältige Lebensphase, geprägt von den individuellen Biografien der Menschen, die unter unterschiedlichen Lebensbedingungen gelebt haben. Schon ein kurzer Blick zurück macht beispielhaft einige Unterschiede deutlich, die die heute älteren Kohorten[1] kennzeichnen: Die Kindheit und Jugend der heutigen Alten sah sehr verschieden aus, je nachdem, ob sie 1945 bei Kriegsende zehn Jahre alt oder wie Frau Saal gerade erst geboren waren. Eine Jugend in den 1950er Jahren oder 1960er Jahren war in der DDR und der BRD, auf dem Land oder in der Stadt von anderen Vorzeichen geprägt. Weitere Unterschiede bestehen für das Erleben als Frau oder Mann, als Zugewanderte, als Angehörige einer Arbeiter- oder Akademikerfamilie. Entsprechend differenziert sind die Lebensweisen älterer Frauen und Männer mit und ohne Familie, Migrationshintergrund, Behinderungen, Religionszugehörigkei-

---

1 Als Kohorte werden Gruppen von Menschen bezeichnet, die in einem bestimmten Zeitraum geboren wurden und daher in einem ähnlichen Alter bestimmte Ereignisse erlebt haben.

ten u. v. m., und ihre Wünsche und Ansprüche an ein Alter(n) in guter Lebensqualität. Weil viele Zwänge aus jüngeren Lebensphasen wegfallen, bietet das Alter aber zugleich mehr Raum für Freiheiten und Selbstverwirklichung.

Die insgesamt wachsende Zahl älterer Menschen führt dazu, dass in fast allen Handlungsfeldern der Sozialen Arbeit Ältere als Klient*innen eine zunehmend größere Rolle spielen, bspw. in der Suchtberatung, Wohnungslosenhilfe bzw. Schuldnerberatung (▸ **Besondere Lebenslagen**), ▸ **Gemeinwesenarbeit**, Migrationsberatung (▸ **Migration**). Und nicht zuletzt werden die Professionellen in der Sozialen Arbeit selbst in großer Zahl älter, die generationenübergreifende professionelle Zusammenarbeit muss aktiv gestaltet werden, wenn sie ihr Potenzial entfalten soll. Das Alter allein macht Menschen jedoch ebenso wenig zu Klient*innen der Sozialen Arbeit wie die Kindheit. Vielmehr bringt es einige typische Risiken und erhöhte Verletzlichkeiten mit sich, die zu kennen für die Soziale Arbeit wichtig ist, um damit einhergehende Risiken für Teilhabe und Lebensqualität (auch präventiv) bearbeiten zu können. Auf der anderen Seite haben alte Menschen Ressourcen, die für die Bearbeitung individueller Probleme und für gesellschaftliche Weiterentwicklungen fruchtbar gemacht werden können.

Das Beispiel von Frau Saal rückt typische Übergänge und kritische Lebensereignisse im Alter in den Blick. Kritische Lebensereignisse sind dadurch definiert, dass sie zumindest zunächst das Gefühl auslösen, mit den verfügbaren Mitteln das Ereignis und seine Folgen nicht bewältigen zu können, wodurch sie eine Krise auslösen. Ob Übergänge und Veränderungen als belastend wahrgenommen werden und ihre Bewältigung schwerfällt, hängt von den jeweiligen Umständen und besonders den verfügbaren Ressourcen und Unterstützungsmöglichkeiten ab (▸ **Subjekt- und Ressourcenorientierung**). Die im Folgenden kurz beschriebenen alterstypischen Lebenssituationen bergen insofern Risiken und erfordern besondere Aufmerksamkeit.

Besonders für Frauen verändert sich im Alltag Vieles, wenn die Kinder erwachsen werden und die gemeinsame Wohnung verlassen. Wenn sie später stark in die Enkelbetreuung einbezogen sind, kann deren Heranwachsen ähnlich wirken. Mit dem Ende der Kindererziehung und des dadurch geprägten Familienlebens verlieren viele Frauen eine wichtige Lebensaufgabe und die damit verbundene soziale Anerkennung. Auch wenn die allermeisten Älteren in der Nähe wenigstens eines erwachsenen Kindes wohnen, erschwert die (arbeitsmarktbedingte) zunehmende Mobilität der jüngeren Generation außerdem häufige persönliche Kontakte und praktische Hilfen.

Der Übergang in die Rente markiert ebenfalls einen Einschnitt für alle Berufstätigen. Kontakte zu Kolleg*innen sind nicht mehr selbstverständlich, der Tagesablauf mit der neu verfügbaren Zeit muss neu strukturiert und sinnvoll gefüllt werden. Das Zusammenleben mit dem/der Partner*in erfolgt unter neuen Vorzeichen, bspw. hinsichtlich der häuslichen Arbeitsteilung. Das Einkommen kann deutlich geringer sein als zuvor. Männern, die sich vor allem über ihre Erwerbstätigkeit definieren, kann dieser Übergang besonders schwerfallen.

Frauen erleben dagegen häufiger als Männer die Verwitwung. Im Alter über 80 sind rund zwei Drittel aller Frauen, aber nur ein Drittel der Männer verwitwet. Den oder die Partner*in nach oft jahrzehntelanger Gemeinsamkeit zu verlieren hat für viele den Charakter eines kritischen Lebensereignisses. Andererseits können auch Belastungen, z.B. durch Pflege oder unglückliche Beziehungen, wegfallen und neue Freiräume Energie und Lebenslust freisetzen.

Mit zunehmendem Alter steigt die Wahrscheinlichkeit für krankheitsbedingte Einschränkungen der Körperfunktionen, die dauerhafte Veränderungen im Alltag erzwingen und immer wieder Abschiede von lieben Gewohnheiten bedeuten. Wenn immer mehr Hilfe und Pflege nötig werden, gilt es zu lernen, diese anzunehmen, ohne zu verzweifeln – keine leichte Aufgabe; ebenso wenig, wie die nötige Hilfe und Pflege zu leisten, wenn der oder die Partner*in betroffen sind, oder auch zu entscheiden, dass der Umzug ins Pflegeheim die bessere Lösung ist. Auch Umzüge in eine andere Wohnung, ein anderes Quartier oder eine andere Stadt können krisenhaft erlebt werden, besonders wenn sie unfreiwillig erfolgen.

Der letzte Übergang im Alter ist der vom Leben zum Tod, eine Aussicht, mit der sich Menschen im Alter auf sehr unterschiedliche Weise – oder auch gar nicht – auseinandersetzen. Das eigene gelebte Leben, seine Höhen und Tiefen, genutzten und verpassten Gelegenheiten, klugen und weniger klugen Entscheidungen, beschäftigt viele Ältere früher oder später. Oft gibt es nur wenig Gelegenheiten, darüber zu sprechen, obwohl es dadurch leichter wird, sich mit der eigenen Biografie auszusöhnen.

Welche Gestaltungsspielräume Menschen im Alter tatsächlich haben, hängt wie in anderen Lebensphasen stark davon ab, auf wie viel Geld, hilfreiche soziale Beziehungen und welche Kenntnisse und Informationen sie sich bei der Alltagsbewältigung stützen können (▸ **Lebenswelt und Alltag**). Der wichtigste Unterschied zu Jüngeren liegt darin, dass sich im Alter vorhandene sozioökonomische Ungleichheiten nicht nur fortsetzen, sondern oft kumulieren und die Chancen schwinden, die fehlenden Ressourcen z.B. durch eine besser bezahlte Arbeit, einen neuen Freundeskreis oder die Gründung einer Familie zu kompensieren. Die sich gegenseitig verstärkenden lebenslangen Benachteiligungen wirken sich auch drastisch auf Gesundheit und Lebenserwartung aus: Wer arm ist, wird durchschnittlich früher und schwerer krank und stirbt deutlich früher (vgl. Lampert/Kroll 2014). Wer geringer gebildet ist, bekommt schwerer Zugang zu Beratung, Hilfen, Gesundheits- und Pflegeleistungen.

Krankheit und Pflegebedarf im Alter

Gesundheitsprobleme nehmen im Alter bei allen Menschen zu und werden zunehmend chronisch (▸ **Gesundheit**). Alte Frauen erkranken durchschnittlich früher und schwerer als Männer, leben aber länger – und sie pflegen häufiger und länger als Männer Angehörige. Verbesserte Behandlungsmöglichkeiten erleichtern insgesamt das Leben mit Krankheiten; das Risiko, durch funktionale Einschränkungen immer mehr Hilfe und Pflege zu benötigen, steigt vor allem in den letzten Lebensjahren. So sind von den 70- bis 75-Jährigen 6,9 % pflegebedürftig nach SGB XI Pflegeversicherungsgesetz. Bei den 80- bis 85-Jährigen steigt die Kurve deutlich auf 23,3 % an, aber selbst von den über 90-Jährigen sind noch rund 30 % nicht pflegebedürftig (vgl. DESTATIS 2017).

Wer zur Alltagsbewältigung auf die Unterstützung durch andere Menschen angewiesen ist, sieht sich vielfältigen Anpassungszwängen ausgesetzt und in der Selbstbestimmung eingeschränkt. Etwas nicht mehr *selbständig* tun zu können, bspw. sich anzuziehen, muss allerdings keineswegs heißen, nicht mehr *selbstbestimmt* entscheiden zu können, wer mir wann, wo und was anzieht. In den vergangenen Jahrzehnten haben die Emanzipationsbestrebungen von jüngeren Menschen mit Behinderungen einen Wandel im Respekt vor den Selbstbestimmungsansprüchen der Betroffenen durchsetzen können. Für Menschen, die erst im Alter lernen müssen, mit einer Behinderung zu leben, gelten hingegen oft noch andere Maßstäbe. Dies wirkt sich unmittelbar auf die Alltagsgestaltung in den Institutionen der Altenpflege und auf den Umgang mit alten pflegebedürftigen Menschen aus. Das Spannungsfeld zwischen Schutz/Fürsorge und Freiheit/Selbstbestimmung bedarf deshalb immer wieder der aktiven Aushandlung zwischen Pflegekräften, Sozialarbeiter*innen und den alten Klient*innen sowie ganz besonders der Reflexion durch die Professionellen der Sozialen Arbeit. Besondere Herausforderungen entstehen, wenn Menschen mit Demenz betroffen sind oder es darum geht, häusliche Pflegearrangements zu finden, die pflegenden Angehörigen und pflegebedürftigen Alten einen gleichermaßen guten Alltag ermöglichen.

Wohnung und Wohnumgebung

Besonders wenn im Alter Einschränkungen und Gebrechlichkeit zunehmen, werden die Wohnung und die nähere Umgebung immer wichtiger, wie auch das Beispiel von Frau Saal zeigt. Bei den meisten verringert sich schon nach dem Renteneintritt der Aktionsradius, wenn Arbeitswege wegfallen. Mobilität verursacht außerdem Kosten, die nicht alle Alten aufbringen können. Gerade Ältere mit wenig Ressourcen verbringen die meiste Zeit zu Hause.

Der Stadtteil oder das Dorf sind deshalb einerseits Settings, in denen Soziale Arbeit alte Menschen gut erreichen kann. Andererseits ist die Altersgerechtigkeit der Wohnumgebung eine wichtige Voraussetzung für ein gutes Leben im Alter. Altersgerechtigkeit umfasst dabei nicht nur Barrierefreiheit und kurze Wege zum Einkauf, zu Gesundheitsdienstleistungen und zu Beratung und Ämtern. Wenigstens ebenso wichtig sind Möglichkeiten, ohne (teuren) Konsumzwang andere Menschen zu treffen, sich einzubringen, mitmachen und -entscheiden zu können – also umfassend teilzuhaben, auch wenn die Gebrechlichkeit zunimmt und nur wenig Geld zur Verfügung steht. Alte Menschen stehen oft wenig im Fokus, wenn es um die Folgen von Gentrifizierung in Ballungsräumen oder Peripherisierung ländlicher Räume geht, obwohl sie stark betroffen sind. Auch als Zielgruppe bzw. Akteure beim Quartiersmanagement und Community Organizing finden sie noch eher wenig Beachtung.

Leseempfehlungen

- Becker, S., und Brandenburg, H. (Hg.): Lehrbuch Gerontologie. Gerontologisches Fachwissen für Pflege- und Sozialberufe, Bern 2014

Umfassende, online zugängliche Übersichten zur Lebenssituation älterer Menschen, Hg. von der Bundeszentrale für gesundheitliche Aufklärung (verfügbar unter https://www.bzga.de/infomaterialien/gesundheit-aelterer-menschen/ [7. Aug. 2019]):

- Die Jungen Alten II. Aktualisierte Expertise zur Lebenslage von Menschen im Alter zwischen 55 und 65 Jahren, Köln 2019
- Die Älteren. Expertise zur Lebenslage von Menschen im Alter zwischen 65 und 80 Jahren, Köln 2013
- Die Hochaltrigen. Expertise zur Lebenslage von über 80-jährigen Menschen, Köln 2015

Josefine Heusinger

Fördern und Vermeiden

Steffen war als Erzieher viele Jahre in der Erziehungshilfe tätig und wird als motivierte Fachkraft geschätzt. Sein Träger hat nun einen Jugendklub im ländlichen Raum übernommen. Dieser wurde bis dato von der hiesigen Gemeinde betrieben. Mit der bisherigen Leitung waren die Gemeindevertreter*innen nicht immer zufrieden. Da diese nun in den Ruhestand ging, beschlossen sie eine Übergabe des Klubs in die Freie Trägerschaft. Sie erhofften sich so „professionelle Jugendarbeit". Der ausgesuchte Träger sah in Steffen den richtigen „Macher" für diese Aufgabe und bot ihm die Stelle an. Steffen sagte zu und alle Seiten waren zufrieden über diese schnelle Entscheidung. Zügig wurde intern ein „ordentliches" Konzept erarbeitet, was Steffen auf einer Gemeindevertretersitzung vorstellte. Dort hörte er sich die vielen Gedanken und Wünsche der hiesigen Kommunalpolitiker an. Sie wussten ganz genau, was richtig und wichtig sei: Die Jugendlichen sollen hier nicht rauchen und keinen Alkohol trinken und sie sollen in der Gemeinde keine Randale machen. Mit der Neuausrichtung des Jugendklubs unter der neuen Leitung sollte Ruhe und Ordnung im Ort einziehen – diese Hoffnung wurde Steffen gegenüber deutlich formuliert. Mit einem Kopf voller Pläne fuhr Steffen dann von der Sitzung nach Hause. Zugleich machte er sich Gedanken, inwieweit er diese Pläne überhaupt allein wird umsetzen können.

Die Förderung von Teilhabe aller Gesellschaftsmitglieder am gesellschaftlichen Leben (▸ **Gesellschaft**) und die Vermeidung von Exklusion ist oberste sozialpolitische Prämisse in unserem Land. Diesem Zweck dient ein umfangreiches Netz an Maßnahmen, die darauf zielen, ungünstige materielle und/oder immaterielle Lebenslagen bestimmter Gesellschaftsmitglieder zu verbessern, wenn sie das nicht aus eigener Initiative können. Die Grundnormen dieses Gewährleistungsstaates „Eigenverantwortung und Leistungsgerechtigkeit", „Vorleistungsfreie Gerechtigkeit und Subsidiarität" sowie „solidarische Gerechtigkeit und Solidarität" fördern und fordern Bürger*innen zu gleichen Teilen (vgl. hierzu Boeckh u. a. 2017).

Im Kontext Sozialer Arbeit umfasst das Leitthema „Fördern" zunächst alle erzieherischen, beratenden und therapeutischen Maßnahmen zur Ausbildung und Verbesserung ausgewählter Fähigkeiten des Menschen (Aktivierungsauftrag). Das Sozialgesetzbuch (SGB I und VIII) formuliert die entsprechenden Aufgaben, z. B. das Recht jedes jungen Menschen auf Förderung seiner Entwicklung und Erziehung zu einer „eigenen verantwortlichen und gemeinschaftsfähigen Persönlichkeit". Zur Verwirklichung dieses Rechts hat die Kinder- und Jugendhilfe mit den für das Fallbeispiel relevanten Leistungen Jugendarbeit, Jugendsozialarbeit und erzieherischer Kinder- und Jugendschutz den Auftrag, „junge Menschen in ihren individuellen Entwicklungen zu fördern und dazu beizutragen, Benachteiligungen zu vermeiden oder abzubauen“ und „Kinder und Jugendliche vor Gefahren für ihr Wohl zu schützen“ (SGB VIII §§ 11–14). Im letztgenannten Ansatz steckt also auch der Gedanke des Vermeidens (z.B. Medienpädagogik [▶ **Medien – Medienpädagogik**]).

Als relevante Arbeitsmethoden stehen hier Beratung, außerschulische Jugendbildung und Beteiligungsformen (Partizipation) im Blickpunkt, denn Kinder- und Jugendarbeit soll „an den Interessen junger Menschen anknüpfen und von ihnen mitbestimmt und mitgestaltet werden, sie zur Selbstbestimmung befähigen und zu gesellschaftlicher Mitverantwortung und zu sozialem Engagement anregen und hinführen“ (ebd.). An der Schnittstelle der beiden Leitgedanken steht der präventive Auftrag des Sozialen. Der Grundsatz von Prävention (Zuvorkommen, frz.: prévention, „Vorbeugung“) lautet: Es wird ein Risiko (z.B. einer Gefährdung) angenommen, das eintreten kann, aber nicht eintreten muss, wenn eine präventive Maßnahme erfolgt. Das sozialpolitische Leitbild wird hier zum Rahmenkonzept der Kinder- und Jugendarbeit. Prävention als vorgreifende Maßnahme lässt sich hinsichtlich des Zugriffszeitpunktes unterteilen in primäre Prävention (Eingriff erfolgt bei ersten Anzeichen), sekundäre Prävention (Eingriff erfolgt aufgrund des Auftretens von Abweichungen) und tertiäre Prävention (das Verhalten hat sich bereits manifestiert). Im letzten Fall ist auch die Rede von einer Intervention als nachträglicher Versuch, das nicht gewünschte Verhalten bzw. die Folgen desselben abzuändern.

Sozialpädagogische Präventionsarbeit arbeitet auf drei Kernziele hin, wobei Fördern und Vermeiden im dialektischen Zusammenhang stehen: 1. Vermittlung von Handlungskompetenzen (im Sinne individueller Förderung und Bestärkung), 2. Einübung gelingender Krisenbewältigungsstrategien (z.B. Vermeidung besonderer Lebenslagen) und 3. Kanalisierung von Konflikten in akzeptierte Verarbeitungsformen (z.B. Förderung einer konstruktiven sinnstiftenden Streitkultur). Sowohl die Förderung des Familienzusammenhaltes als auch Kinderschutz werden hier mitgedacht als Vermeidung von gesundheitlichen, sittlichen und sonstigen Gefahren. Dabei muss gesehen werden, dass der Bereich zwischen Förderung von Kindeswohl und Vermeidung von Kindeswohlgefährdung als großer Bemessungsrahmen für Soziale steht, der zur enormen Herausforderung werden kann.

Die Fachliteratur offenbart ein umfangreiches Spektrum an Verfahren, die oben genannten Rechte praktisch umzusetzen; eine knappe, aber gute Übersicht findet sich dazu bei Böllert (2018). So bieten sich für unser Fallbeispiel allein auf den ersten Blick folgende Ansätze an: 1. kompetenzorientierte Jugendarbeit mit einer an der Lebenswelt und nicht allein am professionellen Handeln orientierten Ausgangsbasis, 2. erlebnisorientierte Jugendarbeit, die jungen Menschen neue und ungewohnte Erfahrungsräume öffnet, 3. ressourcenorientierte Jugendarbeit, die junge Menschen da abholt, wo sie im Leben stehen, angemessene Ziele setzt und so auch Normalisierungs- und Entstigmatisierungsprozesse einleitet. Soziale Arbeit hat damit das große Ziel der ▸ **Lebensbewältigung** im Blick (Böhnisch 2016). Die Förderinhalte sind dabei vielfältig; ich wähle hier die Gesundheitsförderung, die kulturelle Bildung und Demokratie-Erziehung aus:

- *Gesundheitsförderung:* Gerade im Freizeitbereich ist die Förderung von Bewegung und Betätigung im Sinne von Sport und Spiel zur Selbstverständlichkeit geworden. Weiterhin lassen sich Kurse zum Thema „Gesunde Ernährung“ nennen oder Präventions-Veranstaltungen zum Thema „Sucht“ (z.B. zusammen mit der Bundeszentrale für gesundheitliche Aufklärung). Soziale arbeiten hier auf Grundlage einer Prämisse der Weltgesundheitsorganisation (www.who.int): „Gesundheit wird von Menschen in ihrer alltäglichen Umwelt geschaffen und gelebt: dort, wo sie spielen, lernen, arbeiten und lieben. Gesundheit entsteht dadurch, dass man sich selbst und für andere sorgt, dass man in die Lage versetzt ist, selber Entscheidungen zu fällen und eine Kontrolle über die eigenen Lebensumstände auszuüben sowie dadurch, dass die Gesellschaft, in der man lebt, Bedingungen herstellt, die all ihren Bürgern Gesundheit ermöglichen“. Soziale Arbeit wie in unserem Beispiel kann versuchen, diese Bedingungen (wieder) herzustellen (▸ **Gesundheit**).
- *Kulturelle Bildung:* Auch die Unterstützung von musikalischen oder anderen ästhetischen Interessen und Talenten kann und soll in zwangloser Weise außerschulisch gefördert werden. Klassisches Beispiel sind hier die Musikbands oder neuere Formen wie Rap und Hip-Hop, bei denen auch die Förderung interkultureller Kompetenzen im Blickpunkt steht (▸ **Kultur – Kulturarbeit**). Der freiwillige und nicht auf Leistung ausgerichtete Charakter des Angebotes ist dabei das Hauptargument.
- *Chancen und Teilhabe:* Das große Ziel von Erziehung zur Demokratie kann hier im Rahmen der offenen Jugendarbeit nur in kleinen Schritten erfolgen (▸ **Emanzipation – Teilhabe und Empowerment**). Soziale können in Projektarbeit Probleme wie „Gewalt“ oder „Politischer Extremismus“ thematisieren. Eine andere Ausrichtung zielt auf die Befähigung für den Arbeitsmarkt. Auf diesen Bereich ist zum Beispiel die Jugendsozialarbeit in Mecklenburg-Vorpommern komplett zugeschnitten (Finanzierung über den Europäischen Sozialfond/ESF).

Sozialpädagogische Präventionsarbeit vermag zu einem bunten Rummelplatz zu werden, wenn die Struktur der Angebote nicht klar ausgerichtet und abgegrenzt ist. Aufgrund prekärer und unsteter Finanzierungen der „Freiwilligen Leistung“ Kinder- und Jugendarbeit lassen sich deren Träger (▸ **Organisation Sozialer Arbeit**) verlocken, auf großzügige Fördermitteltöpfe zuzugreifen, die an diese Projektarbeit geknüpft sind (z.B. das Bundesprogramm „Demokratie leben“ zur Vermeidung von Fremdenfeindlichkeit und Antisemitismus). Dabei verkennen sie, dass diese Projektarbeit für Soziale immer einen enormen Extra-Aufwand zur „normalen“ Arbeit erfordert und aufgrund des Erfolgsdruckes mit den eigentlichen, auf Langfristigkeit ausgerichteten Inhalten oft konkurriert.

Präventionsarbeit ist keine „One-(Wo-)Man-Show“. Gleichwohl trifft man in den Einrichtungen der Jugendhilfe (zu) wenig Personal an. Andererseits können Soziale auch nicht alle Facetten der zu fördernden Kompetenzen und Fertigkeiten bedienen, da ihnen selbst dieses Selbst-Können und/oder auch die vertraglich vereinbarte Arbeitszeit dafür fehlen. Soziale können nicht „Typ für alles“ sein. Gleichwohl wird er/sie nicht selten dafür gehalten. Ein Allround-Typ steht hier jedoch im Gegensatz zu einem Rollenverständnis (Stigma) vom Bespaßenden – als derjenige werden Soziale in der Kinder- und Jugendarbeit nicht selten skeptisch beäugt. Anders als z. B. Schulsozialarbeiter wird der kleinteilige Beitrag der Jugendsozialarbeiter für Außenstehende nicht erkennbar, weil der viel größere Effekt (Nachhaltigkeit) zu wenig kommuniziert wird.

Netzwerken: Um einerseits die eigene Fachlichkeit darzustellen und andererseits nicht an die eigenen Grenzen zu kommen (z. B. Authentizität, Machbarkeit oder Aufzehren), muss sich der Soziale ein Netzwerk aufbauen. Professionelles Handeln zeigt sich hier, indem er ausgesuchte Partner*innen in seine Arbeit einbindet und denen er seine Kompetenzen als Gegenleistung zur Verfügung stellt. Kommunal oder auf Kreisebene angesiedelt agieren sogenannte Präventionsräte als ein Zusammenschluss von Fachkräften, die nach den oben genannten Prämissen arbeiten, zum Beispiel Verwaltung (Jugendamt), Polizei, Beratungsstellen, Schulleiter. Sie treffen sich in regelmäßigen Abständen und diskutieren die aktuelle Situation vor Ort und, wie diese beeinflusst werden kann (z. B. Kriminalitätsstatistik). In der sozialpädagogischen Prävention tätige Soziale können sich in diese Runden einbringen und so fachlich versierte Ansprechpartner*innen finden.

Kooperieren und gegenseitige Wertschätzung: Sinnvoll für die Relativierung der eigenen Ausrichtung sind auch trägereigene Professionszirkel oder trägerübergreifende Arbeitskreise. Hier erfährt der Soziale Wertschätzung seiner eigenen Arbeit (Schulterklopfen) und kann über den fachlichen Tellerrand schauen. Schulen sind dankbare Kooperationspartner*innen für die sozialpädagogische Präventionsarbeit. Doch zeigt sich insgesamt die Verzahnung von außerunterrichtlichen Elementen und Fachunterricht bislang noch als unterentwickelt. Zu oft werden die Lehrkräfte zwangsverpflichtet, verschulte Angebote im eigenen Haus „außerschulisch“ anzubieten, was dem Konzept von Ganztagsschule entgegensteht.

Als moderne Dienstleistungsprofession unterscheidet sich Soziale Arbeit von üblichen standardisierten Problembearbeitungsformen aufgrund ihres Handeln(müssen)s unter den Bedingungen einer generellen Ungewissheit. Professionalität hat dann eine spezifische Qualität in der sozialpädagogischen Handlungspraxis, da sie eine Erhöhung von Handlungsoptionen, Chancenvervielfältigung und die Steigerung von Partizipations- und Zugangsmöglichkeiten für die eingebundenen Adressat*innen zur Folge hat. Professionelles Handeln im präventiven Kontext verlangt somit, diese Ungewissheit durch Zusammenarbeit mit den Kooperationspartner*innen abzuklären, um methodisch effizienter zu arbeiten. Soziale Arbeit wird zunehmend verändert durch Auflösung (Entstrukturierung) von sogenannten Normalbiografien und Normalarbeitsverhältnissen, durch Erweiterungen von Normalitätsstandards, Aufweichungen von Traditionen, Werteverschiebungen, Pluralisierung, Differenzierung und Individualisierung der Lebenswelt, Wandlungen personenbezogener sozialer Dienstleistungen und eine zunehmende Differenzierung der Handlungsfelder. Das erfordert zwangsläufig eine flexible und reflexive Professionskompetenz im präventiven Kontext (vgl. Dewe/Stüwe 2016).

Steffen ist nun seit drei Jahren als Leitung des Jugendklubs erfolgreich aktiv. Er glaubt, seine Möglichkeiten und Grenzen zu kennen, und wird von vielen Seiten positiv bestätigt. Er kommt nicht nur mit den Besuchern gut klar, er kennt auch viele Eltern. Die Netzwerkpartner*innen schätzen ihn und er weiß um die Vorteile der Kooperationen. Einmal im Jahr wird er von den Gemeindevertreter*innen eingeladen; nun steht wieder ein Rechenschaftsbericht an. Er überlegt sich, wie er den Effekt seiner Arbeit darstellen kann, und will begreiflich machen, dass er trotz bestem Engagement nicht alle Probleme allein lösen kann. Er bereitet ein Pamphlet vor, in dem er seine wichtigsten Gedanken erörtert.

Dabei sind ihm folgende drei Aspekte besonders wichtig:

1. *Modell-Lernen:* Verhalten im gewünschten Sinne wird vorgemacht und vorgelebt. Zu oft setzen wir voraus, dass die nächste Generation weiß, wie es richtig ist. In den meisten Fällen ist das falsch gedacht. Also müssen Erwartungshaltungen kommuniziert werden. Das gilt ebenso für Regelverstöße. Die Projektarbeit und das Engagement wird im Sinne eines Werkstatt-Charakters initiiert, d.h. der/die Soziale macht vor, dann machen die anderen mit und am Ende können die Akteure es selbst.
2. *Toleranz:* Ein umgangssprachlicher Leitsatz lautet „Im Normalfall gilt …“. Damit ist gemeint, dass Abweichungen von der Regel ständig eingeplant werden müssen. Eine dem entsprechende Abweichungstoleranz gehört daher zum Grundcharakterzug von Sozialen.
3. *Unbedingter Zusammenhalt:* Netzwerke und Kooperationen gelingen nur, wenn alle Beteiligten ehrlich miteinander zusammenarbeiten. Dabei muss der jeweilige Anteil der Partner*innen klargestellt und dann eingehalten werden. Emotionale Befindlichkeiten müssen hintangestellt werden. Die

Anteile der Beiträge sind in regelmäßigen Abständen zu hinterfragen und dann ggf. anzugleichen. Das gilt auch für die Bereitschaft, weiter am Netzwerk mitzuarbeiten. Mit anderen Worten heißt das, der/die Soziale sind nicht allein für die Ergebnisse der Arbeit verantwortlich – im Guten wie im Schlechten.

Leseempfehlungen

- Brezinka, W.: Erziehung und Pädagogik im Kulturwandel, Basel 2003
- Thiersch, H., und Böhnisch, L.: Spiegelungen. Lebensweltorientierung und Lebensbewältigung, Gespräche zur Sozialpädagogik, Weinheim und Basel 2014
- Wendt, P.-U.: Lehrbuch Soziale Arbeit, Weinheim und Basel 2018

René Börrnert

Selbsthilfe – Hilfe zur Selbsthilfe

„Claudia S. leidet seit Jahren an chronischen Schmerzen. Sie fühlt sich oft antriebslos und deprimiert und isoliert sich immer mehr. Die Nächte sind eine einzige Qual und am nächsten Tag kommt sie kaum auf die Beine. Über eine Bekannte erfährt sie von INSEA – einem ‚Gesund und aktiv leben'-Kurs, der sich speziell an Menschen mit chronischen Erkrankungen richtet. Dieser hilft ihr dabei, aktiv mit ihren Problemen umzugehen, und er bietet gleichzeitig leicht verständliche Informationen für ihr Hauptthema: endlich wieder nachts besser zu schlafen. Besonders gut findet Claudia, dass eine der beiden Kursleitungen selbst Erfahrungen mit chronischen Schmerzen hat und dadurch viel Verständnis für sie zeigt. ‚Endlich tue ich wieder etwas für mich und lerne andere kennen, denen es genauso geht.' Die zweite Kursleiterin ist eine Mitarbeiterin der Selbsthilfekontaktstelle, die am Ende des Kurses verschiedene Selbsthilfegruppen aus dem Gesundheitsbereich vorstellt" (Keidel 2018, S. 15).

Das Beispiel zeigt, dass Hilfe zur Selbsthilfe die persönliche Betroffenheit und individuelle Themen – z.B. der individuellen ▸ **Gesundheit** – in den Mittelpunkt rückt; es kann sich z.B. um Begleit- und Einkaufsdienste, Haushalts- und Gartenhilfe handeln, um (wie im Beispiel) spezifische, chronische Erkrankungen, Co-Abhängigkeit bei Suchterkrankung eines Familienmitgliedes. Gekennzeichnet wird Selbsthilfe durch die Überzeugung (▸ **Subjekt- und Ressourcenorientierung**), dass Menschen die Kraft der Gemeinschaft Gleichbetroffener (der Peer) zur Bewältigung ihres Alltags nutzen können (▸ **Lebenswelt und Alltag**).

Selbsthilfe (z.T. auch als Alternativprojekte oder Initiativgruppen bezeichnet, wozu auch selbstorganisierte Jugendräume, Elterninitiativen zur Betreuung von Kindern u.a. zählen) steht als Ausdruck zivilgesellschaftlichen *Engagements in eigener Sache* „für unterschiedliche sozialpolitische Strömungen, Bewegungen (und Gegenbewegungen), für Forderungen von Jugendlichen und Erwachsenen für neue, eigene, den Menschen nahe Gestaltungs- und Selbstbestimmungsmöglichkeiten, gegen überkommene, einschränkende, unterdrückende, unzulängliche (öffentliche) Angebotsstrukturen" (Mielenz 2017, S. 802). Sie zeichnet die Überzeugung aus, dass Menschen befähigt sind, sich selbst zu helfen, eigenverantwortliche Entscheidung über sich selbst zu treffen, sich aktiv an der Bewältigung von Problemen zu beteiligen und dazu die Kraft der Gemeinschaft (z.B. einer Gruppe) zu nutzen.

Im Oktober 2017 wurden bundesweit allein durch die 263 örtlichen bzw. regionalen Selbsthilfekontaktstellen 36 370 Selbsthilfegruppen unterstützt (vgl. NAKOS 2018); die Zahl der insgesamt tätigen Selbsthilfegruppen ist allerdings deutlich höher, da sich zahlreiche Gruppen auch unabhängig von den Kontaktstellen entwickeln. Durch sie entstehen so neue Leistungen (z.B. die gegenseitige Beratung und Bewältigung spezieller Erkrankungen und Belastungen) oder Organisationsformen (z. B. die Vernetzung isolierter Gesprächskreise), um sich gegenseitig zu unterstützen oder eigenverantwortlich ein gemeinsames Thema (z. B. die unzureichende Berücksichtigung der Interessen von Menschen mit Behinderung) zu bearbeiten.

Zu den zentralen Grundsätzen der Selbsthilfegruppenarbeit zählt, dass die Mitglieder von Selbsthilfegruppen aus Selbstbetroffenheit (Gleichbetroffene sind unter sich) freiwillig und gleichberechtigt die Gruppenarbeit gemeinsam bestimmen, um in erster Linie etwas für sich selbst und nicht für andere zu tun. Jedes Mitglied ist für sich und die Gruppe bzw. den Gruppenablauf verantwortlich. Die Gruppe eröffnet in schwierigen Phasen der ▸ **Lebensbewältigung** neue Beziehungen und Bindungen, und sie vermittelt die Erfahrung, mit den eigenen Schwierigkeiten nicht allein zu sein. Claudia S. stellte z. B. fest, dass die von ihr aufgesuchte Selbsthilfegruppe „sehr nett und die Atmosphäre prima (war). Wir unterstützten einander moralisch und hatten – egal, welche chronische Krankheit wir haben – nicht mehr das Gefühl, allein zu sein“; dies wird sicherlich auch dadurch ermöglicht und begünstigt, dass ein großer Teil der INSEA-Kursleiter*innen nicht nur selbst chronisch krank, sondern ebenfalls ehrenamtlich in der Selbsthilfe engagiert ist (Keidel 2018, S. 15 f., zit. S. 15).

Selbsthilfegruppen erfüllen hauptsächlich drei Funktionen (vgl. Grawe 2009, S. 175):

- *Gemeinschaft:* Die Gruppe eröffnet in schwierigen Phasen der Lebensbewältigung neue Kontaktmöglichkeiten, Beziehungen und Bindungen und vermittelt die Erfahrung, mit den eigenen Schwierigkeiten nicht allein zu sein (▸ **Mittleres Lebensalter**).
- *Bewältigung:* Neben sachlicher Information erlaubt der Austausch zu den persönlichen Schwierigkeiten im Schutz von Vertraulichkeit und beschränkter Gruppenöffentlichkeit, die Schwierigkeit anzunehmen und zugleich auch Distanz dazu aufzubauen (um wieder Mut zu bekommen). Im Schutz der Vertraulichkeit können neue Gesichtspunkte wahrgenommen werden, und die Darstellungen der anderen können im Vergleich die Selbstwahrnehmung und -reflexion stärken; in der Gemeinschaft mit Gleichbetroffenen kann erfahren werden, wie andere die Schwierigkeiten bewältigen. So kann z. B. in Bezug auf das im Beispiel genannte Kursprojekt gesagt werden:

> „Die Brücke zur Selbsthilfe funktioniert sehr gut: Menschen kommen raus aus ihrer Isolation, lernen im Kurs andere Erkrankte kennen und unterstützen sich gegenseitig. So wurden schon viele Leute über die INSEA-Kurse an Selbsthilfegruppen vermittelt und neue Gruppen sind entstanden …, deren Mitglieder zusätzlich zur themenorientierten Hilfe selbstorganisiert ihre eigene Gesundheit weiter verbessern wollen“ (Keidel 2018, S. 16).

- *Veränderung:* Der Alltag wird durch regelmäßige Treffen der Selbsthilfegruppe oder Formen der Bildungsarbeit (z. B. zu Aspekten des gemeinsamen Themas der Gruppe) strukturiert; zugleich ermöglicht die Selbsthilfegruppe auch öffentliches Handeln und gemeinsame Aktivitäten, um Alltagsbedingungen positiv und die Bewältigung der Schwierigkeiten kollektiv zu verändern. So bieten z. B. Selbsthilfeprojekte in der Arbeit mit älteren Menschen (▸ **Altenhilfe**) neben dem persönlichen Austausch auf ältere Menschen zugeschnittene Vorträge an (z. B. über Pflegeberatung, Rentenbesteuerung oder Hausnotruf).

Dabei zeigen sich in Selbsthilfegruppen auch eigene Entwicklungsaufgaben: Ihre Themen gelten oft als stark emotional besetzt, was deren Bearbeitung insbesondere dann erschwert, wenn aufgrund der fehlenden professionellen Begleitung gruppendynamische Effekte (z. B. die Fokussierung auf die ganz persönliche Notlage) die Weiterentwicklung erschweren.

Deshalb haben (beruflich arbeitende) Selbsthilfekontaktstellen die Aufgabe, dabei zu helfen, die Arbeitsweise der Gruppe zu verbessern, indem sie z. B. eine Orientierungsfunktion im System auch der sozialen Dienstleistungsangebote wahrnehmen. Selbsthilfekontaktstellen sind eigenständige, örtlich oder regional arbeitende Einrichtungen, die über beruflich tätiges Personal, Räume und Ressourcen verfügen und in aller Regel umfassende Informations-, Beratungs- und Unterstützungsangebote bereithalten. Sie beraten weniger zum Thema der Gruppe, sondern sie verstehen sich eher als Unterstützer*innen für die Gründung und Stabilisierung von Gruppen (vgl. Grawe 2009, S. 183 ff.; so werden die im Beispiel genannten Kurse der „Initiative für Selbstmanagement und aktives Leben"/INSEA z. B. von Selbsthilfekontaktstellen in Bayern durchgeführt und von der Selbsthilfekoordination Bayern als Projektträger und Netzwerkstelle unterstützt). In der Gründungsphase einer Selbsthilfegruppe bieten sie z. T. eine *Anleitung* an, die u. a. über Gruppendynamik und -erfahrungen informiert oder Gesprächshilfen gibt. Von der Nationalen Kontakt- und Informationsstelle zur Anregung und Unterstützung von Selbsthilfegruppen (NAKOS 2006, S. 63–72) wird freilich empfohlen, diese Begleitung auf maximal zehn (Gruppen-)Beratungen zu begrenzen, denn die Erfahrung habe gezeigt, dass, je länger die Anleitungsphase dauere, desto schwieriger die „Abnabelung der Gruppe" werde (▸ **Soziale Gruppenarbeit**).

Mit der Zeit entwickeln Selbsthilfegruppen das Bedürfnis, (extern begleitet) die Erfahrungen mit der Gruppenarbeit auszutauschen und den Gruppenprozess unabhängig von den Gruppentreffen zu reflektieren, was oft mit dem Eindruck verbunden ist, dass die Gruppenarbeit stagniert und Gruppenprobleme nicht aus eigener Kraft gelöst werden können. Diese externe *supervisorische Begleitung* ist (im Gegensatz zur Beratung bei der Gründung einer Selbsthilfegruppe) auf einen längeren Zeitraum ausgerichtet, um den gemeinsamen Austausch zu ermöglichen (der in der Gruppe nicht mehr oder nur erschwert möglich zu sein scheint). Die Begleitung durch Soziale schafft u.a. Gelegenheiten, im Gruppengespräch die Gruppenregeln zu thematisieren (z.B. zu klären, welche Bedeutung Zuverlässigkeit, Pünktlichkeit, das Nacheinander-Reden, das Sprechen in der Ich-Form haben); sie können Rollenspiele anleiten (z.B. um Konflikte in der Gruppe zu verdeutlichen) oder Übungen (z.B. zum aktiven Zuhören, Einübung von Anfangs- und Schluss-Blitzlichtern) anregen (vgl. ebd., S. 66f.).

Projekte der Selbsthilfe stellen somit Engagement dar, das (organisatorisch selbstbestimmt/-verwaltet, d.h. ohne professionelle Leitung) bestehende Angebote ergänzt, wozu auch die mehr als 1400 örtlichen „Tafeln" zählen (auch dann noch, wenn sich ein Teil der in den Tafeln geleisteten Arbeit mittlerweile nur noch professionalisiert bewältigen lässt). Sie setzen an zwei Punkten an:

- Einerseits lebt in Deutschland ein nennenswerter Teil der Bevölkerung in Verhältnissen der Armut oder ist von Armut bedroht (2018 waren dies 15,5% der Bevölkerung; vgl. DPWV 2019a, S. 8). Dass deshalb Menschen auf Lebensmittelspenden angewiesen sind, um ihren Grundbedarf zu decken, nehmen in einer Untersuchung zur Arbeit der Tafeln drei Viertel der Befragten an. Jede/r zehnte Befragte war bereits selbst schon auf die Unterstützung der Tafel angewiesen, acht Prozent sogar mehrfach (vgl. Nier 2018). Zu den Nutzer*innen der Tafel zählen Arbeitslose, Geringverdiener*innen und Rentner*innen, die auch bei größter Sparsamkeit kaum über die Runden kommen und deshalb oft an der Ernährung sparen müssen (was den Begriff „Ernährungsarmut" rechtfertigt).
- Andererseits fallen an unterschiedlichen Orten (v.a. täglich in Supermärkten, in der Gastronomie, im Lebensmittelgroßhandel, bei Veranstaltungen und Wochenmärkten) große Mengen von Lebensmitteln an, die – obwohl qualitativ einwandfrei – entweder unverkäuflich sind oder nicht mehr gebraucht werden.

Die Tafeln sammeln solche Lebensmittel und verteilen sie (kostenlos oder zu einem symbolischen Preis) an sozial und wirtschaftlich benachteiligte Menschen (vgl. Brühl 2019). 2018 gab es in Deutschland 942 Tafeln, die an mehr als 2000 Ausgabestellen 264000 Tonnen Lebensmittel ausgegeben haben. Einige Tafeln verteilen über Ausgabestellen oder Läden Lebensmittel an Nutzer*innen, die diese selbst weiterverarbeiten können, andere betreiben Küchen, um warme Mahlzeiten anbieten zu können, eine dritte Gruppe beliefert soziale Einrichtungen. Sehr viele lokale Tafeln bieten mehrere Arten der Unterstützung an, zugeschnitten auf den Bedarf vor Ort. Sie finanzieren sich grundsätzlich über private Spenden: neben den Lebensmittelspenden auch durch Gutscheine und direkte finanzielle Zuwendungen sowie die „Zeitspenden" der freiwilligen Helfern*innen. Zu den freiwilligen Helfer*innen zählen auch die Nutzer*innen selbst, was die Tafeln damit zu einer echten Form der Selbsthilfe macht. 2019 engagierten sich rund 60 000 Menschen für die Tafeln (davon 90 % freiwillig), einige Stunden am Tag, in der Woche, im Monat – d. h. nach Berechnungen des Tafel-Bundesverbandes 24 Mio. Stunden (mit einem fiktiven Gegenwert von 216 Mio. Euro) im Jahr.

Die Entwicklung der deutschen Tafeln zeigt ein kontinuierliches Wachstum: Die erste Tafel wurde 1993 eröffnet; 2002 waren es bereits 310, 2013 dann 919 und Anfang 2019 sind es 942 gewesen. Das Wachstum bildet den gestiegenen Bedarf nach kostenloser Lebensmittel-Versorgung ab und es ist zugleich (als Ausdruck einer Ernährungsarmut) ein Indikator für die wachsende Ungleichheit und Armut in Deutschland (▸ **Besondere Lebenslagen**): Mittlerweile werden mehr als 1,6 Mio. bedürftige Menschen durch die Tafeln unterstützt (vgl. Tafel-BV 2019b); 23 % der Tafel-Nutzer*innen sind über 65 Jahre alt (▸ **Alter**), 500 000 Kinder und Jugendliche (▸ **Kindheit und Jugend**) und rund 280 000 Geflüchtete (▸ **Migration**) kommen regelmäßig zur Tafel (vgl. Tafel-BV 2019a). Die Ergebnisse einer Studie zu den hessischen Tafeln zeigen, dass ein überdurchschnittlich hoher Anteil der Tafel-Nutzer*innen weiblich, alleinerziehend oder arbeitslos ist oder (zu einem Drittel) einen Migrationshintergrund hat (vgl. Hartig 2018). Kritisch wird in diesem Zusammenhang gegenüber der „Tafelbewegung" insbesondere angemerkt, sie ersetze durch das Engagement ihrer Helfer*innen die fehlenden Leistungen des ▸ **Sozialstaats** und trage so auch zu einer Verdeckung des Armutsthemas bei (vgl. Selke 2013).

Zusammengefasst: Hilfe zur Selbsthilfe ist als eine (weitgehend selbstbestimmte und -organisierte) Leistung Einzelner bei der Bewältigung des Alltags zu begreifen, wobei subjektiv relevante, meist sehr spezielle Problemstellungen in der Gruppe (wie im Fall von Claudia S.) bearbeitet werden, oder als Form der Unterstützung bei grundlegenden Schwierigkeiten (wie im Fall der Tafeln) zu verstehen. Dabei hat die Unterstützung, Beratung und Begleitung durch Soziale zunächst nur eine nachgeordnete, wenn auch allmählich wachsende Bedeutung.

Leseempfehlungen

- Grawe, B.: Selbsthilfegruppen; in: Edding, C., und Schattenhofer, K. (Hg.), Handbuch Alles über Gruppen: Theorie, Anwendung, Praxis, Weinheim und München 2009, S. 162–185
- Haller, F., und Gräser, H.: Selbsthilfegruppen. Konzepte, Wirkungen und Entwicklungen, Weinheim und Basel 2012

Peter-Ulrich Wendt

Teil III

Der Fall

Beziehung und Arbeitsbündnis

Hotte, 49, gelernter Maurer, ist Gast im Tagestreff der örtlichen Wohnungslosenhilfe. Seit 2008 ist er arbeitslos, seit 2009 bezieht er „Hartz IV" (Arbeitslosengeld II gem. SGB II). Einen Job hat er nicht mehr gefunden, wie er sagt: „Ist schon schwer hier, da kriegste nichts mehr, wenn du um die 40 bist!"

Hotte lebt von seiner Frau getrennt: Mit der Arbeitslosigkeit nahm der Bierkonsum zu, es kam zu gelegentlichem Saufen (mit den üblichen Begleiterscheinungen) und zu Zoff mit seiner Frau, die das nicht akzeptieren wollte. Zum Arzt zu gehen, wie es seine Frau schließlich verlangte, lehnte er ab, er sei „doch kein Alki!". So kam es nach 15 Jahren Ehe mit 40 zur Trennung, wie es Hotte sieht: „Wir hatten ja auch keine Kinder – das war's wohl."

Später kam es auch zum Kontaktabbruch zu Mutter und Bruder, die seinen Lebenswandel nicht verstehen wollten. Vereinsamt zog er sich zurück, saß wochenlang alleine in der Wohnung, wollte niemanden mehr sehen. Auch die Wohnung konnte er nicht mehr halten; sie war nach Auffassung des Jobcenters zu groß und deshalb musste er in eine deutlich kleinere und schlechtere Wohnung umziehen. Immer wieder war es ihm unmöglich, Strom, Gas und Wasser zu bezahlen; daher wurde ein Münzzähler eingebaut, mit dem er nun Energie und Wasser auf Zeit kaufen konnte.

Der Tagestreff aber hat seinen Tagesablauf neu strukturiert: Vor fünf Jahren lernte er die Einrichtung am Rand der Altstadt kennen, seit mehr als vier Jahren ist er dort regelmäßig Besucher, in der Regel dreimal in der Woche, gelegentlich auch am Wochenende (in der jüngsten Vergangenheit zunehmend). Phasenweise ist er täglich im Tagestreff, wenn ihm zu Hause „die Decke auf den Kopf fällt". Hier kann er preiswert frühstücken und mittags essen, hier gibt es eine Zeitung und anderen Lesestoff, hier kann er seine Wäsche waschen oder duschen (wenn das zu Hause nicht möglich ist), hier gibt es gelegentliche Gespräche mit anderen Besuchern, auch wenn er „darauf nicht unbedingt scharf" ist.

In und durch Soziale Arbeit wird ein personales (individuelles) Verhältnis zwischen Menschen begründet:

- Auf der einen Seiten handelt es sich um Menschen wie Hotte, die Unterstützung einfordern oder benötigen (sog. *Subjekte* [auch als Klient*innen, Zielgruppe, Adressat*innen u. ä. bezeichnet]), und
- auf der anderen Seite in der Regel beruflich tätige Fachkräfte (sog. *Soziale* [d. h. Sozialarbeiter*innen, Sozialpädagog*innen, social worker u. ä.), wie den ausgebildeten Sozialarbeiter*innen im Tagestreff (► **Ausbildung und Beruf**), der mit Hotte allmählich in Kontakt und ins Gespräch kommt.

Dieses Verhältnis wird allgemein als *Beziehung* (und die Arbeit an der Beziehung als *Beziehungsarbeit*) beschrieben.

In diese besondere berufliche Beziehung bringen Subjekte und Soziale sehr Unterschiedliches ein: Da sind – seitens der Subjekte – zunächst die Annahme, dass Soziale befugt (ermächtigt, berechtigt) sind, etwas in einem gegebenen Fall zu tun, und dafür angemessene Kenntnisse besitzen (also wissen, was zu tun ist), verbunden mit einer (wie auch immer geäußerten) Form der Akzeptanz, sich auf diese Hilfe (und dem, was immer mit ihr verbunden sein mag) überhaupt einlassen zu wollen (Hotte brauchte dafür eine gewisse Zeit, sich auf das Gespräch mit dem Sozialen überhaupt einzulassen). Dies mag verkoppelt sein mit entweder

- einer *Erwartungsinflation,* d.h. einer überbordenden Vielfalt konkurrierender, widersprüchlicher, konkreter oder nichtkonkreter Vorstellungen, Wünsche, Hoffnungen der Beratenen an die Adresse der Sozialen, oder
- einer *Beziehungszurückhaltung,* denn Hilfe kann auch negative Emotionen (z.B. der Abhängigkeit) hervorrufen, „weil Menschen bereits Gewalt, Vernachlässigung und Missachtung erfahren haben und ihre negativen Erfahrungen auch auf Menschen übertragen, die ihnen (durchaus mit guten Absichten) helfen wollen. Nicht ausgeschlossen ist auch, dass in die Beziehung die Sorge einfließt, dass alles, trotz eines positiven Beginns, wieder in die bekannte negative Entwicklung umschlägt" (vgl. Heiner 2010, S. 32, zit. S. 35). Hotte ist eher jemand, der aufgrund der erlebten Kontaktabbrüche auf ein Gesprächsangebot des Sozialen zurückhaltend und am Anfang auch zurückweisend reagierte.
- Unter Umständen bringen sie auch ihren *subjektiven Hilfeplan* in die Beziehung ein, d.h. eine meist recht deutliche Vorstellung davon, wer ihnen wie und wie lange helfen soll.

Auch Soziale sind nicht frei von (durchaus vergleichbaren) Gefühlen, die sie in die professionelle Beziehung zu Beratenen einbringen:

- Angefangen von Gefühlen des ersten Augenblicks (wie sie die noch fremde Person wahrnehmen, welche Erinnerungen ihre äußere Erscheinung auslöst und zu welchen positiven wie negativen Zuordnungen dies führt, die den Beziehungsaufbau fördern oder belasten) bis zu
- Aspekten der Helfer*innen-Persönlichkeit (► **Selbstsorge**), die in die Beziehung in der Regel unbewusste Erwartungen hineinlegt (z.B. des Dankes und der Anerkennung durch die Subjekte),

sind eine Reihe von Aspekten möglich, die die Beziehung beeinflussen, wenn Soziale sie nicht (im Sinne ihres Wissens um diese Gefühle und ihres Könnens, mit diesen Gefühlen professionell umzugehen) reflektieren und klären.

Beziehungsarbeit setzt *Beziehungskompetenz* voraus. Darunter sind sich wechselseitig beeinflussende Aspekte zu verstehen (vgl. Stimmer 2006, S. 225): eine Beziehung herzustellen und verständigungsorientiert zu handeln (Sozialkompetenz), verbunden mit Methodenkompetenz (z. B. eine angemessene Gesprächsführung zu beherrschen [vgl. Wendt 2017a, S. 79–113, Frindte/Geschke 2019, S. 193–249]) und Selbstkompetenz (die emotionale Eingebundenheit beurteilen und daraus Schlussfolgerungen für die Beziehungsgestaltung entwickeln zu können). Beziehungskompetenz stellt die Fähigkeit dar, eine berufliche Beziehung aktiv aufbauen zu können, die durch wechselseitiges Vertrauen und Gegenseitigkeit gekennzeichnet ist und dabei doch zugleich auch durch eine kritisch-reflektierende Distanz zu den Lebensentwürfen, der Lebensführung und der Alltagsbewältigung der Subjekte (▸ **Lebenswelt und Alltag**) geprägt wird; der Soziale lässt sich auf Hotte ein, auch wenn ihm das Leben in einer kalten Wohnung fremd ist und er sich auch überhaupt nicht vorstellen kann, wochenlang allein in einer Wohnung auszuhalten. Dabei müssen sie mit dem immer gegebenen Problem umgehen, dass auch sie nur selektiv (und damit u. U. auch emotional verzerrt) wahrnehmen können, z. B. aufgrund einer persönlichen Betroffenheit, die in vergleichbaren Erfahrungen begründet sein mag, oder durch eine kulturelle Differenz, sich den Alltag und die Lebensführung eines fremden Menschen aufgrund mangelnder eigener Erfahrungen nicht vorstellen zu können (▸ **Lebenswelt und Alltag**). Es handelt sich, wie das *Hans Thiersch* formuliert, um die „Phantasie, in gegebenen Schwierigkeiten Alternativen und freie Optionen zu entwickeln", Verhältnisse zu strukturieren, längerfristige Arbeitskonzepte durchzuhalten und zu planen, zu organisieren und zu „managen" (Thiersch 1992, S. 215 f.). Sie brauchen dazu auch ein „wünschelrutengängerhaftes Talent", um „Ansatzpunkte für Veränderungen, Korrekturen, Bewegungen finden" und „Chancen sehen und nutzen" zu können (Thiersch 2002, S. 195 ff.). Auch Hotte, davon geht der Soziale aus, bringt Kompetenzen mit und verfügt über (ggfs. in Erinnerung zu bringende) Erfahrungen, die ihm helfen könnten, seine Situation zu bewältigen (▸ **Subjekt- und Ressourcenorientierung**). Deshalb ist wohl der Begriff der *Begleitung* am besten geeignet, das Arbeitsbündnis zu charakterisieren:

- Einerseits ist damit gemeint, dass „alle Menschen (im Rahmen des gesetzlich Erlaubten) das Recht haben, ihren eigenen Weg im Umgang mit anderen Personen und der ▸ **Gesellschaft** zu finden"; es geht darum, dass Soziale „sie bei ihren Suchbewegungen unterstützen oder ihnen assistieren, ihnen also auch bei der Verrichtung alltäglicher Lebensvollzüge so zur Hand gehen, wie diese Menschen es wünschen".

- Auf der anderen Seite geht es immer auch um die Konfrontation „mit den Anforderungen und Normen der Gesellschaft bzw. um die Vermittlung von individuellem Eigensinn und gesellschaftlichen Ansprüchen" (Schwabe 2010a, S. 19f.).

Die professionelle Arbeitsbeziehung ist somit immer auch Begleitung mit einem doppeltem ▸ **Mandat** (Hilfe zu geben und Kontrolle auszuüben). Gerade deshalb ist immer eine empfindliche Bestimmung des Beziehungsverhältnisses zwischen Subjekten und Sozialen erforderlich, das im Gespräch auszuhandeln ist. Der/Die Soziale wird einerseits akzeptieren, dass Hotte ein anderes Leben gelebt hat und auch künftig leben wird; das muss sie/er nicht gut finden, aber er erkennt es als das von Hotte gewollte Leben an. Und er/sie wird anderseits nicht aus dem Blick verlieren, dass Hotte die Auflagen des Jobcenters immer wieder ignoriert und verletzt; sie/er wird ihm deshalb dabei helfen, zu lernen, dass er auch Auflagen beachten muss, aber er/sie wird ihn dann unterstützen, wenn die Auflagen die Rechte Hottes verletzen sollten (▸ **Menschenrechtsprofession**).

Dieser Aushandlungsbedarf zwingt *beide* Seiten, Grenzen der gegenseitigen Erwartungen zu markieren. Für Soziale heißt dies, dicht an den Subjekten *(Nähe)* und zugleich auch zur Abgrenzung *(Distanz)* fähig zu sein, wenn z.B. die Gefahr der Instrumentalisierung für Interessen und Zwecke der Subjekte oder die Gefahr der Manipulation für Zwecke der Sozialen Arbeit oder der Sozialen selbst (z.B. ein bestimmtes Verhalten des Subjekts hervorzurufen) vorliegt. So wird die/der Soziale den Wunsch Hottes ablehnen, stellvertretend für ihn beim Jobcenter „gut Wetter" zu machen, auch wenn sie/er sich sonst für seine Interessen einsetzt. Für die Subjekte heißt das, durch den Sozialen eingeladen zu werden, ihrerseits zu formulieren, wo Nähe und Distanz erwartet werden (was Hotte beherrscht, wenn er lange schweigt und sich auf kein Gespräch einlässt, zu dem er keine Lust verspürt).

Soziale bauen Beziehungen zu Subjekten auf,

- um sich auf ihre Anliegen und Notlagen einzulassen, Vertrauen und Empowerment zu entwickeln, verknüpft mit einer parteilichen Haltung gegenüber Verhältnissen der Ungleichheit, des Machtmissbrauches u.ä., die Subjekte benachteiligen (▸ **Emanzipation – Teilhabe und Empowerment**).
- Zugleich erkennen sie die Eigen-Sinnigkeit des Subjekts an, wobei sie in dessen Fähigkeit, selbsttätig zu sein und sich selbst helfen zu können (▸ **Selbsthilfe – Hilfe zur Selbsthilfe**), vertrauen (vgl. Thiersch 2009a, S. 121, 124).

Beides erst begründet ein Arbeitsverhältnis, das sich allmählich – im Zuge der weiteren (gemeinsam vereinbarten) Schritte der Bearbeitung des Anlasses – zu einem *Arbeitsbündnis* entwickeln kann und zum „Markenkern" der Sozialen Arbeit wird (vgl. Wendt 2017a, S. 47ff.). Hierfür sind drei Aspekte von Bedeutung:

- *Wissen* bedeutet die reflektierte Kenntnis wissenschaftlich begründeten Fachwissens der Sozialen Arbeit, d. h. in Bezug auf die eigenen Grundlagen (Theorien der Sozialen Arbeit), die Handlungsfelder (z. B. der Sozialen Arbeit in ▸ **besonderen Lebenslagen**), die Integration wissenschaftlicher Grundlagen der ▸ **Referenzwissenschaften** und des ▸ **methodischen Handelns**.
- *Können* meint den anlassgerechten Einsatz von Wissen und Kenntnissen im Prozess der Gestaltung einer Beziehung und bei der Unterstützung, den Alltag zu bewältigen, z. B. zuhören können, fokussiert (konzentriert) und aufmerksam (achtsam) sein, differenziert wahrnehmen und urteilen zu können, belastbar und flexibel, neugierig und respektvoll zu sein. Da eine Aufgabe Sozialer auch darin besteht, zwischen Subjekten und Akteuren in deren Lebenswelt (z. B. kommunalen Ämtern) zu vermitteln, zählt auch Allparteilichkeit zum Können Sozialer. Zu beiden Seiten beziehungskompetent, werden sie so zu Brückeninstanzen (sog. intermediären Akteuren), indem sie Übersetzungsarbeit leisten und den Klärungsprozess *dazwischen* organisieren (und gegenseitiges ▸ **Verstehen** fördern). Beziehungskompetenz schließt ein, balancierte und konstruktive Arbeitsbeziehungen zu Kooperationspartnern innerhalb und außerhalb der eigenen Institution (z. B. im Kontakt zu Kolleg*innen der eigenen Institution bzw. im Netzwerk kooperierender Einrichtungen) herstellen und pflegen zu können (vgl. Herriger/Kähler 2001, S. 18–25).
- *Haltung* als Soziale/r: Empowerment und Parteilichkeit verweisen auf die innere Einstellung Sozialer (▸ **Macht und Haltung**), die nicht ohne Weiteres beobachtbar ist, sich aber im Handeln zeigt, das durch Werte und Normen (▸ **Ethik**) begründet wird (vgl. von Spiegel 2013, S. 250). Eine grundlegende Haltung der Anerkennung (als Solidarität mit Menschen und deren Ressourcen), der Achtsamkeit (für die besonderen Bedingungen der Lebenswelt und des Alltags) und Bereitschaft, Menschen *auf Augenhöhe* wahrzunehmen, gelten hierfür als kennzeichnend, ebenso eine Grundeinstellung, gemäß § 1 Abs. 1 SGB I „zur Verwirklichung sozialer Gerechtigkeit und sozialer Sicherheit“ beitragen zu wollen (hieraus bezieht der Soziale seine „Energie“, wenn er Benachteiligungen der Besucher*innen des Tagestreffs wahrnimmt).

Im Blick auf das Können, ein Arbeitsbündnis herzustellen und aufrechtzuerhalten, sind drei Fähigkeiten von erheblicher Bedeutung:

- *Empathisch* sind Soziale dann, wenn sie (präzise, einfühlend verstehend) eine Situation und die Gefühle der Subjekte erfassen und mitteilen können, ohne zu vernachlässigen, dass dies immer nur eine gedankliche und emotionale Annäherung sein kann. Die Frage, eine Situation oder Gefühle eines anderen „objektiv“ erfassen zu können, stellt sich nicht, sondern es kann sich immer nur um eine Annäherung daran handeln (der/die Soziale weiß, dass sie/er die Lebensführung Hottes nie ganz begreifen wird, ist aber interessiert an ihm und kann sich in weiten Teilen in seine Lage hineinversetzen).

- *Echt* (kongruent und authentisch) zu sein heißt, dass Soziale mit ihren Gefühlen, Stärken und Schwächen in ihrem Handeln erkennbar sind und sich nicht hinter einer professionellen Fassade verstecken. Es zählt, dass das, was sie Subjekten gegenüber fühlen, nicht im Widerspruch zu dem steht, was sie zu ihnen sagen. Es wird im Gespräch kein Theaterspiel aufgeführt (das Interesse und Verständnis nur vortäuscht), und es sind auch keine im Hintergrund steuernden Absichten im Spiel (der Soziale zwingt Hotte zu nichts und er manipuliert ihn auch nicht, etwas zu tun). Damit erst wird die Basis für eine tragfähige Beziehung zwischen Sozialen und Subjekten geschaffen.
- *Wertschätzung* schließlich bedeutet, dass Soziale Menschen in ihrem „So-Sein" akzeptieren und ihnen positiv zugewandt sind und sie schätzen können. Dazu gehören das Interesse an der Meinung des anderen und die Bereitschaft, sich um ihre Anliegen und Notlagen zu kümmern (auch wenn diese Ausdruck einer anderen Lebenswelt und fremd sind). Soziale begegnen Subjekten dann mit bedingungsfreier Wertschätzung, wenn sie ihnen gegenüber frei von Vorurteilen und Bewertungen in Bezug auf deren Gedanken, Gefühle und Handlungen sind. Sie verzichten auf die Person betreffende Urteile, trennen Person und Verhalten: Ihr Gegenüber wird so angenommen, wie es ist (auch wenn Hotte „muffelig" ist und lange schweigt, bleibt er ein gerne gesehener Gast des Tagestreffs).

Beziehungsarbeit stellt damit ein *Unikat* dar, da sie auf einen Menschen mit dessen Einzigartigkeit und individuellen Ressourcen bezogen ist; auch die räumlichen wie zeitlichen Umstände und Bedingungen unterstreichen diese Einmaligkeit der Beziehung zwischen Subjekten und Sozialen. Es handelt sich um einen nicht schematisierbaren Prozess, der *von Fall zu Fall* neu beginnt und jeweils anders ist, da keine der je gegebenen Bedingungen und kein Verlauf der Bearbeitung gleich sein können oder wiederholbar sind.

Leseempfehlungen

- Frindte, W., und Geschke, D.: Lehrbuch Kommunikationspsychologie, Weinheim und Basel 2019, S. 193–249
- Heiner, M.: Soziale Arbeit als Beruf. Fälle – Felder – Fähigkeiten, München und Basel 2007, S. 459–472
- Thiersch, H.: Nähe und Distanz in der Sozialen Arbeit; in: ders., Schwierige Balance, Weinheim und München 2009, S. 121–141
- Widulle, W.: Gesprächsführung in der Sozialen Arbeit. Ein Lern- und Arbeitsbuch, Wiesbaden 2011

Peter-Ulrich Wendt

Emanzipation – Teilhabe und Empowerment

Zwei Beispiele:

- *Simon Rattle* (2002 bis 2018 Chefdirigent der Berliner Philharmoniker) und v. a. der Choreograf *Royston Maldoom* haben in einem „Education Project" mit 250 Berliner Jugendlichen (darunter auch solchen, die – wie es in den Medien heißt – aus „sozial schwachen Problembezirken" stammen) Igor Strawinskys Ballett „Le Sacre du Printemps" auf die Bühne gebracht. Jugendliche, die zum ganz überwiegenden Teil noch nie mit klassischer Musik und Ballett zu tun hatten, sind in der Lage, sich in einer öffentlichen Aufführung vor einem begeisterten Publikum in Begleitung der Berliner Philharmoniker zu bewegen und zu tanzen.
- „Schwerer als Luft" heißt die choreografische Oper, die zwölf Gepäckabfertiger des Münchner Flughafens in einer über einjährigen Zusammenarbeit mit dem Regisseur *Björn Potulski* und der Komponistin *Nílida Béjar* einstudiert und 2012 uraufgeführt haben. Sie, von denen zuvor niemand persönlichen Kontakt mit einer Oper hatte, setzten unter der Begleitung von Potulski und Béjar Mythen und Möglichkeiten der fliegerischen Fortbewegung in Szene und sangen sämtliche Texte in ihrer Originalsprache (z. B. lateinisch, französisch, englisch).

In den 1970er Jahren hat *Marianne Hege* kritisiert, dass Menschen, mit denen Soziale Arbeit zu tun hat, wie Objekte beschrieben und nicht als Menschen mit eigenem Willen aufgefasst wurden. Stattdessen sollte ihre *Mündigkeit* in den Mittelpunkt gestellt werden (vgl. Hege 1974, S. 12). Mündige Menschen vertrauen in ihrem Urteil auf den eigenen Verstand, nicht jedoch ungeprüft fremden Autoritäten oder unhinterfragten Konventionen. Mündigkeit ist damit eine Folge eines Prozesses, den die Soziale Arbeit in den Mittelpunkt stellt: *Emanzipation*. Sie wird nach *Dieter Oelschlägel* zunächst als das

> „Ergebnis individueller Bemühung, sich von unbegriffenen Zwängen, Erkenntnisschranken und Verhaltenszwängen zu befreien", verstanden; und: „Emanzipation als Prozess und Perspektive in der Sozialen Arbeit heißt Erweiterung von Handlungsspielräumen, so dass die Menschen nicht im Zustand der Abhängigkeit von vorgegebenen Lebensbedingungen bleiben müssen, sondern bewusst durch Teilnahme an gesellschaftlichen Prozessen Einfluss auf die eigenen Lebensbedingungen zu nehmen suchen", was immer auch bedeutet, „dass eine bestimmte Gruppe innerhalb einer Rechtsgemeinschaft die Grundrechte aller Mitglieder dieser Rechtsgemeinschaft erhält" (Oelschlägel 2013, S. 258, 260 [▶ **Recht**]).

Dieses Verständnis folgt den Gedanken der Aufklärung des 17. und 18. Jahrhunderts, wie sie sich z. B. in den Werken von *John Locke* (1632–1704), François-Marie Arouet, genannt *Voltaire* (1694–1778), *Denis Diderot* (1713–1784), *Moses Mendelssohn* (1729–1786) und schließlich insbesondere *Immanuel Kant* (1724–1804) zeigte (vgl. Geier 2013)[1]. Emanzipation heißt in Bezug auf die aufklärerischen Impulse für beide Beispiele, sich frei zu machen von der Vorstellung, dass klassischer Tanz oder Theater nur etwas für Spezialist*innen ist, nicht aber für Schüler*innen aus angeblich „sozial schwachen Problembezirken" oder Gepäckabfertiger; vielmehr geht es darum, auch in der Sozialen Arbeit eine Haltung zu entwickeln, die dies nicht nur für möglich, sondern wünschenswert und förderungsfähig ansieht.

Emanzipation als Mündigkeit, sich seines eigenen Verstandes zu bedienen *(Immanuel Kant)*, zeigt sich alltäglich in der *Teilhabe* (bzw. Partizipation) von Menschen und ihrer umfassenden Beteiligung „an der Gestaltung sozialer Zusammenhänge und an der Erledigung gemeinschaftlicher Aufgaben sowie die Bindung an soziale Institutionen bzw. an sozial maßgebliche Strömungen innerhalb einer Gesellschaft" (Wurtzbacher 2011, S. 634). Teilhabe ist somit ein Prozess, in dem Menschen – egal, ob es sich z. B. um junge Menschen (▸ **Kindheit und Jugend**) oder um Menschen mit Beeinträchtigungen, Behinderungen oder Handicap (▸ **Integration und Inklusion**) handelt – dazu befähigt werden, ihre Interessen zur Sprache zu bringen, sich einzubringen und die eigene Lebenswelt aktiv zu gestalten (▸ **Lebenswelt und Alltag**). Teilhabe in diesem Sinne erfolgt in der Sozialen Arbeit damit im Spektrum

- einerseits durch eine umfassende Aufmerksamkeit für die Interessen und Belange der Subjekte, was sich z. B. darin äußert, Formen, Felder und Prozesse begrenzter oder verhinderter Teilhabe öffentlich zu machen und Teilhabe (ggfs. zunächst auch erst einmal stellvertretend für sie) einzufordern; und
- andererseits (d. h. seitens des Subjekts) der Wahrnehmung der Möglichkeiten zur Beeinflussung der eigenen Lebenswelt durch Prozesse politischer Mitbestimmung (z. B. in Form von Bürger*innen-Beteiligung auf lokaler Ebene [▸ **Gemeinwesenarbeit**]) und soziale Mitwirkung (z. B. in Form der ▸ **Selbsthilfe**).

Es geht also darum, durch Teilhabe ein solidarisches Miteinander zu fördern und den Anliegen auch ausgegrenzter Bevölkerungsgruppen – z. B. betagten Menschen (▸ **Altenhilfe**) – wieder eine Stimme zu geben. Die Formen der Teil-

---

1 In der für die Soziale Arbeit bedeutsamen pädagogischen Theorie fand der emanzipatorische Impuls der Aufklärung in zahlreichen Überlegungen und Praxiskonzepten Eingang, so z. B. bei *Maria Montessori, Alexander S. Neill, Janusz Korczak* und *Klaus Mollenhauer.*

habe reichen von der Förderung der Hilfe zur Selbsthilfe über Beteiligungsverfahren in der Gemeinwesenarbeit bis zur Einbindung oft nur schwer zu erreichender Zielgruppen, z. B. von Wohnungslosigkeit bedrohter Menschen (► **Besondere Lebenslagen**). In der ► **Fallarbeit** äußert sich Teilhabe darin, dass Hilfe nicht „verordnet“, sondern ausgehandelt wird (z. B. im Rahmen einer Beratung über eine konkrete Vereinbarung und Planung, wie und durch wen Unterstützung gegeben wird [sog. Hilfeplan] und wer welche Aufgaben und Pflichten dabei hat).

Rechte auf Teilhabe folgen unmittelbar aus dem Subjektstatus (► **Subjekt- und Ressourcenorientierung**): So schafft z. B. die UN-Kinderrechtskonvention für die Teilhabe von Kindern und Jugendlichen an den sie betreffenden Angelegenheiten die völkerrechtlich verbindliche Grundlage und nimmt dabei unmittelbar Bezug auf die allgemeinen Menschenrechte, die einen universellen Geltungsanspruch haben. Kinder, Jugendliche und Erwachsene teilen dieselben Grundrechte (was auch für die Teilhaberechte von Menschen mit Behinderung oder Beeinträchtigung gilt). Es ergibt sich daraus die (professionelle) Pflicht Sozialer, Möglichkeiten der Teilhabe in die berufliche Praxis zu integrieren (► **Menschenrechtsprofession**).

Soziale Arbeit ist aufgerufen, Menschen dabei zu unterstützen, sich selbst von Umständen und Verhältnissen frei zu machen, die ihr Wohlbefinden (das subjektiv bestimmte gute Leben) be- oder verhindern, sich also zu emanzipieren – ein Prozess, der in der Sozialen Arbeit als *Empowerment* bezeichnet wird. Empowerment stellt die „Selbstbefähigung und Selbstbemächtigung, Stärkung von Eigenmacht, Autonomie und Selbstverfügung“ in den Mittelpunkt des Handelns Sozialer (► **Autonomie und Würde**). Es

> „beschreibt mutmachende Prozesse der Selbstbemächtigung, in denen Menschen in Situationen des Mangels, der Benachteiligung oder der gesellschaftlichen Ausgrenzung beginnen, ihre Angelegenheiten selbst in die Hand zu nehmen, in denen sie sich ihrer Fähigkeiten bewußt werden, eigene Kräfte entwickeln und ihre individuellen und kollektiven Ressourcen zu einer selbstbestimmten Lebensführung nutzen lernen“ (Herriger 2010, S. 20).

Menschen sollen sich ermutigt fühlen, selbsterarbeitete Lösungen wertzuschätzen. Sie sollen sich sozial kompetent entwickeln können, wenn sie nicht nur die eigenen Bedürfnisse bestimmen, sondern auch die Bedürfnisse anderer Menschen sehen, verstehen und entsprechend umsichtig handeln. Es geht damit um die aktive Aneignung von Kompetenzen zur Bewältigung des Alltags (z. B. um das Repertoire möglicher Handlungsweisen zu erweitern, z. B. ein Anliegen zu bewältigen) und damit um die Entwicklung von bewusstem und (selbst)gestaltetem Leben, zu der Subjekte durch Soziale im Arbeitsbündnis (► **Beziehung und Arbeitsbündnis**) ermuntert werden.

Empowerment ist deshalb als professionelle Haltung zu verstehen, „die ihren Fokus auf Förderung von Potenzialen, Selbstorganisation und gemeinsames Handeln legt". Wenn Soziale beim Entdecken, Entwickeln und Nutzen von Ressourcen helfen, unterstützen sie Prozesse, damit Menschen sich als selbstbewusste Subjekte „in Entscheidungen über sich und ihre Umgebung wieder einmischen und Kontrolle über ihr eigenes Leben gewinnen können" (Stark 2018, S. 12).

Die Protagonisten in beiden Beispielen – *Rattle* und *Maldoom* sowie *Potulski* und *Béjar* – haben mit ihren Projekten beispielhaft gezeigt, was in Anbetracht einer solchen Haltung möglich wird. Nun stellen sich aber in der Sozialen Arbeit die Fragen noch einmal anders: Hier geht es nicht um Freizeitgestaltung, sondern auch um die Bewältigung alltäglicher Anlässe, die womöglich nicht freiwillig angegangen werden oder sogar eine existenzielle Bedeutung haben. Hier stellt sich die Herausforderung, dass die Selbstbefähigung der Subjekte durch Soziale erfolgen soll, und folglich auch die Frage, ob sich unter diesen Bedingungen Menschen überhaupt in der Lage sehen, sich selbst zu befähigen – oder anders gefragt: Können sie den *Bewältigungsoptimismus* entwickeln, diese alltäglichen Anlässe selbst bewältigen zu wollen?

Es liegt zunächst vordergründig nahe, diesen Optimismus in Frage zu stellen, denn Soziale sind in allen Bereichen der Sozialen Arbeit immer wieder mit Formen einer erlernten Hilflosigkeit konfrontiert, wie sie *Martin Seligman* (1979) beschrieben hat. Auf der Grundlage des *Thomas-Theorems,* wonach Menschen so handeln, wie sie eine gegebene Situation definieren, ohne dass diese Definition der Wirklichkeit tatsächlich entsprechen muss („If men define situations as real, they are real in their consequences" [Thomas 1928]), kann ein Defizit-Syndrom der Hilflosigkeit („Ich kann nichts mehr für mich tun") wahrgenommen werden: negative, stressbelastete biografische Erlebnisse versperren den Zugang zu möglichen Bewältigungsmöglichkeiten. Prozesse von self-fulfilling prophecy („Es kommt, wie es kommen muss") verstärken dies (vgl. Idel 2012, S. 240). Die eingeschränkte Definition der Situation (es ist keine Hilfe – durch andere, Helfer*innen – möglich) bewirkt Rückzug mit der Folge, dass die eingeschränkte Definition der Situation tatsächlich zutrifft (z. B. keine Unterstützung durch mögliche Helfer) und sich das Gefühl der Hilflosigkeit wiederholt (und verstärkt). Bestimmte Life-Events, biografische Ereignisse, die mit Stress und einer entsprechenden Anpassungsleistung verbunden sind, sind oft die Basis eines solchen Defizit-Syndroms und können den Blick auf vorhandene Bewältigungsmöglichkeiten versperren.

Im Umkehrschluss heißt das aber eben auch: Erlernte Hilflosigkeit kann folglich „auch positiv gewendet werden, indem die Situation differenziert betrachtet wird"; es können die Defizite ausgeblendet und die Kompetenzen betont werden, und es kann die Situation eine positive Tönung bekommen, so „als ob es schon so wäre" (Stimmer 2006, S. 52). Drei Aspekte stärken diesen Optimismus (► **Gesundheit**):

- *Resilienz* bezeichnet die Fähigkeit von Menschen, Krisen durch Nutzung persönlicher oder sozial vermittelter Ressourcen zu bewältigen. Sie wird „als bereichsspezifische Kompetenz zur effektiven Mobilisierung von Bewältigungskapazitäten in besonders belastenden Lebenssituationen" definiert (Sturzbecher/Dietrich 2007, S. 3) und ist damit eine Persönlichkeitseigenschaft des jeweiligen Menschen. Solche *Schutzfaktoren* sind z. B. ein realitätsnahes Selbstkonzept, die Überzeugung, selbstwirksam zu sein, die Fähigkeit, zu entspannen, körperliche Gesundheit und verlässliche Bezugspersonen, zu denen (möglichst früh) sichere und belastbare Beziehungen aufgebaut werden konnten; als unangemessene Bewältigungsstrategien gelten dagegen z. B. eine „Egal-Einstellung" oder ein die Gesundheit beeinträchtigender Lebensstil.
- Eine von *Aaron Antonovsky* durchgeführte Studie zum Gesundheitsstatus von KZ-Insassinnen kam zu der Feststellung, dass die so drangsalierten und misshandelten Frauen trotz all der täglich zu vergegenwärtigenden Risiken (misshandelt oder getötet zu werden) gesund blieben. Er interessierte sich nicht für die Ursachen von Krankheit (Pathogenese), sondern nahm nur das Gegenteil, sozusagen die Entstehung und Erhaltung von Gesundheit, in den Blick *(Salutogenese).* Damit wird die Frage, was Menschen krank macht, nicht einfach umgekehrt, sondern auch Antonowsky fragt nach den schützenden Faktoren und Ressourcen, die maßgeblich dazu beitragen können, dass Menschen gesund bleiben. Dabei stellt er neben genetischen und psychosozialen Widerstandsressourcen (z. B. Ich-Identität, Bindungen, soziale Unterstützung, Bewältigungsstrategien) sowie gesellschaftlich-strukturellen Faktoren v. a. den Kohärenzsinn (die Einstellung eines Menschen, die Ereignisse des Lebens erklärbar und gestaltbar wahrnehmen zu können) als zentrale Widerstandsressource heraus (vgl. Antonovsky 1979, 1997; vgl. insg. Petzold 2010). Kohärenz(gefühl) beschreibt eine subjektive Gewissheit, dass (auch kritische) Lebensereignisse in ihrem Sinn zum größten Teil verstanden werden können, die vielfältigen Lebensanforderungen zu bewältigen sind, und dass es das Leben wert ist, sich zu engagieren (vgl. Bamberger 2001, S. 26 f.).
- Gegenstand des sogenannten *Coping*-Ansatzes sind individuelle Bewältigungsstrategien gegenüber belastenden Umweltbedingungen und Erlebnissen/Erfahrungen. Solche Bewältigungsstrategien (z. B. Vermeiden, Rückzug, Zuwendung) dienen dem Ziel, interne bzw. externe Belastungen zu tolerieren, zu verringern oder zu meistern. Hierbei spielen v. a. Ressourcen (sozial: z. B. Zugehörigkeit zu Gruppen, soziale Bindungen, Integriertheit in soziale Netze; psychisch: z. B. stabiles Selbstwerterleben, Beherrschtheit) eine wichtige Rolle, die mit dem Bewältigungsverhalten (z. B. Umdeutung des Problems) verbunden werden; auch Abwehrmechanismen (z. B. Verdrängung oder Stresshärte) haben eine unterstützende und stabilisierende Bedeutung

(vgl. Lazarus/Folkman 1974). Zum Thema werden „die Auseinandersetzungen und die individuellen Bewältigungsstrategien gegenüber belastenden Umweltkonstellationen und Erlebnissen" (Stimmer 2006, S. 53).

Alle drei Aspekte gehen damit aufgrund praktischer Prozesse und Erfahrungen von der immer gegebenen Möglichkeit einer Emanzipation der Subjekte aus bevormundenden, einschränkenden, selbstbeschränkenden und ihre Teilhabe behindernden Verhältnissen aus. Im Sinne einer *positiven Perspektive* geht es darum, dass Soziale diese Möglichkeit fördern und unterstützen, indem sie z. B.

- dazu beizutragen, dass Menschen sich aufgehoben fühlen können in *Beziehungen* zu anderen, die entwickelt, gepflegt und vertieft werden können und zu Grundlagen sozialen Austauschs werden (vgl. Mogel 2004, S. 52–66),
- *Vertrauen* haben zu sich selbst, d. h. als Sozialer in die eigene Kompetenz und zugleich in die Fähigkeit der Subjekte, mit den eigenen Anliegen und Notlagen weitgehend selbst klarzukommen (vgl. Schweer/Thies 2004), und
- indem sie dabei helfen, *Sinn* zu finden, d. h. Ideen von der Entwicklung und Zukunft seiner selbst zu haben und deren Verwirklichung als möglich und anstrebbar zu sehen (vgl. Tausch 2004), z. B. durch zentrale Lebensthemen (z. B. Lebensglück, Partnerschaft, Entwicklung der eigenen Kreativität, uneigennütziges Engagement) als Schlüssel zu einem positiv gestimmten, *guten Leben* (vgl. Auhagen 2004).

Empowerment verändert folglich die Rolle Sozialer. Sie werden z. B. zu „*Netzwerkern und Ressourcenmobilisierern*", wenn sie neue Kontakte stiften, oder zu „*Normalisierungsarbeitern*", mit der Aufgabe, „beständig für das Recht (…) auf unkonventionelle Lebensentwürfe einzutreten und die Toleranzzonen für deren Eigen-Sinn zu erweitern" (Herriger 2010, S. 179 ff., Hervorh. i. O.). Dies verlangt ▸ **Verstehen** und Akzeptieren der Eigensinnigkeit von Menschen (▸ **Macht und Haltung**) als die „empathischen Grundvoraussetzungen des Empowerment". Dies gelingt dann, wenn in der Arbeitsbeziehung (▸ **Beziehung und Arbeitsbündnis**) sowohl Nähe als auch Distanz selbstverständlich sind und dem Gegenüber immer wieder signalisiert wird, „dass man ‚sie dort abholen möchte, wo sie gerade stehen' (so eine alte Sozialarbeiterregel), und nicht dort, wo man sie gern sehen möchte" (Böhnisch 2008, S. 316).

Leseempfehlungen

- Herriger, N.: Empowerment in der Sozialen Arbeit. Eine Einführung, 5. Aufl. Stuttgart 2014
- Stark, W.: Gemeinsam Kräfte entdecken. Empowerment als kompetenzorientierter Ansatz einer zukünftigen psychosozialen Arbeit; in: Lenz, A.,

und Stark, W. (Hg.), Empowerment. Neue Perspektiven für psychosoziale Praxis und Organisation, Tübingen 2002, S. 55–101

Peter-Ulrich Wendt

Methodisches Handeln

Hendrik hat nach Jahren die Schule ohne Abschluss verlassen. Einen Ausbildungsplatz hat er nicht bekommen – allzu motiviert hat er sich darum auch nicht bemüht. Über das Jobcenter wurde er in die örtliche Jugendwerkstatt vermittelt. Hier soll er „fit" gemacht werden, um später eine Ausbildung im Handwerk beginnen zu können.

Für die Jugendsozialarbeit (einer Leistung der Kinder- und Jugendhilfe) ist die Arbeit in Jugendwerkstätten durchaus typisch; sie stellen Orte der (Arbeits-)Erprobung dar: Jungen Menschen (Jugendliche, junge Volljährige und junge Erwachsene, in der Regel zwischen 15 bis 27) soll bei Schwierigkeiten, in Ausbildung und Beruf zu kommen oder zu bleiben, unmittelbare Unterstützung gegeben werden. In praktischer Erprobung soll Hendrik nun seine Fähig- und Fertigkeiten (z. B. handwerkliches Können) ausprobieren, neue Techniken erlernen, seine schulischen Kenntnisse (Rechtschreibung, grundlegende Mathematik) „auffrischen", arbeitswelttypische Anforderungen (z. B. Pünktlichkeit, Durchhaltevermögen, Werktreue) trainieren und seine Sozialkompetenzen (in Form von sozialer Gruppenarbeit, z. B. gemeinschaftliche Freizeitaktivitäten mit den anderen Jugendlichen aus der Jugendwerkstatt) verbessern.

Die Schritte, die die Mitarbeiter*innen der Jugendwerkstatt mit Hendrik zur Erreichung des Ziels, ihn für eine handwerkliche Ausbildung vorzubereiten, „gehen" werden, sind genau aufeinander abgestimmt. Es ist vom methodischem Handeln die Rede. Darunter sind „mehr oder weniger differenziert planbare, geregelte und zielorientierte sowie konsequent und reflektierend zu verfolgende ‚Wege'" (Stimmer 2006, S. 22) zu verstehen. Es umfasst „alle Tätigkeiten, um die Ereignisse in komplexen sozialen Situationen in einen systematischen Zusammenhang zu bringen"; es „strukturiert den gesamten Prozeß der Wahrnehmung von Arbeitsaufträgen, des Nachdenkens über die Notwendigkeit und Legitimation zum Handeln, des Entwerfens und Erprobens von Handlungsplänen und der Auswertung des Geschehens" (Meinhold 1998, S. 221). Daraus ergibt sich eine *Phasierung* des methodischen Handelns, d. h. eine systematische Abfolge einzelner Handlungsschritte, die in der Regel aus Analyse (Bestandsaufnahme), methodischer (Vor-)Klärung (in Bezug auf mögliche Verfahren), dialogischer Aushandlung (Vereinbarungen, ggf. Anpassung der Verfahren), Realisierung (Vollzug des Vereinbarten) und Evaluation (Prüfung des Ertrags) besteht.

Als Methoden werden (Einzel-)▸ **Fallarbeit**, ▸ **Soziale Gruppenarbeit** und ▸ **Gemeinwesenarbeit** verstanden. Verfahren (auch als Techniken bezeichnet) stellen einzelne Elemente dieser Methoden dar (z. B. in der Arbeit mit Gruppen die Erlebnispädagogik, in der Fallarbeit die Beratung und in der Gemeinwesenarbeit die Streetwork). Hierdurch werden Anregungen und Hilfen bei der ▶ **Lebensbewältigung** zur Verfügung gestellt bzw. vermittelt:

- Hendrik wurde durch das Jobcenter in die Jugendwerkstatt vermittelt. Nicht selten kommen aber auch Formen aufsuchender Jugendsozialarbeit in Betracht, um Kontakt herstellen und Hilfen geben zu können. Das ist unter Umständen dann der Fall, wenn junge Menschen nicht mehr erreicht werden, z. B. weil jeder Kontakt zum Jobcenter abgebrochen worden ist.
- Testverfahren oder Assessments dienen der Feststellung, was Hendrik gut beherrscht und wo er sich noch weiterentwickeln kann (▶ **Subjekt- und Ressourcenorientierung**).
- Angebote sozialer Gruppenarbeit bzw. der Fallarbeit in Form niedrigschwelliger Hilfs- und Unterstützungsangebote erfolgen nah bzw. in ▶ **Lebenswelt und Alltag** Hendriks. So ist es nur sinnvoll, Beratungsangebote zu vermitteln, die Hendrik auch ohne große Hürden (z. B. im Stadtteil, in dem er lebt) auch erreichen kann, lange Wartezeiten stellen unter Umständen seine Frustrationstoleranz zu sehr auf die Probe.
- Wenn Hendrik mit einer (Arbeits-)Erprobung (d. h. ein Versuch unter den Bedingungen, die üblicherweise an einem Arbeitsplatz gegeben sind, z. B. Acht-Stunden-Tag, ab 6.30 Uhr) beginnen soll, dann werden dafür (z. T. komplexe) Abstimmungsprozesse mit dem Jobcenter (soweit z. B. Pflichten oder Leistungen aus dem Sozialgesetzbuch betroffen sind), Trägern (außer-)betrieblicher Ausbildung und Beschäftigungsangeboten (z. B. bei der Vermittlung in ein berufliches Praktikum, eine Ausbildungsstelle o. Ä.) erforderlich (sog. Netzwerkarbeit).

Diese Schritte, die die Mitarbeiter*innen der Jugendwerkstatt mit Hendrik besprechen, planen und begleiten, sind Beispiele für methodisches Handeln. Es erfolgt in der Regel in verschiedenen Phasen, die jeweils auf den ▶ **Fall** angepasst werden: Nach der Kontaktaufnahme (verbunden meist mit einem intensiven Erst- oder Aufnahmegespräch, um Hendrik kennenzulernen) geht es

1. um das ▶ **Verstehen** des Sachverhalts (d. h. die Analyse vor allem der Lebensverhältnisse Hendriks: z. B. was ist Hendriks „Thema“, warum ist er so unmotiviert, warum hat er keinen Schulabschluss erlangen können?) – ein Schritt, in den Soziale ihr Wissen (z. B. über die Lebenswelt junger Menschen ohne Schulabschluss) und Können (z. B. Frustrationserfahrungen junger Menschen auffangen können) einbringen. Dabei müssen die Sozialen immer auch Unterschiedlichkeit von Menschen (▶ **Gender und Diversität**), Einschränkungen und Beeinträchtigung (▶ **Integration und Inklusion**) sowie ▶ **besondere Lebenslagen** berücksichtigen. Darauf wird sich …

2. die Planung des weiteren Weges anschließen (methodische Klärung: Was ist in Hendriks Fall sinnvoll, um das Ziel zu erreichen, dass er an eine handwerkliche Ausbildung herangeführt wird?). Dies wird …
3. in Form einer Aushandlung im Dialog mit Hendrik erfolgen (und ggfs. auch zu einer Vereinbarung darüber führen, wer welche Aufgaben und welche Pflichten übernimmt, was die Rolle der Sozialen ist, worin Hendriks Ziele bestehen und was dazu zu tun er sich bereiterklärt hat). Immer mehr sozialrechtliche Vorschriften setzen dabei eine formalisierte Planung in Form einer *Hilfeplanung* voraus, d. h. der Entwicklung und Formulierung individueller und überprüfbarer (z. B. messbarer) Zielvorstellungen und der Beschreibung daraus abgeleiteter konkreter Maßnahmen.

   Bei der Hilfeplanung handelt es sich in der Regel um die Zusammenführung der gesammelten Informationen im Rahmen einer fachlichen Einschätzung (z. B. einem Fallbericht) und einem schriftlich Hilfeplan (je nach Handlungsfeld auch als Förder-, integrierte Betreuungs-, Eingliederungs- oder Integrationsplan bezeichnet). Dabei wird auch der Turnus seiner Fortschreibung bestimmt, insbesondere durch Verabredungen über den Zeitpunkt (Einmaltermin oder Intervall?) und die Form (z. B. die Beteiligung Dritter?) der Überprüfung, inwieweit die Vereinbarungen des Hilfeplans umgesetzt werden konnten/können und ob Anpassungen oder Änderungen erforderlich sind. Aus dem Subjektstatus folgen unmittelbare Teilhabe-/Partizipationsrechte im Hilfeprozess, was sich v. a. in der Klärung (Besprechung und Überprüfung) eines Hilfeangebotes (z. B. im Rahmen einer Beratung über einen Hilfeplan) äußert. Hilfeplanung ist auch daher grundsätzlich verfahrens- und ergebnisoffen: Weder gibt es das konkrete Verfahren, noch stehen die Ziele und Schritte zur Zielerreichung vorher fest. Aus dieser Planung ergeben sich …
4. die Maßnahmen der Realisierung (insbesondere die Durchführung von Maßnahmen und Angeboten in und außerhalb der Jugendwerkstatt, z. B. zur Erhöhung der Frustrationstoleranz, zur Verbesserung der Mathematik-Kenntnisse oder zum Ausbau vorhandener handwerklicher Fertigkeiten). Hilfeplanungsprozesse führen Subjekte, Soziale und andere Dritte (z. B. Hendrik und den Betrieb, in dem seine Arbeiterprobung stattfinden soll) zusammen; sie „regen die Hilfe gewährenden und Hilfe organisierenden Institutionen dazu an, sich darüber Gedanken zu machen, welche (evtl. neu zu konstruierende) Hilfeform und welche sozialpädagogische Methode für die Problemlagen der KlientInnen möglich und sinnvoll sind“ (Schwabe 2010b, S. 64). Dies eröffnet Möglichkeiten zur interdisziplinären Kooperation mit Fachkräften unterschiedlicher Professionen. Den Maßnahmen folgen …
5. Prüfschritte (sog. Evaluation), inwieweit vorausgedachter Plan und getroffene Vereinbarungen einerseits und die Entwicklung im Alltag andererseits „passen“, welche Maßnahmen zu welchem Ergebnis geführt haben, ob er-

neut in den Prozess der Analyse eingetreten werden muss, Anpassungen im Plan oder der praktischen Realisierung erforderlich sind oder die Arbeit in der Jugendwerkstatt beendet werden kann (weil Hendrik – zielgerecht – bereits „fit" genug für die Aufnahme einer Ausbildung ist oder die Arbeit in der Jugendwerkstatt abgebrochen hat).

Solche Prüfschritte werden durch kontinuierliche schriftliche Dokumentation des Handlungsvollzuges (v.a. in Akten) möglich. Sie macht den Prozess für die Beteiligten nachvollziehbar und unterstützt reflexive Prozesse (der dokumentierte Sachverhalt kann sich mit etwas zeitlichem Abstand und kritischer Draufsicht noch einmal anders darstellen); sie stellt damit auch eine Hilfe dar, die die Arbeits- und Terminplanung unterstützt, der Selbstkontrolle und Evaluation der eigenen Arbeit dient und (umfassend geführt) Grundlagen für die Anfertigung von Berichten, Gutachten und Anträgen bereitstellt.

Zu den Prüfschritten zählt auch die Entwicklung von *Einmischungsstrategien,* z.B. um Einfluss auf die Umweltbedingungen der Lebensführung von Menschen und die (Arbeits-)Bedingungen Sozialer Arbeit auf kommunaler Ebene nehmen zu können, damit künftig auch die Chancen des Gelingens von Maßnahmen einer Jugendwerkstatt verbessert werden. Hendriks Entwicklung wird also nicht nur im Einzelfall betrachtet, sondern auch im Blick auf mögliche Schlussfolgerungen, seine und die Lebensbedingungen ähnlich betroffener junger Menschen vor Ort zu verbessern.

Dies bedeutet keineswegs, dass methodisches Handeln immer diesem Grundmodell folgen muss: Immer wieder ergeben sich Anlässe und Umstände, die *im Einzelfall* ein situatives Abweichen von der Phasierung in fünf Schritten erforderlich machen, z.B. um auf die wachsende Vielfalt der Möglichkeiten zu reagieren, wie die Lebensbewältigung ausgestaltet wird.

In der Sozialen Arbeit gibt es nicht *die eine* Methode oder *das eine* Superverfahren, das immer wieder zum Einsatz kommen kann. Welche Methode und welche Verfahren in welchem Fall als angemessen anzusehen ist, wird nur im Einzelfall zu klären sein, eine subjektorientierte Herangehensweise ist stets erforderlich: Methodisches Handeln wird in der Regel ein *Methodenmix* sein. Soziale müssen die Fähigkeit entwickeln, methodenkompetent verschiedene angemessene Verfahren einsetzen und eklektisch zusammenfügen zu können. Dieser aus den Anforderungen einer Alltagsoffenheit abgeleitete Eklektizismus ist vielmehr natürlich: „Am Fall" geht es um das Zusammentragen unterschiedlichster Materialien, Quellen oder Daten (aus Akten, E-Mails, Gesprächen, kollegialen Rückmeldungen, Hinweisen von Maßnahmeträgern, mit denen kooperiert wird, beteiligten Lehrer*innen, Nachbar*innen u.a.). Eine (insoweit *ehrliche,* weil transparente) eklektische Konstruktionsleistung, die unterschiedliche theoretische Zugänge, Konzepte, Methoden und Verfahren anlassangemessen zu integrieren weiß, stellt eine Grundfigur des professionellen methodischen Handelns dar.

Leseempfehlungen

- Galuske, M.: Methoden der Sozialen Arbeit. Eine Einführung, 11. Aufl. Weinheim und Basel 2013, insbesondere S. 75–162
- von Spiegel, H.: Methodisches Handeln in der Sozialen Arbeit. Grundlagen und Arbeitshilfen für die Praxis, 6. Aufl. München 2018, insbesondere S. 101–137
- Wendt, P.-U.: Lehrbuch Methoden der Sozialen Arbeit, 2. Aufl. Weinheim und Basel 2017, insbesondere S. 57–75

Peter-Ulrich Wendt

Fallarbeit

Birgit Witte hilft Flüchtlingen beim Ankommen im Asylbewerberhaus Rostock: In ihrem Büro ist es, „als kämen die Aufgaben hier in Wellen angerollt, die den Lärmpegel steigen lassen. Auf dem Höhepunkt finden vier, fünf Gespräche gleichzeitig statt, während die nächsten Bewohner im Raum stehen und warten. Manche wollen nur ihre Post holen. Andere aber sind auf Beratung angewiesen, weil sie sonst an Alltäglichkeiten scheitern würden. So nennt Witte die Vorgänge, bei denen sie die Flüchtlinge unterstützt: Sie füllt Anträge aus, sucht Ärzte und Kindergartenplätze, bestellt Dolmetscher, nimmt Anrufe von Lehrern entgegen, kommuniziert mit Anwälten, Behörden und Institutionen.

An der Tür hängt eine Karte, auf der steht: ‚Hilf dir selbst, sonst hilft dir ein Sozialarbeiter.' Witte lacht darüber … Doch was auf dem Schild ironisch nach Drohung klingt, knüpft an die Kernfrage Sozialer Arbeit an. Wie hilft man Menschen so, dass sie ihre Probleme selbst lösen können?" Es gehe darum, „Menschen, die am sogenannten Rand der Gesellschaft stehen, gesellschaftsfähig zu machen", sagt Birgit Witte: „Sie selbst stehe durch das, was sie sei – gebildet, weiß, deutscher Pass, angestellt –, in der Mitte der Gesellschaft. Deswegen müsse sie bei ihrer Arbeit immer wieder hinterfragen: Ist das der richtige Weg? Wäre es nicht auch in Ordnung, die Leute so zu akzeptieren, wie sie sind? ‚Das ist wichtig, um nicht zu viel Druck aufzubauen auf Menschen, die völlig anders sozialisiert sind. Und um der Umwelt gewisse Dinge erklären zu können, sie um Zeit für Entwicklung zu bitten'" (Schoener 2013, S. 89).

In der Sozialen Arbeit ist überwiegend von Fällen die Rede. *Fall* meint dabei nicht die Person, die als Mensch (z. B. durch ihr wahrnehmbares Verhalten und Handeln) in Erscheinung tritt, sondern den Sachverhalt, der für einen Menschen subjektiv (und damit als Subjekt) von Bedeutung ist. Wenn Birgit Witte mit Flüchtlingen arbeitet, dann sieht sie diese Menschen (ohne das im Moment des Arbeitens mit ihnen so aussprechen zu müssen) immer auch als Fälle, die z. B. einen Arzt brauchen, in ihrem laufenden Asylverfahren mit dem Gericht zu tun haben oder Anträge in einer fremden Sprache ausfüllen müssen. Unter Fallarbeit ist damit das direkte Handeln mit einzelnen Subjekten zu verstehen (wie es *Jana Dosdall* am Fallbeispiel von Josie in der „Gebrauchsanweisung" zu diesem Buch darstellt).

Grundlegende Überlegungen zur *Einzelhilfe* wurden zunächst Anfang des 20. Jahrhunderts in den USA v. a. durch *Mary Richmond* in ihren Veröffentlichungen „Social Diagnosis" (1917) und „What is Social Work?" (1922) entwickelt. Danach habe Soziale Arbeit zur Heilung sozialer Krankheiten beizutragen. Soziale seien (als „Soziale Ärzt*innen") einem Handlungsverständnis verpflichtet, das (als Prozess) durch die Ermittlung der Ursachen der Hilfebedürftigkeit (Anamnese, Situationsanalyse), das Ordnen der erhobenen Informationen (Datenordnung/Diagnose) und einen Hilfeplan für den Einzelfall (Hilfeplanung/Behandlung) gekennzeichnet sei. In Deutschland griff insbesondere *Alice Salomon* dieses Konzept auf, übersetzte (v.a. in ihren Veröffentlichungen „Soziale Therapie" und „Soziale Diagnose" aus dem Jahr 1926) diesen Gedanken einer „Sozialmedizin" auf die deutschen Verhältnisse und trug zur Entwicklung eines ersten Phasenmodells der Einzelhilfe (Erkundigungen einziehen, Ermittlung von Hilfen und Unterstützung in der Umwelt, stellvertretende Deutung, Hilfeplan, Intervention, Überprüfung) bei. Soziale Arbeit wird damit zur Kunst des (Fall-)▸ **Verstehens**: Soziale Situationsanalysen („Diagnosen") werden als Grundlage begriffen, einerseits „individualisierte Methoden" der Hilfe zu entwickeln und sich andererseits durch Aktualisierung der Erkenntnisse zum Fall eines immer wieder gültigen Kenntnisstandes zu versichern und die Verfahren der (Einzel-)Fallarbeit ständig zu verfeinern. Im Rahmen der Fallarbeit heute geht es insbesondere um

- die für Soziale Arbeit charakteristische *Bewältigung von Anlässen,* die sich einerseits als Anliegen (z.B. einen Platz in der Kinderbetreuung zu bekommen) und andererseits als Notlagen (z.B. vor Gericht den Antrag als anerkannten politischer Flüchtling bestätigt zu bekommen und damit einen Schutzstatus vor weiterer Verfolgung zu erlangen) darstellen;
- die *Stabilisierung von partnerschaftlichen und familiären Bindungen,* die im Alltag hilfreich sind, z.B. indem an alte, aber nicht gepflegte Beziehungen angeknüpft wird oder Kommunikationsstile eingeübt werden, die es Menschen möglich machen, eigene Bedürfnisse, Anliegen und Interessen in der Familie oder Partnerschaft zu artikulieren;
- die *Schaffung informeller Netzwerkstrukturen,* d.h. Unterstützung außerhalb von Familie oder Partnerschaft zu ermöglichen, indem Menschen (z.B. durch Feste) miteinander in Kontakt gebracht und dadurch Grundlagen für den gegenseitigen Austausch, Kooperation und auch Freundschaft geschaffen werden;
- die *Schaffung neuer Bindungen,* also Mut zu machen, sich auf neue Beziehungen einzulassen, soziale Nähe und gemeinsame Interessen neu zu entdecken, Freundschaften zu stiften und Menschen neue Möglichkeiten sozialer Bindung zu eröffnen; denn dann ergibt sich ggf., dass Menschen neue personale Ressourcen erschließen, die die Lebenszufriedenheit ermöglichen (vgl. Herriger/Kähler 2009); und
- die *Gestaltung von Situationen,* in denen ein Mensch sich als fähig erlebt, auch schwierige Aufgaben bewältigen zu können (und sich selbstwirksam wahrnimmt), z.B. durch das Training aktiven Bewältigungsverhaltens in Belastungssituationen oder die Vermittlung geeigneter Rollenvorbilder für ein solches Verhalten.

Damit ist im Kern der Handlungsraum beschrieben, in dem sich Fallarbeit bewegt und insbesondere als Beratung in der Lebensführung und als Unterstützung bei der alltäglichen ▸ **Lebensbewältigung** erfolgt. Unter Beratung wird „eine Tätigkeit (verstanden), die von der ‚Alltagsberatung' durch Laien bis hin zur Anwendung hoch differenzierter und methodisch ausgefeilter Verfahren durch speziell ausgebildete Fachkräfte in der professionellen Beratung reicht" (Stimmer/Weinhardt 2010, S. 15). Beratung ist keineswegs auf ein (mehr oder weniger) ausführliches Gespräch beschränkt, sondern schließt auch aktive Unterstützungsangebote ein, z. B. Hilfe bei der Suche nach einem Arzt oder beim Ausfüllen komplizierte Formulare. Sie erfolgt institutionell gefasst (im Rahmen einer Bratungseinrichtung), funktional (d. h. nebenher im „Alltagsgeschäft", z. B. an der Theke im Jugendhaus) als auch virtuell (vgl. Wendt 2017b).

Gründe für den steigenden Beratungsbedarf finden sich in der Dynamik der (durch sozialen Wandel und Individualisierung gekennzeichneten) gesellschaftlichen Entwicklung (▸ **Gesellschaft**), die mit veränderten Anforderungen an die Lebensführung einhergeht (▸ **Mittleres Lebensalter**) und zu neuen Herausforderungen in der Lebensbewältigung führt (▸ **Besondere Lebenslagen**). Fragestellungen einer durch ▸ **Migration** gekennzeichneten Gesellschaft verändern die Anforderungen an die Soziale Arbeit in der Fallarbeit (z. B. in Bezug auf das interkulturelle Verstehen der Mentalität, des Denkens und Handelns von Flüchtlingen, mit denen z. B. Birgit Witte zu tun hat) noch einmal mehr. Menschen suchen Rat, ihr „Thema" einfach zu lösen. Wenn dies mit den Mitteln des Alltags in der Lebenswelt (und auch trotz wiederholter Versuche) nicht erfolgreich möglich ist (z. B. durch den Rat von Nachbarn oder unter den Flüchtlingen selbst), ergibt sich ein Anlass für professionelle Beratung. Soziale machen sich ein Bild von der Person des Subjekts, dessen Entwicklung und aktueller Situation, sie schauen auf weitere Aspekte des Falles (z. B. in der sozialen Umwelt verortete Gesichtspunkte, soziale Netzwerke oder Ressourcen des Sozialraumes), sie unterstützen dabei, Strukturen und Muster der Situation zu erkennen (um daraus zu lernen und alternative Handlungs- und Vorgehensweisen zu entwickeln, eigene Schwierigkeiten zu bewältigen), sie wenden sich als auf- und ermunternde (Gesprächs-)Partner*innen zu und unterstützen dabei, Wege und Lösungen zu entwickeln sowie Autonomie (zurück-) zu gewinnen (▸ **Autonomie und Würde**).

Dabei ist nicht nur allein der unmittelbare *Fallbezug* (und damit ein nur eingeschränkter Blick auf die Schwierigkeiten von Menschen, alltäglich zurechtzukommen) erforderlich, sondern auch der *Feldbezug*, der die Bedingungen der sozialen Umwelt (Stadt, Quartier, Laiendienste, Nachbarschaften etc.) in den Vordergrund rückt. Erst in der Kombination von Fall- und Feldbezug zeigt sich die für die Soziale Arbeit kennzeichnende Orientierung an ▸ **Lebenswelt und Alltag**. *Hans Thiersch* spricht deshalb meines Erachtens zu Recht von der „detektivischen Kunst, die Wahrnehmungsmomente im Alltag – die Momente gelingenden Lebens … – zu entdecken, bewusst und wach zu halten, zu stärken und zu mehren" (Thiersch 1986, S. 39). An Soziale wird damit die Anregung ausgesprochen, Phantasie zu zeigen, sich in der Einzelfallarbeit andere Zustände vorstellen zu können, und Flexibilität, situatives Geschick und einen mehrdimensionalen Blick zu entwickeln, sich in Menschen hineinversetzen zu können. Es wird wichtig, zu beobachten, sich Zeit zu nehmen (und zu geben), sich gegenseitig Vertrauen zu geben und zu gewinnen, Grenzen zu setzen, an „gesehenen" Möglichkeiten anzuknüpfen, Interessen zu wecken, „Räume" in der Lebenswelt zu öffnen und zu erweitern, Konflikte anzugehen und Stärken zu stärken. Heute ist eher von (lebensweltorientierter) Fallarbeit die Rede, ohne dass damit ein geschlossenes theoretisches Modell vorläge, das Allgemeinverbindlichkeit beanspruchen könnte. Kennzeichnend ist auch hier ein reflektierter Eklektizismus, der sich in unterschiedlichen theoretischen Begründungen und der Nutzung von Verfahren zeigt, die für die Einzelfallarbeit neu sind, z. B. die deutlich stärkere Berücksichtigung sozialer Beziehungen und Netzwerke. Fälle und die Fallarbeit sind deshalb auch nur selten nur auf eine Person bezogen. Relevant, anders noch als bei *Richmond* und *Salomon,* ist heute das unmittelbare soziale Umfeld (z. B. die Familie, der Freundeskreis, die berufliche Einbindung) und die gegebene soziale Einbettung (z. B. im Stadtteil, ggfs. in der Nachbarschaft, in örtlichen Initiativen und Organisationen [▸ **Organisation Sozialer Arbeit**]). Auch ▸ **Soziale Gruppenarbeit** und ▸ **Gemeinwesenarbeit** stellen deshalb (besondere) Formen der Fallarbeit dar. Birgit Witte wird also gut daran tun, ihre Arbeit mit Flüchtlingen nicht als eine isolierte Tätigkeit anzusehen und im Einzelfall zu betrachten, sondern ihre Arbeit immer als integriert in die Gruppenprozesse zwischen den Flüchtlingen und die Einbettung ihrer Einrichtung in das örtliche Gemeinwesen aufzufassen.

Leseempfehlungen

- Heiner, M.: Soziale Arbeit als Beruf. Fälle – Felder – Fähigkeiten, München und Basel 2007
- Meinhold, M.: Über Einzelfallhilfe und Case Management; in: Thole, W. (Hg.), Grundriss Soziale Arbeit. Ein einführendes Handbuch, 4. Aufl. Wiesbaden 2012, S. 635–647
- Wendt, P.-U.: Lehrbuch Methoden der Sozialen Arbeit, 2. Aufl. Weinheim und Basel 2017, S. 203–230

Peter-Ulrich Wendt

Soziale Gruppenarbeit

Zum Konzept einer Schule, in der nach dem reformpädagogischen Modell der Jenaplan-Schule unterrichtet wird, gehört es unter anderem, zu Beginn eines jeden Schuljahres mit den ersten drei Klassenstufen eine sogenannte Kennenlernfahrt mit den neugebildeten Stammgruppen zu unternehmen. Die Schulsozialarbeiter*in begleitet den viertägigen Aufenthalt in einem Schullandheim mit den jeweiligen Stammgruppenlehrer*innen, um gemeinsam einen guten Start ins neue Schuljahr vor allem für die neuen Schüler*innen zu initiieren.

Gemäß des Schulkonzeptes werden die Schüler*innen über weite Teile des Schulalltags in einer jahrgangsübergreifenden Stammgruppe unterrichtet, in Teilen des Schulalltags – vor allem den Kernfächern Deutsch und Rechnen – auch in Jahrgangsgruppen, in denen jeweils Schüler*innen desselben Jahrgangs aus drei Stammgruppen zusammengefasst werden. Die Stammgruppen bestehen dabei aus ca. 24 Schüler*innen, von denen jeweils acht Schüler*innen einem Altersjahrgang angehören. Kinder aus einer Stammgruppe gehören also gleichzeitig einer Jahrgangsgruppe von wiederum 24 Kindern und einer Gruppe von acht Kindern an, die sowohl zur Stammgruppe wie auch zu ihrer Jahrgangsgruppe gehören. Jedes Jahr verlassen acht Kinder ihre Stammgruppe und treten in eine neue Stammgruppe ein, in der sie wiederum die jüngsten sind. Parallel zu ihrem Ausscheiden tritt ein neuer Jahrgang ein.

Auf der jährlichen Kennenlernfahrt soll dieser Prozess der Integration in neue oder veränderte Gruppen und der damit einhergehenden Veränderung der Position der Kinder in den jeweiligen Gruppen pädagogisch begleitet werden. Ziel ist dabei, arbeitsfähige Gruppen herzustellen, Gruppen, in denen die Schüler*innen sich gegenseitig unterstützen und – insbesondere auch jahrgangsübergreifend – miteinander kooperieren.

Einzelne/r und Gruppe

Nach gängigen Definitionen lässt sich eine Gruppe als ein Zusammenschluss einer Anzahl von Personen verstehen, die regelmäßige, zeitlich relativ beständige Kontakte miteinander haben, oder als Anordnung von zwei oder mehr Menschen, die miteinander interagieren, sich wechselseitig beeinflussen, ein gemeinsames Ziel verfolgen und sich als „Wir" wahrnehmen. An solchen Definitionen wird deutlich, dass alle Menschen in Gruppen aufwachsen (sieht man von „Kaspar-Hauser-Experimenten", d.h. bewusster Isolation ab), dass Menschen Gruppen benötigen und von diesen beeinflusst werden, d.h. sie in Interaktionen in Gruppen zu dem werden, was sie aktuell sind.

Pädagogik in und Arbeit mit Gruppen in diesem Sinne ist also der Normalfall, junge Menschen werden innerhalb von Gruppen sozialisiert, oder anders: Sie lernen sehr viel von dem, was für sie in ihrem Leben wichtig ist, in unterschiedlichen Gruppen. In der Pädagogik – sichtbar etwa in der Schulpädagogik – und in vielen Bereichen Sozialer Arbeit hat es sich als Selbstverständlichkeit etabliert, den Menschen nicht nur als Einzelnen wahrzunehmen, sondern in seinen unterschiedlichen sozialen Kontexten (Familie, Cliquen) wahrzunehmen, zu verstehen und nicht nur mit Einzelnen, sondern auch mit diesen Kontexten zu arbeiten.

Wir können uns also Menschen unabhängig von deren Zugehörigkeit zu Gruppen kaum vorstellen, sehr oft lernen wir sie in Gruppenkontexten kennen. Wir ordnen – um uns zu orientieren – unsere Mitmenschen aufgrund spezifischer Merkmale bestimmten Gruppen zu, ziehen umgekehrt Rückschlüsse auf sie aufgrund unserer Einschätzung der Gruppen, denen sie sich zuordnen. Manchmal und in spezifischen Kontexten erscheint die Einordnung einer Person in eine Gruppe hinreichend als Beschreibung des Einzelnen und fast jeder hat ein Bild vor Augen, wenn wir von einem Punk, einem Mitglied der Nazi-Szene, einem Rocker oder Bayern-Fan reden.

Menschen sind nicht nur Mitglieder in einer Gruppe, sie gehören verschiedenen und oft sehr unterschiedlichen Gruppen an. Am Beispiel der Jenaplan-Schule sind Kinder gleichzeitig Mitglieder ihrer Jahrgangsgruppe und ihrer Stammgruppe, als Erstklässler sind sie in der Stammgruppe die Kleinen, in der Gruppe der Gleichaltrigen kennen sie vielleicht andere Kinder aus ihrer alten Kindergartengruppe und andere gar nicht. Am engsten verbunden sind sie nach einiger Zeit wahrscheinlich mit denen, die mit ihnen die Zugehörigkeit zur Jahrgangsgruppe und zur Stammgruppe teilen und die sie dann meinen, wenn sie von „wir“ reden. Sie haben unterschiedliche Rollen in den Gruppen, zu denen sie gehören, in unserem Beispiel als die „Neuen“, was eine zugewiesene Rolle ist, oder individuell die des „Hilfsbereiten“ oder z. B. des „Witzbolds“.

Gruppen – Primärgruppen und Peergruppen – sind der Ort, an denen Menschen Rückmeldungen über sich und ihr Verhalten erhalten, hier erfahren sie, wie sie wahrgenommen werden, Gruppen sind der Ort, an dem sie sich mit anderen vergleichen können, von denen sie sich abgrenzen oder denen sie nacheifern können.

Soziale Gruppenarbeit als Arbeitsform

Soziale Gruppenarbeit wird dann so genannt, wenn der Fokus der Sozialarbeit darauf gerichtet ist, Entwicklungen in einer Gruppe anzuregen, Störungen zu bearbeiten, gemeinsame Lernprozesse zu ermöglichen oder die Gruppe zu unterstützen, bestimmte Ziele zu erreichen, Gruppenzusammengehörigkeit zu entwickeln. Klassisch definiert von Gisela Konopka, einer Pionierin der Sozialen Gruppenarbeit in Deutschland in den 50er und 60er Jahren des vergangenen Jahrhunderts, ist Soziale Gruppenarbeit „eine Methode der Sozialarbeit, die dem Einzelnen hilft, seine soziale Funktionsfähigkeit durch sinnvolle Gruppenerlebnisse zu erkennen und um persönlichen, Gruppen- oder gesellschaftlichen Problemen besser gewachsen zu sein“ (Konopka 2000, S. 39). Behnisch, Lotz und Maierhof (2013, S. 21) spezifizieren dies mit ihrem Definitionsvorschlag:

> „Soziale Gruppenarbeit umfasst alle Handlungsformen, in denen die pädagogisch geleitete Gruppe ‚Ort und Medium der Erziehung' (Galuske 2007: 93) ist. Der normative Bezugspunkt sozialer Gruppenarbeit ist die ‚Entwicklung der eigenverantwortlichen und gemeinschaftsfähigen Persönlichkeit' (§ 1 SGB VIII). Zur Beschreibung und Reflexion sozialer Gruppenarbeit sind vier Dimensionen (Individuum, Interaktionsbeziehung, Inhalt, Kontext) unverzichtbar".

Um mit Gruppen in diesem Sinne zu arbeiten, werden an Sozialarbeiter*innen spezielle Anforderungen gestellt, die Geissler und Hege (2001, 2007, S. 94 f.) folgendermaßen formuliert haben:

- „Wissen aus der Kleingruppenforschung
- Handlungsleitende und ethische Prinzipien
- Phasierungen des Gruppenprozesses
- Rolle und Verhalten des/der Gruppenpädagogen/Gruppenpädagogin
- Verfahren/Techniken der Einflussnahme auf das Gruppengeschehen".

Simon und Wendt (2019, S. 247 f.) benennen die Grundqualifikationen für Soziale Gruppenarbeit mit drei zentralen Begriffen: „(Fach-)Wissen, Können und Haltung", die zusammen die „berufliche Identität" bilden (▸ **Ausbildung und Beruf**), und konkretisieren diese durch

- „Gespür für den Alltag und die Lebenswelt (… Interesse für die Lebensverhältnisse der Subjekte … und deren Eigen-Sinnigkeit …)
- Empathie, Echtheit und Wertschätzung (… einfühlend verstehend, … kongruent und authentisch, … positiv zugewandt …)
- Nähe und Distanz (… Fähigkeit, Beziehungen zu Subjekten aufzubauen … und Eigensinn zuzulassen …)
- Einmischung (parteiliche Vertretung der Interessen der Subjekte …)
- Selbstkritisch zu sein (… reflexive Kompetenz)" (ebd.).

Gruppendynamik und Gruppenprozesse

Jeder hat schon die Erfahrung gemacht, dass sich – insbesondere in dauerhaften Gruppen mit intensiver Interaktion wie etwa in einer Schulklasse – viel mehr innerhalb der Gruppe abspielt als das, worauf die Mitglieder oder auch die Gruppenleiter*innen, Lehrer*innen, Trainer*innen usw. offiziell oder bewusst abzielen. Dieses dahinterliegende ist für die Beteiligten oft bedeutsamer als das, worum es vereinbarungsgemäß in der Gruppe gehen soll. Und genau das, was sich in Gruppen „unter der Oberfläche" abspielt, die Dynamik der Gruppe und die Gruppenprozesse, das, was dort „scheinbar nebenbei" gelernt wird, und wie dies geschieht, zu verstehen und zu gestalten, ist ein zentrales Thema in der Sozialen Gruppenarbeit.

Der Begriff *Gruppendynamik* bezeichnet spezifische Phänomene, die in sozialer Interaktion im persönlichen Kontakt von Menschen in Gruppen auftreten. Zugleich bezeichnet der Begriff eine Methode, mit der solche Prozesse in Gruppen erfahrbar gemacht und beeinflusst werden können, wie auch die wissenschaftliche Disziplin, die diese Prozesse, Muster und Dynamiken und die Methoden der Beeinflussung erforscht.

Im Folgenden werden hier beispielhaft einige wenige Ergebnisse der sozialpsychologischen Gruppenforschung kurz vorgestellt, die hilfreich sein können, um Dynamiken und Gruppenprozesse zu verstehen und mit ihnen zu arbeiten. Sie werden zur Veranschaulichung auf das Beispiel der Schulfahrt bezogen.

Ein weit verbreitetes Phänomen in Gruppen ist das der *Eigengruppenbevorzugung*. Dies bedeutet, dass die eigene Gruppe besser bewertet wird als die anderen, also z. B. (fast) alle Kinder der ersten Jahrgangsgruppe nach der Kennenlernfahrt der Überzeugung sind, in der besten Stammgruppe zu sein, so wie das in den anderen Jahrgängen schon seit langem Gewissheit ist. Parallel dazu entwickelt sich voraussichtlich für die einzelnen Kinder – ein mehr oder weniger hoher – *Konformitätsdruck* in ihrer Untergruppe, der davon abhängt, wie sehr sie glauben, sich anpassen zu müssen, um ein anerkanntes Gruppenmitglied zu sein oder zu werden, oder umgekehrt, wie sehr sie sich fürchten, aufgrund eines bestimmten Merkmals diskriminiert zu werden. Die Erwachsenen können an dieser Stelle in unterschiedliche Richtungen steuern: Indem sie z. B. wettbewerbsorientierte Aktivitäten anbieten, können sie unter Umständen die Abgrenzung zwischen den Gruppen verschärfen, mit kooperationsorientierten Aktivitäten ließe sich die Distanz zwischen den Gruppen und damit möglicherweise der Konformitätsdruck innerhalb der (Unter-)Gruppen reduzieren.

Durch ein weiteres älteres, sehr bekanntes Konstrukt, um gruppendynamische Prozesse zu verstehen, das Johari-Fenster, das 1955 von Luft und Ingham entwickelt wurde (vgl. Luft 1971, zit. n. Freigang u. a. 2018, S. 167), lassen sich Prozesse zwischen neuen Mitgliedern und solchen Gruppenmitgliedern, die sich schon länger kennen, genauer betrachten, was bei einer der Kennenlernfahrt von Bedeutung sein kann. Das Johari-Fenster dient der Differenzierung in Selbst- und Fremdwahrnehmung und ist in vier Felder (ähnlich einem alten Holz-Fenster) unterteilt:

- Das erste Feld ist das öffentliche Feld, das alles das umschließt, was jemand bewusst und willentlich den anderen von sich mitteilen möchte.
- Das zweite Feld ist das geheime Feld, das die Informationen beinhaltet, die jemand bewusst verschweigen und den anderen nicht mitteilen möchte.
- Das dritte Feld ist der blinde Fleck; hierbei handelt es sich um Informationen, die unbewusst gesendet und von den Empfängern, aber nicht vom Sender wahrgenommen werden.

- Das vierte Feld wird als das unbekannte Feld bezeichnet, das Informationen oder auch Persönlichkeitsanteile umfasst, die weder der Person selbst noch der Gruppe bekannt sind und möglicherweise erst zu einem späteren Zeitpunkt zum Ausdruck kommen.

Zum Beispiel kann es sein, dass ein Erstklässler-Kind sich selbst als sehr mutig fühlt und entsprechend darstellt (1. Feld), alle anderen aber wahrnehmen, wie ängstlich es ist (3. Feld). Möglicherweise muss die Sozialarbeiter*in reagieren, wenn das Kind ausgelacht wird und dies nicht versteht.

Bedeutsam ist es für die Erwachsenen in unserem Beispiel auch, die Gruppenphasen zu (er)kennen, in denen sich die Gruppe bzw. die Untergruppen befinden. Nach Garland, Jones und Kolodny (1969, S. 57 ff., zit. n. Freigang u. a. 2018, S. 165) ist die Entwicklung von Gruppen in fünf idealtypische Gruppenphasen einteilbar:

1. Orientierungsphase, Voranschluss (Forming),
2. Übergangsphase, Machtkampf und Kontrolle (Storming),
3. Vertrautheitsphase, Intimität, Beziehung (Norming),
4. Entwicklungsphase, Differenzierung (Performing) und
5. Trennung, Ablösung (Adjourning).

Anhand der beobachteten Entwicklungsstufe einer Gruppe können Überlegungen zur Gruppenentwicklung, zu angestrebten und möglicherweise anzustrebenden Veränderungen der Gruppe, zu einzelnen Gruppenmitgliedern und zu möglichen Handlungsweisen der Gruppenleitung erfolgen. Ziel dabei ist es, tragfähige Beziehungen der Gruppenteilnehmer*innen untereinander und eine erfolgreiche Zusammenarbeit zu ermöglichen sowie die gesetzten Aufgaben bestmöglich umzusetzen. Die Aufgabe der Gruppenleiter*in ist in diesem Modell, dafür zu sorgen, dass die einzelnen Entwicklungsstufen möglichst zügig erreicht werden, um optimal arbeiten und lernen zu können. Dafür ist es notwendig, dass die Gruppenleiter*in den Status anhand spezifischer Merkmale erkennt und die passenden Interventionsmöglichkeiten einsetzt.

Im Beispiel der Kennenlernwoche liegen diese idealtypischen Gruppenphasen am ehesten noch für die Schüler*innen des ersten Jahrgangs vor, die anderen Jahrgangsgruppen sind möglicherweise schon in den letzten Schuljahren in der Phase der Arbeitsfähigkeit gefestigt, die Stammgruppen bewegen sich irgendwie dazwischen, müssen die Neuen integrieren und den Abgang des ältesten Jahrgangs verkraften. Aufgabe der Erwachsenen ist es hierbei, die Gruppe(n) genau zu beobachten und passende, nicht überfordernde Aufgabenstellungen einzubringen, die die Entwicklung der jeweiligen Gruppe fördern.

Simon und Wendt (2019, S. 257) vergleichen gelingende Soziale Gruppenarbeit mit der Kunst der Navigation, mit der ein Schiff unter widrigen Umständen geführt wird.

> „Auch die Sozialen haben keine Sicherheit mit Fällen und Situationen, mit und in denen sie handeln müssen. Es gibt nicht den einen Modus, erfolgreich soziale Gruppenarbeit zu leisten. Gelingende Navigation als Wahl von Verfahren und Schlüsselprozessen in einer gegebenen Situation ist somit als eine (Vermittlungs-)Leistung (...) zu begreifen, die im Spannungsverhältnis unterschiedlicher Interessen (...) erbracht werden muss" (ebd.).

Leseempfehlungen

- Edding, C.; und Schattenhofer, K. (Hg.): Handbuch Alles über Gruppen. Theorie, Anwendung, Praxis, 2. Aufl. Weinheim und Basel 2015
- Wellhöfer, P. R.: Gruppendynamik und soziales Lernen. Theorie und Praxis der Arbeit mit Gruppen, 5. Aufl. Stuttgart 2018

Werner Freigang

Gemeinwesenarbeit

Im Jahr 2008 veranstalteten in Magdeburg lebende Juden, Christen und Muslime eine gemeinsame Wanderung durch die Stadt, den sogenannten „Weg der Hoffnung“[1]. Er sollte auf Frieden und Versöhnung als Grundlagen des gesellschaftlichen Miteinanders aufmerksam machen. Mitglieder aller Religionen Deutschlands kennen das Gefühl der Minderheit, des Ausgegrenzt-Seins. Die Stadtwanderung von der Synagoge über die Moschee und die Gotteshäuser der evangelischen und katholischen Kirche zeigte, dass auch in der sachsen-anhaltischen Landeshauptstadt ein von Verständnis und Kooperation geprägtes Zusammenleben der Kulturen praktiziert wird. Die Idee war recht einfach umzusetzen und die Aktion war am Ende ein Erlebnis, das alle miteinander schnell verband und eine Nähe von Gemeinschaft erzeugte.

Der „Weg der Hoffnung“ war für viele Beteiligte die erste Gelegenheit, einander gezielt zu treffen und die jeweils anderen Orte des Gebetes zu betreten. Dabei stellte sich heraus, dass die Muslime in Magdeburg ihrer Religion nur in sehr dürftigen Räumlichkeiten nachgehen konnten. Eine schlecht isolierte alte Baracke aus DDR-Zeiten diente ihnen als Moschee. Sieben Jahre später, im Jahr 2015, hatte sich leider immer noch nichts an der räumlichen Situation geändert. Zwar war man nach wie vor im Gespräch mit der Vermieterin und der Stadt im Gespräch, jedoch ohne Erfolg. Nun erhöhte sich der Handlungsdruck, denn aufgrund der Flüchtlingsbewegung aus dem arabischen Raum stieg die Zahl der Muslime auch in Magdeburg. Zum Freitagsgebet trafen sich bei Wind, Regen und Schnee mehrere hunderte Menschen vor der Baracke. Der Zustrom nahm von Woche zu Woche zu. Ein Grund dafür war die Tatsache, dass dieses Gebäude für die Geflüchteten der erste soziale Zufluchtsort in der neuen Heimat darstellte. Der Zustand wurde immer schlimmer und die Kommunikation zwischen den Verantwortungsträgern zur Lösung des Problems immer schwieriger. Die Leitung der islamischen Gemeinde wendete sich nun an einige ehemalige Initiatoren des „Weges der Hoffnung“ aus dem Jahr 2008. Es waren ausgebildete Sozialpädagogen sowie ehrenamtlich Engagierte, die in der Stadtteilarbeit beschäftigt und mit den Methoden der Gemeinwesenarbeit sowie des Community Organizing vertraut sind.

Nach einer ersten Analyse der Sachlage wurde im kleinen Kreis überlegt: Welche Maßnahmen konnten wie und von wem unterstützend bewirkt werden? Wer sind in der Stadt engagierte Frauen und Männer, die aufgrund ihrer

1 Initiiert wurde die Aktion von Calumed e. V. (www.calumed.de)

Funktion in Verwaltung, Politik, Kirche, Wirtschaft, in der Bürgergesellschaft sowie in den Medien als Unterstützerinnen und Unterstützer gewonnen werden könnten? Über ein Mailingverfahren wurden die erkannten Personen zu einem informellen Sondierungsgespräch mit den Betroffenen eingeladen. Als erstes wollte die Gruppe versuchen, über eigene Wege und Möglichkeiten die Suche nach einem neuen Objekt zu unterstützen. Neben dem privaten Immobilienmarkt, der allerdings kaum im Möglichkeitsraum der islamischen Gemeinde lag, kamen Liegenschaften des Landes, Gebäude der Stadt oder der Kirchen durchaus infrage. Das zweite Arbeitspaket bestand in der Unterstützung der kommunikativ verfahrenen Situation zwischen der Stadtverwaltung, die für eine gute Lösung für das Problem der neuen ethnischen Community und religiösen Minderheit verantwortlich zeichnete, der städtischen Wohnungsbaugesellschaft als Vermieterin des bisherigen Objekts, die die Kündigung der Räumlichkeiten ausgesprochen hatte, und dem Mieter, der islamischen Gemeinde. Die Vermittlerrolle und Mediation sollte jemand übernehmen, der von allen beteiligten Parteien akzeptiert wurde und als loyale Größe in der Stadt anerkannt war. Diese Aufgabe wurde daher dem Leiter des katholischen Büros Sachsen-Anhalts[2] übertragen.

Der Prozess des Findens einer neuen Örtlichkeit für die islamische Gemeinde sollte zudem mit der Initiierung einer kleinen Medienkampagne beschleunigt werden. Um die lokale Presse für die Thematik zu interessieren und zu gewinnen, musste über geeignete Social-Media-Kanäle – in dem Fall Facebook und Twitter – eine strategisch abgestimmte Choreographie der Informationen und Kommentare der beteiligten Unterstützerinnen und Unterstützer entwickelt werden. Im Vorfeld zu klären war: „Wer meldet sich wann und wie zu Wort?“ und erzeugt so über einen längeren Zeitraum ein Medieninteresse. Dieser notwendige Arbeitsschritt beschleunigte entscheidend den gesamten Kommunikationsprozess zur Lösungsfindung. Es bedurfte aufgrund der Medienkampagne eines Konsenses, bei dem für alle Seiten das „Gesicht gewahrt“ werden konnte. Die Beteiligten setzten sich folglich zügig zusammen und schlugen verschiedene Lösungen vor. Diese wurden über den Imam wieder in die Unterstützerinnen- und Unterstützergruppe getragen und hier diskutiert. Es wurden Hinweise für weitere Optionen gegeben, aber auch verwaltungstechnische Übersetzungsleistungen vorgenommen. Im konkreten Fall wurde deutlich, warum diverse Missverständnisse und Blockaden entstanden waren. Die Abfolgen im hochkomplexen Verwaltungshandeln waren leider nicht immer derart verständlich und transparent dargelegt, so dass die islamische Gemeinde als Miete-

---

2 Das Katholische Büro ist die Verbindungs- und Kontaktstelle der katholischen Kirche zur Landespolitik.

rin des Objekts die verwaltungstechnischen Vorgänge und Sachlagen nachvollziehen konnte.

Im Ergebnis der Gespräche wurde schließlich als Ausweichobjekt ein altes Heizhaus vom bisherigen Vermieter angeboten, das umgebaut mehr als 500 Muslimen ein neues Zuhause als Gemeindezentrum geben konnte. Die sehr zentrale städtische Lage gewährleistete zudem für die hier lebenden Muslime eine gute Erreichbarkeit (vgl. Schweingel 2015)[3].

Community Organizing

Betrachten wir das Beispiel nun unter dem Aspekt des Community Organizings, das auf den US-Amerikaner *Saul Alinsky* zurückgeht und sich als eine Methode des aktiven Beziehungsaufbaus zur Hilfe und Unterstützung von Gruppen versteht, die sich in Notlagen in einem Gemeinwesen befinden oder für die eine Verbesserung der Lebens- und Arbeitsbedingungen erreicht werden soll (vgl. Stiftung Mitarbeit 2014). Ziel ist es, Lösungen zu entwickeln, um diese Menschen am gesellschaftlichen Reichtum partizipieren zu lassen.

Bei dieser Methode wendet man vier Schritte an, die aufeinander folgen können, meistens aber zeitgleich stattfinden bzw. die Übergänge fließend sind (vgl. BdP 2016). Der erste Schritt ist „*Zuhören und Auswerten der Erkenntnisse*". Hierzu werden wichtige Informationsträgerinnen und -träger sowie Menschen, die einen Zugang zu geeigneten Ressourcen zur Veränderung der Sachlage(n) haben, mit den betroffenen Menschen zusammengebracht. Im vorliegenden Fall wurde ein Treffen mit dem Verantwortungsträger der islamischen Gemeinde und möglichen Unterstützerinnen und Unterstützer organisiert.

Der zweite Schritt beinhaltet ein „*Aufbrechen der Gesamtproblemlage in Einzelthemen*". Es werden (Teil-)Schritte definiert und es wird möglich, die Ressourcen, Kompetenzen und auch die diversen Zugänge aller Beteiligten untereinander aufzuteilen und Zuordnungen vorzunehmen. Nicht nur, dass diese Maßnahme den Veränderungsprozess in Gang setzt, sie erzeugt auch bei allen das Erlebnis von Teilerfolgen. Die Gruppenmitglieder verbinden sich und die Beteiligten sind motiviert, sich weiter für eine Verbesserung der Sachlage einzusetzen. Sie erleben die Wirkung ihres Engagements, was in vielen Fällen dem im Vorfeld vorherrschenden Ohnmachtsgefühl entgegenwirkt und im besten Fall sogar auflöst.

Der dritte wichtige Schritt ist, die geplanten „*Lösungswege und Aktionen einer strategischen Planung und Ausführung*" zuzuführen und dabei die Kommunikationsinstrumente des professionellen Netzwerkmanagements anzuwenden.

---

3 Ein Beitrag in der lokalen Presse ist zu finden unter: https://www.volksstimme.de/lokal/magdeburg/20150711/islamische-gemeinde-heizhaus-wird-zum-jahresende-moschee (30. Januar 2020).

Alle Beteiligten sollten auf dem gleichen Wissens- und Informationsstand sein. Die Bearbeitung ist demokratisch zu organisieren und es ist darauf zu achten, dass die Betroffenen die gleichen Anteile in der Kommunikation erhalten wie die unterstützende Gruppe. In vielen Fällen kann es an dieser Stelle zu einem Ungleichgewicht kommen, da die Unterstützenden sich im politischen und öffentlichen Diskussionsraum in der Regel geübter bewegen.

Als vierten Schritt bedarf es einer *„(Teil-)Auswertung und ggf. des Aufbaus von zukünftigen Kommunikations- und Organisationsstrukturen“*. Diese Maßnahme beinhaltet die folgenden Punkte: 1. Eine Auswertung erzeugt immer einen Erkenntnisgewinn und die Überlegung, wie der nächste Arbeitsschritt aussehen sollte. Hierüber wird sich unter allen Beteiligten verständigt, was eine basisdemokratische Beteiligung und Entscheidungsfindung erzeugt. 2. In Hinblick auf zukünftige Probleme entstehen Verbindungen innerhalb des Gemeinwesens, die ggf. in geeignete Unterstützungsstrukturen überführt werden können. 3. Eine Auswertung beinhaltet auch immer Aspekte des Feedbacks, welches zum Abgleich einer Selbst- und Fremdwahrnehmung im gemeinsam organisierten Veränderungsprozess dient. Menschen, die sich bisher als schwächer erlebt haben, können so eine Stärkung durch ihr Wirken erleben. Ein Empowerment-Prozess beim Einzelnen und der Gruppe ist unwillkürlich die Folge (▸ **Emanzipation – Teilhabe und Empowerment**).

Gemeinwesenarbeit

Abschließend betrachten wir das Beispiel noch umreißend unter dem Aspekt der Gemeinwesenarbeit: Gemeinwesenarbeit versteht sich als ein Arbeitsprinzip der Sozialen Arbeit, dessen Ausgangspunkte immer Konflikte und Missstände in einem sozialen Raum darstellen. Der Begriff des sozialen Raums kann sich auf eine Straße, ein Quartier oder einen ganzen Stadtteil beziehen.

Heute versucht Gemeinwesenarbeit gleich präventiv zu wirken, um ein soziales „Abrutschen“ erst gar nicht zuzulassen, sondern mindestens die Lebenslage aller zu halten oder sogar zu verbessern. Weshalb und wie wurde dieses Prinzip im vorliegenden Fall angewandt? Für eine gelingende Integration der Neu-Magdeburger in die hiesigen gesellschaftlichen und kulturellen Gegebenheiten (▸ **Gesellschaft**) ist es unabdingbar, dass sie sich als willkommen und geachtet erleben. Nach ihrer Flucht vor Krieg und Zerstörung ist es wichtig, ihnen mit einer Würde zu begegnen, die ihr gesamtes ideelles, materielles und emotionales Sein beachtet. Mit einer gleichberechtigten Wahrnehmung wird nicht nur eine mitmenschliche Begegnung möglich. Die Menschen können sich im Ankommen entfalten und eine neue Heimat für sich finden.

Gemeinwesenarbeit richtet sich auf Nachbarschaften. Das umgebaute ehemalige Heizhaus liegt mitten in der Innenstadt, in einem Wohngebiet mit altersmäßig durchmischter überwiegend deutscher Herkunftsbevölkerung. Die hier lebenden Menschen sollten sehr frühzeitig mit in den Umbau des Gebäudes in eine Moschee sowie der damit verbundenen Ansiedlung der kulturell und religiös bis dato fremden Gemeinschaft einbezogen werden, um den potenziellen Spannungsbogen so gering wie möglich zu halten. Der neue Sachstand des Zuzugs von Zugewanderten aus dem Ausland sollte für die Wohnenden nicht als eigene individuelle Problemlage der Menschen mit Migrationshintergrund angesehen werden, sondern es ist ein Erklärungszusammenhang herauszuarbeiten, der für Verständnis und Mitgefühl wirbt und eine Willkommenshaltung in der Nachbarschaft erzeugt (▸ **Gesundheit**).

Einerseits kann dies erfolgen, indem städtische Autoritäten für eine Verbundenheit des Zusammenlebens werben. Andererseits können Methoden der Gemeinwesenarbeit zum Einsatz gebracht werden (vgl. Stiftung Mitarbeit 2019). Es arbeiten für diesen gelingenden Veränderungsprozess alle zuständigen Behörden, aktive Institutionen der Wohlfahrtsverbandsarbeit sowie der Bürgerschaft zusammen. Das Ziel ist es, ein Netzwerk zu schaffen, das Ressourcen für den Einzelnen sowie die nachbarschaftliche Gemeinschaft freilegt und ein kooperatives Handeln anstößt. Der Fokus liegt auf den betroffenen Zielgruppen, die einen neuen Aushandlungsprozess des Zusammenlebens miteinander führen müssen. Es bedarf demzufolge einer sozialen Intervention. In dem vorliegenden Fall betrifft das die bisherige Nachbarschaft und die Zugewanderten mit Migrationshintergrund, die ihrer Religiosität in ihrer kulturellen Gemeinschaft in der Moschee nachgehen werden. Die fünf Prinzipien der Sozialraumorientierung (vgl. Hinte 2006) gelten als Maxime des Handelns: 1. Orientierung am Willen und den Interessen der Beteiligten; 2. Der Blick richtet sich auf die Ressourcen und Möglichkeitsräume, nicht auf Widerstände und Schwächen; 3. Eigeninitiative und ▸ **Selbsthilfe** werden verstärkt und gefördert; 4. Die sozialarbeiterische Instrumentenwahl fördert Kooperation und Integration (▸ **Integration und Inklusion**). Sie sieht sich in einer Koordinierungs- und Vernetzungsfunktion mit einer 5. zielgruppen- und bereichsübergreifenden Arbeits- und Sichtweise.

Es wird deutlich, Community Organizing und Gemeinwesenarbeit sind Konzepte der Sozialen Arbeit, in denen es um die Steigerung der Lebensqualität unter einer Erweiterung der Handlungsmöglichkeiten der Betroffenen geht. Die Vermittlung zwischen den Systemen und den Lebenswelten ist ein Schwerpunkt der professionellen Handlungsweise (▸ **Lebenswelt und Alltag**).

Leseempfehlung

- Hinte, W., Lüttringhaus, M., und Oelschlägel, D.: Grundlagen und Standards der Gemeinwesenarbeit. Ein Reader zu Entwicklungslinien und Perspektiven, 2. Aufl. Weinheim und München 2007

Thomas Kauer

Kultur – Kulturarbeit

„Es folgte das Musizieren mit den selbstgebauten Instrumenten. Wir fingen damit an, dass jedes Kind einmal sein Instrument zeigte und anspielte. Die Kinder, die ihr Instrument nicht alleine vor den anderen anspielen wollten, gaben das Instrument zum Ausprobieren an uns oder eines der anderen Kinder. Danach gingen wir dazu über, dass wir alle gemeinsam auf unseren Instrumenten spielten, und versuchten, einen gemeinsamen Rhythmus zu finden … Dies bereitete den Kindern große Freude. Anschließend begann immer ein Kind, sein Musikinstrument zu spielen, der Reihe nach stiegen die anderen Kinder mit ein und wir spielten so lange, bis wir ein gemeinsames Ende fanden. Das Finden eines gemeinsamen Endes gestaltete sich schwierig und das Musizieren musste meist von uns beendet werden. Diese Prozedur wiederholten wir ca. fünfmal, so dass jedes Kind einmal beginnen konnte" (schreiben zwei Studenten der Sozialen Arbeit).

Mit diesem Beispiel sozialer Musikarbeit in einer Magdeburger Grundschule wird eine von vielen Möglichkeiten, Kultur in der Sozialen Arbeit zu integrieren, aufgezeigt. Das Wort Kultur bedeutet von Menschen erzeugte Objekte, Traditionen und Praktiken und somit jede Form der menschlichen Gestaltung aller Lebensbereiche, ob nun durch Worte oder Gedanken, Hände oder Füße. Dass neben praktischen Alltagshilfen, Beratung oder konkreter Begleitung von Klient*innen auch Kultur und kulturelles Handeln im Methodenkoffer der Sozialen Arbeit berücksichtigt werden, hat in erster Linie damit zu tun, dass Kultur in ihren verschiedensten Ausprägungen zentraler Bestandteil unserer Lebenswelt ist.

Kulturelle Prozesse oder kulturelles Handeln sollte daher insbesondere dann bewusst gemacht werden, wenn Menschen Hilfe und Unterstützung brauchen. Die Beschäftigung mit Kultur ermöglicht unerwartet neue Zugänge zur Auseinandersetzung mit sich selbst und den Mitmenschen. Musik, ob nun gehört oder gespielt, bildende Kunst, ob nun betrachtet oder selbst geschaffen, Literatur, ob nun gelesen, vorgelesen oder selbst geschrieben, kann Soziale Arbeit in ihrem Verständnis als Lebensweltorientierung (► **Lebenswelt und Alltag**) oder Empowerment (► **Emanzipation – Teilhabe und Empowerment**) unterstützen. Kulturelles Handeln ist so vielfältig wie der Mensch selbst und kann den Umgang mit Textilien, Fotografieren, Töpfern, Sport, Tieren oder die Pflege des Fahrrads bedeuten (vgl. Schemmel/Huf 2017, Kap. 2).

Im vorliegenden Beispiel hatten die Kinder aus 3. und 4. Klassen im Winter 2018 unter Anleitung von zwei Studenten der Sozialen Arbeit zunächst Musikinstrumente gebaut. Als alle Instrumente fertig waren, durften die Kinder ihre Schöpfungen klanglich erkunden und hören. Dieser letzte Nachmittag war der

Höhepunkt des Workshops, bedeutete er doch den Abschluss eines vierwöchigen Arbeitsprozesses, der die Kinder körperlich und künstlerisch herausgefordert hatte. Das Durchsägen einer Teppichrolle forderte von Neunjährigen ungewohnte Kräfte. Das Feilen eines kleinen Holzstücks brauchte die feinmotorische Abstimmung der Finger – und Geduld – und beim Anmalen von Trommel, Flöte oder Kazoo konnten die Kinder farbig kreativ werden, mussten aber den korrekten Umgang mit Farben lernen. Am schwierigsten war aber für manche, das Instrument zu spielen: In der Gruppe schien es eher möglich als alleine und solistisch.

Bedeutung von Kultur und Sinneserfahrungen im menschlichen Leben

Die Gründe, warum eine Nutzung dieser vielfältigen Praktiken auch im Rahmen Sozialer Arbeit sinnvoll erscheint, sind vielfältig. Die Auseinandersetzung mit bereits existierenden Kulturen oder die eigene kulturelle Betätigung gehört zum menschlichen Leben und ist notwendiger Bestandteil eines Tagesablaufs und Ausgleich zu Schule oder Erwerbstätigkeit. Fehlt dieses Reservoir an kulturellen Handlungen – hierzu können auch Hobbys wie Briefmarkensammeln, Bowlen, Hip-Hop oder Kochen zählen –, dann fehlt eine sinnvolle Gestaltung der Freizeit. Auch seine freie Zeit kulturell zu füllen und kreativ zu werden, wird durch besondere Angebote z. B. im Strafvollzug gefördert, wo Studien belegen, dass diese Art von erfüllender Betätigung Häftlingen häufig verloren gegangen ist oder nie ausgeübt wurde (vgl. Hartogh/Wickel 2019, S. 453).

Das Reservoir an Methoden und Vorgehensweisen wurde in den letzten Jahren zunehmend erweitert, weil das Verständnis von Kultur weniger eingeengt ist. Was wir als Kultur anerkennen, lässt sich nicht mehr oder nicht nur auf nationale, religiöse oder ethnische Kategorien reduzieren. Wie Kultur verstanden wird, sollte nach neueren Forschungsansätzen und in einer zunehmend globalisierten und vernetzten Welt immer wieder neu diskutiert werden: nicht als Abgrenzung von Kulturen, sondern als gegenseitige Durchdringung. Der Begriff der Transkulturalität bietet einen guten Einstieg in dieses Verständnis und die dazugehörigen Debatten, die auch Fragen der Inklusion und Exklusion von Kulturen (► **Integration und Inklusion**) berühren (vgl. Datta 2005).

Für die Soziale Arbeit bedeutet dies, dass die Einbindung von Kultur, kulturellem Handeln und künstlerisch-ästhetischer Methoden nicht ausgeklammert werden kann, da der Umgang mit Kultur und das gemeinsame Erleben kulturellen Handelns etwas Alltägliches und Selbstverständliches ist. Besonders gut lässt sich diese Omnipräsenz am Beispiel von Musik zeigen. Nahezu jeder Mensch verfügt im 21. Jahrhundert in irgendeiner Weise über musikalische Erfahrungen, aktiver oder rezeptiv-hörender Art (vgl. Wickel 2018, S. 7). Wie wichtig diese Erfahrung ist, zeigten u. a. Jugendliche in einer Studie, als sie bei der Frage nach den eigenen Interessen zuerst Freunde und dann Musikhören nannten (vgl. Wahler/Tully/Preis 2004).

Ästhetische Erfahrung in Sozialer Arbeit

Kulturelles und künstlerisch-ästhetisches Handeln ermöglichen ästhetische Erfahrungen, kulturelle Bildung (auch Selbstbildung), eine Stärkung unterschiedlichster Kompetenzen sowie eine Teilhabe und Partizipation am gesellschaftlich-kulturellen Leben (siehe Überblicksgraphik bei Marquardt/Krieger 2007, S. 50).

Bleiben wir zunächst bei der ästhetischen Erfahrung und verdeutlichen es an dem zu Beginn beschriebenen Beispiel. Im Musikinstrumenten-Workshop standen einfache Instrumente wie Trommeln aus Teppichrollen, Flöten aus Plastikröhren, Schüttelboxen aus alten Joghurtbechern und Schwirrhölzer aus Spanleisten zur Verfügung. Das einfache Material – neu gekauft oder als Müll recycelt – verwandelt sich im Verlauf des Bauens zu einem ästhetischen Objekt. Der Gegenstand, der am Ende dieses Workshops auf dem Tisch lag, war keine uniforme und gekaufte Sache, sondern ein Gebilde, das von den Kindern gebaut worden war: die dabei gewonnene ästhetische Erfahrung befriedigt, da das Instrument aus der eigenen Anschauung und den eigenen Vorlieben für Klänge, Farben und Formen entstanden war. Das Musikinstrument war schön, ansprechend, bunt und – zumindest in den Augen der Kinder – gelungen.

Kulturelle Bildung in Sozialer Arbeit

Der Umgang mit selbstgebauten Musikinstrumenten ermöglicht zudem – dies wäre der zweite Punkt – eine Form der kulturellen Bildung, die in Sozialer Arbeit häufig im Mittelpunkt steht. Denn kulturelle Bildung – insbesondere, wenn sie ganzheitlich und umfassend verstanden wird – eröffnet die „rezeptive und produktive Auseinandersetzung des Individuums mit sich selbst und seiner Umwelt" (Reinwand-Weiss 2016, S. 258). Was als Kunst anzusehen ist, wird dabei ohne Grenzen definiert und umfasst alle Gattungen, Ausrichtungen und Kunstformen, die im Leben oder in sozialpädagogischer Hochschullehre eine Rolle spielen können. Das kann bedeuten, dass einfaches Trommeln auf einfachen Schlag- und Melodie-Instrumenten (sog. Orff-Instrumentarium) genauso als musikalische Handlung angesehen wird wie das fröhliche Singen eines Kinderliedes oder das frei improvisierte geräuschhafte Spiel mit Naturmaterialien wie Steinen und Ästen. Viele Autoren betonen bei der kulturellen Bildung in Sozialer Arbeit den Aspekt, dass es in jedem Fall eine Herausforderung unserer Sinne bedeutet: der Ohren, der Augen, der Nase, der Haut oder der Zunge. Denn alles, was wir schmecken, fühlen, riechen, sehen oder hören können, erweitert unseren ästhetischen Erfahrungshorizont. Dadurch, dass nicht der hohe Anspruch eines perfektionierten Instrumentalspiels, sondern die unverstellte, niedrigschwellige und elementare Annäherung an etwas Neues und Ungewohntes gefunden wird, beginnt Bildung bei den einfachsten Handlungskombinationen wie im Musikinstrumenten-Workshop.

Das eigenhändige Bauen von Musikinstrumenten bildete die Kinder, indem sich ihnen zunächst ein terminologischer Zugang zu einem bestimmten Instrumentarium erschloss. Die Flöte, die Trommel, das Kazoo – eine Trommel, in die hineingesungen wird –, die Ukulele oder die Gitarre lagen als Name und als Anschauungsobjekt vor und wurden anschließend in ihrer einfachsten Form nachgebaut. Im Verlauf des vierwöchigen Workshops gab es Gelegenheit zu erklären, woher die Instrumente kommen, was für einer Art sie zugehören – Blas-, Streich-, Zupf- oder Schlaginstrument – und wie sie gespielt werden. Die Kinder lernten spielerisch die komplexe Systematik der Musikinstrumente und tauchten in die Geschichte eines kulturellen Handelns ein, das seit der Zeit des Homo sapiens zu den Kommunikationspraktiken einer funktionierenden und stabilen sozialen Gemeinschaft gehört.

Stärkung und Ausbau verschiedener Kompetenzen durch Kultur

Der dritte Grund für den Einsatz von Kultur in der Sozialen Arbeit ist das Ziel, über die Integration von Kultur und durch kulturelles Handeln zu stärken. Stärkung kann in vielerlei Richtung geschehen: Stärkung des Einzelnen, der Gruppe, individueller Fähigkeiten oder der Sinne. Das Beispiel mit den Musikinstrumenten zeigt alle vier Komponenten. Die Kinder waren – dies war im Verlauf eines Semesters an vier aufeinanderfolgenden Gruppen gut zu beobachten – in ihrer Konzentrationsfähigkeit und Ausdauer herausgefordert. Sägen, Polieren, Raspeln oder Bohren war nicht immer gleichermaßen einfach und wurde von Jungen und Mädchen unterschiedlich bewertet. Zu beobachten war, dass grobmotorische und kraftvolle Tätigkeiten häufig das Selbstbewusstsein der Mädchen, feinmotorische Arbeiten das Selbstverständnis der Jungen stärkten, je nachdem wo er oder sie bis zu diesem Moment seine oder ihre Kompetenzen am besten ausgebildet hatte.

Als Stärkung des Kollektivs war der Workshop geeignet, weil er Kinder aus verschiedenen Schulklassen zusammengeführt hat. Einige der bunt zusammengewürfelten Gruppen waren problematisch, weil sich die Kinder nicht verstanden. Unsoziales Verhalten wie Mobben oder Dissen waren insbesondere in einer Gruppe regelmäßig zu beobachten, weswegen sich die beiden Sozialarbeiter in spe für ein besonderes Abschluss-Spiel entschieden: ein leitendes und spielendes Kind war mit der Aufgabe betraut, ein anderes mit verbundenen Augen sicher durch die Werkstatt zu führen. Die Herausforderung leitend und orientierend zu spielen, war genauso groß, wie die Aufgabe, die akustischen Signale räumlich richtig zu interpretieren. Zwei der Kinder verweigerten hier zunächst ihre Beteiligung, konnten schließlich überredet werden und waren am Ende von dem Gelingen ihrer ungewollten Kooperation zumindest beeindruckt. Die musikalische Begegnung – über die Instrumente – hatte für den Moment des Spiels eine normale Kommunikation und Hilfestellung möglich gemacht und ihre Toleranz verbessert.

Individuelle Fähigkeiten werden dann gestärkt, wenn unentdeckte Fertigkeiten zutage treten können. Der Bereich Musik – wie alle Künste – ist attraktiv und reizvoll und verführt Kinder, sich auch in ungewohnten Bereichen kreativ zu betätigen. Kreativität ist eine der Kernkompetenzen, die seit einigen Jahren in Sozialer Arbeit besonders gefördert und unterstützt werden sollen (vgl. Meis/Mies 2012, S. 42). Kreativität ist bei der Handhabung der Musikinstrumente notwendig, denn jedes Instrument erfordert andere Fähigkeiten: Kinder können schlagen, reiben, blasen (auf ganz unterschiedliche Art und Weise) oder streichen. Aber nicht nur das Wie auch das Was sie spielen ist offen und lässt Raum, eigene Klangvorstellungen, geliebte Melodien oder Rhythmen auszuprobieren. Da so gut wie jedes Kind musikalisch ist – weil die meisten Menschen Musik verstehen, hören, nachsingen, erkennen oder spielen können –, im schulischen Musikunterricht bis zur 6. Klasse aber oft gesungen wird – was nicht jedes Kind gleichermaßen beherrscht –, können Kinder in dieser Art von Workshop unbekannte Talente entdecken und ausprobieren und ihre musikalische Begabung erforschen.

Dabei werden die Sinne über das aktive Spiel und das rezeptive Hören gestärkt. Kinder sind beim Bauen motorisch herausgefordert und müssen anschließend die Fähigkeit entwickeln, Flöten, Schwirrhölzer oder ein Kazoo zum Klingen zu bringen. Gleichzeitig erleben sie die klangliche Individualität der Instrumente, schulen sich im Hören verschiedener Klänge und können die neue Erfahrung anschließend akustisch einordnen. Die Übung des Spielens und Folgens (mit verbundenen Augen) fordert die Kinder zu ungewohnten Hörorientierungen heraus und trainiert das Hören als wichtigstes und vielfältigstes Sensorium des Menschen. Nicht viele Aktivitäten ermöglichen über nur einen Workshop eine ähnlich vielfältige multi-sensorische Herausforderung und Stärkung wie das Bauen und Spielen von Musikinstrumenten.

Sekundäre Nutzung kultureller Sozialarbeit

Kultur in Sozialer Arbeit dient primär der ästhetischen Erfahrung, der kulturellen Bildung und individuellen Stärkung und somit wichtigen Aspekten menschlichen Handelns. Kulturelle Praxis in ihren vielfältigen Formen kann im Rahmen Sozialer Arbeit auch sekundär genutzt werden. Indem Menschen sich kulturell betätigen – einen Breakdance aufführen, ihre Lieblingsstücke auf dem iPod vorstellen, Bilder zur Musik malen oder gemeinsam in eine Kinderoper gehen – schaffen sie nicht nur etwas für sich und erleben Kultur als wichtige Ressource. Sie nehmen zudem an einer Aktivität mit anderen teil und teilen sich mit. Sie partizipieren, sie erzählen von sich und geben damit den Sozialarbeitern, die ihnen helfen wollen, neue Ansätze, sie zu verstehen, zu erklären, zu deuten (▸ **Verstehen**). Kulturelle Betätigung kann Sozialarbeiter*innen einen unerwarteten Zugang zum Menschen und seiner Lebenswelt eröffnen, die er/sie unterstützen und fördern möchte.

Ein letzter der vielen möglichen Gründe, warum Kultur zunehmend an Bedeutung gewinnt, ist die Förderung von Soft Skills und Schlüsselkompetenzen.

Kreativität zählt – wie bereits oben erwähnt – zu einer der wichtigsten Fertigkeiten, die es Menschen ermöglicht, ein verantwortungsvolles und erfolgreiches Leben in sozialer und kultureller Teilhabe zu führen. Soft Skills sind soziale und emotionale Kompetenzen wie Selbstkritik, Empathie, Konflikt- und Teamfähigkeit (vgl. Meis/Mies 2012, S. 51).

Der Umgang mit Kultur ist damit sowohl auf der mittleren oder Meso-Ebene – durch künstlerisch-ästhetische Orientierung von Organisationen oder Institutionen – als auch auf der Mikro-Ebene beim Einzelnen – durch die Anwendung verschiedener Techniken und Übungen (vgl. ebd., S. 59) – ein wichtiges Mittel, um hilfebedürftige Klienten zu unterstützen, zu fördern, zu entdecken und ihnen bei der Weiterentwicklung zu helfen. Da der Begriff der Kultur so weit gefasst ist und das, was unter Kunst verstanden wird, niedrigschwellig, einfach, elementar ansetzen kann, eignet sich die kulturelle Sozialarbeit – wie der Einsatz von Kultur in der Sozialen Arbeit häufig genannt wird – zudem für alle Menschen unabhängig von Alter, Sprache, Herkunft, Bildungsstand oder Kultur. Neueste Publikationen belegen, wie stark Kultur – in ihrer ganzen Vielfalt von Kunst über jahreszeitliche Basteleien hin zu spontanen Improvisationen – insbesondere im Bereich der Sozialen Arbeit mit Migrantinnen und Migranten Eingang findet und methodisch umgesetzt wird (vgl. Schemmel/Huf 2017 und Josties/Gerards 2019).

Leseempfehlungen

- Hartogh, T., und Wickel, H. H. (Hg.): Handbuch Musik in der Sozialen Arbeit. Neuausgabe, Weinheim und Basel 2019
- Meis, M.-S., und Mies, G.-A. (Hg.): Künstlerisch-ästhetische Methoden in der Sozialen Arbeit, Stuttgart 2012
- Wickel, H. H.: Musik in der Sozialen Arbeit, Bielefeld u. a. 2018

Manuela Schwartz

Medien – Medienpädagogik

Sarah, 21:43 Uhr:

> Hab' gehört, morgen fällt das Seminar aus???

Adnan, 21:44 Uhr:

> Quatsch! Vanina hat doch bereits heute Nachmittag geschrieben, dass das leider mal wieder nur so ein Gerücht ist. LOL, die Nachricht von Vanina ist aber auch echt schwer zu finden, wenn alle fünf Sekunden jemand was versendet ;-)

Ben, 21:51 Uhr:

> Marie, schick' doch bitte endlich mal die Präsentation für morgen rüber ☹

Dieser fiktive Auszug aus dem Gruppenchat einer Erstsemestergruppe, die beispielsweise im Messenger ‚WhatsApp' bis zu 256 Studierende umfassen könnte, verweist einleitend bereits auf zwei zentrale Herausforderungen unserer mediatisierten Lebenswelt: zum einen auf die (implizite) Erwartung, andere rund um die Uhr erreichen zu können und zum anderen auf die oftmals zu vernehmende Befürchtung, etwas verpassen zu können, sobald man selbst offline geht. Studierende berichten gerade zu Beginn ihres Studiums, da in dieser Zeit ein besonders hohes Austauschbedürfnis über das Hochschulleben besteht, häufig von den Belastungen, die mit ihrer permanenten Erreichbarkeit einhergehen. Wir können uns leicht vorstellen, dass innerhalb des obigen Gruppenchats bis in die frühen Morgenstunden weiterhin Nachrichten versendet werden. Insbesondere diejenigen, die noch auf eine bestimmte Antwort warten, wie z. B. darauf, ob die Powerpoint-Präsentation für das morgige Seminar fertiggestellt ist, werden vermutlich in dieser Nacht noch lange nicht abschalten können. Weshalb Studierende sich dennoch häufig in sozialen Netzwerken und Messenger-Diensten zu Großgruppen zusammenschließen, verdeutlicht die folgende Aussage eines Studenten der Sozialen Arbeit: „‚Ja, ich bin da [WhatsApp; Anm. HD] noch dabei. (…) Dann les' ich halt die 89 unsinnigen Informationen. Ich verpass' dann aber eben auch nicht die eine wichtige Nachricht, wann ich mich zum Praktikum anmelden muss.'"

Der Studierende, der hier zu seinem Umgang mit Messenger-Programmen im akademischen Kontext befragt wurde, reflektiert in diesem Zitat seine Nutzungsgewohnheiten und er wägt den Vorteil des ‚Nicht-Verpassens' „eine[r] wichtigen Nachricht" gegen den von ihm benannten Nachteil, mit zahlreichen „unsinnigen Informationen" konfrontiert zu sein, ab. Diese Kompetenz, das eigene mediale Verhalten reflektieren sowie Pro- und Contra-Argumente der Nutzung bestimmter Onlinedienste gegeneinander abwägen zu können, ist nicht selbstverständlich und muss erst erwerben werden. Mit der Fragestellung, wie Kinder, Jugendliche und Erwachsene dabei unterstützt werden können, Kompetenzen im Umgang mit analogen und digitalen Medien aufzubauen bzw. ihre bereits erworbenen Fähigkeiten zu erweitern, befasst sich die Medienpädagogik.

Medienpädagogik und mediatisierte Lebenswelten: Chancen, Herausausforderungen, Ambivalenzen

Nach Hartung-Griemberg/Schorb (2017, S. 277) bezeichnet der Begriff ‚Medienpädagogik' „eine Reflexionsform des Pädagogischen, deren Gegenstandbereich sich aus den lebenslangen Prozessen der Bildung und Erziehung unter den widerspruchsvollen Bedingungen mediatisierter Lebenswirklichkeiten konstituiert und die mit dem Anspruch auf Mündigkeit und Sozialität verbunden ist."

Die beiden Autor*innen heben in ihrer Definition hervor, dass Medienpädagogik sich mit den „widerspruchsvollen Bedingungen mediatisierter Lebenswelten" (ebd.) befasst, alle Altersgruppen in ihre didaktischen Überlegungen einbezieht und sowohl in Erziehungs- als auch in Bildungsprozessen (► **Bildung – Bildungsarbeit**) bedeutsam ist. Der Begriff „Mediatisierung" geht wiederum auf Krotz (2001) zurück, der mit diesem Begriff Metaprozesse des gesellschaftlichen Wandels (► **Gesellschaft**), einhergehend mit einer steigenden Verbreitung digitaler Medien, bezeichnet. Dieser Wandel der Lebenswelten beinhaltet Chancen, Herausforderungen sowie viele Ambivalenzen:

- Auf der einen Seite erleichtern uns digitale Medien in vielerlei Hinsicht das Leben. Sie erlauben es uns – einschränkend sei allerdings hinzugefügt, vorrangig in den Ländern des sogenannten geopolitischen ‚Nordens' –, auf gigantische Wissensbestände der Menschheit rund um die Uhr und weltweit zugreifen zu können; digitale Medien können unsere Kommunikation und Beziehungsgestaltung erleichtern (aber eben auch wesentlich komplizierter machen); im Sinne der Barrierefreiheit können Medien ein Mehr an Partizipation unterstützen; sie tragen zu unserer Unterhaltung und zu unserer Entspannung bei; im schulischen Kontext sowie im Bereich der Erwachsenbildung wird die Bedeutung der digitalen Medien für die Förderung und Unterstützung von Lernprozessen betont und nicht zuletzt können digitale Medien alle diejenigen Menschen relativ einfach miteinander vernetzen, die politische Proteste für oder gegen etwas organisieren möchten.
- Auf der anderen Seite stellt uns die Mediatisierung unserer Lebenswelten vor zahlreiche Herausforderungen: Beispielsweise stehen ‚Fake News' (gefälschte Nachrichten) und ‚Hate Speeches' (Hassreden) unter Verdacht, politische Wahlen zu beeinflussen und persönliche Einstellungen zu prägen;

mittels algorithmischer Prozesse der Datenverarbeitung können unsere Vorlieben und Abneigungen vermessen werden und die sich daraus ergebenden Daten könnten zukünftig verstärkt dazu verwendet werden, bestimmte Risikogruppen bzw. -prognosen zu berechnen, wie beispielsweise die Wahrscheinlichkeit, dass eine bestimmte Person in ihrem späteren Leben erneut straffällig wird. Des Weiteren werden Cybermobbing/Cyberbullying (d.h. das absichtliche Bloßstellen und Beleidigen via digitaler Medien), der Zugriff Heranwachsender auf für sie nicht geeignete Inhalte (z.B. Gewaltdarstellungen, radikale politische Propaganda) sowie die mit einem exzessiven persönlichen Medienkonsum potenziell einhergehenden Risiken, wie z.B. Schlaflosigkeit oder Konzentrationsschwierigkeiten, als Schattenseiten der Mediatisierung benannt.

Aus diesem Problemaufriss, der exemplarisch auf einige der wesentlichen Chancen und Herausforderungen unseres digitalen Zeitalters verwiesen hat, ergeben sich auf der persönlichen, der institutionellen sowie auf der gesamtgesellschaftlichen Ebene vielfältige Ambivalenzen, welche beispielsweise das Pro und Contra einer Speicherung personenbezogener Daten in einer sozialen Einrichtung betreffen können.

Medienpädagogik – Medienkompetenz – Medienbildung

Wie Kinder, Jugendliche und Erwachsene dabei unterstützt werden können, mit den skizzierten Herausforderungen und Ambivalenzen bestmöglich umzugehen, damit befasst sich u.a. die Medienpädagogik. Die erklärte Zielsetzung vieler medienpädagogischer Angebote und Projekte ist es, Menschen zu befähigen, die Potenziale analoger und digitaler Medien für sich persönlich nutzen zu können. Ferner soll ein Bewusstsein dafür geschaffen werden, die Risiken nicht aus den Augen zu verlieren. Hartung-Griemberg/Schorb (2017, S. 277) sprechen in ihrer Definition (s.o.) von „Mündigkeit und Sozialität", die mittels medienpädagogischer Angebote gestärkt werden sollen.

Wichtige Schlüsselbegriffe sind in diesem Zusammenhang zum einen ‚Medienkompetenz', gleichsam als Zielsetzung (medien)pädagogischen Handelns, sowie zum anderen ‚Medienbildung'. ‚Medienbildung' hebt stärker als der Kompetenzbegriff den Aspekt hervorhebt, dass (Medien-)Bildung eben keinen Anfangs- oder Endpunkt hat, sondern vielmehr als lebenslanger Prozess zu begreifen ist (vgl. ebd., S. 278f.). Seit den 1990er Jahren gewinnt der Terminus ‚Medienbildung' in Deutschland zunehmen an Bedeutung (vgl. Moser 2015, S. 16). Betrachten wir die beiden Begriffe im Folgenden genauer.

Medienkompetenz

Die Bezeichnung „Medienkompetenz" wurde von *Dieter Baacke* in den 1970er Jahren, unter Rückbezug auf sein handlungsorientiertes und interaktionistisch angelegtes Konzept der „handlungsorientierten Medienpädagogik", eingeführt. Er untergliedert den Begriff Medienkompetenz in vier zentrale Kompetenzbereiche:

- *Medienkritik:* Fähigkeit, sich reflexiv, analytisch und ethisch mit Medien und Medieninhalten auseinanderzusetzen;
- *Medienkunde:* Wissen über das Mediensystem sowie die instrumentell-qualifikatorische Fähigkeit, die entsprechenden Geräte zu bedienen;
- *Mediennutzung:* rezeptiv-wahrnehmender und souverän-aktiver Umgang mit Medien;
- *Mediengestaltung:* innovative, kreative Ideen mit Medien selbst umsetzen können (vgl. Baacke 1996, S. 8).

Bis heute bleiben die von *Baacke* formulierten Kompetenzbereiche wegweisend, wenngleich in der Folgezeit weitere Kompetenzmodelle entworfen wurde (vgl. Moser 2015, S. 17).

Medienbildung

Der Begriff ‚Medienbildung' geht nach grundlegend davon aus, dass analoge und digitale Medien Anlässe für Bildungsprozesse liefern können und es medienpädagogisches Handeln somit „prinzipiell [mit; Anm. HD] offenen Prozesse[n] der Selbst-Welt-Transformation" zu tun hat. Für die praktische Medienarbeit der Sozialen Arbeit hieße das, dass es letztendlich nicht vorhersehbar ist, ob die intendierte Zielsetzung eines medienpädagogischen Projektes überhaupt erreicht werden kann (vgl. Hartung-Griemberg/Schorb 2017, S. 279).

Bei den beiden Begriffen haben wir es folglich mit verschiedenen Perspektiven auf Medien, und auf die pädagogischen Zugangsweisen zu ihnen, zu tun (vgl. Moser 2015, S. 19).

Medienpädagogik und Soziale Arbeit

„Vorbei sind in jedem Fall die Zeiten, wo Medienpädagogik als Randerscheinung der Sozialen Arbeit betrachtet werden konnte" (von Wensierski 2017, S. 981), denn von dem Metaprozess der Mediatisierung sind weder die Soziale Arbeit noch die Sozialarbeitenden noch ihre Zielgruppen ausgenommen.

Sozialarbeitende sind in ihrer täglichen Arbeit folglich mit Problematiken konfrontiert, die sich durch den rasanten kommunikativen und medialen Wandlungsprozess unserer Gesellschaft ergeben. In diesem Zusammenhang vermag es Soziale Arbeit, eine Hilfestellung bei der Bearbeitung dieser Probleme zu geben und ihren Blick auf potenziell benachteiligte Personengruppen zu richten. Zu denken ist hierbei insbesondere an Menschen, die aufgrund ihres Alters, ihrer sozialen Herkunft oder ihrer Bildungsvorsetzungen an den Potenzialen, welche die technischen Neuerungen mit sich bringen können, nicht oder nur eingeschränkt partizipieren können, wodurch sich letztendlich soziale Ungleichheiten verschärfen können.

Weiterhin kann Soziale Arbeit in verschiedenen Handlungsfeldern und bei unterschiedlichen Zielgruppen Medienkompetenzen stärken bzw. Anlässe zu medialen Bildungserfahrungen ermöglichen. Nicht zuletzt sollte Soziale Arbeit ihre Expertise in die Debatten um (medien)ethische Fragestellungen, die beispielsweise eine mögliche Grenzziehung des technisch Machbaren betreffen, einbringen.

Leseempfehlungen

- von Gross, F., Meister, D.M., und Sander, U (Hg.): Medienpädagogik – ein Überblick, Weinheim und Basel 2015
- Zemp, M., und Bodemann, G.: Neue Medien und kindliche Entwicklung: Ein Überblick für Therapeuten, Pädagogen und Pädiater, Wiesbaden 2015

Heike Dierckx

Kinder- und Jugendhilfe

[illegible]l: Carolin, 16 Jahre alt, wohnt mit ihrer Mutter Eva bei deren neuem Lebenspartner Karl. Carolin ist entsetzt, als sie informiert wird, dass ihre Mutter Eva noch ein Kind erwartet. Gleichzeitig verschweigt sie ihrer Mutter und Karl, dass sie selbst von ihrem 19-jährigen Freund Frank schwanger ist. Carolin geht noch zur Schule, ihr Freund Frank will demnächst für ein Jahr in Großbritannien studieren. In einem Gespräch zwischen Carolin, ihrer Mutter Eva, deren Lebenspartner Karl, Frank und dem leiblichen Vater von Carolin, Hans, wird die Situation mit folgendem Ergebnis erörtert:

1. Carolin will auf jeden Fall selbst für das Baby sorgen. 2. Eva und Karl wollen auf keinen Fall zusätzlich zu ihrem eigenen Baby Carolin und deren Baby nach dessen Geburt bei sich wohnen lassen. 3. Carolins Vater Hans kann seine Tochter und deren Baby nicht bei sich aufnehmen, da er als Pilot ständig unterwegs ist. Außerdem will Carolin nicht zu ihrem Vater. 4. Carolin möchte gerne mit ihrem Freund Frank eine eigene Wohnung beziehen. Frank möchte im Rahmen seiner Möglichkeiten Carolin unterstützen, aber auch ein Jahr in Großbritannien studieren. 5. Carolins Eltern wollen unbedingt, dass sie ihre schulische Ausbildung erfolgreich abschließt. Beide halten aber ihre Tochter für noch nicht reif genug, alleine mit einem Baby in einer eigenen Wohnung zu leben, das Kind zu versorgen und die Schule erfolgreich abzuschließen.

Die Familie wendet sich an das Jugendamt und bittet um Hilfe.

Kinder- und Jugendhilfe – ein sozialstaatlicher Dienstleistungssektor

Nach Art. 20 des Grundgesetzes (GG) ist die Bundesrepublik Deutschland ein „demokratischer und sozialer Bundesstaat“. Mit diesem, Sozialstaatsprinzip genannten, Grundsatz (▸ **Sozialstaat**) ist das ▸ **Recht** aller Bürger*innen auf soziale Sicherung zu verstehen. Ein Teil des Systems sozialer Sicherung ist die Kinder- und Jugendhilfe. Rechtlich sind die Aufgaben und Leistungen der Kinder- und Jugendhilfe im Achten Sozialgesetzbuch, Kinder- und Jugendhilfe, (SGB VIII) geregelt. In § 1 SGB VIII, der Leitnorm, ist beschrieben, welchen Aufgaben und Zielen die Kinder- und Jugendhilfe verpflichtet ist. Zur Sicherung des Rechtes aller jungen Menschen in der Bundesrepublik Deutschland auf „Förderung seiner Entwicklung und auf Erziehung zu einer eigenverantwortlichen und gemeinschaftsfähigen Persönlichkeit“ (§ 1 Abs. 1 SGB VIII) hat die Kinder- und Jugendhilfe junge Menschen in ihrer individuellen und sozialen Entwicklung zu fördern und dazu beizutragen, Benachteiligungen zu vermeiden oder abzubauen (▸ **Fördern und Vermeiden**), Eltern und andere Erziehungsberechtigte bei der Erziehung zu beraten und zu unterstützen, Kinder und Jugendliche vor Gefahren für ihr Wohl zu schützen und dazu beizutragen, positive Lebensbedingungen für junge Menschen und ihre Familien sowie eine kinder- und familienfreundliche Umwelt zu erhalten oder zu schaffen (§ 1 Abs. 3 SGB VIII).

Da die „Pflege und Erziehung der Kinder das (…) natürliche Recht der Eltern und die zuvörderst ihnen obliegende Pflicht“ sind, über die „die staatliche Gemeinschaft“ wacht (Art. 6 Abs. 2 GG), kommt der Kinder- und Jugendhilfe auch das sog. Wächteramt des Staates zu. Als sozialer Dienstleistungsbereich bezieht sich die Kinder- und Jugendhilfe also sowohl auf die Pflege, Erziehung und ▸ **Bildung** von Kindern und Jugendlichen als auch auf das staatliche Wächteramt, mit dem das Recht der Kinder und Jugendlichen auf Erziehung und Entwicklung ihrer Persönlichkeit und ihr Schutz vor Gefahren für ihr Wohl gewährleistet werden soll.

Damit sind äußerst anspruchsvolle Aufgaben und Aufträge für die Kinder- und Jugendhilfe formuliert, zu deren Erfüllung sie auf die Zusammenarbeit mit vielen anderen gesellschaftlichen und staatlichen Institutionen angewiesen ist (z.B. Schulen, Gesundheitsdiensten, Stadtentwicklung, gesellschaftlichen Ehrenamtsinitiativen etc.).

Als sozialstaatlicher Dienstleistungsbereich stellt die Kinder- und Jugendhilfe ein differenziertes Angebot der Versorgung, Beratung, Betreuung und Bildung im Sinne von Prävention und Intervention zur Verfügung. Sie ist kommunal verfasst, die Kommunen (Landkreise und Städte) tragen als öffentliche Träger der Kinder- und Jugendhilfe die Gesamtverantwortung für die Gewährleistung der Leistungen der Kinder- und Jugendhilfe (▸ **Organisation Sozialer Arbeit**). Der Bundesgesetzgeber gibt dafür mit dem Kinder- und Jugendhilfegesetz (SGB VIII) den Rahmen vor. Für die Organisation und Umsetzung der sozialstaatlichen Leistungen der Kinder- und Jugendhilfe richten die Kommunen ein Jugendamt ein, das aus der Verwaltung und dem Jugendhilfeausschuss besteht (Zweigliedrigkeit). Die Verwaltung des Jugendamtes nimmt die laufenden Aufgaben im Bereich der öffentlichen Jugendhilfe wahr (§ 70 Abs. 2 SGB VIII). Der Jugendhilfeausschuss befasst sich mit der aktuellen Problemlage junger Menschen und ihrer Familien und den daraus zu entwickelnden Vorschlägen und Anregungen für die Weiterentwicklung der Kinder- und Jugendhilfe und der Förderung der freien Jugendhilfe. Des Weiteren befasst er sich mit der Planung notwendiger Maßnahmen, um den Unterstützungs- und Hilfebedarf, entsprechend den Interessen, Wünschen und Bedürfnissen der Kinder und Jugendlichen und ihrer Familien, gerecht zu werden. (§§ 71, 80 SGB VIII).

Aufgaben- und Leistungsbereiche der Kinder- und Jugendhilfe

Mit den folgend aufgeführten Aufgaben- und Leistungsbereichen verfolgt die Kinder- und Jugendhilfe die in § 1 Abs. 3 SGB VIII aufgeführten Ziele:

1. Durch Interessenvertretung, Öffentlichkeitsarbeit und Planung nimmt die Kinder- und Jugendhilfe Einfluss auf gesellschaftliche Rahmenbedingungen für das Aufwachsen von Kindern und Jugendlichen (► **Gesellschaft**).
2. Mit den Leistungen der allgemeinen Förderung durch Eltern-, Familien- und Erziehungsberatung, Kinder- und Jugendarbeit, Jugendsozialarbeit, erzieherischer Kinder- und Jugendschutz (► **Medien – Medienpädagogik**) und der Erziehung, Bildung und Betreuung in Kindertageseinrichtungen (Kinderkrippen, Kindergärten und Schülerhorten) und der Tagespflege verfügt die Kinder- und Jugendhilfe über eine breite und differenzierte Angebotsstruktur.
3. Ein weiterer Leistungsbereich sind die individuellen Hilfen zur Erziehung, die individuelle Förderung und Unterstützung von Familien, Kinder und Jugendliche, wenn eine dem Wohl des Kindes oder des/der Jugendlichen nicht gewährleistet und individuelle Hilfe und Unterstützung für deren Entwicklung erforderlich ist. Dazu gehören auch individuelle Hilfen für junge Volljährige in der Regel im Alter zwischen 18 Jahren und 21 Jahren. Zu den individuellen Hilfen zählt auch die Eingliederungshilfe für seelisch behinderte Kinder und Jugendliche zur Gewährleistung von deren gleichberechtigter Teilhabe am Leben (z. B. die gleichberechtigte Nutzung von Kindertagestageseinrichtungen gemeinsam mit Kindern ohne Behinderung und die gleichberechtigte Bildungsteilhabe durch gemeinsamen Schulbesuch von Kindern mit und ohne Behinderung).
4. Zu den anderen Aufgaben der Kinder- und Jugendhilfe gehören die Tätigkeiten zur Wahrnehmung des staatlichen Wächteramtes, die vorläufige Inobhutnahme von Kindern und Jugendlichen zu deren Schutz vor akuten Gefahren (Kinderschutz), der Schutz von Kindern in Pflegefamilien (Pflegekinderwesen) und Einrichtungen (Heimaufsicht). Weitere andere Aufgaben sind die Mitwirkung in gerichtlichen Verfahren vor dem Familiengericht (z. B. bei Sorgerechts- oder Umgangsrechtsverfahren), in Verfahren nach dem Jugendgerichtsgesetz (Jugendgerichtshilfe) und die Beratung und Belehrung in Verfahren zur Annahme eines Kindes (Adoption), die Beratung und Übernahme von Pflegschaften und Vormundschaften für Kinder und Jugendliche und die Beurkundung von Anerkennungen der Vaterschaft.

Aus rechtlicher Perspektive umfassen die Leistungen individuelle Rechtsansprüche, z. B. die Förderung von Kindern in Tageseinrichtungen und in Kindertagespflege oder die Hilfen zur Erziehung, die Gewährleistung öffentlicher Leistungsansprüche, wie Jugendarbeit oder die Familienbildung, und sie umfassen die hoheitlichen Aufgaben, z. B. die Inobhutnahme von Kindern und Jugendlichen.

Aus fachlicher Perspektive dienen die Aufgaben und Leistungen der Regelversorgung, wie der ausreichenden Ausstattung einer Kommune mit Einrichtungen der Jugendarbeit, Familienbildungsstätten, Kindertageseinrichtungen und Familien- und Erziehungsberatungsstellen. Die Einrichtungen zur Regelversorgung haben überwiegend präventive Funktionen. Sie sind Teil der regionalen Grundausstattung sozialer Infrastruktur. Andererseits hat die Kinder- und Jugendhilfe zum Schutz des Kindeswohls und zur Abwehr von Gefährdungen auch intervenierende Funktionen.

Die Kinder- und Jugendhilfe basiert auf einem Regelwerk, das das Aufwachsen von Kindern und Jugendlichen in öffentlicher Verantwortung besser gewährleistet, als es Familien oder lokale Gemeinschaften alleine könnten. Sie ist Teil der staatlichen Daseinsvorsorge, die für eine auf mehr soziale Gerechtigkeit und mehr Teilhabe ausgerichtete Gesellschaft unabdingbar ist. Damit agiert die Kinder- und Jugendhilfe im Spannungsfeld zwischen der individuellen Anpassung ihrer Adressat*innen an vorgegebene gesellschaftliche Rahmenbedingungen und dem Ziel, mit kritischer Analyse und Betrachtung eine Veränderung der Lebensbedingungen zu bewirken. Anders ausgedrückt: Kinder- und Jugendhilfe agiert im Spannungsfeld von Änderung des Verhaltens ihrer Adressat*innen und der Veränderung der Verhältnisse, in denen die Adressat*innen der Kinder- und Jugendhilfe leben.

Rechtliche und formale Strukturen der Kinder- und Jugendhilfe

Die Kinder- und Jugendhilfe ist durch eine „Vielfalt von Trägern unterschiedlicher Wertorientierungen und [einer] Vielfalt von Inhalten, Methoden und Arbeitsformen“ gekennzeichnet (§ 3 Abs. 1 SGB VIII). Ihre Leistungen werden von öffentlichen und freien Trägern erbracht, die zusammen ein vielgestaltiges Leistungsnetz bilden. Öffentliche und freie Träger sollen partnerschaftlich zusammenarbeiten. Dabei hat die öffentliche Kinder- und Jugendhilfe „die Selbständigkeit der freien Jugendhilfe in Zielsetzung und Durchführung ihrer Aufgaben sowie in der Gestaltung ihrer Organisationsstruktur zu achten“ (§ 4 Abs. 1 SGB VIII). Die in § 4 Abs. 2 definierte Bestimmung, dass der öffentliche Träger auf eigene Einrichtungen und soziale Dienste verzichten soll, wenn diese von Trägern der freien Kinder- und Jugendhilfe geschaffen und betrieben werden können, geht auf das Subsidiaritätsprinzip zurück. Das Subsidiaritätsprinzip, Ausfluss des liberalen Gesellschaftsverständnisses mit der Forderung, dass sich der Staat aus der Privatsphäre seiner Bürger*innen heraushalten soll, geht für die Soziale Arbeit und für die Kinder- und Jugendhilfe auf die katholische Soziallehre zurück. Vereinfacht ausgedrückt ist damit gemeint, dass das, was der Einzelne leisten kann, nicht von der Gesellschaft übernommen werden soll, und das, was die kleinere Einheit leisten kann, nicht einer übergeordneten Gemeinschaft übertragen werden soll. Für das Verhältnis öffentlicher und freier Träger der Jugendhilfe bedeutet das: Was von einem freien Träger (kleinere Einheit) geleistet werden kann, soll nicht durch den öffentlichen Träger (übergeordnete Gemeinschaft) getätigt werden. Die Verpflichtung öffentlicher und freier Träger zur partnerschaftlichen Zusammenarbeit führt zu einem Zusammenwirken und Ineinandergreifen ihrer Angebote und Leistungen. Dieses Zusammenwirken und Ineinandergreifen der Tätigkeiten wird als Korporatismus bezeichnet, die Beteiligung freier Träger der Kinder- und Jugendhilfe an der gesellschaftlichen Aufgabe der Unterstützung und Hilfe für junge Menschen und ihre Familien. Gleichberechtigte freie Träger der Kinder- und Jugendhilfe sind die Wohlfahrtsverbände (Arbeiterwohlfahrt, Deutscher Caritasverband, Diakonisches Werk Deutschland, Paritätischer Wohlfahrtsverband, Deutsches Rotes Kreuz, Zentralwohlfahrtsstelle der Juden in Deutschland), privat-gemeinnützige und privat-gewerbliche Träger.

Das Kinder- und Jugendhilferecht ist auf die Familie und damit mehrgenerational ausgerichtet. Als Interessenvertretung von Kindern, Jugendlichen und Familien nimmt sie eine advokatorische Funktion wahr. Sie bezieht sich auf die Lebenslagen von Kindern und Jugendlichen. Im Vordergrund stehen präventive familienorientierte Leistungen. Mit dem Ausbau der institutionellen Erziehung und Bildung von Kindern und Jugendlichen ist die Kinder- und Jugendhilfe neben Familie und Schule zu einer weiteren zentralen Sozialisationsinstanz für alle Kinder und Jugendlichen geworden, nicht nur für Hilfebedürftige, Benachteiligte oder Gefährdete.

Im Verhältnis zwischen Staat, Eltern und Kindern hat der Staat gegenüber Eltern und Kindern ausschließlich Pflichten, Eltern haben gegenüber Staat und Kindern Rechte und Pflichten, Kinder haben gegenüber Eltern und Staat ausschließlich Rechte. Im rechtlichen und fachlichen Verständnis der Kinder- und Jugendhilfe sind Kinder und Jugendliche weder „Eigentum" der Eltern noch des Staates. Kinder und Jugendliche ‚gehören' ausschließlich sich selbst.

Lebensweltorientierung als zentrale Leitorientierung und fachlicher Standard

Die Fachlichkeit der modernen Kinder- und Jugendhilfe ist seit Mitte der 1980er Jahre geprägt durch Begriffe wie „Leistung statt Eingriff", „Prävention statt Reaktion", „Flexibilisierung statt Bürokratisierung", „Demokratisierung statt Bevormundung". Der Kern sozialpädagogischer Fachlichkeit der modernen Kinder- und Jugendhilfe sind Lebensweltorientierung (► **Lebenswelt und Alltag**) und Hilfen zur ► **Lebensbewältigung**. Ansatz sozialpädagogischen Handelns in der Kinder- und Jugendhilfe sind nicht in erster Linie Probleme, die Kinder und Jugendliche ihren Familien, in der Schule oder ihrem Umfeld machen, sondern die Probleme, die Kinder und Jugendliche haben. Die Kinder- und Jugendhilfe steht dabei vor der Aufgabe, soziale Teilhabe und die Partizipation von Kindern und Jugendlichen zu ermöglichen und zu verbessern. Sie richtet den Blick deshalb zuallererst auf die Lebenslagen von Kindern und Jugendlichen und auf stabilisierende und unterstützende Veränderungsmöglichkeiten in deren Lebenswelt. Die Bedingungen der sozialen Umwelt haben entscheidenden Einfluss auf die Entwicklungs- und Bildungsprozesse. Die Zukunftsvorstellungen, die Kinder und Jugendliche entwickeln, ihre Wert- und Moralvorstellungen und ihre Entfaltungs- und Erfahrungsmöglichkeiten hängen von den Handlungsspielräumen und deren Qualität ab, die sie in ihrer Lebenswelt vorfinden. Kinder und Jugendliche benötigen zur Erlangung der Fähigkeiten zur Führung eines selbstbestimmten Lebens nicht nur existenzielle Sicherheit, die für viele Kinder und Jugendliche in Armut nur eingeschränkt vorhanden ist, sie benötigen Handlungsräume zur Entwicklung eines stabilen Selbstwerts, zur Erfahrung sozialer Anerkennung und zur Erfahrung von Selbstwirksamkeit, der Erfahrung, selbst etwas bewirken und eigene Handlungen kontrollieren zu können.

Kinder- und Jugendhilfe hat die Aufgabe, durch sozialpädagogische Unterstützung mit Kindern, Jugendlichen und Familien Lebensräume zu eröffnen, die dazu beitragen, dass sie ihre Rolle als Opfer von sozialen Verhältnissen überwinden und als Subjekte ihre Lebensbedingungen gemeinsam mit anderen selbst gestalten. Lebensweltorientierte Kinder- und Jugendhilfe geht deshalb von den alltäglichen Lebenswelten der Kinder und Jugendlichen aus und folgt nicht den Eigenlogiken der Institutionen und Einrichtungen. Die Strukturmaximen, 1990 dargelegt im Achten Jugendbericht der Bundesregierung, haben seither die Entwicklung der Kinder- und Jugendhilfe wesentlich beeinflusst. Diese Strukturmaximen sind:

- *Prävention:* Schaffung unterstützender Infrastruktur in der Lebenswelt der jungen Menschen und ihrer Familien und die Entwicklung von Kompetenzen zu Lebensbewältigung als proaktive Hilfe.
- *Alltagsorientierung:* Unterstützung und Hilfe erfolgt in der Lebenswelt der Adressat*innen der Kinder- und Jugendhilfe. Die Erreichbarkeit und leichte Zugänglichkeit zu den Leistungen im Alltag der Menschen ist voraussetzungslos und barrierefrei. Die Hilfe erfolgt situationsbezogen und ganzheitlich. Die Leistungsadressat*innen werden nicht auf eine bestimmte Rolle reduziert (ein*e Schüler*in ist nicht nur Schüler*in, sondern gleichzeitig immer auch Mitglied einer Familie, eines Klassenverbandes einer gleichaltrigen Gruppe, eines Verbandes oder Vereins, einer Clique, eines Chatrooms usw.). Der junge Mensch wird als Symptomträger für versteckte Probleme eines Systems (z. B. Familie, Schule) betrachtet. Die Kinder- und Jugendhilfe tritt auf als Partner und nicht als Experte, der schon alle Lösungen kennt.
- *Dezentralisierung und Regionalisierung:* Die Leistungsangebote sind eingelassen in die lokalen Strukturen vor Ort. Das erfordert den Aufbau lokal vernetzter Strukturen und Kooperationen.
- *Integration und Normalisierung:* Die Leistungsangebote werden so gestaltet und ausgestattet, dass Kinder und Jugendliche nicht ausgesondert und unterschiedliche und ungewöhnliche Verhaltens- und Ausdrucksweisen nicht als unnormal diskriminiert werden (▸ **Integration und Inklusion**).

- *Partizipation und Demokratisierung:* Die Leistungsadressat*innen erhalten die Möglichkeit und Unterstützung, die Gestaltung ihres Lebens selbst in die Hand zunehmen. Sie werden als Gestalter und Regisseure ihres eigenen Lebens betrachtet, die mitbestimmen, teilhaben und sich als Akteure eines Veränderungsprozesses erleben. Kinder, Jugendliche und Familien werden nicht überredet oder manipulativ „verführt".

Die Fachkräfte der Kinder- und Jugendhilfe sind geprägt vom Grundgedanken demokratischer Beteiligung der Kinder, Jugendlichen und Familien und lehnen jede „fürsorgliche Belagerung" ihrer Adressat*innen ab.

Leseempfehlungen

- Böllert, K. (Hg.): Kompendium Kinder- und Jugendhilfe, Wiesbaden 2018
- Deutscher Verein für öffentliche und private Fürsorge e.V. (Hg.): Kinder- und Jugendhilfe. Impulse für den weiteren Reformprozess, Freiburg/Brsg. 2018
- Emanuel, M., Müller-Alten, L., und Rabe, A.: Kinder- und Jugendhilfe. Das Lehrbuch über die strukturellen Arbeitsbedingungen, Weinheim und Basel 2017

Georg Horcher

Lebensbewältigung – Soziale Arbeit im mittleren Lebensalter

Anfang der 1930er Jahre war in einem Dorf fast die gesamte Bevölkerung arbeitslos geworden, weil die örtliche Textilfabrik schließen musste. Ein Team von Wissenschaftler*innen nahm diese Situation zum Anlass, um das Dorf mehrere Wochen lang zu beobachten, um festzustellen, wie sich die Lebensgewohnheiten der Menschen veränderten.

„Sie sammelten Daten. Sie notierten, mit welcher Geschwindigkeit die Arbeitslosen die 300 Meter lange Dorfstraße auf und abgingen und wie oft sie stehen blieben. Sie vermerkten, mit wem sie sich wie lange unterhielten. Schrieben auf, wer in die Leihbibliothek ging. Führten Buch über die Ernährung der Familien und ihre Einnahmequellen. Und ließen nicht zuletzt den Gesundheitszustand der Dorfbewohner von Ärzten untersuchen.

Die Ergebnisse zeigten eindrucksvoll die Auswirkungen der Arbeitslosigkeit auf das gesamte Leben der Menschen. Nach der Schließung der Fabrik gehen die Ausleihzahlen in der Bibliothek genauso drastisch zurück wie die Abonnement-Zahlen der billigen Arbeiterzeitung."

„Seit ich arbeitslos bin, lese ich fast überhaupt nicht mehr. Man hat den Kopf nicht danach", wird ein Dorfbewohner in der anschießend veröffentlichten Studie zitiert. Wer arbeitslos war, der verlangsamte sein Tempo beim Laufen und blieb öfter stehen, stellten die Forscher*innen fest. Ihnen fiel beispielsweise auf, dass die Frauen im Dorf im Durchschnitt anderthalbmal so schnell gingen wie die Männer. Sie deuteten das so: „Die Frauen haben weiterhin sinnvolle Aufgaben, sie kümmern sich um Haushalt und Kinder. Für die Männer dagegen wird die freie Zeit immer mehr zur Last. Wenn man sie im Nachhinein fragt, was sie den Tag über gemacht haben, wissen sie kaum noch etwas zu berichten" (Siedenbiedel 2015).

Die Studie („Die Arbeitslosen von Marienthal") erwies sich als ein Meilenstein in der sozialwissenschaftlichen Forschung, nicht nur zu den Folgen der Arbeitslosigkeit. Sie verdeutlichte, welche nachhaltigen Folgen der plötzliche Verlust der Arbeit für die Betroffenen hatte (und hat).

Unter Berücksichtigung der seitdem gesammelten Forschungsbefunde verweist *Walter R. Heinz* zur Bedeutung der Erwerbsarbeit (▸ **Mittleres Lebensalter**) darauf, dass damit unterschiedliche „Chancen für Handlungsspielräume, Einkommen, Aufstieg und berufliche Kontinuität, aber auch mit den Risiken Restriktivität, Belastungen, Dequalifizierung und beruflicher Diskontinuität" verbunden sind. Ihre sachlichen Anforderungen und Zeitstruktur haben Einfluss auf den Lebensstil, kulturelle Interessen und Konsumgewohnheiten sowie Erwerbslosigkeit, „wirkt sich in Verbindung mit materiellen Einschränkungen und Abstiegsprozessen psychisch außerordentlich belastend aus", v.a. dann, wenn sie erzwungenermaßen länger dauert (vgl. Heinz 1995, S. 11f., zit. ebd.). Die Bewältigung des Alltags fällt schwer (oder sie wird erschwert), gewohnte

Muster und Routinen wie z.B. die Strukturierung des Tagesablaufs durch die zeitliche Taktung des Arbeitstages fallen weg. Soziale Kontakte, die sich aus den Verhältnissen der Erwerbsarbeit ergeben, bleiben aus, die Tages- und Freizeitgestaltung sowie der für den sozialen Statuserhalt bedeutsame Konsum unterliegt finanziellen Einschränkungen, die immer mehr die Möglichkeiten der Teilhabe im sozialen Umfeld begrenzen. Mit anderen Worten: Die Lebensbewältigung, die Fähigkeit, auch in kritischen Lebenssituationen handlungsfähig zu sein, wird in Frage gestellt, wenn die bis dahin (durch Erwerbsarbeit) verfügbaren Ressourcen für die Bewältigung nicht mehr zur Verfügung stehen oder nicht mehr ausreichen (vgl. Böhnisch 2010, S. 223, Weymann 2008, S. 171 f., 177 f.).

An diesem Punkt kommt der Sozialen Arbeit die (u.a. sozialpolitisch zugeschriebene) Aufgabe zu, durch geeignete Angebote und Leistungen an den (neuen) Schwierigkeiten der Lebensführung anzusetzen und qualifizierend (kompetenzerweiternd) zu wirken, wenn die Lebensbewältigung nicht gelingen sollte (vgl. Dollinger 2006), sofern nicht besondere Bedingungen, z.B. Sucht oder Verschuldung (▸ **Besondere Lebenslagen**), eine andere Herangehensweise erforderlich machen (die ebenfalls eine Form der Unterstützung in der Lebensbewältigung darstellt). Soziale Arbeit ist insofern im mittleren Lebensalter immer auch „Unterstützung bei psychosozialer Handlungsunfähigkeit und sozialer Desintegration und Ausgrenzung“ (Böhnisch 2008, S. 217), wie sie sich im Fall der Arbeitslosigkeit zeigt, ohne sich darauf zu beschränken. Weitere Anlässe können sich z.B. aus abweichendem Verhalten bzw. Kriminalität Erwachsener oder Krankheit bzw. körperlichen Beeinträchtigungen (▸ **Integration und Inklusion**) ergeben. Gleichwohl sind es *insbesondere* der Verlust der durch Erwerbsarbeit gestifteten subjektiven Sinngebung und Sicherheit sowie die sich hieraus ergebenen Folgen (z.B. die Abhängigkeit von Sozialleistungen), die zu Schwierigkeiten in der Lebensbewältigung führen können. Die zentrale Bedeutung der Erwerbsarbeit macht deutlich, wie wichtig deshalb Prozesse der darauf bezogenen Entwicklung von Kompetenzen sind, mit solchen Brüchen im Lebenslauf und Passagen der subjektiv erlebten Entwertung (durch unproduktiv erlebte Arbeitslosigkeit) umzugehen.

Der kontinuierliche Erwerb von Kompetenzen, sich in der Arbeitswelt behaupten und ggfs. mit Phasen der Arbeitslosigkeit umgehen zu können, kurz: das Leben auch unter erschwerten und dramatischen Bedingungen bewältigen zu können, steht damit auch im Fokus Sozialer Arbeit. Ihr wird eine „Bildungsaufgabe“ zugeschrieben: Im Prozess der lebenslangen ▸ **Bildung** soll sie die Aneignung bzw. das (Er-)Lernen von Wissen und von berufsrelevanten („verwertbaren“) Kompetenzen unterstützen.

Dieses Bildungsverständnis setzt sich deutlich von dem bis dahin gebrauchten Bildungsbegriff ab, der eher auf die Gewinnung von Individualität und Gemeinschaftlichkeit, die Förderung der Eigenständigkeit und Selbstbestimmung eines Menschen durch intensive gedankliche Auseinandersetzung mit der Umwelt abhebt (vgl. Raithel/Dollinger/Hörmann 2007, S. 36). Es soll sich um einen Prozess handeln, der zu einer am Menschen orientierten *Erschließung von Welt* führt und auf die Entwicklung von bewusstem und (selbst)gestaltetem Leben (z.B. im Umgang mit anderen Menschen, im Verhältnis zur eigenen Lebensführung, in der Auseinandersetzung mit den in der sozialen Umwelt herrschenden [gesellschaftlichen, politischen, wirtschaftlichen] Bedingungen) ausgerichtet ist (► **Gesellschaft**). Bildung wird (z.B. in der Erwachsenenbildung) als Setting verstanden, das auf aktive Aneignung von Wissen für den Alltag abstellt, über das ein Mensch nicht schon verfügt, sondern das er durch *Lernen* erwirbt, das kontinuierlich aktualisiert werden muss und dazu befähigt, sich in ein aktives und kritisches Verhältnis zu den ihn umgebenden gesellschaftlichen Lebensbedingungen, den sozialen und politischen Verhältnissen zu begeben (vgl. Schmidt 2010, S. 666f.).

Die Aneignung bzw. das (Er-)Lernen von „verwertbarem" Wissen und von berufsrelevanten Kompetenzen als Ausdruck des neuen Bildungsverständnisses (insbesondere durch Qualifizierungsmaßnahmen) markiert damit eine erhebliche Veränderung des allgemeinen Bildungsbegriffs. Dieser Wandel erklärt sich v.a. aus den politischen Rahmenbedingungen: Im „Memorandum über lebenslanges Lernen" der EU-Kommission von 2001 wird die Einschätzung vertreten, „dass so genannte wissensbasierte Gesellschaften nur unter der Bedingung des Lebenslangen Lernens überleben können"; zentrales Ziel müsse daher „die Förderung der Beschäftigungsfähigkeit" sein, woraus folge, dass das lebenslange Lernen „ein alle Altersstufen, Bildungsinstitutionen und Lernformen umgreifendes bildungspolitisches Konzept" ist. In den sog. „sechs Grundbotschaften" heißt es z.B., dass es um neue Basisqualifikationen, d.h. „Erwerb und Aktualisierung von Qualifikationen als Voraussetzung für eine dauerhafte Teilhabe an der Wissensgesellschaft", gehe, was „einen allgemeinen und ständigen Zugang zum Lernen" erfordere, v.a. in den Bereichen IT-Fertigkeiten, Fremdsprachen, technologische Kultur, Unternehmergeist und soziale Fähigkeiten. Berufsberatung und Berufsorientierung sollten den „Zugang zu hochwertigen Informations- und Beratungsangeboten zu Lernmöglichkeiten für alle Altersklassen" gewährleisten und Lernen im unmittelbaren sozialen Umfeld (z.B. am Wohnort) ermöglichen (zit. n. Faulstich 2003, S. 285f., Nolda 2008, S. 14).

Kompetenzen sind in dem neuen (und nachhaltig von Vorstellungen der Betriebswirtschaftslehre und ökonomischen Interessen bestimmten) Verständnis von „Bildung" *Humankapital,* d.h. die verfügbaren oder erlernbaren kognitiven Fähigkeiten und Fertigkeiten eines Menschen, um sich stellende Aufgaben und sich einstellende Schwierigkeiten schnell und umfassend bewältigen zu können. Auf der Ebene der neu zu erwerbenden Wissensbestände bedeutet z.B. der Prozess der Digitalisierung mehr als nur die Einführung neuer Technologien, Hard- und Software. Die Arbeitsverhältnisse und die Beziehungen der Menschen in der Arbeitswelt werden umgestaltet. Der Ertrag früherer Prozesse der Wissensaneignung wird entwertet oder die Wissensbestände werden neu gewichtet. *Lothar Böhnisch* hat das auf die Formel verdichtet: „Kann ich auf dem aufbauen, was ich bisher gewusst und getan habe, oder ist dies – bin ich – nichts mehr wert?“ (Böhnisch 2008, S. 254). Durch die immer schnellere Entwicklung und Verbreitung neuen Wissens nimmt für den/die Einzelne/n die Notwendigkeit zu, Wissen nicht nur zu „haben“, sonders es einordnen, auf die berufliche Situation bezogen angemessen anreichern und die gegebenen Arbeitsanforderungen (effizient und effektiv) beziehen zu können.

Kompetenz wird zu Humankapital, das ein Mensch selbstorganisiert in unterschiedliche und wechselnde Tätigkeitsbereiche und soziale Beziehungen einbringen *muss*. Der einzelne Mensch wird so zum „Unternehmer seiner eigenen Arbeitskraft“ (Böhnisch 2008, S. 255), der sowohl in der Erwerbsarbeit zu bestehen als auch das alltägliche Leben zu bewältigen hat. Es geht folglich immer und immer mehr darum, das fachliche Wissen beständig zu erweitern und sich neue Kompetenzen anzueignen, die die eigene Beschäftigungsfähigkeit (employability), d. h. die jederzeitige Verfügbarkeit der eigenen Arbeitskraft unter sich immer schneller wandelnden Bedingungen der Arbeitswelt, gewährleisten (vgl. insg. Tippelt 2003). Mehr noch: Leistungen des ▸ **Sozialstaats** (z. B. bei Arbeitslosigkeit) werden – im Rahmen des Konzepts des sog. Aktivierenden Staates (vgl. Dahme/Wohlfahrt 2008) – an die Bereitschaft des/der Einzelnen geknüpft, die eigene Beschäftigungsfähigkeit aufrechtzuerhalten oder (bei Arbeitslosigkeit) umgehend wieder herzustellen, z. B. durch Teilnahme an entsprechenden Qualifizierungsmaßnahmen, anderenfalls drohen Sanktionen, z. B. die Kürzung des Arbeitslosengeldes gem. SGB II (der Grundsicherung für Arbeitslose).

Politisch wird damit erwartet, dass sich die Angebote und Leistungen der Sozialen Arbeit diesen Rahmenbedingungen anpassen. Ihre Unterstützung bei der Lebensbewältigung soll in diesem Kontext im Kern auf drei Anwendungsfälle konzentriert sein: Begleitung der Qualifizierung, schnelle Hilfe im Fall v. a. von Arbeitslosigkeit (z. B. Sozialberatung) und Formen der die Erwerbsarbeit begleitenden Unterstützung im Alltag (z. B. Familienbildung).

Anwendungsfall Qualifizierung

Lernprozesse im Kontext beruflicher Qualifizierung sollen dabei unterstützen, Wissen und Kompetenzen für den Alltag zu erwerben, um die eigene Beschäftigungsfähigkeit zu gewährleisten und Lösungsstrategien für dabei gegebene alltägliche Herausforderungen entwickeln zu können, z. B. dann, wenn der Fall von Arbeitslosigkeit eingetreten ist (vgl. Brödel 2018).

Zu den auf die Frage der eigenen Beschäftigungsfähigkeit bezogenen Qualifizierungsmaßnahmen zählt (die rein fachlichen Aspekte, z. B. neue EDV-Anwendungen einsetzen zu können, ergänzend) v. a. der Ausbau sozial-emotionaler Kompetenzen. Es geht insbesondere um Kommunikationsfähigkeit (z. B. aktives Zuhören, Feedback, Einfühlungsvermögen), die Fähigkeit zur Zusammenarbeit (z. B. Teamfähigkeit, Kontaktfähigkeit, Verhandlungsführung, interkulturelle Kompetenz), die Entwicklung von Kompromissfähigkeit und Formen geeigneter Konfliktbewältigung und selbstgesteuerten Wissenserwerbs, z. B. Erfahrungen reflektieren und auf künftiges Handeln beziehen zu können (vgl. Runge 2013, S. 398, Nolda 2008, S. 101, Bergo u. a. 2006, S. 29). Im Aufbau und der Stärkung dieser „weichen" Kompetenzen (Soft Skills) wird der Beitrag der Sozialen Arbeit zur Sicherung der Beschäftigungsfähigkeit gesehen.

Die Lernorte und -räume der Weiterbildung (vgl. Wittwer/Diettrich/Walber 2015, Stang u. a. 2018) haben sich daher in den zurückliegenden Jahren immer mehr differenziert und zu Qualifizierungsarrangements entwickelt, weg vom Lernen in traditionellen Bildungseinrichtungen und -verfahren der Erwachsenenbildung (z. B. Lehrgespräch, Lernwerkstatt, Gruppenarbeit [vgl. Siebert 2018]), hin zu nichtformalen Lernsituationen, z. B. am häuslichen Schreibtisch oder, gefördert durch social media und „mobile learning"-Plattformen, virtuell in internetgestützten Chatgroups und Clouds (▸ **Medien – Medienpädagogik**). Dadurch entstehen neue, flexible und thematisch schnell aktualisierbare Lernräume, etwa Augmented-reality-Anwendungen, in denen reale Gegenstände und Themen der Qualifizierung mit internet-/computergestützten visuellen Informationen vereint werden (vgl. von Hippel/Freide 2018).

Dem Management von Wissen und den bei der Einführung neuer Technologien gesammelten Erfahrungen kommt eine immer größere Bedeutung zu. Sich an diesen dynamischen Prozess der Wissensexpansion nicht anzupassen bedeutet im Sinne des ökonomisch begründeten Anspruchs der Aktivierung (▸ **Fördern und Vermeiden**), die eigene Beschäftigungsfähigkeit abzusichern (bzw. im Falle von Arbeitslosigkeit zügig wiederherzustellen), einen geradezu vorsätzlichen Verzicht auf eine gelingende Lebensbewältigung (den der Aktivierende Sozialstaat entsprechend sanktioniert). Es ist davon auszugehen, dass die in Deutschland bereits erreichte Weiterbildungsquote darauf verweist, wie jede/r Einzelne für die Sicherung der eigenen Beschäftigungsfähigkeit zu sorgen hat: 2018 nahm jede/r zweite 18- bis 65-Jährige an einer Weiterbildungsmaßnahme teil; die Weiterbildungsquote hat sich seit 2012 auf einem konstant hohen Niveau kaum verändert (vgl. AG B 2018, S. 173 ff.).

Anwendungsfall Sozialberatung

Sehr allgemein lässt sich sagen, dass Beratung als Dienstleistung zu verstehen ist, die zur eigenständigen Klärung und Bewältigung von Themen aus dem psychosozialen bzw. materiellen Bereich verhelfen soll. Sie weist unterschiedliche Schwerpunkte (z. B. Konfliktberatung, Sozialberatung) und Institutionalisierungsformen (als Regelberatung in Einrichtungen oder als funktionale Beratung in offenen Settings bei sich bietenden Gelegenheiten) auf und nutzt dabei Erkenntnisse und Verfahren der ▸ **Referenzwissenschaften** (v. a. Psychologie und Soziologie).

Unter den Bedingungen der z. B. durch Arbeitslosigkeit belasteten Lebensbewältigung ergeben sich Anliegen (z. B. konkreter Hilfebedarf, etwa die Auflagen aufgrund der Gewährung von Arbeitslosengeld zu bewältigen) oder Notlagen (z. B. akuter finanzieller Unterstützungsbedarf bei Unkenntnis über gegebene Rechtsansprüche [▸ **Recht**]). Sie bedürfen der Unterstützung durch Dritte sowohl in Form der Bereitstellung zusätzlichen (neuen) Wissens, Orientierung oder Lösungskompetenzen (z. B. Verweise auf konkrete Hilfen, Einrichtungen oder Ansprechpartner*innen) als auch durch die Bereitstellung anlassspezifischer Beratungs- und Hilfsangebote (z. B. Angebote der beruflichen Qualifizierung).

Sozialberatung heißt damit (bildlich gesprochen) auch hier, Menschen dabei zu helfen, selbständig weitergehen zu können. Sozialberatung unterstützt sie bei der Bewältigung ihres Alltags, die beim Lösen persönlicher und sozialer Schwierigkeiten scheitern oder zu scheitern drohen (z. B. dann, wenn – wie nicht nur in Marienthal beobachtet – im Fall von Arbeitslosigkeit die zeitliche Struktur des Tages zusammengebrochen ist, notwendige Aufgaben vernachlässigt oder Möglichkeiten der beruflichen Weiterbildung ignoriert werden). Es geht um die „Frage, wie Menschen geholfen werden kann, die wegen unterschiedlich begründeter Notlagen aus eigenen Kräften keinen menschenwürdigen und sozialen Schutz erreichen können. Notwendig ist es, materielle, soziale, gesundheitliche und bildungsbezogene Leistungen zu erschließen und zu befähigen, wieder allein im Alltag zurechtzukommen“ (Ansen 2006, S. 105). Sozialberatung richtet sich nach den individuellen Schwierigkeiten und verfolgt das Ziel, sie zu überwinden, Folgen zu lindern und neue Schwierigkeiten zu vermeiden (▸ **Fördern und Vermeiden**), z. B. durch Hilfen des ▸ **Sozialstaats**. Wissensrückstände sollen aufgearbeitet, Alternativen aufgezeigt, Entscheidungshilfen gegeben und neue Einsichten vermittelt werden, um Anlässe des Alltags (besser) bewältigen zu können. Sie soll neben der Rechtsverwirklichung, d. h. der Realisierung von Rechtsansprüchen (z. B. geldlichen Sozialleistungen) auch dazu beitragen, dass die Bezieher*innen sozialstaatlicher Leistungen (z. B. Arbeitslosengeld gem. SGB II) ihre gesetzlichen Pflichten angemessen erfüllen (vgl. ebd., S. 48 f.), wobei sie von der *Rechtsberatung* abzugrenzen ist, die Aufgabe der rechtsberatenden Berufe [Rechtsanwältinnen, Steuerberater*innen] ist.

Anwendungsfall Familienbildung

Soziale Arbeit als Unterstützung bei der Lebensbewältigung im mittleren Lebensalter erfolgt auch in Form der Familienbildung (bzw. Elternbildung [vgl. Kadera/Minsel 2018]), deren Angebote sich seit den 1970er Jahren unter Anwendung von Verfahren sowohl der Sozialen Arbeit als auch der Erwachsenenbildung entwickelt haben. Sie verfolgen „das allgemeine Ziel, Eltern in vielfältigen Erziehungsfragen Orientierung und mehr Sicherheit zu geben und dadurch in der Erfüllung familienbezogener Aufgaben zu stärken“ (Bauer 2016, S. 896).

Familienbildung erfolgt in der Regel in Form von Elterntrainings und -kursen, die z. B. von Familienbildungsstätten und Volkshochschulen angeboten werden (▶ **Soziale Gruppenarbeit**). Solche Trainings der erzieherischen Kompetenzen von Eltern, z. B. durch die Reflexion erzieherischer Erfahrungen in der eigenen Herkunftsfamilie oder durch das Gespräch in der Gruppe mit anderen Eltern (vgl. Tschöpe-Scheffler 2006, Tschöpe-Scheffler/Wirtz 2008), versuchen „als förderlich betrachtete Varianten elterliche(s) Erziehungsverhaltens zu stärken, indem sie Wissensvermittlung mit Übungen und erfahrungsorientierten Reflexionen verbinden“ (Bauer 2016, S. 896).

Hierbei ergeben sich verschiedene Ansatzpunkte der Familienbildung: Ihre Angebote dienen der Vorbereitung auf neue Lebensphasen (z. B. Elternschaft), indem die dann bevorstehenden neuen Aufgaben verdeutlicht und die zu ihrer Bewältigung nötigen Kompetenzen vermittelt werden. So sollen Anregungen vermittelt werden, die Familienfunktionen – z. B. der Haushaltsführung (Hausarbeit, Ernährung, Arbeitsteilung, Geldverwendung) und der Erziehung der Kinder – (besser) wahrnehmen zu können, und dabei unterstützen, Familien, in denen z. B. mehrere Generationen zusammenleben, die besonderen Herausforderungen der jeweiligen Familienform zu bewältigen. Schließlich geht es immer auch darum, Erwachsene und ihre Familien dabei zu beraten, wie sie mit Krisen und Belastungen (z. B. Arbeitslosigkeit, einer schweren Erkrankung oder der Versorgung einer pflegebedürftigen Person, Armut oder Überschuldung) umgehen können (vgl. Textor 2007, S. 371).

Zusammengefasst: Anders als in ▶ **Kindheit und Jugend** (▶ **Kinder- und Jugendhilfe**) und ▶ **Alter** (▶ **Altenhilfe**) stellt sich im mittleren Lebensalter für die Soziale Arbeit die (politisch begründete) Aufgabenstellung, Hilfen und Unterstützung insbesondere dann zu geben, wenn Brüche und Belastungen in der Erwerbsbiografie (v. a. durch Arbeitslosigkeit oder Einschränkung der Beschäftigungsfähigkeit) auftreten und die alltägliche Lebensbewältigung in Frage gestellt wird. An die Soziale Arbeit wird dann der „Auftrag“ (▶ **Mandat**) herangetragen, die Aufrechterhaltung bzw. Wiederherstellung der Beschäftigungsfähigkeit durch geeignete Angebote und Leistungen der Qualifizierung, Beratung und Hilfe abzusichern.

Leseempfehlungen

- Böhnisch, L.: Lebensbewältigung; in: Thole, W. (Hg.), Grundriss Soziale Arbeit. Ein einführendes Handbuch, 4. Aufl. Wiesbaden 2012, S. 219–233
- Böhnisch, L.: Lebensbewältigung. Ein Konzept für die Soziale Arbeit, Weinheim und Basel 2016
- Dobischat, R., und Düsseldorff, K.: Weiterbildung und Arbeitnehmer; in: Tippelt, R., und von Hippel, A. (Hg.), Handbuch Erwachsenenbildung/Weiterbildung, 6. Aufl. Wiesbaden 2018, S. 735–761

Peter-Ulrich Wendt

Besondere Lebenslagen

Karin (38) ist alleinerziehende Mutter einer vierjährigen Tochter; sie sagt über ihre Lebenssituation: „Ich bin gelernte Tischlerin. Das Problem ist, dass es so gut wie keine Teilzeitstellen für Tischler gibt – ich meldete mich also arbeitslos. Erst als meine Tochter mit drei Jahren in den Kindergarten ging, konnte ich an einer Arbeitsmaßnahme des Jobcenters für alleinerziehende Väter und Mütter teilnehmen." Seit einem Jahr arbeitet sie 25 Stunden in der Woche in einer Druckerei. „Das Jobcenter stockt mein Gehalt auf, denn von meinem Lohn allein könnte ich nicht leben. Und eine Vollzeit-Stelle ist wegen meiner Tochter nicht drin. Ich komme gut über die Runden und bin dankbar, dass mir der Staat hilft. Natürlich ist der Hartz-IV-Regelsatz kein Vermögen; ich kann zum Beispiel nichts ansparen und es fällt schwer, mir neue Möbel oder die teureren Bio-Lebensmittel zu leisten, die mir eigentlich wichtig sind. Trotzdem bin ich zufrieden, es ging immer irgendwie."

Was Karin fehlt, sind soziale Kontakte: „Ich habe keine nahe Verwandtschaft in der Umgebung und der Freundeskreis bildet sich gerade erst neu um das Kind herum. Ich fühle mich manchmal ‚alleine alleinerziehend' – geht das anderen auch so? Ich würde mir wünschen, dass der Staat mehr darauf achtet, ob seine Bürger vereinsamen oder verzweifeln. Denn ich habe den Eindruck, dass der Begriff Sozialleistungen mehr als nur das Finanzielle beinhalten sollte" (Strassenfeger 2016).

Karin lebt in einer Lebenslage, die durch ungleiche Verhältnisse bestimmt wird. *Dietrich Engels* (2008, S. 643) definiert als Lebenslage „die Gesamtheit der äußeren Bedingungen", die das Leben von Menschen beeinflusst. Sie „bildet einerseits den Rahmen von Möglichkeiten, innerhalb dessen eine Person sich entwickeln kann", womit deren Handlungsspielraum bestimmt wird. „Andererseits können Personen in gewissem Maße auch auf ihre Lebenslage einwirken und diese gestalten". Karin unterliegt einerseits der Gesamtheit äußerer Bedingungen, andererseits kann sie ihre Lebenslage (z. B. unterstützt durch Soziale Arbeit) auch gestalten.

Soziale Ungleichheit und soziale Ausgrenzung

Mit dem (für die Beschreibung besonderer Lebenslagen zentralen) Begriff der sozialen Ungleichheit wird verbunden, dass in einer gegebenen ▸ **Gesellschaft** eine Reihe von Merkmalen bestimmt werden können, die die unterschiedlichen sozialen Positionen erklären helfen, die Menschen dort einnehmen und deren Möglichkeiten zur Teilhabe (vom Konsum, der Inanspruchnahme von Dienstleistungen bis zur Nutzung von Bildungsgelegenheiten) bestimmen. Als ein zentrales Merkmal wird dabei die unterschiedliche Verfügbarkeit über Einkommen und Vermögen beschrieben, die zu sozialer Ungleichheit und beschränkter

Teilhabe führt. Deutschland ist z. B. durch eine Ungleichverteilung von Einkommen und Vermögen gekennzeichnet. Die privaten Haushalte in Deutschland verfügten 2014 über ein Gesamtvermögen von 7,4 Billionen Euro brutto (das zu rund 69 % in Grund- und Immobilienbesitz gebunden war). Nach Abzug von Schulden ergab sich seinerzeit ein Durchschnittsvermögen eines Erwachsenen von 83 308 Euro, wobei mehr als ein Viertel der Erwachsenen über gar kein Vermögen verfügte, was die in Deutschland gegebene Ungleichverteilung besonders deutlich zeigt (vgl. Rock 2016, S. 31 f.). Sie äußert sich auch in ihrer Verdrängung aus der öffentlichen Wahrnehmung, dass sich die Kluft zwischen Arm und Reich versteigen kann, die zur Polarisierung der Lebenslagen in Deutschland führt. An beidem – der Armut aufgrund von Ungleichheit und der politisch interessierten Verdrängung von Verarmung aus der öffentlichen Wahrnehmung (vgl. Butterwegge 2015a, S. 51) – hat sich bis 2019 grundsätzlich nichts geändert (vgl. DPWV 2019a).

Im sog. Lebenslagenkonzept wird Armut als Unterversorgung in verschiedenen Bereichen (z. B. Arbeit, ▸ **Gesundheit**, ▸ **Bildung**, Infrastruktur und Einkommen) verstanden. Armut bildet sich neben der subjektiven Wahrheit, arm (in diesem Sinne: unterversorgt) zu sein, auch darin ab, von Armut bedroht zu sein oder bedroht werden zu können (▸ **Lebensbewältigung – Soziale Arbeit im mittleren Lebensalter**). Karin erlebt sich unterversorgt, sowohl materiell (was z. B. ihre Wohnverhältnisse betrifft) als auch immateriell (was z. B. ihre sozialen Kontakte angeht).

Dieses Gefühl der Bedrohung wird als *Prekarität* (auch Prekariat, Prekarisierung) beschrieben, d. h. als Ausdruck des alltäglich gegebenen Risikos, zu verarmen, das sich aus einer auch subjektiv erlebten, tiefen Spaltung der Gesellschaft in Arm und Reich, in Vermögende und Verarmte ergibt (vgl. Butterwegge 2015b, S. 38). Damit wird eigentlich die Lage von Arbeitnehmer*innen verstanden, deren unsicheren Beschäftigungsverhältnisse ihr Risiko erhöht, von Armut und Arbeitslosigkeit betroffen zu sein, was sie veranlasst, sich zur Sicherung des prekären Arbeitsverhältnisses z. B. auf Lohnkürzungen oder flexiblere Arbeitszeiten einzulassen. Der Begriff umfasst damit Lebensverhältnisse, die sich aus der Auflösung des sog. „Normalarbeitsverhältnisses“ ergeben, z. B. durch die Ersetzung unbefristet abgeschlossener Beschäftigungsverhältnisse durch befristete Arbeitsverträge, die Aufhebung klarer Arbeitszeitregelungen, die Ausweitung von Teilzeit- und Projektarbeitsstellen, geringfügige Beschäftigung, Leiharbeit und Arbeit auf Abruf (sog. atypische Beschäftigung). Fast 40 % der Arbeitnehmer*innen sind nicht mehr in einem Normalarbeitsverhältnis tätig: Sie arbeiten in Teilzeitjobs, haben einen Minijob als Hauptverdienst oder sind als Leiharbeiter*innen beschäftigt. Betroffen sind Menschen in Erwerbsarmut, deren Erwerbseinkommen nicht ausreicht, um „über die Runden“ kommen, weshalb sie als sog. „Aufstocker“ ergänzende Sozialleistungen in Anspruch nehmen müssen. Betroffen sind auch alleinerziehende Mütter (wie Karin), überschuldete Menschen, die nicht mehr in der Lage sind, ihren Alltag zu organisieren, angesichts steigender Mieten von Wohnungslosigkeit bedrohte oder bereits in die Wohnungslosigkeit abgedrängte Menschen und ältere wie ganz junge Menschen (Alters- bzw. Kinder-/Jugendarmut).

Soziale Armut ist als (z.B. aufgrund fehlenden Einkommens) verweigerte Teilhabe und damit als *soziale Ausgrenzung* (bzw. Exklusion) zu verstehen, die sich in Bereichen wie Wohnung, Bildung und Zugang zu Dienstleistungen ausdrückt. Sie äußert sich auch im Zusammenhang von Ungleichheit, Armut und gesundheitlichen Folgen: Einerseits schätzten Menschen in Armut und/oder mit einem niedrigen sozioökonomischen Status ihre gesundheitsbezogene Lebensqualität und ihren allgemeinen gesundheitlichen Zustand schlechter ein, und sie werden auch häufiger krank als bessergestellte Menschen. Andererseits verringert Armut die Lebenserwartung und erhöht das Krankheitsrisiko; bei armen Menschen kommen zahlreiche Erkrankungen, Gesundheitsbeschwerden und Risikofaktoren (z.B. Suchtgefahr) und auch eine erhöhte vorzeitige Sterblichkeit vermehrt vor (vgl. Wilkinson/Pickett 2010, S. 80ff., 93ff., Janson 2019).

Mit sozialer Ausgrenzung ist immer auch verbunden, dass allen, die (materiell oder im Blick auf ihre Arbeitsleistung) nicht mehr „funktionieren" können, droht, von gesellschaftlicher Teilhabe abgekoppelt zu werden. Diese Gefahr lässt die diffuse Angst vor dem „Der-Lage-nicht-mehr-gewachsen-Sein" wachsen und ein gesellschaftliches Sozialklima entstehen, in dem alltäglich immer wieder neu zu demonstrieren ist, „dabei" zu sein, „mithalten" zu können, keine Probleme zu haben oder zumindest in der Lage zu sein, sie nicht zu zeigen (vgl. Böhnisch/Schröer 2012, S. 156f.). Es sind auch die Bedingungen des sozialen Umfelds, die darüber (mit)entscheiden, wie Menschen leben (können), ihren Alltag bewältigen, mit dessen Schwierigkeiten umgehen und ob sie gesellschaftlich „dazugehören" (bzw. eingeschlossen sind), marginalisiert oder ausgeschlossen leben (vgl. Schumm 2011, S. 813).

Soziale Arbeit in besonderen Lebenslagen

Spezielle Lebenslagen (im SGB XII auch als „besondere soziale Schwierigkeiten" bezeichnet) ergeben sich im Fall von Behinderung (▸ **Integration und Inklusion**) und insbesondere durch Formen der Exklusion: Solche speziellen Lebenslagen können z.B. im Fall der Armut oder Arbeitslosigkeit, in migrationsgeprägten Lebenslagen, bei konflikt- oder gewaltgeprägten Lebensumständen, nach der Entlassung aus einer geschlossenen Einrichtung oder in vergleichbaren Situationen des Alltags gegeben sein. Exklusionsbezogene Soziale Arbeit wendet sich Armut und Formen sozialen Ausschlusses zu, insbesondere durch Sozialberatung, z.B. bei Problemen mit der Arbeit oder Wohnung (etwa bei der Wohnungs- und Arbeitssuche), bei persönlichen und gesundheitlichen Problemen, bei hauswirtschaftlichen Notlagen, beim Umgang mit Behörden, bei der Klärung von Rechtsansprüchen (▸ **Recht**) oder bei finanziellen Angelegenheiten und bei der Schuldenregulierung (wobei Sozialberatung keine Rechtsberatung darstellen darf) sowie bei der Vermittlung an weiterführende Unterstützungsangebote.

Menschen in solchen besonderen Lebenslagen werden auch als „sozial Schwache“ bezeichnet; dabei handelt es sich um einen „Stellvertreterbegriff“, um arme Menschen nicht mehr als arm bezeichnen zu müssen: Sprache – geschickt eingesetzt – markiert dann in Deutschland nur noch Vermögende und sozial Schwache, denen „ein menschlicher Mangel unterstellt (wird). Denn als sozial gelten gemeinhin Bürger, die sich in eine Gemeinschaft einbringen, gute Umgangsformen pflegen und sich für andere einsetzen. Sozial Schwache wären folglich Menschen, die für ihre Mitbürger Plagen sind, Asoziale und Sozialschmarotzer.“ Die Nationale Armutskonferenz hält den Begriff deshalb auch für das „Unwort unter den Unwörtern“ des sozialpolitischen Diskurses: „Wer kein/wenig Geld hat, ist ökonomisch schwach, aber nicht sozial schwach“ (Baumann/Hebel 2016, S. 159 f.).

Zu den Unterstützungsangeboten für Menschen in besonderen Lebenslagen zählen z. B.:

- *Wohnungslosenhilfe:* Viele Anlässe sind als Folge von Armut und sozialem Ausschluss mit Formen von Wohnungslosigkeit verbunden. Als *Wohnungslose* werden Menschen bezeichnet, die aktuell von Wohnungslosigkeit betroffen sind und über keine gemietete oder eigene Wohnung verfügen. Mit dem Begriff der (ggfs. auch „alleinstehenden“) „Wohnungslosen“ werden Menschen bezeichnet, die mittellos und oft ohne Arbeit und ohne Unterkunft gezwungen sind, auf der Straße zu leben. Von Wohnungslosigkeit bedroht sind sie, wenn der Verlust der Wohnung unmittelbar bevorsteht (z. B. aufgrund Kündigung oder drohender Zwangsräumung). Unzumutbare Wohnverhältnisse kennzeichnen die Situation, wenn Menschen zwar über eine Wohnung verfügen, diese aber in Bezug auf die bauliche Qualität, Größe, Ausstattung, eskalierende Konflikte u. ä. unzureichend ist (vgl. BAGW 2014, S. 3 ff., 11, Nakamura u. a. 2013, S. 6, 14 f.).

  Die Bundesarbeitsgemeinschaft Wohnungslosenhilfe (BAGW) schätzte, dass 2018 rund 678 000 Menschen in Deutschland ohne eigene Wohnung waren, darunter 441 000 anerkannte Flüchtlinge. 41 000 Menschen lebten ohne jede Unterkunft auf der Straße, 19 000 waren minderjährig, 166 000 alleinstehend (vgl. BAG W 2019).

  Wohnungslose sind von Ausgrenzung mehrfach betroffen: Sie verlieren den Zugang zu normalen und menschenwürdigen Wohnungen, müssen große Barrieren bei der Gesundheitsversorgung überwinden, stehen vor großen Hürden bei der Integration in den Arbeitsmarkt, haben außerdem erhebliche Zugangsprobleme zur Notversorgung und zu weitergehenden sozialrechtlichen Leistungen und sie sind in besonderer Weise gefährdet, Opfer von (rechter) Gewalt zu werden (vgl. BAG W 2014, S. 5, 12 ff.). Für viele Wohnungslose ist die gewünschte und erlebte existenzielle Sicherheit der subjektiv erlebte zentrale Einflussfaktor auf ihre Lebenslage, womit die tatsächliche Wohn- bzw. Übernachtungssituation, die Wohnzufriedenheit, das Sicherheitsgefühl sowie der Zugang zu medizinischer Versorgung gemeint sind. Sie werden existenziell wahrgenommen, können nicht durch anderes ausgeglichen werden und wirken sich auf das subjektive Erleben Wohnungsloser aus, ob sie das eigene Leben als (un)sicher, (un)berechenbar und (un)geschützt wahrnehmen (vgl. Gerull 2018).

Soziale Arbeit im Feld der Wohnungslosenhilfe erfolgt in Form von Sozialberatung, oft verbunden mit einem Tagestreff (Aufenthaltsorten mit Verpflegung, Waschgelegenheiten, Zugang zu Kommunikationsmitteln und Medien), und ambulanter Arbeit, die Wohnungslose in ihrer Lebenswelt (z. B. Schlafplätzen u. ä.) aufsucht (vgl. insg. Lutz/Sartorius/Simon 2017).

- *Soziale Arbeit bei Verschuldung und Insolvenz:* Überschuldung ist gegeben, wenn Schuldner*innen ihren Zahlungsverpflichtungen über einen längeren Zeitraum nicht mehr nachkommen können. Arbeitslosigkeit, Krankheit, Trennung und Scheidung, die Mittel überschreitender Konsum (z. B. Schulden aus Kauf- und Mietverträgen) oder gescheiterte Selbstständigkeit gelten als Hauptursachen von Überschuldung. Die Zahl der privaten Schuldner ist von 6,19 Mio. (2009) auf 6,72 Mio. (2015) und die Zahl der verschuldeten Haushalte im gleichen Zeitraum von 3,04 Mio. auf 3,35 Mio. gestiegen (vgl. Rock 2016, S. 29 f.). Schuldnerberatung als ganzheitliches Beratungsangebot für ver- und überschuldete Einzelpersonen oder Familien verfolgt das Ziel, „die verschiedenartigen, mit Ver- und Überschuldung verbundenen Probleme und Konflikte zu klären, zu beseitigen oder zu mindern" (Proksch 2013, S. 784).
- *Soziale Arbeit bei Sucht:* Als *Sucht* wird „ein zwanghafter Drang" beschrieben, „durch bestimmte Reize oder Reaktionen Lustgefühle oder Lustzustände herbeizuführen bzw. Unlustgefühle zu vermeiden. Die Sucht stellt einen Versuch dar, Bedürfnisse unmittelbar und unter Umgehung all der Verhaltensweisen zu befriedigen, die natürlicherweise zu ihrer Befriedigung führen". Unterschieden werden süchtiges Rauchen, Alkoholismus, Medikamenten- oder Drogenabhängigkeit (bei der Medikamente oder andere Drogen aus nichtmedizinischen Gründen und zum Zweck des Missbrauchs konsumiert werden), Bulimie oder Anorexia (Ess- und Brechsucht bzw. Magersucht), aber auch Sammelsucht, Spielsucht, Fernsehsucht, Internetsucht, pathologische Monomanien wie Kleptomanie oder Pyromanie und verdeckte Sucht-Formen wie Arbeitssucht oder Gefallsucht (vgl. Heckmann 2013, S. 945 ff., zit. ebd., S. 945). Relevant ist dabei nicht allein das Suchtverhalten des Subjekts, sondern auch die Co-Abhängigkeit des sozialen Umfeldes (v. a. dessen Familie), das in sein Handeln einbezogen wird; nicht nur der Abhän-

gige droht in soziale Isolation zu geraten, sondern das gesamte Familiensystem und insbesondere, so vorhanden, die eigenen Kinder, wodurch deren „entwicklungsnotwendige Auseinandersetzung mit sich selbst und die produktive Ablösung von den Eltern blockiert werden" kann (Böhnisch 2008, S. 251 f.). Soziale Arbeit als Suchthilfe und -beratung muss daher beide Perspektiven in den Blick nehmen.

Weitere Arbeitsfelder ergeben sich z. B. bei der Bewältigung von Konflikten und Gewalt in Partnerschaftsbeziehungen, d. h. vor allem Ehe- und Familienkonfliktlagen, in der Unterstützung, der Hilfe und dem Schutz für Volljährige (die eigenen Entscheidungen in Rechtsgeschäften, z. B. aufgrund einer demenziellen Erkrankung, nicht mehr zu treffen in der Lage sind) durch eine/n dazu für ihn gerichtlich bestellte/n Betreuer/in oder in Form der Bewährungshilfe für Straftäter*innen, die durch richterlichen Beschluss Auflagen („zur Bewährung") zu erfüllen haben und dabei durch Soziale sowohl kontrolliert als auch unterstützt werden (doppeltes ▸ **Mandat**).

Leseempfehlungen

- Ansen, H.: Soziale Beratung in prekären Lebenslagen; in: Grunwald, K., und Thiersch, H. (Hg.), Praxis Lebensweltorientierter Sozialer Arbeit. Handlungszugänge und Methoden in unterschiedlichen Arbeitsfeldern, 2. Aufl. Weinheim und München 2008, S. 55–68
- Butterwegge, C.: Armut – sozialpolitischer Kampfbegriff oder ideologisches Minenfeld; in: Schneider, U. (Hg.), Kampf um die Armut, Frankfurt/M. 2015a, S. 51–83
- Röcke, A., Allewand, E., und Keil, M. (Hg.): Soziale Ungleichheit der Lebensführung, Weinheim und Basel 2019

Peter-Ulrich Wendt

Altenhilfe

Seit einem Jahr lebt Frau Jankowski in einem Altenpflegeheim. Sie hat dort noch nicht viele Bewohner*innen und Angebote kennengelernt, weil sie die Zeit bisher vor allem mit ihrem Ehemann auf dem Zimmer verbracht hat. Herr Jankowski war vor fünf Jahren an einer Demenz erkrankt und Frau Jankowski konnte seine Begleitung zu Hause trotz Unterstützung – durch einen ambulanten Pflegedienst und ihren Sohn – nicht mehr bewältigen, nachdem der Hilfe- und Pflegebedarf zugenommen hat. Frau Jankowski ist 87, geistig noch ‚fit', benötigt inzwischen aber – u. a. aufgrund einer rheumatischen Erkrankung – Unterstützung beim Waschen, An- und Ausziehen und sie hat einen Rollator, mit dem sie kürzere Strecken laufen kann. In der Altenpflegeeinrichtung hatte sie sich jedoch vor allem im Zimmer aufgehalten, weil ihr Mann krankheitsbedingt nicht mehr in der Lage war, länger zu sitzen, und daher die meiste Zeit im Bett verbringen musste. Auch wenn die Mitarbeitenden der Einrichtung Frau Jankowski immer wieder gefragt hatten, ob sie nicht auch mal andere Aktivitäten unternehmen möchte, bevorzugte sie es bisher, bei ihrem Mann zu bleiben und ihn zu betreuen.

Nun ist ihr Mann vor einem Monat nach einer schweren Lungenentzündung verstorben. Frau Jankowski war zunächst in tiefer Trauer und hatte keinerlei Interesse an „irgendetwas". Seit einer Woche merken die Mitarbeitenden der Pflege aber, dass Frau Jankowski zunehmend nach Kontakten sucht, und sprechen Frau Holz – Sozialarbeiterin im Sozialen Dienst der Einrichtung – darauf an.

Handlungsfelder der Altenhilfe

Das Fallbeispiel bezieht sich auf das Leben von Frau Jankowski in einer stationären Altenpflegeeinrichtung und damit auf ein spezifisches Handlungsfeld innerhalb der Altenhilfe. Historisch hat die Altenhilfe ihren Ursprung in der Armenfürsorge, wurde aber erst 1962 im Bereich der Sozialhilfe auch rechtlich als eigenständiger Paragraph verankert (vgl. Aner/Hammerschmidt 2018, S. 66). Die relevante Rechtsvorschrift (▸ **Recht**) mit dem Titel „Altenhilfe" ist § 71 SGB XII (Sozialhilfe), der festhält, dass die Altenhilfe dazu beitragen soll, Schwierigkeiten, die durch das Alter entstehen, zu verhüten, zu überwinden oder zu mildern. Weiterhin soll sie den alten Menschen die Möglichkeit erhalten, selbstbestimmt am Leben in der Gemeinschaft teilzunehmen, und ihre Fähigkeit zur ▸ **Selbsthilfe** stärken. Altenhilfe ist hier ein Teil der kommunalen Daseinsvorsorge,[1] bei der eine Gemeinde auch die Aufgabe hat, bedarfsorien-

---

1 Der Begriff der Daseinsvorsorge bezieht sich grundsätzlich und unabhängig von der Altenhilfe darauf, dass eine Gemeinde notwendige Güter und Leistungen für ein sinnvolles

tiert Leistungen und Infrastrukturen der Altenhilfe zu planen und vorzuhalten. Die konkrete Umsetzung der Altenhilfe vor Ort ist aber unterschiedlich, was nicht nur mit einer zu schwachen rechtlichen Regelung, sondern auch mit ungleichen Finanzsituationen in den Kommunen sowie verschiedenen Gesetzgebungen auf Landesebene zu erklären ist (vgl. ebd.).

Während die Leistungen der kommunalen Altenhilfe allgemein im § 71 SGB XII rechtlich verankert sind, wird das individuelle Risiko der Pflegebedürftigkeit seit 1995 über das *SGB XI (Soziale Pflegeversicherung)* abgesichert, wenngleich nur ein Teil der Kosten – im Fallbeispiel etwa für die stationäre Pflege – abgedeckt wird. Das Leitprinzip lautet hier „ambulant vor stationär" (§ 3 SGB XI), womit gemeint ist, dass zunächst Leistungen der ambulanten und dann erst jene der teilstationären und stationären Altenhilfe zum Einsatz kommen sollen, so wie es auch bei dem Ehepaar Jankowski gegeben war.

Die Angebote der Altenarbeit und -hilfe befinden sich somit – auch rechtlich und finanziell – an Schnittstellen zwischen dem Sozial- und Gesundheitswesen (vgl. Hoppe 2017, S. 72) und sind inzwischen mit einer so großen Vielfalt an Leistungen und Angeboten sowie Organisationen und Institutionen (▸ **Organisation Sozialer Arbeit**) verbunden, dass sie schwer systematisch zu fassen sind (vgl. Schweppe 2011, S. 347). Häufig unterschieden werden aber die offene Altenhilfe bzw. *offene Altenarbeit* einerseits und die *ambulante, teilstationäre sowie stationäre Altenhilfe* andererseits. Während die offene Altenarbeit in erster Linie Angebote für ältere Menschen ohne gravierende und anhaltende gesundheitliche Einschränkungen bereithält, richtet sich die (ambulante, teilstationäre und stationäre) Altenhilfe primär an gesundheitlich beeinträchtigte alte und hochaltrige Menschen, bei denen bereits ein andauernder Hilfe- und Pflegebedarf vorliegt (vgl. ebd., S. 347 ff., Aner/Hammerschmidt 2018, S. 68).

Offene Altenarbeit

Gerade die offene Altenarbeit ist sehr heterogen, weil sie die Arbeit im Bildungs-, Kultur- und Sozialbereich mit einem breiten Adressat*innenkreis älterer und alter Menschen umfasst (ebd.). Die häufigste Angebotsform entspricht *Altenbegegnungsstätten*, die offen – nach Interessen und Bedarfen der alten Menschen – etwa sport- und gesundheitsorientierte Angebote (wie Gedächtnistraining, Sturzprophylaxe, Walking, Tanzen etc. [▸ **Gesundheit**]), kultur- und bildungsbezogene Angebote (wie Reisevorträge, Foto-Workshops, Interkulturelle Kochgruppen, Internetcafés etc. [▸ **Kultur – Kulturarbeit**]) sowie Informations-, Beratungs- und Vernetzungsangebote (wie Sprechstunden der Polizei, Sozial- und Pflegeberatung, Stadtteilfrühstücke etc.) offerieren. Altenbegegnungs-

menschliches Dasein für alle Bürger*innen bereitstellen muss, wozu sie letztlich nach dem Sozialstaatsprinzip (Art. 20 Abs. 1 GG) verpflichtet ist.

stätten werden von hauptamtlichen Mitarbeiter*innen – oft Fachkräfte Sozialer Arbeit – geleitet, die aber zu großen Teilen ehrenamtlich unterstützt werden.

Darüber hinaus können etliche weitere Regel- und Projektangebote zur offenen Altenhilfe gezählt werden. Exemplarisch genannt werden sollen hier spezielle *Beratungsstellen,* die über Hilfs- und Versorgungsangebote im Alter informieren und Stellen des sogenannten *Quartiersmanagements,* die in den Kommunen Beiträge zur alter(n)sgerechten Quartiersentwicklung leisten.

Ambulante, teilstationäre und stationäre Altenhilfe

Die in dem Fallbeispiel auch angesprochene *ambulante Altenhilfe* ist vor allem mit den Leistungen ambulanter Pflegedienste bzw. von Sozialstationen verbunden, die Dienste der häuslichen Alten- und Krankenpflege (z.B. Grundpflege wie Hilfen beim Waschen, An- und Ausziehen sowie Behandlungspflege wie Blutdruckmessen, Verbände anlegen) vorhalten. Neben den pflegerischen Leistungen zählen ergänzende Unterstützungsangebote (z.B. Hausnotrufe, Essen auf Rädern, Hilfen bei der Haushaltsführung sowie sozialen Betreuung) zur ambulanten Altenhilfe, die oft auch über die ambulanten Pflegedienste angeboten oder vermittelt werden (vgl. Schweppe 2011, S. 350).

Die *teilstationäre Altenhilfe* richtet sich mit Angeboten der Tages- oder Nachtpflege an Menschen, die noch zu Hause wohnen, bei denen aber die ambulante Versorgung und Begleitung zu bestimmten Zeiten nicht mehr ausreichend sichergestellt werden kann, z.B. weil Angehörige dann berufstätig sind. Die alten Menschen mit Hilfe- und Pflegebedarf erhalten dann einen Teil des Tages Unterstützung im Rahmen eines Aufenthalts in einer Einrichtung – etwa in Bezug auf Mahlzeiten, pflegerische Versorgung und soziale Begleitung.

Die *stationäre Altenhilfe* bezieht sich auf Wohneinrichtungen für alte Menschen mit Hilfe- und Pflegebedarf, wenn informelle und formelle Hilfeformen in der eigenen Häuslichkeit nicht mehr hinreichend unterstützen können, wozu primär – wie im Fallbeispiel – Altenpflegeheime gehören, die im Prinzip „rund um die Uhr" Pflege, Versorgung und Betreuung der Bewohner*innen gewährleisten, auch wenn sich die Qualität des Angebotes erheblich unterscheiden kann. Nach jüngeren Leitvorstellungen sollte eine stationäre Altenpflegeeinrichtung ein Leben in Privatheit im eigenen Zimmer, in der Gemeinschaft in der Einrichtung und im Wohnquartier – nach Prinzipien der Normalität[2] und Selbstbestimmung – ermöglichen (vgl. Micheel-Auli/Sowinski 2012, S. 21ff.). Allerdings ist die aktuelle Situation einerseits auch von einer Bewohner*innenstruktur mit einem hohen Hilfe- und Pflegebedarf sowie einer kurzen Lebens-

2 Das Normalitätsprinzip steht hier etwa dafür, dass Bewohner*innen in stationären Altenhilfeeinrichtungen einen Alltag leben können, der ihrer persönlichen Normalität und nicht den Ansprüchen der Institution entspricht.

erwartung und -zeit im Heim und andererseits durch nicht ausreichende personelle Ressourcen und Fachkräftemangel gekennzeichnet.

Als weitere Bereiche der Altenhilfe sind verschiedene Formen des *Alterswohnen* zu erwähnen, wie Wohngemeinschaften, Mehrgenerationenhäuser und Service-Wohnen bzw. Betreutes Wohnen, die auch mit Pflegeleistungen verbunden werden können. Ferner zählen im weiten Sinne auch Angebote der *Geriatrie und Gerontopsychiatrie* (z. B. geriatrische Abteilungen in Krankenhäusern, gerontopsychiatrische Tageskliniken, Akut- und Intensivstationen) und *Palliativversorgung* (z. B. ambulante Hospizdienste, stationäre Hospizeinrichtungen) zur Altenhilfe.

Soziale Arbeit in der stationären Altenhilfe

Während Absolvent*innen der Sozialen Arbeit in der ambulanten und teilstationären Altenhilfe geringer vertreten sind, so sind sie in der stationären Altenhilfe im Rahmen des dortigen Sozialen Dienstes häufig angestellt, auch wenn hierfür ebenso andere Berufsgruppen anerkannt sind (z. B. Ergotherapeut*innen, Pädagog*innen). Soziale Arbeit in Altenpflegeheimen ist zuständig für Fragen der psychosozialen Betreuung, Alltagsgestaltung und ▸ **Lebensbewältigung** der Bewohner*innen und hierzu nicht nur Anlaufpunkt für die Bewohner*innen, sondern auch für Angehörige, Ehrenamtler*innen und Mitarbeiter*innen anderer Einrichtungsbereiche. Nach Karl (2009, zit. n. Schweppe 2011, S. 352) lassen sich zentrale Aufgaben auf drei Ebenen fassen:

1. *Bewohner*innenbezogene Ebene,* die sich auf die unmittelbare Arbeit mit Bewohner*innen bezieht und u. a. Einzelfallhilfe (z. B. beim Einzug, Kriseninterventionen, Anträge bei Behörden), Gruppenangebote und Veranstaltungen (z. B. Freizeitangebote, Feste und Ausflüge) sowie die Unterstützung von Mitbestimmung (z. B. Bewohnerbeirat) umfasst,
2. *die Ebene der Milieugestaltung und Organisation,* die u. a. raumbezogene (z. B. Gestaltung der Wohnbereiche) und personalbezogene Maßnahmen (z. B. Qualifizierung von Mitarbeitenden, Gewinnung und Begleitung von Ehrenamtler*innen) beinhaltet sowie
3. *die umfeld- und gemeinwesenorientierte Ebene,* (▸ **Gemeinwesenarbeit**) die sich auf die Öffnung der Einrichtung zum Wohnumfeld und der Kommune bezieht (z. B. über Öffentlichkeitsarbeit, Vernetzung mit anderen Institutionen, Angebote für das Quartier).

An dem Fallbeispiel können nun nicht nur ausgewählte Rahmenbedingungen und Tätigkeiten des Sozialen Dienstes, sondern auch professionelle Grundlagen Sozialer Arbeit in der stationären Altenhilfe verdeutlicht werden: Die Sozialarbeiterin Frau Holz ist Leiterin des Sozialen Dienstes in dem Altenpflegeheim, in dem 98 Bewohner*innen leben. Sie hat noch einen Kollegen, der Ergotherapeut ist, und beide sind – zu großen Teilen auch koordinativ – für die o.g. Aufgaben zuständig. Zudem arbeiten sie mit vier zusätzlichen Betreuungskräften[3] zusammen, die primär auf den vier Wohnbereichen des Hauses kleinere Betreuungsangebote mit einzelnen Bewohner*innen übernehmen (z.B. Gespräche, Vorlesen, Brettspiele, Spaziergänge etc.).

Im Rahmen der multiprofessionellen Zusammenarbeit mit der Pflege wurde Frau Holz also darüber informiert, dass Frau Jankowski nach Kontakten suche. Frau Holz hatte Frau Jankowski bereits mehrmals nach dem Tod ihres Mannes aufgesucht, um sie in dieser kritischen Lebenssituation zu begleiten und auf der bewohner*innenbezogenen Ebene im Rahmen von *Einzelfallarbeit und Beratung* (▸ **Fallarbeit**) zu eruieren, ob sie Unterstützung benötigt und möchte, was sie zunächst ablehnte und von ihr respektiert wurde. Nun sucht sie Frau Jankowski erneut auf, um im Sinne eines aktuellen *Fallverstehens* herauszufinden, wie die momentane Situation von Frau Jankowski ist (▸ **Verstehen**). Hier ist für Frau Holz wichtig, ihre Wünsche aus ihrer Sicht *(Subjektorientierung)* und nicht nur aus Sicht der Kolleg*innen geschildert zu bekommen sowie ihre *Lebenswelten* und ihren *Alltag* (▸ **Lebenswelt und Alltag**) verstehen zu können. Um gemeinsam mit Frau Jankowski Möglichkeiten zur Verbesserung ihrer Situation zu entwickeln (▸ **Beziehung und Arbeitsbündnis**), führt Frau Holz das Gespräch biografieorientiert mit Bezug auf frühere Aktivitäten von Frau Jankowski. Hier ist für sie von Bedeutung, insbesondere persönliche und soziale Ressourcen (z.B. Interessen, Fähigkeiten und soziale Beziehungen) von Frau Jankowski gemeinsam mit ihr zu erkennen *(Ressourcenorientierung)*, um Frau Jankowski langfristig so unterstützen und befähigen zu können (▸ **Subjekt- und Ressourcenorientierung**), dass sie möglichst selbstständig gewünschte Kontakte wahrnehmen kann *(Empowerment)* [▸ **Emanzipation – Teilhabe und Empowerment**]).

Aus den biografischen Informationen, die Frau Holz bereits aus einem Erstgespräch (als Teil der *Sozialen Diagnostik* nach dem Einzug) mit Frau Jankowski vorliegen, weiß sie, dass Frau Jankowski in den 1980er Jahren aus Polen in die Stadt gezogen ist, in dem sich das Heim befindet. Daran anknüpfend stellte sich im Gespräch heraus, dass sie noch Bekannte im Stadtteil hat und früher gern eine Altenbegegnungsstätte besuchte. Auch ist sie regelmäßig Kegeln und sonntags immer zum Gottesdienst in der katholischen Kirchengemeinde gegangen. Außerdem habe sie oft Kreuzworträtsel gelöst, was ihr heute aber wegen ihres Rheumas schwerfalle. Daraufhin erläutert Frau Holz ihr die wöchentlich stattfindenden Gruppenangebote des Sozialen Dienstes (▸ **Soziale Grup-**

3 Seit 2008 gibt es auch in stationären Einrichtungen sogenannte zusätzliche Betreuungskräfte nach § 43b SGB XI, die zusätzliche Betreuungs- und Aktivierungsmaßnahmen für die Bewohner*innen anbieten.

penarbeit), woraufhin Frau Jankowski spontan Interesse an dem Gedächtnistraining sowie Kegelangebot äußert.

Da Frau Holz – auf der umfeld- und gemeinwesenorientierten Ebene – mit der Altenbegegnungsstätte kooperiert, nimmt sie später dorthin Kontakt auf und vereinbart, nach Abstimmung mit Frau Jankowski, dass eine Ehrenamtlerin der Begegnungsstätte sie demnächst zu dem Gesprächskreis begleitet, den sie früher besucht hat. Darüber hinaus regt sie an, Frau Jankowski bei einem Treffen mit früheren Bekannten aus dem Stadtteil zu unterstützen, und fragt ferner den Sohn, ob er seine Mutter bei seinen Sonntagsbesuchen zum Gottesdienst in der Gemeinde begleiten könne. Da sich herausgestellt hat, dass Frau Jankowski einen neuen Wintermantel für Aktivitäten außer Haus benötigt, organisiert Frau Holz außerdem, dass eine zusätzliche Betreuungskraft in der Stadt einen neuen Mantel mit Frau Jankowski kauft. Zudem bespricht Frau Holz – auch auf der Ebene der Milieugestaltung und Organisation – mit den zusätzlichen Betreuungskräften, dass sie in der Einzelbetreuung mit Frau Jankowski die neu geäußerten biografischen Interessen berücksichtigen, informiert die Pflegekräfte über die geplanten Aktivitäten und trägt diese in das Dokumentationssystem ein.

Damit konnten die sozialen Kontakte von Frau Jankowski – nach ihren Wünschen – gefördert werden. Diese Unterstützung ihrer Teilhabe am gesellschaftlichen Leben nach dem Prinzip der Selbstbestimmung betrachtet Frau Holz als Sozialarbeiterin im Übrigen nicht als besondere Leistung des Altenheims, sondern als menschenrechtlich begründeten Anspruch von Frau Jankowski (*Menschenrechte* und ▸ **Menschenrechtsprofession**).

Leseempfehlungen

- Aner, K., und Karl, U. (Hg.): Handbuch Soziale Arbeit und Alter, Wiesbaden 2010
- Bleck, C., und Thiele, G.: Altenarbeit.info – Das Fachportal für die Altenarbeit; URL: https://www.altenarbeit.info/ (9. Aug. 2019)
- Zippel, C., und Kraus, S. (Hg.): Soziale Arbeit für alte Menschen. Ein Handbuch, 2. Aufl. Frankfurt/M. 2011, dort insbesondere S. 347–359

Christian Bleck

Gesundheit

Sven, 23 Jahre, steht gerade vor der Bachelor-Prüfung. Eigentlich ist er ein sehr guter Student, dennoch quält ihn die Sorge, dass er es nicht schafft. Oft wacht er nachts mit Angstattacken auf, die von Herzrasen begleitet sind. Dann kreisen seine Gedanken – nicht nur um die Prüfung; er hat auch Angst davor, von seiner Freundin verlassen zu werden, und davor, schwer zu erkranken. Bisher hat er noch niemandem von diesen Angstattacken erzählt …

Katrin ist 21 Jahre alt und sehr unternehmungslustig. Sie geht gerne tanzen, ist sportlich aktiv und hat eine Vorliebe für die italienische Küche. Von ihrer Diabetes fühlt sie sich kaum eingeschränkt. Sie muss eben darauf achten, richtig zu essen und die richtige Menge Insulin zu spritzen. Das hat sie seit ihrer frühen Jugend gelernt …

Max, 20 Jahre, hat gerade mit seinem Studium angefangen: Medizin. Sein Wunschfach! Nur vor den Anforderungen hat er gewaltig Respekt. Und um damit klarzukommen, beruhigt er sich. Mit Alkohol. Das hilft. Vorübergehend wenigstens. Das Dumme ist nur – es hört nicht auf. Jeden Tag trinkt er ein wenig mehr …

Gesundheit als subjektives Konzept

Sie haben drei junge Erwachsene kennengelernt. Würden Sie sagen, dass sie gesund sind? Wenn Menschen über Gesundheit sprechen, meinen sie oft nicht dasselbe. Ihr subjektives Verständnis variiert in hohem Maße und hängt ab von ▸ **Alter**, Geschlecht (▸ **Gender und Diversität**), ▸ **Bildung** und kulturellem Hintergrund. Der Grund dafür ist, dass Menschen im Laufe ihrer Sozialisation spezifische Erfahrungen machen, die ihre subjektiven Vorstellungen über Gesundheit und Krankheit prägen und ihr gesundheitsbezogenes Handeln leiten. Für eine gesundheitsorientierte Soziale Arbeit ist es wichtig, diese individuellen Vorstellungen zu kennen, weil sie eine Orientierung bieten, wie man die Menschen adäquat erreichen kann. Ältere Menschen definieren Gesundheit beispielsweise mehr als Ganzheit, Integrität, innere Stärke und Alltagsbewältigungskompetenz, während jüngere Menschen mit dem Gesundheitsbegriff Fitness, Energie und Stärke assoziieren. In Bezug auf die Schichtzugehörigkeit wurde festgestellt, dass Menschen in benachteiligten sozialen Zusammenhängen mit Gesundheit eher Funktionsfähigkeit und die Abwesenheit von Krankheit verbinden, während Menschen in bevorzugter sozialer Situation unter Gesundheit auch psychosoziale Aspekte fassen. Auch wurden hinsichtlich des Gesundheitsverständnisses immer wieder Unterschiede zwischen Männern und Frauen beschrieben. Diese Befunde sind jedoch nicht konsistent und möglicherweise verschwimmen die klaren Zuordnungen auch mit der allmählichen Diffusion der Geschlechterrollen (vgl. Blättner/Waller 2011, S. 65 ff.).

Gesundheitskonzepte in der Wissenschaft

Viele wissenschaftliche Disziplinen haben sich ebenfalls damit beschäftigt, zu beschreiben und zu erklären, was Gesundheit ist. Dabei spiegeln die disziplinären Ansätze jeweils spezifische Perspektiven und Schwerpunktsetzungen wider. Es würde den Rahmen dieses Beitrags sprengen, alle diese Ansätze im Einzelnen darzustellen. Daher wird im Folgenden auf den Kategorisierungsansatz zurückgegriffen, den Hurrelmann und Franzkowiak (2018, S. 176) in Anlehnung an Göckenjan nutzen. Sie ordnen die Gesundheitskonzepte verschiedener Disziplinen folgenden drei Ansätzen zu:

1. *Gesundheit als Abgrenzungskonzept:* Diese Auffassung zeigt sich beispielsweise im biomedizinischen Verständnis von Gesundheit, das die physische und psychische Funktionsfähigkeit im Fokus hat. Gesundheit wird hier als „Abwesenheit von Krankheit" beschrieben. Die betroffene Person wird entweder als gesund oder krank diagnostiziert, eine Zwischenform gibt es nicht. In der Praxis zeigt sich dieses Konzept beispielsweise bei der „Krankschreibung", die der Legitimierung von Arbeitsunfähigkeit oder Erwerbsminderung dient.
2. *Gesundheit als Funktionsaussage:* Gesundheit steht nach dieser Auffassung für Leistungsfähigkeit und/oder Anpassung an die jeweiligen Umweltanforderungen. Zu Konzepten dieser Gruppe zählt beispielsweise die Gesundheitsdefinition des Strukturfunktionalismus, die Gesundheit als „Zustand optimaler Leistungsfähigkeit eines Individuums, für die wirksame Erfüllung der Rollen und Aufgaben, für die es sozialisiert worden ist" *(Talcott Parsons)* beschreibt. Zur Gruppe der funktionsbezogenen Gesundheitskonzepte zählen darüber hinaus homöostatische Ansätze im Sinne eines körperlich-seelischen Gleichgewichts bzw. der Anpassung an sich verändernde Umweltbedingungen. Im Fokus stehen bei solchen Orientierungen (unausgesprochene) Idealvorstellungen von Resistenz und Widerstandsfähigkeit, die ihrerseits einer kritischen Reflexion bedürfen.
3. *Gesundheit als Wertaussage:* Konzepte, die dieser Gruppe zuzuordnen sind, gehen von Gesundheit als „höchstem Wert" aus. Hierzu zählt beispielsweise die Gesundheitsdefinition der WHO (1948), die Gesundheit als Zustand des vollständigen körperlichen, geistigen und sozialen Wohlbefindens beschreibt (zur Kritik dieser Definition vgl. Hurrelmann/Franzkowiak 2018, S. 176 f.). Zu dieser Kategorie gehören ferner alle ideologisch aufgeladenen Bestrebungen, die von der individuellen Verantwortung für Gesundheit ausgehen und Verhaltens- und Lifestyle-Ideale propagieren (Healthismus).

Gesundheitswissenschaftliches Verständnis

Im gesundheitswissenschaftlichen Verständnis ist Gesundheit keine eindimensionale Größe, sondern konstituiert sich aus einer körperlichen, psychischen, sozialen und ökologischen Dimension. Aus diesem Grund reicht es nicht, wenn Gesundheit durch eine einzelne Disziplin erforscht und beschrieben wird, sie bedarf vielmehr eines interdisziplinären Herangehens. Auch ist sie im gesundheitswissenschaftlichen Verständnis nicht lediglich das Gegenteil von Krankheit. In Anlehnung an die Vorstellung des Soziologen und Gesundheitsforschers Antonovsky (1993) bilden Gesundheit und Krankheit vielmehr zwei Pole auf einem Kontinuum, auf dem jede Zwischenausprägung möglich ist. Auf welcher Position sich ein Mensch auf diesem Kontinuum befindet, hängt von zahlreichen Einflussfaktoren ab.

Hurrelmann und Franzkowiak (2018, S. 180) betonen in Zusammenhang mit dem Gesundheitsbegriff die Leitwerte ‚personale Möglichkeitsräume', ‚Gleichgewicht' und ‚Bewältigungsorientierung'. Sie stellen dabei die Kompetenz eines Menschen zur produktiven Auseinandersetzung mit den inneren und äußeren Anforderungen als Voraussetzung für Gesundheit in den Mittelpunkt ihrer Überlegungen. In Bezugnahme auf das oben angeführte Konzept des Gesundheitskontinuums weisen die Autoren ferner daraufhin, dass Menschen, die akute Störungen bewältigen oder mit chronischen körperlichen und seelischen Beeinträchtigungen leben, nicht ausschließlich krank sind. Gerade im Umgang mit ihren Befindlichkeitsstörungen und Krankheiten sowie in ihrer Alltagsgestaltung beweisen sie immer gesunde Anteile („Ressourcen"), das die Autoren mit dem Begriff der „bedingten Gesundheit" zum Ausdruck zu bringen versuchen. Streng genommen sind demnach die meisten Menschen zu einem überwiegenden Anteil ihrer Lebenszeit nur „bedingt gesund" (► **Subjekt- und Ressourcenorientierung**).

Soziale Ungleichheit

Zu den am besten validierten Forschungsergebnissen der Gesundheitswissenschaften zählt der Befund, dass zwischen der sozioökonomischen Lage eines Menschen und seiner Gesundheit ein enger Zusammenhang besteht (vgl. Faller 2018). Menschen aus sozioökonomisch bessergestellten Bevölkerungskreisen haben eine längere Lebenserwartung, und die Zahl ihrer gesunden Lebensjahre ist höher als von Menschen in benachteiligten Lebenslagen. Die Gründe für diese Diskrepanzen sind vielschichtig. Zu den wichtigsten Ursachen zählen, dass Menschen in benachteiligten Verhältnissen:

- höheren Belastungen ausgesetzt sind (z.B. körperlichen und psychosozialen Belastungen bei der Arbeit oder in der Wohnumgebung),
- über geringere Bewältigungsmöglichkeiten verfügen (z.B. finanzielle Ressourcen, Bildungsstatus, Unterstützung durch andere Menschen),
- die Angebote der sozialen und medizinischen Versorgung weniger gut nutzen können (z.B. weil sie weniger über ihre Ansprüche wissen und diese weniger erfolgreich einfordern können),

- sich weniger gesund verhalten (z.B. mehr rauchen, trinken und das Falsche essen, oft auch um das Ungleichgewicht an Ressourcen und Belastungen kurzfristig zu kompensieren).

Diese Befunde machen deutlich, dass es nicht ausreicht, am individuellen Gesundheitsverhalten oder der Förderung personaler Bewältigungskompetenzen anzusetzen. Die Gesundheit von Menschen ist eng verwoben mit ihrer sozio-ökologischen Lebenslage. Damit sich überhaupt Möglichkeiten für ein gesundheitsförderliches Leben erschließen, müssen Menschen reale Gestaltungsmöglichkeiten und Einflusschancen auf ihre sozialen und ökologischen Lebensbedingungen haben.

Gesundheitsförderung

Die Frage nach einem gesunden Leben ist damit nicht nur eine gesundheits-, sondern stets auch eine sozialpolitische Frage. Wirksame Gesundheitsförderung besteht nicht primär in Appellen an „richtiges" Gesundheitsverhalten, sondern in der Bekämpfung von Armut und sozialer Ungleichheit – etwa im Wohnungsbau, der Stadtplanung, in der Förderung von Diversität (▸ **Gender und Diversität**) und einer menschengerechten Gestaltung von Arbeit (▸ **Autonomie und Würde**). Im Gegensatz zum individuellen Ansatz sind die hier angesprochenen Veränderungen struktureller Art. Damit alle Menschen ein höheres Maß an Gesundheit gewinnen und ihre Potenziale entfalten können, hat die Weltgesundheitsorganisation bereits im Jahr 1986 in der Ottawa Charta drei Handlungsstrategien formuliert:

- *Interessen vertreten:* Gesundheitsförderndes Handeln zielt darauf ab, die politischen, ökonomischen, sozialen, kulturellen, biologischen sowie verhaltensbezogenen Einflüsse auf Gesundheit durch aktives anwaltschaftliches Eintreten positiv zu beeinflussen und sie der Gesundheit zuträglich zu machen.
- *Befähigen und ermöglichen:* Menschen können ihr Gesundheitspotenzial nur dann entfalten, wenn sie auf die Faktoren, die ihre Gesundheit betreffen, Einfluss nehmen können. Gesundheitsförderung strebt daher Chancengleichheit und die Möglichkeit an, Lebensbedingungen gestalten zu können.
- *Vermitteln und vernetzen:* Strukturelle Veränderungen können nur dann gelingen, wenn alle gesellschaftlichen Akteure – von den Verantwortlichen im Gesundheits-, Sozial- und Wirtschaftssektor über nichtstaatliche und selbstorganisierte Verbände und lokale Institutionen bis hin zur Industrie und den Medien – zusammenwirken und gute Voraussetzungen für Gesundheit schaffen.

Fazit und Kritik

Gesundheit ist ein mehrdimensionales Konzept, das jede Person vor dem Hintergrund ihrer spezifischen kulturellen Prägung und Sozialisationserfahrung individuell fasst. Die Wissenschaften haben ihrerseits den Gesundheitsbegriff definiert, wobei die Interpretation jeder Disziplin spezifische ‚blinde Flecke' aufweist. Auch umfassende, auf individuelle Verwirklichung angelegte Beschreibungen unterliegen der Wahrnehmungsverzerrung, die sich aus einer spezifisch westlich geprägten Weltsicht herleitet und unausgesprochen die Anpassung an implizit enthaltene Werte erwartet. Eine große Herausforderung für die Förderung und Verbesserung der Gesundheit von Menschen stellt die Tatsache dar, dass es trotz der technischen, medizinischen und soziokulturellen Fortschritte der letzten beiden Jahrhunderte nicht gelungen ist, die sozialen Unterschiede in Bezug auf Lebenserwartung, Lebensqualität und Krankheitslast zu verringern. Wie die Erkenntnisse der Sozialepidemiologie nahelegen, ist es nicht der wirtschaftliche Fortschritt, der zum Gesundheitsgewinn eines Landes beiträgt, sondern ein möglichst hohes Maß an Egalität im Hinblick auf Status, Einkommen und sozialer Zugehörigkeit. Richard Wilkinson (2001) fordert daher in seinem Buch „Kranke Gesellschaften", dass wir davon wegkommen müssen, Lebensqualität mit materiellem Konsum gleichzusetzen und das Wirtschaftswachstum als oberstes gesellschaftliches Ziel zu setzen. Stattdessen geht es darum, menschlich-soziale und materielle Emanzipation an die erste Stelle zu setzen und Grundlagen für die Entwicklung des sozialen Lebens unserer Gesellschaft zu schaffen.

Leseempfehlungen

- Lampert, T., u. a.: Soziale Ungleichheit und Gesundheit: Stand und Perspektiven der sozialepidemiologischen Forschung in Deutschland; in: Bundesgesundheitsblatt 59/2016, S. 153–165
- Wilkinson, R.: Kranke Gesellschaften, Wien 2001

Gudrun Faller

Migration

Die Schulsozialarbeiterin Jessica hat ihren ersten Tag an der Integrierten Sekundarschule „Friedrich Ebert" und betreut eine Schule mit 300 SchülerInnen, die aus unterschiedlichen Ländern stammen. Sie wundert sich nicht, dass in dem Gymnasium „Konrad Adenauer", wo sie während ihres Studiums ein Praktikum gemacht hat, der Anteil der Schüler mit Migrationshintergrund deutlich geringer ausgefallen ist als bei ihrer aktuellen Schule. In der Pause beobachtet Jessica, dass die SchülerInnen sich in Cliquen entlang ihrer Herkunft wiederfinden. So beobachtet Jessica, dass es Cliquen von Deutschen, Deutschrussen, Polnischstämmigen, Türkischstämmigen und von Geflüchteten afrikanischer und syrischer Herkunft gibt. Sie sprechen in ihrer jeweiligen Sprache, aber tragen die Kleidungsstücke in der gleichen Preisklasse vom Discounter „Preiswert & Gut".

Sie beschließt daraufhin, sich dem Thema „Migration" anzunehmen und den Zusammenhalt der Schüler zu stärken. Dabei möchte sie Wege finden, mit den Schülern ins Gespräch zu kommen, um über die „Schule als Spiegelbild einer deutschen Einwanderungsgesellschaft" zu sprechen und die Jugendlichen dazu zu befähigen, die eigene Herkunft nicht als Abgrenzungskriterium gegenüber anderen zu definieren, sondern als Teil eines kulturell vielfältigen Schulumfelds zu begreifen, um über Herkunftsgrenzen hinweg Freundschaften zu pflegen.

Migration (in Deutschland)

Unter Migration versteht die International Organization for Migration (IOM) die Wanderung von Personen oder Gruppen innerhalb eines Staates (Binnenmigration) oder über Landesgrenzen hinweg (internationale Migration). Die Dauer der Migration, die Zusammensetzung der Migranten und die Ursachen der Migration spielen keine Rolle für die Definition (IOM 2018). Die Wanderung von Menschen ist das entscheidende Kriterium. Deshalb können unter der Definition unterschiedliche Formen der Migration zugeordnet werden. Dazu zählen beispielsweise die Arbeitsmigration, die Fluchtmigration, die Familienmigration und viele weitere Migrationsformen.

In Deutschland spricht man häufig von Menschen mit und ohne Migrationshintergrund. Die Unterscheidung prägte das Statistische Bundesamt und ermöglichte mit der Definition die Beschreibung der in Deutschland lebenden Bevölkerung mit und ohne Zuwanderungsgeschichte. Unter Migrationshintergrund sind Menschen laut der Definition des Statistischen Bundesamts zu verstehen, die selbst oder mindestens ein Elternteil mit einer ausländischen Staatsbürgerschaft geboren worden sind (DESTATIS 2018a). Unter der Berücksichtigung der Definition können Menschen zusammengefasst werden, die AusländerInnen oder Eingebürgerte jeweils mit und ohne Einwanderungserfahrung, (Spät-)

AussiedlerInnen und die Nachkommen der genannten Gruppen mit deutscher Staatsangehörigkeit. Die durch den Zweiten Weltkrieg Vertriebenen und deren Nachkommen werden unter dem Begriff nicht zusammengefasst, weil diese eine deutsche Staatsbürgerschaft besitzen.

In Deutschland leben unter Berücksichtigung der Definition laut dem Mikrozensusbericht von 2017 etwa 81,7 Millionen Menschen. Davon haben 19,3 Millionen Menschen einen Migrationshintergrund. 2,8 Millionen sind (Spät-) AussiedlerInnen, 1,5 Millionen sind AusländerInnen mit türkischer Staatsbürgerschaft, 0,9 Millionen Menschen haben eine polnische Staatsbürgerschaft, 0,7 Millionen Menschen haben eine syrische Staatsbürgerschaft, um einige ausgewählte Gruppen zu nennen. Folglich ist die deutsche Gesellschaft migrationsbedingt durch die Anwerbung unter anderem von türkischen GastarbeiterInnen, durch die Einwanderung von (Spät-)AussiedlerInnen, die aus den ehemaligen Ostblockstaaten stammen und deutscher Abstammung sind, durch die herrschende Arbeitnehmerfreizügigkeit innerhalb der EU und durch die Aufnahme von Geflüchteten gekennzeichnet. Die Wanderungsstatistik des Statistischen Bundesamtes gibt an, wie viele Menschen nach Deutschland ein- und ausgewandert sind. Im Jahr 2017 sind in Deutschland 1,5 Millionen Menschen ein- und 1,1 Millionen Menschen ausgewandert. In dem gleichen Zeitraum starben etwa 0,9 Millionen Menschen und 0,8 Millionen Menschen sind geboren worden (DESTATIS 2018b). Das heißt, dass die Bevölkerung durch die Migration nach Deutschland um 0,4 Millionen Menschen gewachsen ist.

Erklärungsansätze für Migration

Zur Erklärung der Migrationsbewegung lassen sich unterschiedliche theoretische Ansätze verwenden. Faist (2007) machte deutlich, dass etwa 3 % der Menschen tatsächlich über Landesgrenzen hinweg gewandert sind und in einem Land leben, in dem sie selbst nicht geboren worden sind. Er wies mit seiner Studie darauf hin, dass die Menschen folglich durch Immobilität gekennzeichnet sind und nur ein geringer Anteil tatsächlich das Herkunftsland verlässt.

Sonja Haug u. a. (2006) beschäftigten sich mit der Frage, wie internationale Migration erklärt werden kann, und sie unterschieden zwischen mikro-, meso- und makrotheoretischen Ansätzen. Haug u. a. (2006) fassten unter den mikrotheoretischen Ansätzen Erklärungen zusammen, die auf den individuellen Akteur abzielen. Unter anderem führten sie die These an, dass Menschen dann wandern, wenn die Lohneinnahmen im Zielland höher sind als im Herkunftsland, abzüglich der Migrationskosten. Die These erweiterten sie unter Berücksichtigung der Arbeitslosigkeit, die abhängig vom Wohlfahrtstaat zu Verdienstausfällen führen kann. Damit erklärten sie, weshalb Menschen mit einem niedrigen beruflichen Qualifikationsniveau eher dazu tendierten, in entwickelten Ländern einzuwandern mit einer geringen Lohnungleichheit und einem starken Wohlfahrtstaat, im Vergleich zu Menschen mit einem hohen beruflichen Qualifikationsniveau, die eine höhere Entlohnung für sich in entwickelten Ländern mit einer hohen Lohnungleichheit und mit einem schwachen Wohlfahrtsstaat erwarteten und daher in diese Länder immigrieren.

Zu den mesotheoretischen Ansätzen zählten Haug u.a. (2006) die sozialen Netzwerke der Akteure und erweiterten damit die mikrotheoretischen Überlegungen. Die sozialen Netzwerke der individuellen Akteure initiierten die Migration und könnten in eine Kettenmigration münden, wenn Migranten in den Zielländern ihre Verwandten aus den Herkunftsländern über die Einwanderungsbedingungen informieren und dazu motivieren, zu wandern. Die These steht in Zusammenhang mit erweiterten mikrotheoretischen Ansätzen, die davon ausgehen, dass die Migrationsentscheidung nicht individuell, sondern innerhalb eines Familienverbundes getroffen wird, um das Haushaltseinkommen zu maximieren.

Haug u.a. (2006) fassten unter den makrotheoretischen Ansätzen Erklärungsmodelle zusammen, die die staatlichen Bedingungen und deren Einfluss auf die Migration thematisierten. Auf diese Weise machten sie auf die These aufmerksam, dass Migration durch räumliche Distanzen beeinflusst ist. Die räumlichen Distanzen könnten durch wirtschaftliche, politische Beziehungen, die als Migrationspfade verstanden werden können, kompensiert werden. Eine auf Zuwanderung setzende Einwanderungspolitik kann beispielsweise Migration fördern. Sie erklärten auch, dass die Anziehungskraft der Zielländer auf die potenziellen Migranten anziehend wirken und die Migration initiieren können. Des Weiteren führten sie die These an, dass in den Zielländern ein primärer Arbeitsmarkt, der durch hohe Arbeitsplatzsicherheit, hohes Einkommen und ein hohes Qualifikationsniveau gekennzeichnet ist, und ein sekundärer Arbeitsmarkt, der durch Arbeitsplatzunsicherheit, geringe Entlohnung und durch ein geringes notwendiges Qualifikationsniveau beschreibbar ist, existieren. Sie führten die These aus, dass die Migranten vor allen Dingen die Tätigkeiten im sekundären Arbeitsmarkt erfüllen, weil hier eine hohe Nachfrage nach Arbeitskräften besteht, die nur durch Einwanderung erfüllt werden kann.

Die bisher skizzierten Ansätze verfolgen mehr oder weniger das Ziel, Arbeitsmigration zu erklären, damit bleiben beispielsweise die Fluchtmigration – bedingt durch klimatische Veränderungen oder herrschende (Bürger-)Kriege – und viele weitere Migrationsformen erklärungswürdig. Dieser Überblick enthält folglich noch einige Lücken und kann daher nur Ausschnitte aus der Literatur anbieten.

Soziale Arbeit und Migration

Die Migration von Menschen, so stellte Schirilla (2018) fest, verursacht keine sozialen Probleme. Erst der gesellschaftliche Integrationsprozess (▸ **Integration und Inklusion**) mit seinen rechtlichen, politischen, wirtschaftlichen, sozialen Rahmenbedingungen verursacht abhängig von den Merkmalen der Migranten, wie Herkunft, Geschlecht, Alter, Bildungsabschluss etc., gegebenenfalls soziale Probleme.

Die Migranten stellen in Abhängigkeit von dem Zusammenspiel zwischen Rahmenbedingungen und eigenen sozialen Merkmalen eine neue Zielgruppe für die Soziale Arbeit dar, die zum Ziel hat, Menschen zu befähigen, ihre sozialen Probleme im Alltag selbst zu bewältigen (► **Lebensbewältigung – Soziale Arbeit im mittleren Lebensalter**). Migranten stehen vor der Herausforderung, im Zielland in unterschiedlichen gesellschaftlichen Systemen (Familie, Gesundheitssystem, Bildungssystem, Arbeitsmarkt, Wohnungsmarkt, Öffentlichkeit etc.) an Handlungsfähigkeit zu gewinnen.

Die Soziale Arbeit kann Migranten dabei unterstützen, Handlungsfähigkeit zu entwickeln, und gleichzeitig die aufnehmende Gesellschaft dazu befähigen, mit ethnischer Heterogenität angemessen umzugehen, so dass für alle Menschen unabhängig von der Herkunft Entwicklung, sozialer Zusammenhalt, Selbstbemächtigung und Befreiung (siehe die Definition von Sozialer Arbeit von der ‚International Federation of Social Workers') sichergestellt werden kann. Dabei ist festzuhalten, dass nicht alle Migranten oder Einheimische sozialarbeiterischer Beratung und Unterstützungsdienste bedürfen.

Die Konzepte der Sozialen Arbeit zum Thema Migration haben sich mit der Zeit verändert. Gögercin (2018) arbeitete heraus, dass mit der Gastarbeitermigration in den 1960/70er Jahren die defizitorientierte Ausländersozialarbeit entstand, die die ArbeitnehmerInnen und ihre Familie in den Mittelpunkt stellte. Ende der 1980er Jahre entstand die interkulturelle Sozialarbeit, die ressourcenorientierte Ansätze, symmetrische Beziehungen zwischen Sozialarbeitenden und Adressaten einforderte und Kultur als ein dynamisches Konzept verstand. Heute werden die Ansätze ergänzt durch Konzepte aus der Intersektionalitäts- und Diversitätsforschung (► **Gender und Diversität**).

Migrationsberatungsstellen, (Jugend-)Migrationsdienste, (Landes-)Aufnahmeeinrichtungen, Berufsberatungs- und Anerkennungsstellen, Träger von Sprach- und Integrationskursen, kommunale Stellen für Migration und Integration, Antidiskriminierungsstellen, Quartiersmanagement, Schulsozialarbeit (siehe Fallbeispiel) stellen ausgewählte Beispiele für Einrichtungen oder Orte dar, an denen (professionalisierte) Soziale Arbeit und Migration im Zusammenspiel sind. Dabei steht die Soziale Arbeit vor der Herausforderung, ihre Praxis im Umgang mit Migration, ihren Auftrag und ihr ► **Mandat** angesichts immer neuer Migrationsbewegungen ständig neu zu reflektieren. Die Beziehungen der Sozialen Arbeit zu ihrem Mandat, Auftrag und ihren Klienten stehen in einem Spannungsverhältnis von Kontrolle vs. Selbstbestimmung, rechtlichen Bestimmungen (► **Recht**) vs. Bedarfe, die in dem Kontext von Migration besonders sein können, wenn die Klienten mit der Gefahr einer Ausweisung konfrontiert sind.

Leseempfehlungen

- Gögercin, S.: Migration und migrationsbezogene Soziale Arbeit in Deutschland; in: Blank, B., Gögercin, S., Sauer, K., und Schramkowski, B. (Hg.), Soziale Arbeit in der Migrationsgesellschaft, Wiesbaden 2018, S. 31–41
- Schirilla, N.: Migration und Soziale Arbeit; in: Blank, B., Gögercin, S., Sauer, K., und Schramkowski, B. (Hg.), Soziale Arbeit in der Migrationsgesellschaft, Wiesbaden 2018, S. 425–434

Rahim Hajji

Teil IV

Die Sozialen

Ausbildung und Beruf

Kalle bekam vor vielen Jahren die Chance, in einem sozialen Projekt quereinzusteigen, um nebenher eine Ausbildung zum Erzieher zu absolvieren. Davor war er lange Zeit Berufssoldat in der Truppe. Sein Träger führt nun in einem neuen außerschulischen Bildungsprojekt „Berufsorientierung" durch, wobei jungen Menschen entsprechende Kompetenzen und Fertigkeiten vermittelt werden. Kalles Aufgabe ist es, mit Jungen und Mädchen der neunten Klassen an einer Realschule Bewerbungstrainings durchzuführen. Kalle hat die strenge Art seines alten Berufes abgelegt, er ist wertschätzend und oft zu Späßen aufgelegt; außerdem lässt er sich von den Schülern duzen.

Nach einem guten Start beginnen die Probleme, die jedoch nicht von ihm, sondern von den Lehrern der Schule gesehen werden. Die Vorwürfe lauten: Es sei oft zu laut in seinem Raum, es gab Sachbeschädigungen, das Duzen wäre nicht in Ordnung, die Schüler lernten bei ihm nichts. Es kam bereits zur Aussprache zwischen Kalle, seinem Vorgesetzten und dem Schulleiter. Ihm wurde erklärt, dass diese Missstände abgestellt werden müssen, sonst kündigt die Schule die Zusammenarbeit mit dem Träger auf.

Das Beispiel verdeutlicht zwei Perspektiven.

- Zum Ersten sollen die jungen Menschen Kompetenzen für die Berufsvorbereitung erlernen oder verbessern. So wird ihnen klargemacht, dass neben guter Bildung auch Pünktlichkeit und Zuverlässigkeit entscheidende Faktoren sind, um im Berufsleben erfolgreich zu sein.
- Das Beispiel zeigt zweitens, welchen Umfang eine gute Ausbildung für den Beruf des Sozialen haben muss, um die Spannbreite der Einsatzfelder abzudecken. Zugleich stellt sich die alte Frage hier neu, wie umfangreich diese Ausbildung sein muss und welches Rüstzeug sie bieten kann, um im Alltag bestehen zu können (► **Lebenswelt und Alltag**) oder um, wie es mit neuzeitlichen Vokabeln heißt, „beschäftigungsfähig" (employable) zu sein.

Employability stammt ursprünglich aus dem englischsprachigen Raum und bezieht sich auf die Arbeitsmarktnähe und eine praktische Einsetzbarkeit von Bildungsabsolventen. Hier werden grundlegend drei qualifikations- und tätigkeitsbezogene Komponenten unterschieden (Brussig/Knuth 2009, S. 289):

1. Qualifikationen und Kompetenzen (Formalqualifikationen, Basiskompetenzen, Sozialkompetenzen, Persönlichkeit, Gesundheit),
2. Marktbezogene Komponenten (Suchverhalten, Konzessionsbereitschaft, individuelle Ressourcen),

3. Soziale Stabilität (persönliche Umstände, soziales Umfeld).

Die Herausforderungen und sozialen Risiken dieses neoliberalistischen Ansatzes werden in sozialpolitischen Diskursen kritisch bewertet (vgl. Rüb 2010, S. 222). Soziale Arbeit wird im Zuge dieser sozialpolitischen Neustrukturierung für die arbeitsmarktrechtliche Vermittlungsfähigkeit in den Dienst genommen und kommt in den Verdacht der „Sozialdisziplinierung" mit der Preisgabe ihrer emanzipatorischen Bestrebungen: „Pädagogisierung, d. h. Abgrenzung von den Kontroll- und Sanktionsinstanzen, war ja gerade der Stolz moderner Sozialpädagogik. Erziehung statt Reglementierung, Beratung statt Eingriff, Angebot statt Zwang, Unterstützung der Eigenkräfte statt Kontrolle und Überwachung galten als zentrale Maximen einer fortschrittlichen Praxis" (Münchmeier 2013, S. 50).

Eigenverantwortlichkeit, persönliche und örtliche Flexibilitätsbereitschaft, aktive Selbsthilfeanstrengungen (▸ **Selbsthilfe – Hilfe zur Selbsthilfe**) werden hier als neue Ziele der Sozialen deklariert, die anders als bisher – das ist das Neue – mit repressiven Mitteln (zum Teil) erzwungen werden können (z. B. durch Kürzung von Transfereinkommen, u. a. Renten oder Sozialhilfe). Als Gegenleistung übernimmt Sozialpolitik die (Teil-)Finanzierung von Jugendsozialarbeiterstellen (z. B. über den Europäischen Sozialfond), was eine „Verjugendsozialarbeiterisierung" zur Folge habe (vgl. Mairhofer 2017, S. 30). Zum anderen kehrt auf diese Weise das überwunden geglaubte Obrigkeits- und Kontrolldenken der alten Fürsorge (also ein Kümmern um den Klienten anstatt ihn zur Selbsthilfe zu bringen) über die Hintertür wieder in den Praxisalltag zurück. Denn der Soziale steht in der Pflicht, seine Sozialisationsziele aufwendig zu kontrollieren und zu evaluieren. Und er selbst gerät in den Kontrollzwang der Fördermittel-Verwaltungsinstanzen (z. B. in Form von umfangreichen Dokumentationen und Rechtfertigungen seiner geleisteten Arbeit), denen gegenüber er sich umfassend und aufwendig rechtfertigen muss. Auf diesen Punkt muss also Ausbildung von Fachkräften der Sozialen Arbeit bereits Bezug nehmen, um den Auftrag der Sozialen von Anfang an zu konkretisieren und seine Professionsidentität zu klären. Damit kann dem Vorwurf des sozialen Berufszweiges begegnet werden, der nach wie vor im Ruf steht, unscharfe Konturen und keine genauen Abgrenzungen zu haben – anders als wir es vom Handwerker, der Ärztin oder auch vom Soldaten kennen.

Wie können also Soziale „beschäftigungsfähig" gemacht werden? Ein möglicher Auftrag hieße, sie nicht wie in früheren Jahren zu einer „akademischen Persönlichkeit" (aus-)zu bilden, sondern sie zu dieser Beschäftigungsfähigkeit heran zu erziehen (vgl. Wolter 2013).

Kalle ist grundlegend in zwei Rollen-Konflikte verstrickt:

- Zum ersten kollidiert er als Sozialer in der Institution Schule mit der zu seiner Profession konträren Handlungsrationalität des Lehrers. Schule setzt auf formale Bildung, Leistung und Abschlusszertifikate. Das Bildungssystem ist hierarchisch strukturiert und der Alltag ist in fächerbestimmte Zeiteinheiten mit vorgegebenen Zielen und Regeln getaktet. Im Unterschied hierzu ist Kalles Sozialarbeit üblicherweise gekennzeichnet durch Offenheit, Freiwilligkeit, Mitbestimmung und Prozess- und Ergebnisoffenheit. Kalle ist es nicht gewohnt, junge Leute zur Mitarbeit zu zwingen, da seine Angebote üblicherweise so lukrativ sind, dass sie von sich aus mitmachen. Hier nun vermischen sich diese Motivationsansätze mit dem Ergebnis, dass weder Kalle noch die Schüler wissen, inwieweit er vielleicht doch ein Lehrer ist.

- Der zweite Rollenkonflikt schließt hier an, denn Kalles Stelle wird vom Träger als „Jugendsozialarbeit" deklariert. In dieser Funktion umfasst seine Arbeit (lt. § 13 (1) SGB VIII) Angebote zur schulischen, beruflichen und sozialen Unterstützung und Integration von jungen Menschen, was hier die Unterstützung beim Übergang in eine Berufsausbildung meint (▸ **Integration und Inklusion**). Bislang war Kalles Aufgabenfeld von Jugend(sozial)arbeit einigermaßen überschaubar, doch nun kommen von Seiten der Schule und auch vom Träger immer weitere Aufgaben hinzu, die schwer in Einklang mit dem Anliegen seiner sozialen Hauptaufgabe zu bringen sind, z.B. wenn er Kompetenzen mit Schulzensuren bewerten soll.

Kalle agiert auch im Spannungsfeld zwischen den Vorgaben des Arbeitgebers (in Form der seine Stelle strukturierenden Förderinstrumente) und der mangelnden Lernbereitschaft der Schüler. Er spürt enorme Widersprüche, Spannungen und Unklarheiten. Er ist auf diese Lage weder vorbereitet, noch verfügt er (trotz seiner umfangreichen Praxiserfahrung) über zufriedenstellende Handlungsmuster. Der Frust zeigt sich bei allen Beteiligten.

> „Weder die auf grundständige Praxis ausgerichteten Studiengänge, noch die verwissenschaftlichte Ausbildung (und schon gar nicht die spezialisierten Fort- und Weiterbildungsangebote) können die zukünftigen oder bereits im Beruf stehenden Professionellen vor Verunsicherung, Frust und Sinnverlusten schützen. Sie können sich – soweit möglich – nur mit einem gewissen Handwerkszeug ausstatten und ihnen theoretische Modelle vermitteln, welche einen kritischen Blick und ein differenziertes Verständnis ermöglichen" (Hering 2013, S. 7).

Das Zitat verdeutlicht, dass Kalle und ebenso eingestellte Kolleginnen nicht etwa „unfähige" Soziale sind. Vielmehr soll an dieser Stelle klarwerden, dass die genannten Probleme eher nicht auftreten, wenn schon in der Ausbildung auf grundlegende Widersprüche und Rollendiskrepanzen eingegangen wird und sich so flexible Erwartungshaltungen formulieren lassen. Neben einem allgemeinen Grundsatz – „Den Studierenden muss die Angst genommen werden, in der Praxis nicht zu wissen, was sie tun sollen" – steht also unbedingt die Vermittlung von Inhalten (Wissen, Können), die Ausprägung und Festigung einer Berufsrolle (Wer will ich sein? „Erwartungshaltungen"), aber ebenso die Erläuterung von Diskrepanzen („Rollenkonflikt") und die kritische Betrachtung von fünf Gefahren und Spannungsfeldern:

1. *Das Steuerbare:* Für den sogenannten „Normalfall" genügen die in der Ausbildung vermittelten Schlüsselkompetenzen Sozialer Arbeit, wie sie das Curriculum des Deutschen Berufsverbandes für Soziale Arbeit e. V. (DBSH) vorsieht. Auf diesem Fundament bauen Soziale ihr methodisches und ethisches Grundgerüst auf und wissen, wie sie im Praxisalltag (unter einigermaßen normalen Bedingungen) handeln können. Ein ebenso klar formuliertes Stellenprofil hilft Kalle, seine eigentlichen Kernaufgaben zu sortieren. Für diese Auflistung muss der tatsächliche Arbeitsumfang klar sein. Methoden wie Planungs- und Zeitmanagement kommen hier zum Einsatz. Kalle bespricht mit seinem Träger und mit dem Schulleiter seine Aufgaben und damit die Erwartungshaltungen und findet so einen klaren Aktionsradius seines Tuns, Unterlassens und Duldens.
2. *Das Verhandelbare:* In der klar benannten und abgegrenzten Rolle lässt sich der Auftrag des Sozialen fixieren. Dieser muss mit seinen Klienten ebenso Regeln des Miteinanders aushandeln, um klare Erwartungshaltungen auf beiden Seiten sicherzustellen. Das impliziert auch die Klärung nicht verhandelbarer Aspekte, z. B. Sanktionen bei Regelverstößen. Kalle klärt nach dem Gespräch, welches Verhalten er nun nicht mehr duldet, und bittet die Schüler um Verständnis. Er redet offen und ehrlich und zeigt auch, dass bei Verstößen ihrerseits nun Konsequenzen seinerseits folgen werden (müssen).
3. *Das Unsichtbare und Ungewisse:* Arbeit mit Menschen heißt immer auch, über deren Charaktere und Eigenheiten im Unklaren zu bleiben. Dazu gehören sozialer Status, Gesundheit oder Machtstrukturen der Gruppe ebenso wie Diagnostiken von „Angst" oder „Kindeswohlgefährdung". Um Soziale berufsfähig zu machen, müssen also empathische Fähigkeiten genauso Inhalt der Ausbildung sein wie Kenntnisse relevanter Indikatoren und lösungsorientierter Techniken. Kalle ist feinfühlig genug, um zu wissen, dass seine pubertierenden Schüler aus Peinlichkeit nicht vor der Videokamera reden können, und nimmt es ihnen nicht übel. Statt sie zu zwingen, führt er sie mit dem entsprechenden methodischen Verstand sanft an diese Aufgabe heran.
4. *Das Spontane:* Immer auch sind es unvorhersehbare Vorfälle wie Wutausbrüche, Streitereien und entsprechende Gewalt, die den Sozialen in der Praxis überraschen. Hier muss vorab seine Flexibilität und Entscheidungsbereitschaft gestärkt werden, um in diesen spontanen Situationen gelassen zu bleiben und die entsprechende Distanz für abgeklärtes Verhalten zu wahren. Er muss Widersprüche (Ambiguitäten) aushalten und kommunizieren

können. Kalle weiß, ob es sich bei jugendlichen Handgreiflichkeiten um groben Spaß oder um nicht mehr tolerierbare Gewalthandlungen handelt und scheut sich nicht, im Ernstfall einzugreifen.

5. *Das Individuelle:* Schließlich steht auf beiden Seiten der sozialen Aktion immer ein Individuum mit seinen persönlichen Charakteristika (z.B. Alter, Geschlecht oder Herkunft) oder besonderen Fähigkeiten (z.B. Sprache, Können, Fertigkeiten). Die eigene Lebenserfahrung bedingt auch beim Sozialen mitunter einseitig stereotype Bewertungen (z.B. über soziale Gerechtigkeit). Ein Sozialer zeigt jedoch eine gute Fähigkeit für seinen Beruf, wenn er zum „intersubjektiven Spagat" fähig ist und einseitige fixierte Meinungen (Projektionen, Macken, Zugänge) reflektieren und in den angemessenen Bezug zu seiner professionellen Haltung einordnen kann. So weiß Kalle, dass Verhaltensmuster seiner alten Berufsrolle mitunter aus ihm herausbrechen und er in einen lauteren Ton verfällt. Er reflektiert und korrigiert das inzwischen gut. Mit den Schülern hat er diese Schwäche am Projektanfang besprochen und kann nun, wie sie, wenn es ihm passiert, darüber schmunzeln, was wiederum Authentizität und Vertrautheit auf beiden Seiten verdeutlicht.

Leseempfehlungen

- Böhnisch, L.: Sozialpädagogik der Nachhaltigkeit. Eine Einführung, Weinheim und Basel 2020
- Jürgens, K., Hoffmann, R., und Schildmann, C.: Arbeit transformieren! Denkanstöße der Kommission „Arbeit der Zukunft" (Böckler-Stiftung, Bd. 189), Bielefeld 2017; kostenloser Download unter https://www.boeckler.de/pdf/p_forschung_hbs_189.pdf (12. Dez. 2019)
- Maus, F., Nodes, W., und Röh, D.: Schlüsselkompetenzen der Sozialen Arbeit, 2. Aufl. Schwalbach 2010

René Börrnert

Mandat

In wessen Auftrag und ausgestattet mit welchem Mandat wird Soziale Arbeit tätig? Dieser Beitrag stellt die Begriffe „Doppeltes Mandat" und „Tripelmandat" vor und diskutiert diese vor dem Hintergrund eines konkreten Fallbeispiels aus der ombudschaftlichen Beratungspraxis.

Wenn junge Menschen oder Familien mit der Kinder- und Jugendhilfe in Konflikt geraten, können sie ombudschaftliche Beratung in Anspruch nehmen, die sie dabei unterstützt, die strukturell gegebene Machtasymmetrie (vgl. Urban-Stahl 2001, S. 9 ff.) zwischen Fachkräften auf der einen Seite und Betroffenen auf der anderen Seite auszugleichen. Ombudschaftliche Beratung wird durch Ombudsfrauen und -männer geleistet, die in unabhängigen Ombudsstellen arbeiten.

Eine Frau und Mutter wendet sich an eine Ombudsstelle und bittet um Unterstützung. Sie hat einen neunjährigen Sohn, mit dem sie zusammenlebt. Sie erhält als Unterstützungsleistung Sozialpädagogische Familienhilfe gem. § 31 SGB VIII. Die Ratsuchende berichtet: Das Jugendamt habe überraschend einen Termin für ein Hilfeplangespräch festgesetzt. Ihre zuständige Mitarbeiterin habe ihr mitgeteilt, dass die Familienhilfe um die Hälfte gekürzt werden solle, von bislang geleisteten acht Stunden in der Woche auf vier Stunden. Das Jugendamt begründet diese Stundenkürzung damit, dass es auch eine ambulante Unterstützung im Haushalt des Vaters geben soll, weshalb die Stunden zwischen Mutter und Vater aufgeteilt werden müssten. Die Mutter berichtet, dass sie vom Vater des gemeinsamen Kindes seit mehreren Jahren getrennt lebt. Seit der Trennung streiten sich die Eltern vor dem Familiengericht um Teile des bis zur Trennung gemeinsam ausgeübten Sorgerechts. Die Ratsuchende sei über die Ankündigung der Hilfekürzung erschrocken. Sie fühlt sich in ihrem Alltag sehr belastet, was zu großen Teilen durch die hochstrittige Situation mit dem Vater des Kindes und das schwebende familiengerichtliche Verfahren verursacht ist. Auch der Sohn zeige im Alltag Belastungszeichen, was sie häufig überfordere. Die Unterstützung durch die Familienhelferin wird von ihr dringend benötigt. Ein Blick in den aktuellen Hilfeplan und Leistungsbescheid zeigt, dass die Hilfe erst sechs Monate zuvor bewilligt worden war. Die Ratsuchende berichtet weiter, sie und ihr Sohn hätten lange gebraucht, um Vertrauen zu ihrer Familienhelferin zu fassen.

Auch die Familienhelferin, die bei einem kleinen Träger in der Region angestellt ist, sieht die Hilfe weiterhin als notwendig und geeignet an. Die Familienhelferin hat gegenüber dem Jugendamt bereits angekündigt, dass eine Halbierung der wöchentlichen Stundenzahl aus ihrer Sicht fachlich nicht vertretbar sei. Zu groß seien die Belastungen durch die massiven Konflikte zwischen den Eltern. Im Falle einer Stundenreduzierung sei sie nicht mehr in der Lage, diese Hilfe weiter zu leisten. Die große Sorge der ratsuchenden Mutter ist nun, dass sie bald völlig allein dastehen wird. Eine neue Familienhilfe müsste gefunden werden, zu der sie und ihr Junge erst wieder eine Beziehung aufbauen müssten. Sie befürchtet außerdem, dass beide durch den drohenden Beziehungsabbruch emotional destabilisiert würden. Dadurch könnte sie in dem schwebenden familiengerichtlichen Verfahren als psychisch labil eingeschätzt werden. Ihre Sorge ist groß, dass dann der Eindruck entstünde, dass ihr Kind bei ihr nicht mehr gut aufgehoben sei.

Wie ließe sich der Begriff des Mandats Sozialer Arbeit für das Handeln der einzelnen Akteur_innen der ▸ **Kinder- und Jugendhilfe** in der beschriebenen Situation diskutieren? Um dieser Frage näher zu kommen, werden zunächst die Begriffe *Mandat, Doppeltes Mandat* und *Tripelmandat* kurz vorgestellt.

Doppeltes und Tripelmandat

Der Begriff „Mandat" (vgl. Lob-Hüdepohl 2013, S. 1 ff.) beschreibt einen Auftrag, den ein Mensch (der Mandant) einem anderen Menschen (dem Mandatsträger) übergibt. Der Mandant übergibt einen Teil seiner Interessen in die Hand des Mandatsträgers. Dieser wird somit befristet dazu ermächtigt, im Interesse des Mandanten zu handeln.

Die Bezeichnung „Doppeltes Mandat" geht auf *Lothar Böhnisch* und *Hans Lösch* (1973) zurück. Das Doppelte Mandat wird von ihnen als konstitutives Merkmal Sozialer Arbeit gesehen. Es gibt einerseits „Rechtsansprüche, Bedürfnisse und Interessen" (ebd., S. 28) der Adressat_innen Sozialer Arbeit (▸ **Recht**). Das bedeutet, auf der einen Seite soll Soziale Arbeit für die und im Interesse der Adressat_innen tätig werden. Auf der anderen Seite gibt es „soziale Kontrollinteressen seitens öffentlicher Steuerungsagenturen" (ebd.), die auf Sozialarbeiter_innen und Sozialpädagog_innen einwirken (vgl. auch Füssenhäuser 2017, S. 766). Ihre Aufgabe sei es nun, so leitet Füssenhäuser (ebd., S. 766 f.) ab, zwischen diesen beiden grundsätzlichen Mandaten, also Aufträgen, zu vermitteln. Die Widersprüchlichkeiten und Zwänge, die sich aus dieser doppelten Auftragslage ergeben, liegen auf der Hand. Letztendlich bleibt es dem_der einzelnen handelnden Sozialarbeiter_in überlassen, nach welchen Kriterien er oder sie im Einzelfall welcher Seite den Vorzug gibt. Böhnisch und Lösch schlagen vor, Sozialarbeiter_innen sollten zur Auflösung dieses Spannungsverhältnisses zwischen der Emanzipation des Einzelnen und der Fremdbestimmung durch die Institutionen die „Bildung von Koalitionen außerhalb der Institutionen selbst" (Böhnisch/Lösch 1973, S. 36) anstreben (▸ **Kritische Soziale Arbeit – Politik der Sozialen Arbeit**).

Der Begriff „Tripelmandat" wurde von *Silvia Staub-Bernasconi* ausformuliert und stellt eine radikale Erweiterung des Verständnisses vom Doppelten Mandat dar. Staub-Bernasconis Frage nach der Unabhängigkeit Sozialer Arbeit als Profession führte sie dazu, Soziale Arbeit auf die Menschenrechte zu verpflichten (vgl. Staub-Bernasconi 2007, S. 199 ff.). Sie fordert, dass sich Soziale Arbeit jenseits behördlicher bzw. institutioneller Zwänge und auch jenseits der Interessen und Bedürfnisse des Einzelnen als drittes Mandat einen ethischen

Berufskodex geben solle (► **Ethik**). Diese ethische Basis solle die unveräußerlichen Menschenrechte als wesentlichen Bezugspunkt haben (► **Menschenrechtsprofession**). Durch diese über Gesetze und Verträge hinausweisende „regulative Idee“ wird es den Sozialarbeiter_innen möglich, „in ihren Entscheidungen unabhängig vom gerade herrschenden Zeitgeist, vom Druck des Trägers wie der Adressat(inn)en“ zu handeln (ebd., S. 200). Außerdem soll, so Staub-Bernasconi, Soziale Arbeit vor dem Hintergrund wissenschaftsbegründeter Arbeitsweisen und Methoden agieren (ebd.) und auch auf diesem Wege Legitimation für ihr Handeln erreichen. Auch bei Staub-Bernasconi bleibt damit der Sozialarbeiter bzw. die Sozialarbeiterin in der Verantwortung für sein bzw. ihr Handeln. Mit den Menschenrechten als Legitimationsbasis setzt sie den Einzelnen jedoch in einen größeren Kontext, als Böhnisch und Lösch dies getan haben.

Bezugnahme auf den Fall und Positionierung zum Mandatsbegriff

Die ratsuchende Mutter im Fallbeispiel hat einen Anspruch auf Hilfe durch das Jugendamt. Diese Hilfe wurde ihr bisher auch gewährt, und zwar in Form einer Sozialpädagogischen Familienhilfe. Der Konflikt liegt nun darin, dass die Hilfe überraschend um die Hälfte verringert werden soll. Weder die sozialpädagogische Familienhelferin noch die Mutter verstehen diese Entscheidung. Mit Blick auf diese Konfliktsituation soll nun diskutiert werden, welche Akteure im konkreten Fall womöglich auf welcher Mandatsgrundlage handeln.

Die Sozialarbeiterin im Jugendamt agiert hier innerhalb des Doppelten Mandats. Sie löst das darin liegende Spannungsverhältnis zwischen Klient_inneninteresse und behördlichen Kontrollinteressen derart auf, dass sie die Hilfe entgegen den geäußerten Interessen der Mutter und den Bedürfnissen ihres Kindes verkürzt. Sie argumentiert weder mit Bezug auf wissenschaftsbegründete Erkenntnisse, noch verweist sie auf vermeintliche Vorgaben des Jugendhilferechts (die für eine Verringerung auch keine Grundlage bieten würden). Sie benennt auch keine weiteren Bezugspunkte für ihre Entscheidung. Weder erklärt sie ihr Handeln, noch eröffnet sie eine gemeinsame Diskussion mit der Mutter über die Entscheidung. Sie verkündet lediglich ihre Entscheidung. Die Sozialarbeiterin im Jugendamt bewegt sich hier sichtbar von den Emanzipationsinteressen der Mutter weg. Damit verletzt sie erstens das Recht der Mutter und ihres Kindes auf geeignete Hilfe, zweitens das Recht des Kindes auf Beziehungskontinuität und Alltagsstabilität und riskiert darüber hinaus drittens, dass die Position der Mutter im Familiengerichtsverfahren geschwächt wird.

Auch die Sozialarbeiterin der Familienhilfe löst das Spannungsverhältnis zugunsten behördlicher Interessen auf und verletzt damit ebenfalls zentrale Interessen der Mutter und ihres Kindes. Sie agiert weitgehend passiv. Sie weist lediglich darauf hin, dass sie im Falle einer Kürzung für die Unterstützung der Mutter aus fachlichen Gründen nicht mehr zur Verfügung steht. Sie setzt sich darüber hinaus aber nicht wirksam für die Interessen von Mutter und Kind ein, etwa indem sie sich Bündnispartner_innen außerhalb der Institution sucht und mit diesen gemeinsam für das Recht der Mutter auf Unterstützung streitet. Sie ist dem Druck ihres kleinen Jugendhilfeträgers ausgesetzt, der auf ein gutes Verhältnis zum Jugendamt angewiesen ist (▶ **Organisation Sozialer Arbeit**).

Die in ihrer Tätigkeit unabhängige Ombudsfrau sieht die uneingelösten Rechte der Mutter auf wirksame und geeignete Hilfe. Sie sieht auch die behördlichen Zwänge der beteiligten Fachkräfte. Angesichts der vorherrschenden Machtasymmetrie zwischen ratsuchender Mutter und belastetem Kind auf der einen Seite und Fachkräften auf der anderen Seite stellt sie sich bewusst an die Seite der Mutter (▶ **Macht und Haltung**). Das Tripelmandat stellt für die Ombudsfrau einen Rahmen dar, innerhalb dessen sie wirksame Unterstützung für die Familie einfordern kann: Sie stattet die Mutter mit Wissen über ihre Rechte aus. Sie unterstützt die Mutter bei der Durchsetzung ihrer hier missachteten Rechte und zieht dazu wissenschaftliches Wissen zur Wirksamkeit von Hilfen und zur Bedeutung von stabilen Hilfebeziehungen hinzu. Mit diesem Wissen und dieser Unterstützung kann es der Familie gelingen, eine akzeptable Hilfe weiterhin im bisherigen Umfang einzufordern und durchzusetzen.

Fazit

Im Fallbeispiel zeigt sich, dass die Fachkraft im Jugendamt und die Fachkraft der Familienhilfe die behördlichen Interessen zur Grundlage ihrer Entscheidung über die Gestaltung der Hilfe machen. Beide ergreifen nicht die Möglichkeit, im Sinne des Tripelmandats zu agieren. Die Mitarbeiterin des Jugendamtes löst das Spannungsverhältnis zum Nachteil der Familie. Die Häufung solcher Konfliktsituationen in den vergangenen 15 bis 20 Jahren war es, die dazu geführt hat, dass sich vielerorts ombudschaftliche Initiativen gegründet haben. Durch das Handeln unabhängiger Ombudspersonen kann es möglich werden, dass Entscheidungen in der Kinder- und Jugendhilfe unabhängig von Zwang, Druck und Zeitgeist und stattdessen an unveräußerlichen Menschenrechten und überprüfbaren wissenschaftlichen Erkenntnissen ausgerichtet werden.

Das Tripelmandat eröffnet dabei, und darauf soll abschließend verweisen werden, nicht nur Fachkräften der ombudschaftlichen Arbeit, sondern allen in der Sozialen Arbeit Tätigen den Raum für eine Orientierung an der Idee sozialer Gerechtigkeit und damit für eine widerständige Praxis.

Leseempfehlungen

- Böhnisch, L., und Lösch, H.: Das Handlungsverständnis des Sozialarbeiters und seine institutionelle Determination; in: Otto, H. U., und Schneider, S. (Hg.), Gesellschaftliche Perspektiven der Sozialarbeit, Neuwied 1973, S. 21–40

- Lob-Hüdepohl, A.: „People first". Die ‚Mandatsfrage' sozialer Professionen aus moralphilosophischer Sicht; in: EthikJournal 1/2013, S. 1–22; URL: https://www.ethikjournal.de/fileadmin/user_upload/ethikjournal/Texte_Ausgabe_1_04-2013/1_2013_1_Lob-Huedepohl.red.pdf. (24. 05. 2019)
- Staub-Bernasconi, S.: Soziale Arbeit als Handlungswissenschaft. Systemtheoretische Grundlagen und professionelle Praxis – ein Lehrbuch, Bern, Stuttgart und Wien 2007

Ulrike von Wölfel und Björn Redmann

Menschenrechtsprofession

Grundsätzlich kann davon ausgegangen werden, dass jede Person mit einem Smartphone durch die Betreiber*innen von Apps an fast jedem Standort zur Informationsgewinnung überwacht werden kann. Dies geschieht natürlich auch dann, wenn sich eine Person bei einem (Beratungs-)Angebot der Sozialen Arbeit befindet oder dieses Angebot die Person selbst aufsucht (z. B. ambulante Hilfen zur Erziehung oder Streetwork). Gleichzeitig können wir davon ausgehen, dass die Standortinformation der Sozialarbeitenden diesen Weg vom Dienstgerät (PC mit IP-Adresse oder ebenfalls ein Smartphone) ebenfalls nimmt. Wenn im Kontext dieser Interaktion Herausforderungen des Menschen zutage treten, welche die Fach- und Verweisungskompetenzen überschreiten, wird oftmals über einen Browser nach schnellen Informationen und Lösungen gesucht. Wenn nun aber die beiden Standortinformationen mit Informationen zum Krankheitsbild oder einer anderen Lebenslage ergänzt werden (und darüber hinaus vielleicht noch eine App mit Spracherkennung aktiviert ist), ist es möglich, dass durch Algorithmen die Daten verknüpft und für verschiedene Interessierte offengelegt werden. Diese Daten können dann wiederum (aus)genutzt werden, um das Profil der jeweiligen Person zu erweitern und ihr besondere kommerzielle Angebote zu unterbreiten – bei einer Drogen-Herausforderung beispielsweise Online-Angebote für Ratgeber*innen-Bücher oder gar Entzugsklinik-Plätze.

Vorbemerkungen

> „Da die Anerkennung der angeborenen Würde und dergleichen und unveräußerlichen Rechte aller Mitglieder der Gemeinschaft der Menschen die Grundlage von Freiheit, Gerechtigkeit und Frieden in der Welt bildet, (...) verkündet die Generalversammlung diese Allgemeine Erklärung der Menschenrechte als das von allen Völkern und Nationen zu erreichende gemeinsame Ideal, damit jeder einzelne und alle Organe der Gesellschaft sich diese Erklärung stets gegenwärtig halten und sich bemühen, durch Unterricht und Erziehung die Achtung vor diesen Rechten und Freiheiten zu fördern" (Auszug aus der Präambel der deutschen Übersetzung der Allgemeinen Erklärung der Menschenrechte/AEMR).

Die AEMR ist in erster Linie ein Haltungspapier (▸ **Macht und Haltung**), welches alle dazu auffordert, an der Verwirklichung des in ihr proklamierten und in 30 Artikeln differenziert festgehaltenen Ideals mitzuwirken und für dessen Einhaltung einzustehen – also auch die Soziale Arbeit, bei der sicherlich die meisten davon ausgehen, dass sie dies per se tut (▸ **Menschenrechtsprofession**). Mit unserem oben dargestellten, vielleicht auch unerwarteten Beispiel hebeln wir diese Annahme aus, denn: Soziale Arbeit achtet bei vielen Gelegenheiten auf den

Schutz von Datenmaterial. Das Beispiel zeigt aber klare Lücken auf und diese führen zu einer Verletzung der Menschenrechte, denn Artikel 12 der AEMR besagt für dieses Szenario: „Niemand darf willkürlichen Eingriffen in sein Privatleben, seine Familie, seine Wohnung und seinen Schriftverkehr oder Beeinträchtigungen seiner Ehre und seines Rufes ausgesetzt werden. Jeder hat Anspruch auf rechtlichen Schutz gegen solche Eingriffe oder Beeinträchtigungen." Amnesty International (2019) selbst wirft den großen Internetkonzernen mittlerweile vor, mit ihren Geschäftsmodellen gegen Menschenrechte zu verstoßen.

Menschenrechte als Bezugsrahmen der Sozialen Arbeit

Silvia Staub-Bernasconi (2017, S. 26 f.) hat in einem kurzen historischen Überblick gezeigt, dass es seit 1902 mit *Jane Addams* (u. a. in Hull House in Chicago) Bezüge der Sozialen Arbeit auf Menschenrechte gibt. Spätestens mit dem International Policy Paper „Human Rights" der International Federation of Social Workers (IFSW) im Jahre 1988 wurde Soziale Arbeit in ihrer Grundkonzeption als Menschenrechtsprofession aufgefasst. Seitdem sind international, kontinental und national diverse fachpolitische Papiere entstanden bis hin zur Verabschiedung der revidierten „Global Definition of Social Work" an der Weltkonferenz von IASSW (International Association of Schools of Social Work) und IFSW in Melbourne/Australien. Laut aktueller deutscher Übersetzung bilden die „Prinzipien sozialer Gerechtigkeit, die Menschenrechte, die gemeinsame Verantwortung und die Achtung der Vielfalt … die Grundlage der Sozialen Arbeit" (DBSH 2016).

Soziale Arbeit ist damit ohne den Bezug zu den Menschenrechten fast nicht zu denken. Den tatsächlichen Begriff „Soziale Arbeit als Menschenrechtsprofession" hat allen voran Silvia Staub-Bernasconi geprägt. Ihre Überlegungen und Ausführungen bilden die Basis für viele andere Fachveröffentlichungen sowie für die grundlegende Ausformung einer solchen (weltweiten) Sozialen Arbeit.

Menschenrechte als Analyseinstrument

In der Praxis treffen Sozialarbeitende immer wieder auf Missstände, mit denen ihre Adressat*innen konfrontiert oder denen sie ausgesetzt sind. Die bloße Empörung seitens der Fachkräfte reicht im Kontext der Menschenrechtsprofession nicht aus und bleibt auch in ihrer Argumentationsstärke gegenüber entsprechenden staatlichen Instanzen zu schwach (▸ **Kritische Soziale Arbeit – Politik der Sozialen Arbeit**). Vielmehr geht es darum, die überstaatlichen Menschenrechte (die in Form der AEMR nicht wirklich rechtsbindend sind, aber in diversen UN- sowie EU-Konventionen dann doch wieder rechtsbindend aufgenommen wurden) als Basis und Bewertungsmaßstab für eine genauen (Lebens-) Situationsanalyse heranzuziehen und dabei Rechtsbrüche aufzuzeigen, die in der öffentlichen Auseinandersetzung wesentlich mehr Gewicht mit sich bringen und damit auch konkreten Handlungsdruck erzeugen (Prasad 2017, S. 24).

Bezogen auf unser obiges Praxisbeispiel wäre dies der Artikel 17 des UN-Zivilpaktes bzw. der Artikel 8 der Europäischen Menschenrechtskonvention (EMRK), die in Teilen fast wörtlich auf den oben zitierten Artikel 12 der AEMR beruhen. Konsequenterweise müssten Sozialarbeitende öffentlich auf den Missstand der Datenerhebung und -verwertung durch Betreibende von Apps (z. B. Google oder Facebook) insbesondere bei der Online-Suche nach Hilfs- und Beratungsangeboten für die jeweiligen privaten Herausforderungen hinweisen und Alternativen einfordern.

Menschenrechte als Referenzrahmen – das Tripelmandat

Die Menschenrechte können nicht nur zu besagter Situationseinschätzung dienen. Sie können darüber hinaus zur Orientierung bei der Annahme oder Verweigerung von ► **Mandaten** genutzt werden; zur Legitimation eines Auftrags, der zwar den staatlichen Gesetzen widerspricht, die aber wiederum den Menschenrechten entgegenstehen; und schließlich auch zur eigenbestimmten Beauftragung, um bspw. menschenrechtswidrige Umstände anzugehen (ebd.).

In diesen Ausführungen spiegelt sich das weithin bekannte Tripelmandat der Sozialen Arbeit, welches wiederum Silvia Staub-Bernasconi (bspw. 2007, S. 198 ff.) postuliert hat. Nach ihr kann Soziale Arbeit überhaupt erst dann nicht nur ein Berufsfeld, sondern eine tatsächliche Profession sein, wenn diese neben das staatliche Mandat und das der Adressat*innen (beide zusammen bilden das klassische „Doppelmandat") ein eigenständiges, professionsbezogenes Mandat stellt. Dieses dritte Mandat setzt sich zusammen aus einer auf den Gegenstand der Profession bezogenen wissenschaftlichen Beschreibungs- und Erklärungsbasis und damit wissenschaftsbegründeten Arbeitsweisen sowie Methoden, einer ethischen Basis in Form eines Berufskodexes, welcher u. a. zentrale Fragen der Profession regelt, „und schließlich im Fall der Sozialen Arbeit die in ihrem Berufskodex explizit erwähnten *Menschenrechte* als eine Legitimationsbasis, die über legale Gesetze und bindende Verträge, Aufträge und Arbeitsbündnisse hinausweisen und, wenn nötig, eigenbestimmte Aufträge ermöglichen" (ebd., S. 200, Hervorh. i. O.) und weiter als Regulativ auch dazu dienen können, „sich sowohl von den möglichen Machtinteressen und Zumutungen der Träger, fachfremder Eingriffe anderer Professionen wie der Vereinnahmung durch illegitime Forderungen durch die Adressat(inn)en kritisch zu distanzieren" (ebd., S. 201).

Mit der Datenschutzgrundverordnung (DS-GVO) besteht ein staatlicher Auftrag zum Schutz privater Daten, welcher die oben benannten Artikel bestärkt. In der Tat halten einige Sozialarbeitenden (Beratungs-)Kontakt mit ihren Adressat*innen (bspw. in der Mobilen Jugendarbeit) über WhatsApp und begründen dies mit der Orientierung an deren Lebenswelt (► **Lebenswelt und Alltag**) – insoweit ein Auftrag, sich digital dort aufzuhalten. Nach unserem Dafürhalten müssen sich Sozialarbeitende von diesem Auftrag unter transparenter

Beziehung auf die Menschenrechte und die DS-GVO distanzieren. Anstatt dessen könnten sie sich selbst mandatieren, geeignete Alternativen auszumachen bzw. zu erschaffen, und diese den Adressat*innen anzubieten.

Der Menschenrechtsansatz in der Praxis

Eberlei, Neuhoff und Riekenbrauk (2018) benennen fünf (methodische) Elemente, die den Menschenrechtsansatz in der Sozialen Arbeit ausmachen:

- Die „Menschenrechtsbildung" ist das grundlegendste Element. In einem Dreiklang geht es darum, Bildung *über* Menschenrechte zu leisten, also den Akteur*innen die Normen, zugrundeliegende Werte und Schutzinstrumente zu vermitteln; Bildung *durch* Menschenrechte bezieht sich auf die Haltungen und Einstellungen bei der Wissensvermittlung und der generellen Interaktion, die allen voran von Partizipation und Inklusion (▸ **Integration und Inklusion**) geprägt sein müssen; und schließlich steht Bildung *für* Menschenrechte im engen Zusammenhang mit Emanzipation und Empowerment, also der Stärkung von Menschen darin, ihre eigenen Rechte und die anderer wahrzunehmen und zu schützen (ebd., S. 197 f.).
- Damit Adressat*innen über Wege und Mittel sowie über Chancen und Risiken in der Wahrnehmung ihre Rechte auf regionaler, nationaler und internationaler Ebene vollumfänglich informiert sind, ist die „Rechtsberatung" ein zweites wichtiges Element. Neben dem professionsbezogenen Wissen um Sozialgesetzgebung und Menschenrechte ist die Unterstützung durch geeignete Jurist*innen in diesem Bereich sinnvoll und angebracht (ebd., S. 198–203).
- Institutionen der Sozialen Arbeit können nur dann der Freiheit und Würde des Menschen gerecht werden, wenn sie entsprechend ausgestaltet sind. Daher sind „Beiträge zur menschenrechtlichen Organisationsentwicklung" unabdingbar und betreffen beispielsweise die entsprechende Formulierung eines Leitbildes sowie dessen Umsetzung, eine an Diversität orientierte Personalentwicklung sowie das Vorhalten von Ombudspersonen bzw. -stellen (ebd., S. 203 ff.).
- Die „Politische Menschenrechtsarbeit" beschreibt insbesondere wie das professionelle politische Mandat ausgestaltet werden muss. In der politischer Makroebene gilt es öffentliche Diskurse mitzugestalten und Einfluss auf Entscheidungsträger*innen und Gesetzgebungsverfahren zu nehmen auf Ebene der Bundesländer, des Bundes und international; wobei dies vorrangig über Wohlfahrts-, Interessens-, Berufsverbände und Gewerkschaften organisiert sein sollte. Die Arbeit auf der politischen Mesoebene ist kaum anders, betrifft aber regionale oder lokale Organisationen und Projekte (▸ **Organisation Sozialer Arbeit**), und schließt insbesondere Gremienarbeit oder auch öffentliche Proteste mit ein. Die politische Mikroebene bilden schließlich

die Sozialarbeitenden selbst und deren Wahrnehmung sozialer Phänomene in ihrer politisch-strukturellen Bedingtheit (ebd., S. 205 ff.).

- Schließlich ist die „Weiterentwicklung der professionellen Identität" über ein menschenrechtsbasiertes Selbstverständnis, dementsprechend ausgebildete persönliche Haltungen und kritisches Reflexionsvermögen sowie die bewusste (Nicht-)Verwendung von Begrifflichkeiten – bspw. „Soziale Randgruppen" versus „Menschen mit (Bürger*innen-)Rechten" – ein entscheidendes Element Sozialer Arbeit als Menschenrechtsprofession (ebd., S. 207 ff.).

Wir überlassen es der geneigten Leser*innenschaft, unseren anfänglichen Fall entlang dieser Praxis auszubuchstabieren, um so den Menschenrechtsansatz beispielhaft einzuüben.

Leseempfehlungen

- Staub-Bernasconi, S.: Menschenwürde – Menschenrechte – Soziale Arbeit. Die Menschenrechte vom Kopf auf die Füße stellen, Opladen, Berlin und Toronto 2019
- Widersprüche. Zeitschrift für sozialistische Politik im Bildungs-, Gesundheits- und Sozialbereich: Soziale Arbeit und Menschenrechte (Heft 107); URL: https://www.widersprueche-zeitschrift.de/IMG/pdf/widersprueche_107.pdf (28. Okt. 2019)
- digit.social (https://digit.social/) will Perspektiven für die Soziale Arbeit in der Digitalisierung entwickeln und richtet den Fokus dabei auf Themen der Freiheits- und Persönlichkeitsrechte des Individuums im digitalen Wandel. „Digitale Mündigkeit" wird somit zum Auftrag sozialarbeiterischen Handelns.
- Zahlreiche weiterführende Literatur, Dokumente und Materialien finden sich auf den Webseiten humanrights.ch und www.institut-fuer-menschenrechte.de.

Andreas Borchert und Kai Fritzsche

Verstehen

In einer Fallschilderung heißt es: „In der zweiten Klasse einer Grundschule springt Tim, acht Jahre, ganz plötzlich von seinem Stuhl, sieht sich kurz suchend um, rennt durch die Stuhlreihen und nimmt sich von den Tischen der anderen verschiedene Dinge, die er trotz eindringlicher Worte der Lehrerin auf keinen Fall wieder herausrücken will. In Seminaren zur Sozialen Arbeit oder auf Fortbildungen mit Lehrkräften oder Schulsozialarbeitenden erzählt und die Zuhörenden nach spontanen Deutungen gefragt, entsteht oft das Bild eines Jungen, der ein ‚schwieriger' Schüler ist, vielleicht an ADHS leidet, der die ganze Klasse aufmischt, verhaltensauffällig ist, und seine Lehrer wie Lehrerinnen an die Grenzen ihrer Geduld bringt" (Ader 2011, S. 159).

Wie ist nun im „Fall Tim" vorzugehen? ▸ **Methodisches Handeln** in der Sozialen Arbeit ist *immer* als ein Vorgang zu verstehen, der auf der Grundlage von Annahmen (Hypothesen) beruht. Möglicherweise ist es so, dass Tim tatsächlich unter einem Aufmerksamkeits-Defizit-Hyperaktivitäts-Syndrom (ADHS) leidet und deshalb „schwierig" ist. Denkbar ist aber auch, dass er am Nachmittag zu einem Kindergeburtstag eingeladen ist, für den er noch ein Geschenk braucht, oder er möchte ein bisschen „action" in den Unterricht bringen, den er langweilig findet. Oder er möchte die Lehrerin nur ärgerlich machen, damit sie anschließend mit seiner Mutter spricht, denn die ist nämlich immer so traurig und braucht Hilfe (vgl. ebd., S. 159f.).

Jedenfalls muss ein Fall *verstanden* werden[1]. Dazu muss (im Rahmen jeder ▸ **Fallarbeit**) die aktuelle persönliche Situation des Subjekts analysiert werden (sog. *Exploration*); sie soll Soziale zudem mit weiteren Beteiligten (Familie, andere professionelle Helfer*innen, Schule u.a.) vertraut machen. Dabei nähert sich der Soziale dem Fall mit den ersten Annahmen über den Fall, z.B. könnte es sein, dass Tim den Unterricht langweilig findet und ein wenig „aufmischen" möchte. Solche Annahmen sind immer nur vorläufig gültig und können jederzeit „über den Haufen" geworfen werden. Die Ergebnisse sind (bedingt durch eine Vielzahl unbestimmbarer Faktoren) stets ungewiss. Ein Zusammenhang zwischen Ursache (Was treibt Tim an?), vorweggedachtem Weg (Was sollte mit bzw. für Tim getan werden?), Handlungsvollzug (Wie und was wird mit ihm

1 Verstehen des Falls ist alltägliche Forschung in der Profession Soziale Arbeit und unterschieden von der Forschung zur und über die Soziale Arbeit in der Disziplin, wie sie Aspekt der ▸ **Sozialarbeitswissenschaft** oder der Partizipativen Sozialforschung ist (vgl. von Unger 2014).

getan?) und Wirkung (Was ist das Ergebnis? Stimmt es mit den Erwartungen überein?) lässt sich in der Sozialen Arbeit nicht herstellen.

Dies zu klären ist also nicht einfach. Explorierend könnte Tim nun direkt gefragt werden, was „sein Thema" ist; womöglich sagt er frei heraus, was ihn veranlasst hat, sich so zu verhalten. Womöglich aber ist es ihm unangenehm, sich rechtfertigen zu müssen. Vielleicht will er „nur ganz schnell raus aus der Nummer", mit der Folge, dass er irgendetwas sagt. Oder er glaubt zu wissen, was von ihm erwartet wird, was er sagen soll oder in einer gegebenen Situation (im Beisein der genervten Klassenlehrerin) sagen muss.

Zudem beschränkt sich der Fall auch nicht auf ein gezeigtes Verhalten oder eine direkte Bitte um Beratung oder Hilfe; in einem Fall von Kindesmisshandlung greifen viele Verhaltensweisen (z.B. Abwehr, Verdeckung, Schuldgefühle) und Hintergründe (z.B. Überforderung, Zwänge, Lust an Gewalt) ineinander, die sich auf den ersten Blick nur schwer erschließen lassen und zu einem unklaren Ersteindruck führen können.

Die ersten (zudem oft widersprüchlichen) Eindrücke verweisen auf das grundlegende Problem, inwieweit *überhaupt* zu erkennen ist, was wirklich ist. Soziale erleben Ratsuchende nur selten unmittelbar („wirklich"), also dann, wenn sich ein Klärungsbedarf ergibt. Sie sind darauf angewiesen, dass ihnen dazu etwas mitgeteilt wird. Sie erfahren also subjektive Geschichten über Geschehenes, die verwoben sein können (in der Regel wohl auch verwoben sein werden) mit den persönlichen Deutungen, Hoffnungen und Wünschen eines Menschen. Menschen machen sich ihr Bild von der Wirklichkeit, die sie auf der Grundlage ihrer subjektiven Deutungen und in der Kommunikation mit anderen Menschen konstruieren und die damit ihre Zugänge zu Situationen und ihre Handlungen bestimmt: Sie handeln im Rahmen ihrer subjektiven Wahrnehmung davon, was sie in einer Situation als wirklich empfinden (Wirklichkeitskonstruktion), und der jeweiligen Bedeutung, die sie dieser Situation beimessen (vgl. Thomas 1928). Damit entsteht eine „große Projektionsfläche für subjektive Deutungen" angesichts des Wunsches, eine stimmige (konsistente) Geschichte zu präsentieren, dass nämlich „etwas aus bestimmten Gründen so und nicht anders geschehen sein möge." Dieser Wunsch nach Konsistenz bestimmt nicht nur die Erzählung, „sondern auch die Interpretation des Beraters, der aus dem *erzählten* Leben des Klienten das *gelebte* Leben zu rekonstruieren versucht" (Bamberger 2001, S. 18f., Hervorh. i. O.).

Auch deshalb wird die Deutung des Falls zu einem Dialog zwischen Sozialen und Subjekt führen und als stets vorläufig angesehen werden, denn im weiteren Dialog können sich immer wieder neue Aspekte ergeben, die den Fall in einem neuen Licht erscheinen lassen. Es wird eine systematische Exploration erforderlich, um einerseits die Oberflächenstruktur (Anamnese) und andererseits die Deutung in der Tiefstruktur (Diagnose) des Falles zu ermöglichen:

- *Anamnese* (griechisch für [Wieder-]Erinnerung) stellt (als strukturierte Exploration und Dokumentation) eine „Erfassung der Lebensgeschichte unter besonderer Berücksichtigung eventueller Ursachen eines störenden Erlebens und Verhaltens (dar). Sie dient vor allem der Erkundung der Entwicklung und der Sozialisation, der familiären Eckdaten, der Konflikte und der Ressourcen (z.B. Sozialisation, Erkrankungen, Trennungen, gute Phasen, besondere Ereignisse) der diagnostizierten Person“ (Northoff 2012, S. 29). Eine Anamnese ist prinzipiell unvollständig; sie muss in jedem neuen Fall *neu* erfolgen und kann nur die Grundlage für die Entwicklung des weiteren Vorgehens bilden. Wissen, das Soziale aufgrund ihres Studiums mitbringen (z.B. pädagogisches Wissen über Kinder und die Bedingungen ihres Aufwachsens), muss in den Hintergrund treten, um offen für die besonderen Aspekte jeden Falles sein zu können.

  Anamnese meint also, Transparenz herzustellen und einen Fall und den Menschen, der den Fall „mitbringt“, kennenzulernen. In diese Erfassung der Lebensgeschichte fließen subjektbezogene Informationen ein, z.B. zum biografischen Hintergrund, den familiären und sozialen Beziehungen, der schulischen bzw. beruflichen Situation oder zum physisch-psychischen Status (z.B. gesundheitliche Belastungen, psychische Erkrankungen [► **Gesundheit**]). Die Ermittlung dieser Informationen wird durch eine offene Fragehaltung (Was weiß ich genau und was nicht?) gekennzeichnet, z.B. durch Fragen nach beteiligten Personen (Wer?), Sachverhalten und Themen (Was?), Zeitabläufen, Termine (Wann?), Orte (Wo?) und Ereignissen, Geschehnissen oder Handlungen (Was?). Erfahrungen im sozialen Umfeld und auch aus früheren Kontakten werden erfasst, systematisiert und dokumentiert. Die Informationen stammen in der Regel vom Subjekt selbst, werden durch Einbeziehung Dritter (z.B. Familienangehörige) oder aus ggf. schon vorliegenden Unterlagen (Fallakten) gewonnen.
- Ist der Fall anamnestisch geklärt, geht es darum, ihn in seiner Tiefenstruktur zu verstehen und zu deuten. Eine Diagnose verlangt von Sozialen, Informationen (aufgrund eigener Beobachtungen, verfügbarer Unterlagen oder Aussagen Dritter) zu sammeln, „zu prüfen, zu vergleichen und schließlich zu bewerten. Hieraus werden Arbeitshypothesen gebildet, die es ermöglichen, Aussagen bezüglich konkreter Hilfeformen zu treffen und entsprechende Entscheidungen in die Wege zu leiten. Diagnose ermöglicht ein strukturiertes Fallverstehen“ (Weyrich 2011, S. 188). Solches Diagnostizieren verlangt von Sozialen, dass dabei durch

  > „fundierte Beurteilungen von Lebensumständen, Entwicklungspotentialen oder Gefährdungsmomenten (…) sowohl psychische und soziale Faktoren für Entwicklung und Gefährdung kenntnisreich erkundet als auch Vorstellungen, Wünsche und Ängste der Menschen selbst respektvoll berücksichtigt werden (sollen). Ziel dieser

durchblickenden Anstrengungen ist es, zu realisierbaren Vorschlägen (...) z.B. für geeignete Hilfen oder notwendige Interventionen zu kommen" (Müller, C.W. 2013, S. 205f.).

Deutlich wird damit, dass eine Diagnose von der Fähigkeit Sozialer abhängt, Menschen zutreffend einzuschätzen. Fallverstehen ist darauf ausgerichtet, deren Eigen-Sinn, Widersprüche, Spannungen und Brüche in der Lebensgeschichte zu rekonstruieren und zu entschlüsseln. Damit ist immer die Gefahr verbunden, den Fall zu missdeuten. Gründe können z.B. Zeit- und Ressourcenmangel durch zu viele gleichzeitig zu bearbeitende Fälle (was eine aufmerksame Betrachtung ausschließt), Handlungsdruck (weil z.B. die Gefährdung des Kindeswohls im Raum steht, also schnell gehandelt werden muss) oder die expertokratische Sozialisation der Sozialen sein (wonach ihre Ausbildung und die dadurch erlangte Qualifikation es rechtfertigen, Urteile über Sachverhalte zu fällen und Maßnahmen auch gegen den Willen eines Menschen einzuleiten [▸ **Macht und Haltung**]). Es kann sich auch um eine „Klientifizierung" (statt einer ▸ **Subjekt- und Ressourcenorientierung**) handeln, d.h. darum, dass die vorherrschenden „Klientenbilder" (also die durch z.B. eine psychologische Perspektive geprägten Bilder, wie Menschen „so" sind) tendenziell eher eine „Diagnostizierung von Hilfebedürftigkeit" zur Folgen haben, die durch die Wahrnehmung von Defiziten gekennzeichnet wird (vgl. Michel-Schwartze 2007, S. 125f.).

Oft ist dabei der erste Eindruck bedeutsam, der den Blick lenkt, der aber nachhaltig trügen und zu Fehlannahmen und -schlüssen führen kann (vgl. Kähler 2011, S. 22ff.). Es ist daher erforderlich, Vorwissen und Vorannahmen zum Ausdruck zu bringen, „damit sie für eine gezielte Suche genutzt und nicht als Vor-Urteile den Blick verengen und verfälschen" (Schrapper 2008, S. 199). Erwartungen Sozialer, die sich z.B. in den Vorstellungen von einem „normalen Leben" zeigen, können den Hintergrund für solche Vor-Urteile bilden. Damit wird auch ein diagnostisches Problem deutlich, das in der Abweichung der Deutungsmuster der üblicherweise zur Mittelschicht zählenden Sozialen (mit ihren spezifischen Werten und Vorstellungen von „erwartbarem Verhalten", Bestimmung von „Schamgrenzen", „gut und böse", „richtig und falsch", „besonders schlimm") im Verhältnis zur eigen-sinnigen Lebensführung ihrer Zielgruppen besteht und zur Bestimmung ihres Verständnisses z.B. von „Abweichung", „Verwahrlosung" und „Handlungsbedarf" führt. Auch biografische Erfahrungen (z.B. persönliche Erfahrungen in einer ähnlich gelagerten Situation) oder Schematisierungen (aus einem ähnlich gelagerten Fall auf diesen zu schließen, ohne dessen Besonderheiten noch sehen zu können) können den Blick auf den Fall beeinflussen oder gar verstellen. In jedem Fall sind es die Sozialen selbst, die den eigenen Verwicklungen aufmerksam begegnen und reflektieren müssen, „mit welchen institutionelle und persönlichen Normen und Werten die Fachkräfte ihren Fällen begegnen und welche eigenen Konflikte und Streitfragen die Helfer ‚auf dem Rücken' der Klienten ‚austragen'" (ebd., S. 201 f.). Es geht damit um die auf sich selbst bezogene Fähigkeit Sozialer, sich die eigenen Prägungen und das So-geworden-Sein bewusst zu machen und reflektiert auf das berufliche Handeln zu beziehen (vgl. Geißler/Hege 1999, S. 229 ff.), also sensibel zu sein z. B. für die Gefahren der Beschämung oder die Grenzen von Nähe und Distanz. Einschätzungen und Urteile sind immer Ergebnis biografischer Erfahrungen und kultureller Prägungen in Familie, (Hoch-) Schule, Ausbildung und (Herkunfts-)Milieu (▸ **soziales Milieu**). Dies zu wissen muss Soziale veranlassen, in der Einschätzung und Beurteilung der Anliegen und Notlagen der Subjekte keine falsche „Sicherheit" an den Tag zu legen, was z. B. ihre Möglichkeiten und Ressourcen angeht, zur Bewältigung ihrer Anlässe beizutragen (oder nicht beitragen zu können). Jede Situation ist als neue und eigene Situation wahrzunehmen, und so werden die Möglichkeiten der Akteure, zur erfolgreichen Bearbeitung des gemeinsamen Themas beizutragen, von den je neu wahrgenommenen Umständen der Situation mitbestimmt, wie auch die „Tagesform" des/der Sozialen dieses Gelingen beeinflusst. Deshalb ist dabei seitens der Sozialen systematisch immer eine (immer wieder zu erinnernde) Fremdheitshaltung einzunehmen: Soziale, Subjekte und andere am Fall Beteiligte kommen in der Regel aus unterschiedlichen sozialen Welten. Soziale wissen zunächst nichts von dem, was ein Mensch als Anlass betrachtet, mit ihm zu tun haben zu wollen oder zu müssen.

Leseempfehlungen

- Pantuček, P.: Soziale Diagnostik. Verfahren für die Praxis Sozialer Arbeit, 3. Aufl. Wien, Köln und Weimar 2012
- Wendt, P.-U.: Lehrbuch Methoden der Sozialen Arbeit, 2. Aufl. Weinheim und Basel 2017, insbesondere S. 122–152

Peter-Ulrich Wendt

Selbstsorge

Anonym wird aus einem Allgemeinen Sozialen Dienst (ASD) eines Jugendamtes berichtet: „... was heute so läuft, das ist einfach nur falsch, das läuft gegen die Wand. Das ist in meinen Augen keine Sozialarbeit mehr. Das geht schon seit 2005 so, denn damals ereilte uns unter dem Stichwort ‚Sozialraumorientierung' eine neue, als absolut verbindlich zu sehende Verfahrensstruktur"; dabei handele es sich „letztlich eigentlich nur um eine weitere Verschärfung der schon 1990 eingeführten Neuen Steuerung, die der Ökonomisierung und der Verbetriebswirtschaftlichung direkt in die Hand arbeitete". Was das mit Sozialraumorientierung zu tun haben solle, „das kann ich nicht nachvollziehen", denn „hier muss ich stur einem festgelegten Ablaufschema folgen. Man versucht den sozialpädagogischen Prozess durchschaubar, planbar und damit steuerbar zu machen, und kontrolliert ihn entsprechend". In anderen Stellungnahmen ist die Rede davon, dass Soziale auf wachsende Fallzahlen, komplexere Fallstrukturen, unbesetzte Planstellen, Fehlzeiten u.a. mit Krankheit reagieren, auch „langjährige Kollegen, die den Dauerstress nicht aushalten" und in andere Aufgabenfelder wechseln (Seithe/Wiesner-Rau 2013, S. 19ff., 92, 105).

57% der erwachsenen deutschen Bevölkerung bezeichneten sich 2013 im Rahmen einer repräsentativen Studie des Forsa-Instituts „manchmal" bzw. „häufig" als gestresst, zwei Drittel fühlten sich mehr Stress ausgesetzt als noch vor drei Jahren. Insbesondere die Altersgruppe der 25- bis 55-Jährigen nimmt sich als stressbelastet wahr. Als wichtigster Stressfaktor gelten dabei das Berufsleben bzw. Studium und die Berufsausbildung, insbesondere die Merkmale „zu viel Arbeit" (65%) und „Termindruck, Hetze" (62%). Mit persönlich als wachsend erlebtem Stress nimmt die Arbeitszufriedenheit ab. 61% sind der Überzeugung, dass das Leben heute stressiger sei als vor 15 oder 20 Jahren; allerdings ist ein gutes Drittel der Auffassung, dass heute nur mehr über Stress gesprochen werde. Dort, wo der Stress intensiv erlebt wird, klagen 73% über Rückenschmerzen oder Muskelverspannungen, 52% über Schlafstörungen, 41% über Nervosität und Gereiztheit und 65% über Erschöpfung und Ausgebranntsein.

Solche Entwicklungen zeigen sich auch in der Sozialen Arbeit, z.B. in der ▸ **Kinder- und Jugendhilfe** (insbesondere zur Arbeit im ASD wurden wiederholt wissenschaftliche Forschungsergebnisse vorgelegt, z.B. Beckmann/Ehlting/Klaes 2018, Averbeck 2019, Handke/Görges 2019): Stress und psychische Beanspruchung zeigt sich dort u.a. darin, dass sich gut ein Viertel der Befragten als unter Frustration und Abschaltproblemen, Überforderung und Besorgnis leidend beschreibt, mehr als ein Drittel häufig Stresssituationen erlebt. Soziale, die häufig Frustration und Abschaltprobleme, Überforderung und Besorgnis erleben, weisen „signifikant häufiger körperliche Symptome" auf (vgl. Klomann

2016, S. 414ff., zit. S. 415). In einer anderen Studie wird berichtet, dass etwa ein Drittel der im ASD tätigen Sozialen über Schlafstörungen klagen (vgl. Poulsen 2016, S. 442). Ebenso viele teilen mit, dass sie in ihrer Freizeit häufig bzw. immer über problematische Fälle nachdenken, was bei vier von zehn Sozialen zumindest manchmal der Fall ist (vgl. Jungbauer/Büchel 2013, S. 39).

Dazu kommt eine Arbeitsverdichtung durch steigende Fallzahlen (Fälle je Mitarbeiter/in), die mit einer wachsenden Komplexität der Fälle einhergeht. Spitzenwerte zwischen 160 und 180 und durchschnittlich zwischen 60 und 100 Fällen je Mitarbeiter/in werden berichtet; die Tätigkeit im ASD sei zudem „eine belastende Arbeit ohne Wertschätzung“ (vgl. Poulsen 2016, S. 439ff., zit. S. 440). In der Konsequenz „treffen erschöpfte Familien auf erschöpfte Fachkräfte, wobei die Erschöpfung der Fachkräfte nicht nur im Bereich ihrer persönlichen, sondern auch der öffentlichen Ressourcen besteht“. Sie sollen bei den Anlässen in Not geratener Kinder, Eltern und Familien helfen, ohne dabei selbst über die hierfür notwendigen Ressourcen zu verfügen (vgl. Schäuble/Rätz 2015, S. 39).

Unter solchen Bedingungen müssen Soziale für sich selbst sorgen, um beruflich nicht auszubrennen. Sie müssen sich in ▸ **Beziehung und Arbeitsbündnis** zu und mit den Subjekten (in der Klärung von Distanz und Nähe) aufmerksam verhalten und die vielfältigen (v.a. emotionalen) Verstrickungen wahrnehmen, die die Beschäftigung mit dem Leben anderer, ihren Anliegen und Notlagen und ihrem Eigensinn in ihrer Lebensführung mitbringen. Sie sind dabei nur in wenigen Fällen nicht mit ihrer Biografie beteiligt; in ihrer Helfer*innen-Persönlichkeit liegen zahlreiche Hinderungen, die ein Gelingen von Interventionen erschweren können. Zu fragen wäre z.B., welche Hoffnungen und Wünsche Soziale (z.B. nach Nähe, Anerkennung, Dank, auch Unterwerfung) mit ihrer Hilfe verbinden und durch ihre „Klienten“ erfüllt sehen wollen. Ein Aspekt kann dabei sein, dass Soziale (als scheinbar allzuständige, alle Probleme lösende, ständig hilfsbereite Berater/inne/n) einen Weg finden, in der Beziehung zu Beratenen ihre in ihrer Biografie (v.a. in der Kindheit) zu kurz gekommenen emotionalen Bedürfnisse nach Nähe, Bestätigung und Zuwendung (ersatzweise) zu befriedigen. Helfen sei dann „als Suche nach narzisstischer Befriedigung, nach Geltung, Macht, Ansehen, nach emotionaler Nähe bei gleichzeitig erhaltener Kontrollmöglichkeit“ (vgl. Schmidbauer 2011, S. 40, zit. n. ebd.) zu deuten (▸ **Macht und Haltung**). Bereits als Kind kann die Einstellung erworben worden sein, „dass die eigene Schwäche unangenehm und mit einem Gefühl der Wertlosigkeit verknüpft ist. Um dicse Mangelerlebnisse auszugleichen, meiden HelferInnen alle sozialen Beziehungen, in denen sie nicht die Gebenden, die Stärkeren oder die Versorgenden sind. Sie suchen Sicherheit und Selbstbestätigung darin, sich in der helfenden Interaktion aufopfernd um die HilfeempfängerInnen zu kümmern“ (Lieber/Maischatz 2012, S. 118). Emotional zum Problem kann dies werden, wenn diese aufopfernde Hilfe eben nicht anerkannt wird, wenn sich

Gefühle mangelnder Anerkennung, schließlich der Zurückweisung oder der Erschöpfung (psychosomatische Reaktionen, Burnout) einstellen.

Solche Selbstsorge bedeutet in Fällen beruflicher Vereinnahmung ein Bewusstsein dafür zu entwickeln, dass auch Soziale selbst Unterstützung brauchen, den komplexen beruflichen Alltag zu bewältigen. Diese *berufliche Achtsamkeit* ist als ein sensibles Schauen auf sich selbst zu verstehen, mit dem Soziale die eigenen Bedürfnisse prüfen und in Bezug zu ihrer professionellen Rolle und Aufgabe setzen. Verfahren beruflicher Achtsamkeit dienen (auch) in Situationen beruflicher Anspannung dazu, z.B. durch den Blick nicht beteiligter Dritter einen Wechsel in der Perspektive zu ermöglichen (und sich dadurch situativ zu entlasten), der helfen kann, die eigene Wahrnehmung (neben der Klärung von Fachfragen) sowohl in Bezug auf das Distanz-Nähe-Verhältnis als auch die Rahmungen Sozialer Arbeit (▸ **Mandat**) zu klären. Solche Verfahren sind z.B.:

- *Supervision,* d.h. die Beratung und Weiterbildung von Fachkräften (v.a. des Sozial- und Gesundheitswesens), wobei die Reflexion und Bearbeitung von Schwierigkeiten des beruflichen Alltags, die sich aus Kommunikations- und Beziehungsprozessen ergeben haben, im Zentrum stehen. Supervision wird „verstanden als ein praxisorientiertes und wissenschaftlich fundiertes Konzept für personen- und organisationsbezogene Beratungstätigkeiten in der Arbeitswelt". Das Konzept ist u.a. gekennzeichnet durch „eine Fokussierung auf Beratungsthemen aus Beruf und Arbeit, eine Fokussierung auf die Ermöglichung des vertieften Verstehens beruflicher Handlungen neben Hinweisen zu deren Veränderung" sowie „eine besondere Werthaltigkeit der Beratung, die nachhaltigen Nutzen bevorzugt erzielen will, eine besondere Kennzeichnung der Rolle des/der Berater/in durch ein adäquates, kritisch-loyales Arbeitsbündnis, das auf eine Verbesserung beruflicher Arbeit zielt sowie durch eine Qualitätsentwicklung und -sicherung im Rahmen einer Profession und deren Organisation" (DGSv 2009, S. 7).
- *Coaching* bezeichnet eine *individuelle Beratung in beruflichen Fragen;* meist wird darunter eine spezielle Supervision für Führungskräfte verstanden, d.h. eine berufliche Reflexion bzw. eine Dialogform über Themen aus Beruf und der beruflichen Rolle als Leitungskraft. Gegenstand ist stets eine aktuelle, konkrete Situation im professionellen Handlungsvollzug, die Sozialen kurzfristige Veränderungen ermöglichen soll; es geht immer auch um die Mobilisierung der Energien und Ressourcen der Sozialen selbst, die sie in die Lage versetzen, solche Veränderungen zu erreichen. Anlässe können aber auch Themen sein, die der Coach wahrnimmt (z.B. die Verfangenheit der Sozialen in Konflikten); insoweit reagiert der Coach nicht auf Vorgebrachtes (wie in der Supervision), sondern ihm kommt auch die Aufgabe zu, Themen von sich aus anzusprechen.

- *Intervision:* Um sich z. B. biografisch bedingter Verstrickungen in die Dynamik eines Falles bzw. einer Situation im beruflichen Alltag bewusst zu werden und damit achtsam (d. h. reflektiert und zugleich sich selbst schützend) umgehen zu können, stellen selbstreflexive Fähigkeiten eine Kompetenz Sozialer zur kritischen Beurteilung des eigenen Handelns dar: Nicht ein/Außenstehende/r (Supervisor/in, Coach) leitet die Klärung an, sondern eine Gruppe Professioneller selbst, die sich zum diesem Zwecke (regelmäßig, kontinuierlich) zusammenfindet (v. a. die Kollegiale Beratung). Die Intervisionsgruppe bietet einer Gruppe den „Raum für kollegialen Erfahrungsaustausch, Solidarraum für das Erleben ähnlicher Rollen, Feedbackraum, Raum für das Fallverstehen als Ergebnis kollegialer Leistung sowie Lernraum für alle Gruppenteilnehmer (Qualifizierung)" (Weigand 2009, S. 243). Es gilt, die (alltäglichen) Bedingungen, unter denen Soziale Arbeit zu leisten ist, in Kollektiven und unter Gleichen als Kolleg*innen zu reflektieren und daraus (fachliche, politische) Schlussfolgerungen einer gemeinsamen Mitgestaltung dieser Bedingungen zu ziehen, d. h.: *solidarisch zu handeln* (▸ **Kritische Soziale Arbeit – Politik der Sozialen Arbeit**).

Leseempfehlungen

- Henn, S., Lochner, B., Meiner-Teubner, C.: Arbeitsbedingungen in der Sozialen Arbeit. Ausdruck gesellschaftlicher Anerkennung; in: Soziale Arbeit 1/2018, S. 2–10
- Krauß, E. J.: Supervision für soziale Berufe; in: Thole, W. (Hg.), Grundriss Soziale Arbeit. Ein Einführendes Handbuch, 4. Aufl. Wiesbaden 2012, S. 719–733
- Linderkamp, R.: Kollegiale Beratungsformen. Genese, Konzepte und Entwicklung, Bielefeld 2011
- Tietze, K.-O.: Kollegiale Beratung. Problemlösungen gemeinsam entwickeln, 9. Aufl. Reinbek 2018

Peter-Ulrich Wendt

Kritische Soziale Arbeit – Politik der Sozialen Arbeit

Marie ist Sozialarbeiterin und arbeitet in einer Beratungsstelle für wohnungslose Menschen. Mithilfe der methodischen Grundlagen der Einzelfallarbeit, die in der Wohnungslosenhilfe an das Case Management, einem sog. Unterstützungsmanagement, angelehnt sind und im Hilfeplan Gestalt annehmen, versucht sie die Handlungsperspektiven ihrer Adressat*innen zu erweitern (vgl. Lutz/Sartorius/Simon 2017, S. 115 ff.). Nach einigen Jahren in der Beratungsstelle stellt Marie fest, dass sich trotz ihres professionellen Handelns die Handlungsspielräume ihrer Adressat*innen kaum sichtbar erweitern und dass diese teilweise sogar schrumpfen. Sie fragt sich: Woran liegt das und kann ich etwas dagegen tun, was über meine Tätigkeit in der Beratungsstelle hinausgeht, „womit (ich nicht) institutionell beauftragt (bin) und wofür (ich nicht) bezahlt (werde)" (Scherr 2015, S. 277)?

Diese Fragen versuchen wir im vorliegenden Artikel zu beantworten. Um dies konkret zu illustrieren, verwenden wir Marie und die Wohnungslosenhilfe als Projektionsfläche.

Worum geht es?

In ihrer Darstellung von „Programmatiken und aktuelle(n) Diskurse(n) der Wohnungslosenhilfe" halten Lutz/Sartorius/Simon fest, dass der Wohlfahrtsstaat politisch unter Druck steht und bei wachsenden sozialen Problemen immer weniger Geld zur Verfügung stellt. An die Stelle des aktiven ▸ **Sozialstaates**, der soziale ▸ **Rechte** ernst genommen hat, tritt der aktivierende Sozialstaat, der Leistung an eine Gegenleistung knüpft (▸ **Fördern und Vermeiden**). Darin haben neue Formen der Elendsverwaltung Konjunktur (vgl. 2017, S. 218). Dieses neue Management des Elends drückt sich in der Rückkehr von längst überwunden geglaubten Praktiken aus: Bürgerschaftliches Engagement wird in Form von Almosen und Barmherzigkeit (Tafeln, Suppenküchen, Kleiderkammern usw.) im Gemeinwesen aktiviert, so dass Benachteiligungen von armen Menschen ohne staatliche Hilfen bewältigt werden könnten (vgl. ebd., S. 221 ff.).

Das öffentliche Bild von wohnungslosen Menschen ist von einer mit moralisierendem Unterton geführten Debatte über persönliche Verantwortung bestimmt. Den Adressat*innen wird vorgeworfen, dass sie keine Motivation zur Arbeitsaufnahme besäßen („faule Arbeitslose") und sich obendrein noch im wohlfahrtsstaatlichen System „eingenistet" hätten.

Weiterhin merken die Autoren an, dass sich im gesellschaftlichen Denken eine Normalisierung von Armut (kein sozialpolitischer Skandal, sondern ein Ärgernis) verfestigt hat und immer häufiger von extremer Armut (relative Armut wird als weniger bedrohlich wahrgenommen; „es gibt Menschen, denen geht es weitaus schlechter, und denen müssen wir zuerst helfen") gesprochen wird (▶ **Besondere Lebenslagen**). Dementsprechend erfolgt eine individualisierende Verantwortlichkeitszuschreibung von Armut, die wieder als Schuld bzw. Nichtschuld codiert wird („würdige" und „unwürdige Arme"). Damit einher geht, dass die Gefahrenabwehrverordnungen in Städten („aggressives Betteln" soll verhindert werden) zunehmen und dies mit einer Schamhaftigkeit der Armut (dass Menschen sich nicht mehr an das Hilfesystem wenden, sondern sich am Rande der Gesellschaft Nischen suchen, um unterzutauchen) verbunden ist (vgl. ebd., S. 219 ff.). Die hier dargestellten Diskurse „legen Kritik an sozialen Verhältnissen und Praktiken nahe, die den Adressatinnen und Adressaten (der Wohnungslosenhilfe) grundlegende Bedingungen eines guten und würdigen Lebens verweigern" (Scherr 2015, S. 275). Doch welche Kritik kann damit gemeint sein und wie ist diese ausgestaltet?

Welche Kritik?

Kritik wird gemeinhin als Bewertung von menschlichen Handlungen und materiellen Objekten gefasst. Jedoch ist hier eine Kritik gemeint, die genau solche Bewertungen in den Blick nimmt und insofern als „Infragestellung von überlieferten Dogmen und Ideologien, unzutreffender Tatsachenbehauptung und argumentativer Inkonsistenzen" (Scherr 2012a, S. 112) zu verstehen ist.

In dem vorliegenden Beitrag wird auf eine Möglichkeit (von mehreren), Kritik auf der Ebene der Theoriebildung zu fassen, zurückgegriffen, deren Erkenntnisinteresse sich auf die Aufklärung von (vor)herrschenden Interessensstrukturen richtet (vgl. Kessl 2013, S. 107). Dies äußert sich im Aufzeigen von Macht- und Herrschaftsstrukturen, wodurch das „Potenzial der Verletzung" transparent wird und „praktische Brüche und Widersprüche im Kontext der (vor)herrschenden Transformationsdynamik" (ebd.) offengelegt werden. „Kritik meint in diesem Sinne das Vermögen der Unterscheidungsfähigkeit und zugleich das kontinuierliche und unabschließbare Bemühen um die Einnahme von Gegenpositionen. (…) Es geht … immer um ‚reflektierte Unfügsamkeit'" (ebd.). Dabei wird hier reflektierte Unfügsamkeit als eine kritische Haltung gefasst, die sich in vermeintlich „nur" auf „kleinräumige, begrenzte, schrittweise Veränderungen" (Anhorn u. a. 2012, S. 18) abzielenden Handlungen widerspiegelt. Jedoch wiedersteht diese explizit reflexive Kritik der eigenen reduktionistischen Vehemenz, da auch ihre Grundannahmen keine unumstößlichen Gewissheiten darstellen, „(denn) die Kritik macht vor der Kritik nicht halt (…). Folglich bewegt sich jede Kritik, die sich nicht dogmatisch gegen Infragestellungen abschließt, auf einer notwendig unsicheren, fragilen Grundlage" (Scherr 2012a, S. 114). Deswegen geht mit einer kritischen Haltung einher, sich einem unabschließbaren „Prozess der Hinterfragung theoretischer und praxeologischer Grundannahmen" (ebd.) zu stellen. Ebenso ist darin die Reflexion der eigenen Verstrickungen in Machtstrukturen, also Mit-Täter*innenschaft, enthalten (vgl. Kessl 2013, S. 107).

Die zuvor beschriebene kritische Haltung macht sich Marie nun zu eigen. Dabei versucht sie die Praktiken des bürgerschaftlichen Engagements in Gestalt von Almosen und Barmherzigkeit (Tafeln, Suppenküchen usw.) hinsichtlich einer Funktionsverschiebung Sozialer Arbeit in Richtung von Verwaltung der Armut zu hinterfragen: „Inwiefern ist es (den Tafeln) möglich, nicht nur Überlebenshilfe, also Notversorgung zu leisten, sondern auch zu einer Befähigung ihrer NutzerInnen beizutragen, und inwiefern sind sie in der Lage, über die Linderung akuter Notlagen hinaus, Menschen bisher nicht verfügbare Handlungsperspektiven zu eröffnen" (ebd., S. 146)?

Informiertes Einmischen als politische Handlungsmaxime der Sozialen Arbeit

Die oben entlehnte Skizzierung von ausgewählten, aktuellen Diskursen enthält neben dem Verweis auf eine neue bzw. alte „Verwaltung des Elends" (Lutz/Sartorius/Simon 2017, S. 223) eine Vielzahl von Aspekten, die aus einer kritischen Haltung zu hinterfragen sind: angefangen bei der neoliberalen Programmatik eines aktivierenden Sozialstaats („Fördern und Fordern") über die Absenkung der zumutbaren Grenzen von Armut bis hin zu individualisierenden Ursachen- und Verantwortlichkeitszuschreibungen der Notlagen, in denen sich Adressat*innen der Wohnungslosenhilfe befinden. Marie erkennt diese kritisch zu hinterfragenden Diskurse in ihrem Arbeitsfeld und nimmt diese, nicht ohne zu widersprechen, hin. Widersprechen meint hier „eine politische ‚Anwaltsfunktion' zu erfüllen …, ‚die sich nicht nur auf die Durchsetzung der Rechte Einzelner richtet, sondern auf die Thematisierung sozialer Probleme, auf die Vertretung von Anliegen und Interessen von Menschen in Wohnungsnot in der Öffentlichkeit und gegenüber der Politik'" (ebd., S. 225) zielt. Um dieser Anwaltsfunktion nachkommen zu können, muss sie sich in die angeführten Diskurse einmischen. Dabei ist Einmischen „als offensive Notwendigkeit eines kräftigen Überschreitens der eigenen Grenzen" (Thiersch 2014, S. 33) zu verstehen. Denn Marie erfüllt ihre Arbeit nicht nur im Sinne eines unreflektierten „Diensts nach Vorschrift", sprich sie orientiert ihr professionelles Handeln nicht ausschließlich an politischen, rechtlichen, finanziellen und organisatorischen Vorgaben. Vielmehr bezieht sie auch ihre Adressat*innen mit deren Erfahrungen, Deutungsmustern und Alltagspraxen mit ein, die quer zu den herrschenden Deutungen und Vorstellungen (s. Abschnitt „Welche Kritik?") liegen. Diese konkreten Erfahrungen der Ausschließung, Stigmatisierung und Ausbeutung, die in eine spezifische, historisch-gesellschaftlichen Wirklichkeit eingebettet sind (vgl. Anhorn u. a. 2012, S. 18), stellen die Ausgangs- und Bezugspunkte von Maries informierten Einmischen dar, wodurch die Basis für eine Positionierung in politischen Arenen gelegt wird und Möglichkeiten für Veränderungsstrategien erkennbar werden.

Schluss – Marie vernetzt und positioniert sich

Vor dem Hintergrund, „dass wir es im Alltag – in den Einrichtungen und Trägern, in den Hochschulen und in der Arbeit mit Adressat_innen und Nutzer_innen – immer mit konfliktförmigen Feldern zu tun haben" (Kessl/Stövesand 2014, S. 18), bewegt sich Soziale Arbeit in vielfältigen Spannungsverhältnissen zwischen politisch-gesellschaftlichen, individuellen und professionellen Interessenlagen, welche oftmals durch sich gegenseitig widersprechende Erwartungshaltungen und damit einhergehende Aufträge geprägt sind. „Zu verstehen, wie diese Interessenkonflikte verlaufen, und dann mit ihnen umzugehen, sie offenzulegen, um dann auch Koalitionen und Bündnisse bilden zu können (...) das ist, was Politik Sozialer Arbeit meinen kann" (ebd.). Die „Akteur_innen in der Sozialen Arbeit (sind) gefordert (die) allgemein-gesellschaftlichen wie fachlich-professionelle Relevanzbestimmungen auf ihre Logiken und Effekte hin zu befragen sowie die Veränderungen von Relevanzbestimmungen kritisch zu reflektieren ... (und) dann (im) zweiten Schritt, sich innerhalb des Feldes dieser Bestimmungen immer wieder erkennbar und nachvollziehbar zu positionieren" (ebd., S. 19).

Insofern kann die erste, eingangs gestellte Frage „Woran liegt das?" mithilfe der Beobachtung und Analyse von gesellschaftlichen und professionellen Transformationsdynamiken beantwortet werden. Auf der Grundlage solcher Analysen bildet u.E. der Verweis auf eine Kritik, die sich in der „Aufklärung der (vor)herrschenden Interessenstrukturen" (Kessl 2013, S. 107) materialisiert, sowie auf das informierte Einmischen als konkretes Eingreifen in gesellschaftliche und fachliche Diskurse eine Antwortmöglichkeit auf die zweite Frage „Was kann Marie tun?" ab. Für Marie bedeutet das, dass sie in einem sich kontinuierlich wiederholenden Prozess „gefangen" ist. Denn das Resultat dieses Prozesses ist immer für den gegenwärtigen Moment eine kontextualisierte, politische Position, derer sich Marie allerdings nie vollkommen sicher sein kann und deren Inhalte wandelbar sind. Dabei ist dieses Vorgehen nicht mit Beliebigkeit zu verwechseln, es meint vielmehr das Gegenteil davon, nämlich die ständige Offenheit gegenüber der Sache und die kritische Reflexivität von eigenen und von anderen Positionen.

Damit Marie ihre Positionen hörbar vertreten kann, ist es erforderlich, sich in Gruppen zu organisieren. Somit bedarf es neben des informierten auch eines organisierten Einmischens der Akteur*innen aus der Sozialen Arbeit, indem auf der Grundlage von gemeinsam geteilten Interessen verbunden mit dem Streben, gesellschaftliche Diskurse mitzugestalten, Positionen gegenüber anderen Akteur*innen in politischen Arenen und im öffentlichen Raum offensiv vertreten werden. „(Sei) dies als Mitglied einer Nutzerinitiative, eines Berufsverbandes oder der Gewerkschaft oder einer Studierenden-Initiative" (Kessl/Stövesand 2014, S. 19). Außerdem positionieren sich auch „Projekte der Kritik im Format sozialer Bewegungen" (Kessl 2013, S. 94): das Unabhängige Forum Kritische

Soziale Arbeit, der Verein Kritische Soziale Arbeit in Wien (Kriso), das gleichnamige Forum für Kritische Soziale Arbeit in Zürich, Bern, Basel und St. Gallen, die Linzer und die Soltauer Initiative, das Social Work Action Network (SWAN) sowie der neu gegründete Arbeitskreis Kritische Soziale Arbeit (AKS), dessen Regionalgruppen bundesweit miteinander vernetzt sind.

Leseempfehlungen

- Anhorn, R., u. a. (Hg.): Kritik der Sozialen Arbeit – kritische Soziale Arbeit, Wiesbaden 2012
- Kessl, F.: Soziale Arbeit in der Transformation des Sozialen. Eine Ortsbestimmung, Wiesbaden 2013
- Panitzsch-Wiebe, M., Becker, B., und Kunstreich, T. (Hg.): Politik der Sozialen Arbeit – Politik des Sozialen, Berlin und Toronto 2014

Tilman Kloss und Andy Nenke

Macht und Haltung

Eine Sozialhilfeempfängerin „gibt jeden Monat ihre Stütze schon in den ersten elf Tagen aus, um sich dann für den Rest des Monats mit allen möglichen Tricks und Schuldenmachen über Wasser zu halten, bis das dann auch nicht mehr geht, weil die neuen Schulden nicht mehr zu managen sind und die alltägliche Lebensführung zusammenbricht. SozialarbeiterInnen entrüsten sich oft über solche Fälle, meinen, dass die KlientInnen nicht mit ihrer Sozialhilfe haushalten, denn mit Geschick und Verzicht – man würde ihnen ja dabei helfen – müssten solche KlientInnen doch gut über die Runden kommen" (Böhnisch 2008, S. 246).

Das von *Lothar Böhnisch* eingeführte Beispiel verweist ...

- einerseits – und im schlechteren Fall – auf die (angenommene oder tatsächliche) Möglichkeit, anderen Vorschriften machen zu können, wie sie ihr Leben zu führen haben (d.h. Zwang auszuüben), bzw. – im etwas besseren Fall – auf eine gutgemeinte Besserwisserei Sozialer, es mit den eigenen Ratschlägen, wie sie besser „über die Runden" kommen könnten, doch „nur gut" zu meinen;
- andererseits auf die Notwendigkeit, sich als Soziale/r selbstkritisch zu fragen, ob die eigenen Vorstellungen – insbesondere davon, was ein „gutes Leben" ist, wie „man" sich bei der alltäglichen ▸ **Lebensbewältigung** „richtig" zu verhalten hat – überhaupt angemessen sind.

Eingeschlossen ist dabei immer auch die Frage, inwieweit Soziale gegenüber Subjekten Macht (und damit Zwang) ausüben (dürfen) und ob sie Autorität beanspruchen (können). Unter *Macht* wird allgemein die Möglichkeit verstanden, den eigenen Willen auch gegen den Widerstand Anderer durchzusetzen; findet dies letztlich keine Anerkennung durch die Betroffenen, dann ist auch von Gewalt die Rede (vgl. Hartmann 2007b, S. 405). *Autorität* bezeichnet dagegen den als rechtmäßig anerkannten Einfluss einer Person oder Gruppe auf andere. Es handelt sich also um „grundsätzlich anerkannte, geachtete Macht. Jemand Autorität zuzuschreiben bedeutet, sich ihm freiwillig unterzuordnen und die damit verbundene Abhängigkeit zu bejahen" (Paris 2008, S. 33). Solche funktionale Autorität fußt in der Regel auf Experten-, Sach-, Fach- oder professioneller Autorität (vgl. Hartmann 2007a, S. 73 f.).

Professionelle Autorität wird in der Sozialen Arbeit, z.B. im Rahmen der Regelungen des Sozialgesetzbuches begründet (▸ **Recht**): Macht (und Zwang) kommt z.B. in der ▸ **Kinder- und Jugendhilfe** dann zum Tragen, wenn im Zusammenhang mit der Klärung von Fällen der Kindeswohlgefährdung (z.B. aufgrund einer Misshandlung oder sexuellen Missbrauchs) Kinder aus der Herkunftsfamilie herausgenommen werden müssen. Soziale üben aber auch professionelle Autorität – und damit zugleich eben auch Macht – aus (ohne dass dies unmittelbar zu erkennen wäre), z. B. im Falle der Planung und Verabredung von (erzieherischen) Hilfen, weil sie ihr Expertenwissen und -können einsetzen und so Zwang auf die Subjekte ausüben, eine von den Sozialen bevorzugte Hilfe in Anspruch zu nehmen (vgl. Urban-Stahl 2012). Dies kann dazu führen, dass auch deren Rechte nicht in vollem Umfang (oder nur teilweise) zum Tragen kommen, weil sich die Expertensicht der Sozialen durchsetzt.

Dies kann sich z. B. im Begriff der „Risikofamilie" äußern, die aufgrund bestimmter Merkmale (einem Wohnort, der stigmatisierend als „sozialer Brennpunkt" verschrien ist, aufgrund der großen Kinderzahl u. ä.) als besonders gefährdet betrachtet wird, mit der Erziehung ihrer Kinder überfordert zu sein (ohne dass es dafür ein Anzeichen zu geben braucht). Mit Angeboten der Familienbildung (▸ **Lebensbewältigung – Soziale Arbeit im mittleren Lebensalter**) ist vielleicht der wohlmeinende Anspruch verbunden, die Erziehung in der Familie in eine bestimmte Richtung zu lenken, was Bewertungen von richtigen/gutem bzw. falschen/schlechten Erziehungsverhalten einschließt. Dabei werden die Alltagslogiken der Akteure ausgeblendet, „aus deren Perspektive andere Handlungsoptionen durchaus Sinn ergeben können" (Bischoff 2012, S. 73; vgl. Iller 2012). Sinnvoll kann es daher sein, eine Zweitmeinung einzuholen, um auf den Fall eine andere Wahrnehmung und Sicht zu hören (vgl. Urban-Stahl 2012, S. 145 f., 152). Jedenfalls liegt es an ihnen, ein Interesse für die (fremde) Lebenswelt des Gegenübers zu entwickeln und eigensinnige Lebensentwürfe und Praxen der Lebensführung zu akzeptieren. Auf jeden Fall, so *Burkhard Müller*, bleibt das „wichtigste ‚Instrument', ohne das alles andere wenig hilft", die/der Soziale selbst, wenn sie selbst über ein „selbstbewusstes, gelassenes und von Überheblichkeit freies Verhältnis zu sich selbst und ihrer Arbeit" verfügen (Müller, B. 2004, S. 75 f.).

Autonomie ist damit als der Versuch zu verstehen, Selbstbestimmung zu ermöglichen bzw. als Soziale/r sich der Möglichkeit der im eigenen Handeln (insbesondere unbewusst) eingeschlossenen Fremdbestimmung bewusst zu werden, z. B. die körperliche, geistige und soziale Entwicklung eines Kindes zu sichern, ohne dabei eine erzieherische Übermacht auszuüben (vgl. Wolff 2017, S. 101).

Diese Ambivalenz von Autorität und Autonomie, Fremd- und Selbstbestimmung stellt ein Grundthema der Sozialen Arbeit dar (▸ **Autonomie und Würde**). Zwischen angemessenen fachlichen Maßnahmen einerseits und den organisatorischen Rahmenbedingungen, denen Soziale Arbeit unterliegt (z. B. Bedingungen und Ansprüche der ▸ **Gesellschaft**, Vorgaben des Rechts, finanzielle Ausstattung, Ziele und Organisation der Träger Soziale Arbeit [▸ **Organisation Sozialer Arbeit**]), andererseits wird deren professionelle Autonomie ein-

als Soziale: reflektieren!

geschränkt. Soziale unterstützen die Menschen, mit denen sie zu tun haben, müssen aber zugleich Ansprüche der Gesellschaft auch gegen diese Menschen verwirklichen; dabei müssen sie sich an den gesellschaftlichen Normalitätserwartungen orientieren. Dies bildet sich v.a. in Form gesetzlicher Vorschriften ab, z.B. in konkreten Vorgaben, die das Verhalten von Menschen begrenzen, sei es, wie sich Jugendliche im öffentlichen Raum bewegen können (Ge- und Verbote, Bestimmungen des Jugendschutzrechts) oder welche Schutzrechte Kinder und welche Pflichten ihre Eltern haben. Soziale nehmen immer auch ein doppeltes ▸ **Mandat** – Hilfe und Kontrolle – gleichermaßen wahr.

Soziale Arbeit fördert also nicht nur das Wohlbefinden von Menschen (und so deren Autonomie), sie kontrolliert zugleich immer auch, ob gesellschaftliche bzw. politische Erwartungen oder das, was in der gegebenen Gesellschaft jeweils als „normal" und wünschenswert betrachtet wird, erfüllt werden.

Im Sinne von ▸ **Beziehung und Arbeitsbündnis** wird sich dieses Spannungsverhältnis bewältigen lassen, wenn der Hilfeaspekt bei aller Kontrolle in den Vordergrund gestellt wird: Selbst bei einer Kindeswohlgefährdung geht es zwar immer um Kontrolle, aber eben auch um Hilfe. Die Kindeswohlgefährdung ist zu beenden und zugleich ist auch dabei zu beraten und zu helfen, Mittel und Wege zu finden (also zu lernen), nicht mehr das Kindeswohl gefährdend zu handeln (vgl. Schone 2016, S. 1115; vgl. Lutz 2012).

Dazu ist eine Haltung erforderlich, die dies für möglich hält. Von *Haltung* ist die Rede, wenn von der inneren Einstellung einer Person gesprochen wird, die sich im Handeln zeigt, das durch eigene Werte und Normen (▸ **Ethik**) begründet (und motiviert) wird. Es handelt sich damit um eine innere Einstellung, die die Grundlage ihres Handelns darstellt und prägt. Für Soziale Arbeit heißt dies, einen an den Menschenrechten ausgerichteten Gestaltungsauftrag wahrnehmen zu wollen (insbesondere dort, wo deren Verwirklichung und gesellschaftliche Teilhabe behindert, eingeschränkt oder verweigert wird) sowie gemäß § 1 Abs. 1 SGB I „zur Verwirklichung sozialer Gerechtigkeit und sozialer Sicherheit" beitragen zu wollen (▸ **Menschenrechtsprofession**). Wenn ▸ **Emanzipation** als Mündigkeit, Teilhabe und Empowerment zentrale Zugänge Sozialer Arbeit sind, dann geht es auch darum, als Soziale überall dort, wo Teilhabe be- oder verhindert wird, darüber aufzuklären und dies öffentlich zu skandalisieren (wer und was Mündigkeit und Teilhabe be- oder verhindert) und zu verhandeln (dass Teilhabechancen eröffnet werden), also *parteilich* zu sein gegen Ungleichheit, ungerechte Verhältnisse, Machtmissbrauch u.ä.

Soziale sind gegenüber Subjekten grundsätzlich (auch unabhängig von der Ausübung des Doppelten Mandats) in einer überlegenen Position (und üben damit *Expert*innenmacht* aus), da sie über Fachwissen verfügen (das sich z.B. in einer guten Kenntnis gesetzlicher Rahmenbedingungen und Möglichkeiten äußert), mit „vergleichbaren Fällen" argumentieren können (also Vorerfahrungen einbringen können) und dies im Gespräch (durchaus auch manipulativ) zur Geltung bringen können, womit in kaum wahrnehmbarer Form die Eigensinnigkeit anderer Menschen „ausgehebelt“ wird (vgl. Herwig-Lempp 2009, S. 36f.). Die berufliche Praxis Sozialer, die ihre eigenen (zudem oft mittelschichtsgeprägten Vorstellungen von einem Leben, wie „man“ als „Klient“ oder „Klientin“ zu leben hat) auf Subjekte projiziert und aufdrängt, die ganz andere Vorstellungen davon haben, wie sie ein gutes Leben führen wollen, stellt den Subjektstatus besonders deutlich in Frage, z. T. wird dies auch systematisch von Sozialen verlangt, z. B. im Jobcenter (vgl. Grimmer 2018).

Daraus folgt für das Handeln eine Art *Kategorischer Imperativ für die Soziale Arbeit*. Der Kategorische Imperativ meint nach *Immanuel Kant* ganz allgemein und für jedes Handeln: Handle so, dass die Maxime deines Willens zugleich als Prinzip einer allgemeinen Gesetzgebung gelten könnte (Kant, Grundlegung der Metaphysik der Sitten, 1785[1]). Daraus folgt als Konsequenz für das Handeln Sozialer unmittelbar und unbestreitbar: Behandle andere so, wie du selbst behandelt werden möchtest (Kant, Kritik der praktischen Vernunft, 1788) – kurz: Bringe jedem Menschen ein Höchstmaß an Wertschätzung entgegen! *Wertschätzung* (als bedingungsfreie, vollständige Akzeptanz und Aufmerksamkeit) bedeutet, dass Soziale die Menschen, mit denen sie zu tun haben, in ihrem „So-Sein“ akzeptieren und ihnen positiv zugewandt sind und sie schätzen können, z. B. ihre (vielleicht auch scheiternden) Bemühungen, ihren Alltag in den Griff zu bekommen, ihre Anliegen selbst zu lösen oder bei der Bewältigung einer Notlage aktiv mitzuwirken. Dazu gehören das Interesse an der Meinung des Gegenübers und die Bereitschaft, sich um dessen Anliegen und Notlagen zu kümmern, auch wenn dessen ▸ **Lebenswelt und Alltag** sowie Lebensführung und Lebensstil (sehr) fremd sind. Die gesellschaftliche Individualisierung (▸ **Mittleres Lebensalter**) erzwingt den Eigensinn von Menschen (d. h. ein Bestehen auf den eigenen Weg und die Berechtigung, die Mittel dafür zu wählen), insbesondere auch deshalb, weil die früher gültigen und althergebrachten Werte und Normen (z. B. der eigenen Familie oder des Herkunftsmilieus [▸ **soziales Milieu**]) entwertet und verloren gegangen sind und stattdessen ein „Werte- und Normenhimmel“ immer wieder neu entwickelt werden muss. Soziale verzichten deshalb auf die Person betreffende Urteile; sie nehmen Subjekte so an, wie sie sind (▸ **Autonomie und Würde**). Sie werden die unterschiedlichen Vorstellungen, die die Lebensführung prägen, anerkennen und die in dieser Andersartigkeit zugleich immer möglichen Ressourcen wahrnehmen und wertschätzen müssen. Wertschätzung meint dabei keineswegs, alles hinzunehmen oder nachgiebig zu sein; es handelt sich um ein Angebot, sich auf den anderen

1 Eine Maxime beschreibt in diesem Zusammenhang das, was einem Menschen so wichtig ist, um hieran sein Handeln auszurichten, während ein Prinzip eine Grundlage des allgemeinen Handelns darstellt.

einzulassen, dessen Sichtweisen zunächst zu respektieren, ohne damit übereinzustimmen oder gutzuheißen, was gesagt wird, aber doch zu versuchen, die Darstellung als eine denkbare anzusehen (▸ **Subjekt- und Ressourcenorientierung**).

Dazu müssen Soziale eine *(selbst)reflexive Kompetenz* entwickeln, d.h. die Fähigkeit Sozialer, die eigenen Prägungen und das So-geworden-Sein weder zu verlieren noch zu verleugnen, sondern sie in das berufliche Handeln zu integrieren (vgl. Geißler/Hege 2001, S. 229ff.), d.h. Verknüpfungslinien zwischen eigener Biografie, der Herkunftskultur und den durch Erziehung und Sozialisation selbst angenommenen Werten, Regeln und Normerwartungen und der eigenen beruflichen Beziehungsarbeit herzustellen, die eigenen Identitätsentwürfe in der Ausgestaltung der beruflichen Rolle zu spiegeln und zugleich Grenzen zu setzen, die es möglich machen, Übertragungen, Verstrickungen und emotionale Kollisionen zu kontrollieren (vgl. Herriger/Kähler 2001, S. 10). Die Biografie- und Kulturbedingtheit eigener Urteile sollte dazu führen, in der Einschätzung der Subjekte und deren Lebensführung keine falsche „Sicherheit" an den Tag zu legen und vorsichtig vorzugehen. Die Gefahr der Über- oder Unterschätzung dieser Möglichkeiten im Verhältnis von Wunsch (es möge gelingen!) und Sorge (es werde ja doch scheitern) ist immer eingeschlossen und muss stets auf's Neue bewußt gemacht werden.

Der Respekt vor dem Eigensinn anderer bedeutet zugleich auch, sich damit als Soziale kritisch (aber eben nicht bevormundend) auseinanderzusetzen. ▸ **Verstehen** heißt dann, sich hineindenken und den Standpunkt des Gegenübers gedanklich nachvollziehen zu können, aber kritische Aspekte auch deutlich zu benennen. Soziale sind schließlich auch keine Freund*innen der Menschen, mit denen sie arbeiten; als Soziale leben sie in ihrer eigenen, von ihren Gesprächspartner*innen (durch Biografie, Ausbildung [▸ **Ausbildung und Beruf**], Alltagskultur, Lebensführung u.v.m.) getrennten Welt (was sie so selbst mitteilen und auch „leben" müssen).

Zusammenfassend und im Blick auf das eingangs zitierte Beispiel lässt sich damit feststellen, dass die Sozialen die Verhältnisse der Armut in einer reichen Gesellschaft nicht verstanden haben und/oder ihre eigenen biografie- und kulturbedingten Normen als gültige Werturteile gelten lassen wollen. Menschen geht es nicht nur darum, ihr Armsein zu verbergen, sondern es fällt ihnen u.U. auch schwer, sich ihre Armut einzugestehen; zugleich wollen sie auch „ganz ‚normal', wie andere auch, konsumieren, um sich über den Konsum ihr Dabeisein, ihre Teilhabe an der Gesellschaft zu ermöglichen" (▸ **Mittleres Lebensalter**). Sie brauchen vielmehr Alternativen (z.B. Anschluss an ein Mütterzentrum oder die Sicherheit einer ▸ **Selbsthilfe-Gruppe**), um in ihrer Selbstwert- und Statussuche nicht auf eine Konsumdemonstration angewiesen zu sein (vgl. Böhnisch 2008, S. 247, zit. ebd.). Zugleich geht es darum, diese *Idee vom anderen Leben* professionell als Haltung zu akzeptieren, wonach Menschen ganz eigensinnig ihre Vorstellungen vom eigenen Leben (was persönlich auch immer als *gut* empfunden werden mag) leben können, sofern nicht die Rechte anderer verletzt werden; Soziale müssen diese andere Idee, wie auch – und subjektiv „gut" – gelebt werden kann, nicht teilen (weil sie ein anderes Verständnis davon haben), aber sie müssen diese Idee respektieren.

Leseempfehlungen

- Bohlen, S.: Soziale Arbeit als Menschenrechtsprofession. Zum professionellen Umgang mit Macht und Ohnmacht; in: Soziale Arbeit 7/2017, S. 256–262
- Noack, W.: Macht und Zwang als konstitutive Bestandteile Sozialer Arbeit; in: Huxoll, M., und Kotthaus, J. (Hg.), Macht und Zwang in der Kinder- und Jugendhilfe, Weinheim und Basel 2012, S. 33–45
- Staub-Bernasconi, S.: Menschenwürde – Menschenrechte – Soziale Arbeit. Die Menschenrechte vom Kopf auf die Füße stellen, Opladen, Berlin und Toronto 2019, S. 361–420

Peter-Ulrich Wendt

Literaturverzeichnis

Ader, S.: Fallverstehen und Kollegiale Beratung in schulischen Zusammenhängen: Es könnte so sein, aber auch ganz anders! In: Baier, F., und Deinet, U. (Hg.), Praxisbuch Schulsozialarbeit, Opladen und Farmington Hills 2011: 159–177

AG B/Autorengruppe Bildungsberichterstattung: Bildung in Deutschland 2018, Berlin und Bielefeld 2018

AGJ/Arbeitsgemeinschaft für Kinder- und Jugendhilfe: Recht wird Wirklichkeit – von der Wechselwirkung zwischen Sozialer Arbeit und recht, Positionspapier, Berlin 2018

Amnesty International: Facebook und Google's pervasive surveillance poses an unprecedented danger to human rights (2019); URL: https://www.amnesty.org/en/latest/news/2019/11/google-facebook-surveillance-privacy/ (2. Dez. 2019)

Aner, K., und Hammerschmidt, P.: Arbeitsfelder und Organisationen der Sozialen Arbeit. Eine Einführung, Wiesbaden 2018

Anhorn, R., u. a.: Zur Einführung: Kristallisationspunkte kritischer Sozialer Arbeit; in: ders., u. a. (Hg.), Kritik der Sozialen Arbeit – kritische Soziale Arbeit, Wiesbaden 2012: 1–23

Ansen, H.: Soziale Beratung bei Armut, München und Basel 2006

Antonovsky, A.: Gesundheitsforschung versus Krankheitsforschung; in: Franke, A., und Broda, M. (Hg.), Psychosomatische Gesundheit, Tübingen 1993: 3–14

Antonovsky, A.: Health, stress, and coping: New perspectives on mental and physical wellbeing, San Francisco 1979

Antonovsky, A.: Salutogenese: zur Entmystifizierung der Gesundheit, Tübingen 1997

Ariès, P.: Geschichte der Kindheit. München 1978 (Orig. 1975)

Auhagen, A. E.: Zentrale Lebensthemen als Schlüssel zu einem positiven Leben; in: dies. (Hg.), Positive Psychologie, Basel 2004: 190–195

Autor_innengruppe aus Marburg: (Wie) Kann sich feministische Mädchenarbeit heute noch auf „Mädchen" beziehen? Ein Küchengespräch; in: Franke, Y., u. a. (Hg.), Feminismen heute, Bielefeld 2014: 249–268

Averbeck, L.: Herausgeforderte Fachlichkeit. Arbeitsverhältnisse und Beschäftigungsbedingungen in der Kinder- und Jugendhilfe, Weinheim und Basel 2019

Baacke, D.: Medienkompetenz als Netzwerk. Reichweite und Fokussierung eines Begriffs, der Konjunktur hat; in: Medien Praktisch 2/1996: 4–10

BAG W/Bundesarbeitsgemeinschaft Wohnungslosenhilfe: Aufruf zu einer Nationalen Strategie zur Überwindung von Wohnungsnot und Armut in Deutschland, Berlin 2014

BAG W/Bundesarbeitsgemeinschaft Wohnungslosenhilfe: BAG Wohnungslosenhilfe stellt aktuelle Schätzung für das Jahr 2018 vor. Pressemitteilung vom 11. Nov. 2019; URL: https://www.bagw.de/de/themen/zahl_der_wohnungslosen/ (10. Jan. 2020)

Bamberger, G. L.: Lösungsorientierte Beratung. Praxishandbuch, 2. Aufl. Weinheim 2001

Bareis, E., und Cremer-Schäfer, H.: Empirische Alltagsforschung als Kritik. Grundlagen der Forschungsperspektive der „Wohlfahrtsproduktion von unten"; in: Graßhoff, G. (Hg.), Adressaten, Nutzer, Agency. Akteursbezogene Forschungsperspektiven in der Sozialen Arbeit, Wiesbaden 2013: 139–159

Barth, B., u. a. (Hg.): Praxis der Sinus-Milieus, Wiesbaden 2018

Bauer, J.: Selbststeuerung: Die Wiederentdeckung des freien Willens, München 2018

Bauer, P.: Förderung der Erziehung in der Familie; in: Schröer, W./Struck, N./Wolff, M. (Hg.), Handbuch Kinder- und Jugendhilfe, 2. Aufl. Weinheim und Basel 2016: 886–912

Bauer, R., Dahme, H.-J., und Wohlfahrt, N.: Freie Träger; in: Thole, W. (Hg.), Grundriss Soziale Arbeit. Ein einführendes Handbuch, 4. Aufl. Wiesbaden 2012: 813–829

Baumann, D., und Hebel, S.: Gute-Macht-Geschichten. Politische Propaganda und wie wir sie durchschauen können, 2. Aufl. Frankfurt/M. 2016

BdP/Bundeszentrale für politische Bildung: 5 Fragen zum Community Organizing (2016); URL: http://www.bpb.de/partner/akquisos/233314/einfuehrung (25. März 2019)

Beck, U.: Risikogesellschaft, Frankfurt/M. 1986

Beckmann, C.: Nutzerforschung und soziale Dienstleistungsorganisationen. Skizze eines Forschungskonzepts; in: van Rießen, A., und Jepkens, K. (Hg.), Nutzen, Nicht-Nutzen und Nutzung Sozialer Arbeit. Theoretische Perspektiven und empirische Erkenntnisse subjektorientierter Forschungsperspektiven, Wiesbaden (i. E.) 2020

Beckmann, K., Ehlting, T., und Klaes, S.: Berufliche Realität im Jugendamt: der ASD in strukturellen Zwängen, Berlin 2018

Behnisch, M., Lotz, W., und Maierhof, G.: Soziale Gruppenarbeit mit Kindern und Jugendlichen. Theoretische Grundlage – methodische Konzeption – empirische Analyse, Weinheim und Basel 2013

Bergo, C., u. a.: Trainingskonzept zur Förderung von sozialen und personalen Kompetenzen bei sozial benachteiligten jungen Erwachsenen als Voraussetzung für Lebenslanges Lernen, Luxemburg o. J. (ca. 2006)

Bettinger, F.: Bezugswissenschaften Sozialer Arbeit – ohne Bezug zur Sozialen Arbeit? In: FORUM sozial 2/2011: 41–42

Bettinger, F.: Wider die Dominanz der „Bezugswissenschaften"; in: FORUM sozial 1/2012: 15–18

Bettmer, F.: Die öffentlichen Träger der Sozialen Arbeit; in: Thole, W. (Hg.), Grundriss Soziale Arbeit. Ein einführendes Handbuch, 4. Aufl. Wiesbaden 2012: 795–812

Bieri, P.: Wie wäre es, gebildet zu sein? In: Göppel, R., u. a. (Hg.), Bildung ist mehr, Heidelberg 2008: 11–19

Bischoff, S.: Eltern als aktive Bildungsarrangeure ihrer Kinder; in: Bertelsmann-Stiftung (Hg.), Familienpolitik neu denken, Berlin 2012: 65–81

Blättner, B., und Waller, H.: Gesundheitswissenschaft, 5. Aufl. Stuttgart 2011

Bock, K.: Einwürfe zum Bildungsbegriff. Fragen für die Kinder- und Jugendhilfeforschung; in: Otto, H.-U., und Rauschenbach, T. (Hg.), Die andere Seite der Bildung, 2. Aufl. Wiesbaden 2008: 91–105

Boeckh, J., u. a.: Sozialpolitik in Deutschland, 4. Aufl. Wiesbaden 2017

Boeßenecker, K.-H.: Spitzenverbände der Freien Wohlfahrtspflege. Eine Einführung in Organisationsstrukturen und Handlungsfelder der deutschen Wohlfahrtsverbände, Weinheim und München 2005

Böhnisch, L.: Sozialpädagogik der Lebensalter. Eine Einführung, 5. Aufl. Weinheim und München 2008

Böhnisch, L.: Lebensbewältigung. Ein sozialpolitisch inspiriertes Paradigma für die Soziale Arbeit; in: Thole, W. (Hg.); Grundriss Soziale Arbeit, 3. Aufl. Wiesbaden 2010: 219–233

Böhnisch, L.: Lebensbewältigung. Ein Konzept für die Soziale Arbeit, Weinheim und Basel 2016

Böhnisch, L.: Sozialpädagogik der Lebensalter. Eine Einführung, 7. Aufl. Weinheim und Basel 2017

Böhnisch, L., und Lösch, H.: Das Handlungsverständnis des Sozialarbeiters und seine institutionelle Determination; in: Otto, H. U., und Schneider: (Hg.), Gesellschaftliche Perspektiven der Sozialarbeit, Neuwied 1973: 21–40

Böhnisch, L., und Schröer, W.: Sozialpolitik und Soziale Arbeit. Eine Einführung, Weinheim und Basel 2012

Böllert, K.: Prävention und Intervention; in: Otto, H.-U., u. a. (Hg.), Handbuch Soziale Arbeit, 6. Aufl. München 2018: 1185–1190
Bourdieu, P.: Die feinen Unterschiede. Kritik der gesellschaftlichen Urteilskraft, Frankfurt/M. 1987
Bourdieu, P.: Ökonomisches Kapital – kulturelles Kapital – Soziales Kapital (1992); in: ders., Die verborgenen Mechanismen der Macht, Hamburg 1997: 49–79
Brödel, R.: Weiterbildung mit Arbeitslosen; in: Tippelt, R., und von Hippel, A. (Hg.), Handbuch Erwachsenenbildung/Weiterbildung, 6. Aufl. Wiesbaden 2018: 1363–1382
Bronner, K., und Paulus, S.: Intersektionalität: Geschichte, Theorie und Praxis, Opladen und Toronto 2017
Brühl, J. (Hg.): Volle Tonne, leere Teller. Was sich ändern muss. Gespräche über Armut, Verschwendung, Gerechtigkeit und notwendiges Engagement, Asslar 2019
Brussig, M., und Knuth, M.: Individuelle Beschäftigungsfähigkeit: Konzept, Operationalisierung und erste Ergebnisse; in: WSI-Mitteilungen 6/2009: 287–294
Bundesministerium für Arbeit und Soziales (Hg.): Geschichte der Sozialpolitik in Deutschland seit 1945. Band 1–11. Baden-Baden 2001 bis 2008
Buschkowski, H.: Die andere Gesellschaft, Berlin 2014
Butterwegge, C.: Armut – sozialpolitischer Kampfbegriff oder ideologisches Minenfeld; in: Schneider, U. (Hg.), Kampf um die Armut, Frankfurt/M. 2015a: 51–83
Butterwegge, C.: Sozialstaatsentwicklung, Armut und Soziale Arbeit. Prekarisierung als Herausforderung für die Profession; in: Sozial Extra 2 2015b: 38–41
Dahme, H.-J., und Wohlfahrt, N.: Aktivierungspolitik und der Umbau des Sozialstaates. Gesellschaftliche Modernisierung durch angebotsorientierte Sozialpolitik; in: Dahme, H.-J., u. a. (Hg.), Soziale Arbeit für den aktivierenden Staat, Opladen 2003: 75–100
Datta, A. (Hg.): Transkulturalität und Identität. Bildungsprozesse zwischen Exklusion und Inklusion, Frankfurt/M. 2005
DBSH/Deutscher Berufsverband für Soziale Arbeit (2002): Qualitätskriterien des DBSH. Grundraster zur Beurteilung der Qualität in den Handlungsfeldern Sozialer Arbeit; URL: https://www.dbsh.de/profession/haltung-der-profession/qualitaetskriterien.html (25. Juni 2019)
DBSH/Deutscher Berufsverband für Soziale Arbeit (2014): Berufsethik des DBSH. Ethik und Werte; in: Forum Sozial 4/2014 (Sonderausgabe)
DBSH/Deutscher Berufsverband für Soziale Arbeit e. V. (2016): Definition Sozialer Arbeit – Deutsche Fassung; URL: https://www.dbsh.de/profession/definition-der-sozialen-arbeit/deutsche-fassung/ (28. Okt. 2019)
DBSH/Deutscher Berufsverband für Soziale Arbeit (2019): IFSW; URL: (https://www.dbsh.de/der-dbsh/internationale-zusammenarbeit/ifsw.html (4. Jan. 2020)
Debus, K.: Du Mädchen! Funktionalität von Sexismus, Post- und Antifeminismus als Ausgangspunkt pädagogischen Handelns; in: Hechler, A., und Stuve, O. (Hg.), Geschlechterreflektierte Pädagogik gegen Rechts, Opladen, Berlin und Toronto 2015: 79–99
DESTATIS/Statistisches Bundesamt (2017): Pressemitteilung zur Pflegestatistik, Wiesbaden 2018; URL: https://www.destatis.de/DE/Publikationen/Thematisch/Gesundheit/Pflege/PflegeDeutschlandergebnisse.html (7. Aug. 2019)
DESTATIS/Statistisches Bundesamt (2018a). Migrationshintergrund; URL: https://www.destatis.de/DE/Themen/Gesellschaft-Umwelt/Bevoelkerung/Migration-Integration/_inhalt.html (24. Okt. 2019)
DESTATIS/Statistisches Bundesamt (2018b): Wanderungen; URL: https://www.destatis.de/DE/Themen/Gesellschaft-Umwelt/Bevoelkerung/Wanderungen/_inhalt.html (24. Okt. 2019)
Dewe, B., und Stüwe, G.: Basiswissen Profession. Zur Aktualität und kritische Substanz des Professionalisierungskonzeptes für die Soziale Arbeit, Weinheim und Basel 2016
DGSv/Deutsche Gesellschaft für Supervision: Supervision und Ehrenamt, Köln 2009

Dollinger, B.: Zur Einleitung: Perspektiven aktivierender Sozialpädagogik; in: ders. und Raithel, J. (Hg.), Aktivierende Sozialpädagogik, Wiesbaden 2006: 7–22

DKHW/Deutsches Kinderhilfswerk: Kinder von Eltern mit niedrigem Bildungsabschluss besser vor Kinderarmut schützen. Pressemitteilung vom 16. Dez. 2019; URL: https://www.dkhw.de/schwerpunkte/kinderarmut-in-deutschland/kinder-von-eltern-mit-niedrigem-bildungsabschluss-besser-vor-kinderarmut-schuetzen/ (4. Jan. 2020)

DPWV/Deutscher Paritätischer Wohlfahrtsverband Gesamtverband (2019a): 30 Jahre Mauerfall – Ein viergeteiltes Land. Der Paritätische Armutsbericht 2019, Berlin 2019

DPWV/Deutscher Paritätischer Wohlfahrtsverband Gesamtverband (2019b): Kinderarmut – Paritätische Studie belegt wachsende soziale Ungleichheit in Deutschland. Pressemitteilung vom 1. Aug. 2019; URL: https://www.der-paritaetische.de/presse/kinderarmut-paritaetische-studie-belegt-wachsende-soziale-ungleichheit-in-deutschland/ (4. Jan. 2020)

Dröge, F., und Krämer-Badonie, T.: Die Kneipe. Zur Soziologie einer Kulturform, Frankfurt/M. 1987

Durkheim, É.: Die Regeln der soziologischen Methode, (zuerst 1895) 6. Aufl. Frankfurt/M. 1984

EASSW/European Association of Schools of Social Work: Global Social Work (2019); URL: https://www.eassw.org/global-definition-of-social-work/iassw/ (4. Jan. 2020)

Eberlei, W., Neuhoff, K., und Riekenbrauk, K.: Menschenrechte – Kompass für die Soziale Arbeit, Stuttgart 2018

Engelke, E.: Soziale Arbeit als Wissenschaft. Eine Orientierung, Freiburg/Brsg. 1992

Engels, D.: Lebenslagen; in: Maelicke, B. (Hg.), Lexikon der Sozialwirtschaft, Baden-Baden 2008: 643–646

Erikson, E. H.: Identität und Lebenszyklus, Frankfurt/M. 1973

Faller, G.: Das Potenzial der Sozialen Arbeit aus Sicht der Gesundheitsförderung; in: Wendt, P.-U., Lehrbuch Soziale Arbeit, Weinheim und Basel 2018: 212–215

Faulstich, P.: Weiterbildung, München und Wien 2003

Feth, R.: Auf dem Wege zur disziplinären Heimat. Studienreform an der Katholischen Hochschule für Soziale Arbeit in Saarbrücken; in: Engelke, E. (Hg.), Soziale Arbeit als Ausbildung, Freiburg/Brsg. 1996: 78–108

Franzkowiak, P., und Hurrelmann, K.: Gesundheit; in: Bundeszentrale für gesundheitliche Aufklärung (Hg.), Leitbegriffe der Gesundheitsförderung und Prävention, (E-Book) Köln 2018

Freigang, W., Bräutigam, B., und Müller; M.: Gruppenpädagogik. Eine Einführung, Weinheim und Basel 2018

Füssenhäuser, C.: Sozialarbeiter/innen und Sozialpädagog/innen.; in: Deutscher Verein für Öffentliche und Private Fürsorge (Hg.), Fachlexikon der Sozialen Arbeit, 8. Aufl. Baden-Baden 2017: 766 f.

Galuske, M.: Methoden der Sozialen Arbeit. Eine Einführung, 5. Aufl. Weinheim und München 2007

Gastiger, S.: Erste Hilfe im Recht. Basis für Rechtsmodule. Studiengang Soziale Arbeit. Freiburg/Brsg. 2010

Geier, M.: Aufklärung. Das europäische Projekt, Hamburg 2013

Geißler, K. A., und Hege, M.: Konzepte sozialpädagogischen Handelns. Ein Leitfaden für soziale Berufe, 10. Aufl. Weinheim 2001, 11. Aufl. Weinheim 2007

Geißler, R.: Die Sozialstruktur Deutschlands, 3, Aufl. Wiesbaden 2002

Gerull, S.: 1. systematische Lebenslagenuntersuchung wohnungsloser Menschen, Berlin 2018

Gögercin, S.: Migration und migrationsbezogene Soziale Arbeit in Deutschland; in: Blank, B., Gögercin, S., Sauer, K., und Schramkowski, B. (Hg.), Soziale Arbeit in der Migrationsgesellschaft, Wiesbaden 2018: 31–41

Göppner, H.-J.: Damit „Hilfe“ Hilfe sein kann. Sozialarbeitswissenschaft als Handlungswissenschaft, Wiesbaden 2017
Gordon, T. Familienkonferenz: die Lösung von Konflikten zwischen Eltern und Kind, München 2012
Grasshoff, G. (Hg.): Adressaten, Nutzer, Agency. Akteursbezogene Forschungsperspektiven in der Sozialen Arbeit, Wiesbaden 2013
Grawe, B.: Selbsthilfegruppen; in: Edding, C., und Schattenhofer, K. (Hg.), Handbuch Alles über Gruppen: Theorie, Anwendung, Praxis, Weinheim und München 2009: 162–185
Grimmer, B.: Folgsamkeit herstellen. Eine Ethnografie der Arbeitsvermittlung im Jobcenter, Bielefeld 2018
Grunwald, K., und Thiersch, H.: Das Konzept Lebensweltorientierte Soziale Arbeit – einleitende Bemerkungen; in: dies. (Hg.), Praxis Lebensweltorientierter Sozialer Arbeit, Weinheim und München 2004: 13–39
Grunwald, K., und Thiersch, H.: Lebensweltorientierung; in: Otto, H.-U., u. a. (Hg.), Handbuch Soziale Arbeit, 6. Aufl. München 2018: 906–915
Grunwald, K., und Thiersch, H.: Praxishandbuch Lebensweltorientierte Soziale Arbeit, 3. Aufl. Weinheim und Basel 2016
Habermas, J.: Theorie des kommunikativen Handelns. Band 2: Zur Kritik der funktionalistischen Vernunft, Frankfurt/M. 1982
Hantke, L., und Görges, H.-J.: Ausgangspunkt Selbstfürsorge. Strategien und Übungen für den psychosozialen Alltag, Paderborn 2019
Hartig, J.: Tafelnutzer im Profil. Eine empirische Analyse am Beispiel Hessen, Baden-Baden 2018
Hartmann, H.: Autorität – funktionale Autorität – professionelle Autorität; in: Fuchs-Heinritz, W., u. a. (Hg.), Lexikon zur Soziologie, 4. Aufl. Wiesbaden 2007a: 73 f.
Hartmann, H.: Macht; in: Fuchs-Heinritz, W., u. a. (Hg.), Lexikon zur Soziologie, 4. Aufl. Wiesbaden 2007b: 405
Hartogh, T., und Wickel, H. H., Musik im Strafvollzug; in: Hartogh, T., und Wickel, H. H. (Hg.), Handbuch Musik in der Sozialen Arbeit. Neuausgabe, Weinheim und Basel 2019: 453–462
Hartung-Griemberg, A., und Schorb, B.: Medienpädagogik; in: dies. und Dallmann, C. (Hg.), Grundbegriffe der Medienpädagogik, 6. Aufl. München 2017: 277–283
Heckmann, W.: Sucht; in: Kreft, D., und Mielenz, I. (Hg.), Wörterbuch Soziale Arbeit, 7. Aufl. Weinheim und Basel 2013: 944–947
Hege, M.: Engagierter Dialog. Ein Beitrag zur sozialen Einzelhilfe, München und Basel 1974
Heimlich, U., und Kiel, E. (Hg.): Studienbuch Inklusion, Stuttgart 2019
Heiner, M.: Beziehungen und Beziehungsgestaltung; in: dies. (Hg.), Wissensbausteine (Handlungskompetenzen in der Sozialen Arbeit), München 2010: 32–36
Heinz, W. R.: Arbeit, Beruf und Lebenslauf. Eine Einführung in die berufliche Sozialisation, Weinheim 1995
Helm, J.: Konjunkturen in der Kindheits- und Jugendforschung; in: Brachmann, J., Lübcke, C., und Schwertfeger, A. (Hg.), Jugend – Perspektiven eines sozialwissenschaftlichen Forschungsfeldes, Bad Heilbrunn 2014: 35–44
Hering, S.: Vorwort; in: dies (Hg.), Was ist Soziale Arbeit? Traditionen – Widersprüche – Wirkungen, Opladen 2013: 7–14
Herriger, N., und Kähler, H. D.: Erfolg in der Sozialen Arbeit. Gelingendes berufliches Handeln in der sozialen Praxis. Ein Forschungsbericht; in: socialnet Materialien vom 1. März 2009: http://www.socialnet.de/materialien/62.php (31. Dezember 2019)
Herriger, N.: Empowerment in der Sozialen Arbeit. Eine Einführung, 4. Aufl. Stuttgart 2010
Herwig-Lempp, J.: Die Macht der Sozialarbeiter; in: Sozialmagazin 5/2009: 32–39

Hinte, W.: Geschichte, Quellen und Prinzipien des Fachkonzepts „Sozialraumorientierung“; in: Budde, W., Früchtel, F., und Hinte, W., Sozialraumorientierung, Wiesbaden 2006: 7–24
Hinz, A.: Von der Integration zu Inklusion. Terminologisches Spiel oder konzeptionelle Weiterentwicklung; in: Zeitschrift für Heilpädagogik 53/2002: 354–361
von Hippel, A., und Freide, S.: Erwachsenenbildung und Medien; in: Tippelt, R., und von Hippel, A. (Hg.), Handbuch Erwachsenenbildung/Weiterbildung, 6. Aufl. Wiesbaden 2018: 973–999
Hoppe, B.: Altenhilfe (Altenarbeit); in. Kreft, D., und Mielenz, I. (Hg.), Wörterbuch Soziale Arbeit, 8. Aufl. Weinheim und Basel 2017: 72–78
Horcher, G.: Das System öffentlicher und freier Träger und gewerblicher Anbieter sozialer Dienstleistungen; in: Arnold, U. (Hg.), Lehrbuch der Sozialwirtschaft, 4. Aufl. Baden-Baden 2014: 193–246
Hradil, S.: Soziale Ungleichheit in Deutschland, 8. Aufl. Wiesbaden 2005
Hurrelmann, K., und Franskowiak, P.: Gesundheit; in: Bundeszentrale für gesundheitliche Aufklärung (Hg.), Leitbegriffe der Gesundheitsförderung und Prävention, Gamburg 2018: 100–105
Hurrelmann, K., und Quenzel, G.: Lebensphase Jugend. Eine Einführung in die sozialwissenschaftliche Jugendforschung, 13. Aufl. Weinheim und Basel 2016
Idel, T.-S.: Self-fulfilling-prophecy; in: Thole, W., Höblich, D., und Ahmed, S. (Hg.), Taschenwörterbuch Soziale Arbeit, Bad Heilbrunn 2012: 240
Iller, C.: Das Machtpotential der Familienbildung; in: Huxoll, M., und Kotthaus, J. (Hg.), Macht und Zwang in der Kinder- und Jugendhilfe, Weinheim und Basel 2012: 74–88
Janson, M.: Lebensdauer ist ungleich verteilt; in: statista.de vom 8. Nov. 2019; URL: https://de.statista.com/infografik/19891/lebenserwartung-in-deutschland/ (24. Dez. 2019)
Josties, E., und Gerards, M., Diversitätsbewußte Soziale Arbeit mit Musik in der (Welt-)Migrationsgesellschaft; in: Hartogh, T., und Wickel, H. H. (Hg.), Handbuch Musik in der Sozialen Arbeit. Neuausgabe, Weinheim und Basel 2019: 112–137
Jungbauer, J., und Büchel, L.: Stressbelastungen bei Fachkräften des Allgemeinen Sozialen Dienstes. Ergebnisse einer aktuellen Studie; in: FORUM sozial 1/2013: 37–40
Jungbauer, J.: Entwicklungspsychologie des Kindes- und Jugendalters, Weinheim und Basel 2017
Jurczyk, K., und Thiessen, B.: Familie und soziale Dienste; in: Evers, A., Heinze, R. G., und Olk, T. (Hg.), Handbuch Soziale Dienste, Wiesbaden 2011: 333–352
Juul, J.: Aggression: Warum sie für uns und unsere Kinder notwendig ist, Frankfurt/M. 2016
Kadera, S., und Minsel, B.: Elternbildung – Weiterbildung im familialen Kontext; in: Tippelt, R., und von Hippel, A. (Hg.), Handbuch Erwachsenenbildung/Weiterbildung, 6. Aufl. Wiesbaden 2018: 1253–1267
Kaminsky, C.: Soziale Arbeit – normative Theorie und Berufsethik, Opladen, Berlin und Toronto 2017
Kaufmann F.-X.: Die Entstehung sozialer Grundrechte und die wohlfahrtsstaatliche Entwicklung, Berlin 2003
Keidel, T.: Aktiv trotz chronischer Krankheit. Selbstmanagementkurse für chronisch Kranke und Angehörige als Brücke zur Selbsthilfe; in: NAKOS Info 118, Berlin 2018: 15 f.
Kessl, F., und Stövesand, S.: Politik der Sozialen Arbeit – Politik des Sozialen; in: Panitzsch-Wiebe, M., Becker, B., und Kunstreich, T. (Hg.), Politik der Sozialen Arbeit – Politik des Sozialen, Berlin und Toronto 2014: 13–29
Kessl, F.: Soziale Arbeit in der Transformation des Sozialen. Eine Ortsbestimmung, Wiesbaden 2013
Klausch, P., und Struck, N.: Dachorganisationen der Sozialen Arbeit; in: Thole, W. (Hg.), Grundriss Soziale Arbeit. Ein einführendes Handbuch, 4. Aufl. Wiesbaden 2012: 831–845

Klomann, V.: Arbeitszufriedenheit sowie Stress- und Beanspruchungserleben in den Sozialen Diensten der Jugendämter; in: Unsere Jugend 10/2016: 411–419

Koller, H.-C.: Grundbegriffe, Theorien und Methoden der Erziehungswissenschaft: Eine Einführung, 8. Aufl. Stuttgart 2017

Konopka, G.: Soziale Gruppenarbeit. Ein helfender Prozess. Repr. der 6. Aufl. 1978, hg. von Hildegard Feidel-Mertz, Weinheim 2000

Koval, A., Dieckbreder, F., und Zippert, T.: Migration und Teilhabe. Begriffe – Grundlagen – Praxisrelevanz, Göttingen 2018

Kraus, B.: Lebenswelt und Lebensweltorientierung. Eine begriffliche Revision als Angebot an eine systemisch-konstruktivistische Sozialarbeitswissenschaft; in: Zeitschrift für Systemische Therapie und Familientherapie 2/2006: 116–129

Kreft, D., und Münder, J.: Soziale Arbeit und Recht. Eine Einführung in das Recht für Sozialarbeiter/Sozialpädagogen, 4. Aufl. Weinheim und Basel 1994

Krotz, F.: Die Mediatisierung kommunikativen Handelns: der Wandel von Alltag und sozialen Beziehungen, Kultur und Gesellschaft durch die Medien, Wiesbaden 2001

Kurzeck, P.: Ein Sommer, der bleibt (Audio-CD), Berlin 2007

Lampert, T., und Kroll, L. E.: Soziale Unterschiede in der Mortalitat und Lebenserwartung, Berlin 2014; URL: www.rki.de/DE/Content/Gesundheitsmonitoring/Gesundheitsberichterstattung/GBEDownloadsK/2014_2_soziale_unterschiede.pdf (7. Aug. 2019)

Lauenberger, J., und Wedemeyer, V.: Ede und Unku – Die wahre Geschichte. Das Schicksal einer Sinti-Familie von der Weimarer Republik bis heute, Gütersloh 2018

Lazarus, R. S., und Folkman, S.: Stress, appraisal and coping, New York 1974

Lieber, K., und Maischatz, K.: Helfersyndrom; in: Thole, W., Höblich, D., und Ahmed, S. (Hg.), Taschenwörterbuch Soziale Arbeit, Bad Heilbrunn 2012: 118

Lob-Hüdepohl, A.: „People first". Die „Mandatsfrage" sozialer Professionen aus moralphilosophischer Sicht; in: EthikJournal 1/2013: 1–22

Luhmann, N.: Die Gesellschaft der Gesellschaft, Frankfurt/M. 1997

Luhmann, N.: Politische Theorie im Wohlfahrtsstaat, München 1981

Lutz, T.: „Und bist Du nicht willig …". Institutionalisierter Zwang zum Wohlergehen der Kinder und Jugendlichen? In: Huxoll, M., und Kotthaus, J. (Hg.), Macht und Zwang in der Kinder- und Jugendhilfe, Weinheim und Basel 2012: 112–120

Lutz, R., Sartorius, W., und Simon, T.: Lehrbuch der Wohnungslosenhilfe, Weinheim und Basel 2017

Mairhofer, A.: Angebote und Strukturen der Jugendberufshilfe. Eine Forschungsübersicht, München 2017

Marquardt, P., und Krieger, W.: Potenziale Ästhetischer Praxis in der Sozialen Arbeit. Eine Untersuchung zum Bereich Kultur-Ästhetik-Medien in Lehre und Praxis, Baltmannsweiler 2007

Maurer, S.: Das Soziale und die Differenz. Zur (De-)Thematisierung von Differenz in der Sozialpädagogik; in: Lutz, H., und Wenning, N. (Hg.), Unterschiedlich verschieden. Differenz in der Erziehungswissenschaft, Opladen 2001: 125–142

Maurer, S.: Geschlecht: Mädchen; in: Schröer, W., Struck, N., und Wolff, M (Hg.), Handbuch der Kinder- und Jugendhilfe, 2. Aufl. Weinheim und Basel 2016: 348–364

Mecheril, P.: Über die Kritik interkultureller Ansätze zu uneindeutigen Zugehörigkeiten – kunstpädagogische Perspektiven; in: Clausen, B. (Hg.), Teilhabe und Gerechtigkeit, Münster und New York 2014: 11–19

Meinhold, M.: Ein Rahmenmodell zum methodischen Handeln; in: Heiner, M., u. a.: Methodisches Handeln in der Sozialen Arbeit, Freiburg/Brsg. 1998: 220–253

Meis, M.-S., und Mies, G.-A. (Hg.): Künstlerisch-ästhetische Methoden in der Sozialen Arbeit, Stuttgart 2012

Merten, R.: Systemtheorie Sozialer Arbeit. Neue Ansätze, veränderte Perspektiven, Wiesbaden 2000

Michell-Auli, P., und Sowinski, C.: Die fünfte Generation: KDA-Quartiershäuser – Ansätze zur Neuausrichtung von Alten- und Pflegeheimen, Köln 2012

Michel-Schwartze, B.: Fallarbeit: ein theoretischer und methodischer Zugang; in: dies. (Hg.), Methodenbuch Soziale Arbeit, Wiesbaden 2007: 119–154

Mielenz, I.: Selbsthilfe/Selbstorganisation; in: Kreft, D., und Mielenz, I. (Hg.), Wörterbuch Soziale Arbeit, 8. Aufl. Weinheim und Basel 2017: 802–805

Mogel, H.: Geborgenheit; in: Auhagen, A. E. (Hg.), Positive Psychologie, Basel 2004: 52–66

Moser, H.: Die Medienpädagogik im deutschsprachigen Raum; in: von Gross, F., Meister, D. M., und Sander, U (Hg.), Medienpädagogik – ein Überblick, Weinheim und Basel 2015: 13–31

Mühlum, A.: Zur Notwendigkeit und Programmatik einer Sozialarbeitswissenschaft; in: ders., Sozialarbeitswissenschaft. Wissenschaft der Sozialen Arbeit, Freiburg/Brsg. 2004: 121–155

Müller, B. K.: Sozialpädagogische Diagnose und der „Allgemeine Soziale Dienst“ (ASD); in: Krumenacker, F.-J. (Hg.), Sozialpädagogische Diagnosen in der Praxis, Weinheim und München 2004: 63–76

Müller, B. K.: Sozialpädagogisches Können. Ein Lehrbuch zur multiperspektivischen Fallarbeit, 8. Aufl. Freiburg/Brsg. 2017

Müller, C. W.: Sozialpädagogische Diagnostik und Fallverstehen; in: Kreft, D., und Mielenz, I. (Hg.), Wörterbuch Soziale Arbeit, 7. Aufl. Weinheim und Basel 2013: 205–213

Münchmeier, R.: Soziale Arbeit als Instrument der Sozialdisziplinierung; in: Hering: (Hg.), Was ist Soziale Arbeit? Traditionen – Widersprüche – Wirkungen, Opladen 2013: 41–52

Nakamura, B., u. a. Ausweg Straße!? Arbeitsbuch zum Thema Wohnungslosigkeit, Münster 2013

NAKOS/Nationale Kontakt- und Informationsstelle zur Anregung und Unterstützung von Selbsthilfegruppen: Selbsthilfe unterstützen, Berlin 2006

NAKOS/Nationale Kontakt- und Informationsstelle zur Anregung und Unterstützung von Selbsthilfegruppen (2018): Unterstützte Gruppen bei Selbsthilfeunterstützungseinrichtungen; URL: https://www.nakos.de/data/Fachpublikationen/2017/NAKOS-Studien-05-2017-Kapitel-4.pdf (4. Jan. 2020)

Negt, O.: Der politische Mensch, Göttingen 2010

Nier, H.: Braucht Deutschland die Tafeln? In: statista.de vom 26. März 2018; URL: https://de.statista.com/infografik/13318/braucht-deutschland-die-tafeln/ (30. März 2018)

Nolda, S.: Einführung in die Theorie der Erwachsenenbildung, Darmstadt 2008

Northoff, R.: Methodisches Arbeiten und therapeutisches Intervenieren. Eine Einführung in die Bewältigung sozialer Aufgabenstellungen, Weinheim und Basel 2012

Oelschlägel, D.: Emanzipation; in: Kreft, D., und Mielenz, I. (Hg.), Wörterbuch der Sozialen Arbeit, 8. Aufl. Weinheim und Basel 2017: 258 ff.

Paris, R.: Autorität; in: Farzin, S., und Jordan, S.: Lexikon Soziologie und Sozialtheorie, Stuttgart 2008: 33–35

Pauer-Studer, H.: Einführung in die Ethik, 2. Aufl. Wien 2013

Petry, U.: Die Last der Arbeit im ASD. Die persönliche Haltung und die Quelle der erlebten Wertschätzung prägen das Belastungserleben mit; in: Sozial Extra 3/2015: 44–46

Petzold, T. D.: Praxisbuch Salutogenese. Warum Gesundheit ansteckend ist, München 2010

Pieper, A.: Einführung in die Ethik, 7. Aufl. Tübingen 2017

Poulsen, I.: „Schwierige Problemfälle lassen mich auch nach 10 Jahren nicht kalt.“ Was macht Stress in der Jugendhilfe? In: Unsere Jugend 10/2016: 438–446

Prasad, N.: Soziale Arbeit: *Eine* Menschenrechtsprofession; in: Alice SoSe2017: 24–25; URL: Okt. https://www.ash-berlin.eu/fileadmin/Daten/alice-Magazin/2017/Hochschulleben/Alice_33_WEB_a.pdf (2. Dez. 2019)

Proksch, R.: Schuldner- und Insolvenzberatung; in: Kreft, D., und Mielenz, I. (Hg.), Wörterbuch Soziale Arbeit, 8. Aufl. Weinheim und Basel 2013: 784–791

Reinwand-Weiss, V.-I.: Kulturelle Bildung; in: Helm, J., und Schwertfeger, A. (Hg.), Arbeitsfelder der Kindheitspädagogik: eine Einführung, Weinheim und Basel 2016: 254–267

Reiss, K., u. a. (Hg.): Pisa 2018. Grundbildung im internationalen Vergleich, Münster 2019 (Zusammenfassung online unter: https://www.kmk.org/fileadmin/Dateien/pdf/PresseUndAktuelles/2019/Zusammenfassung_PISA2018.pdf [17. 12. 2019])

Reuband, K.-H.: Oper, Publikum und Gesellschaft, Wiesbaden 2018

Rock, J.: Ungleichheit: Ausmaß, Ursachen und Konsequenzen. Paritätisches Jahresgutachten 2016, Berlin 2016

Rosenberg, M. B.: Gewaltfreie Kommunikation und Macht: In Institutionen, Gesellschaft und Familie, Paderborn 2017

Rosenberg, M. B.: Gewaltfreie Kommunikation: Eine Sprache des Lebens, Paderborn 2016

Rüb, F.: Neue Unsicherheiten, neue soziale Risiken und die Herausforderungen moderner Wohlfahrtsstaaten. Eine Problemskizze über Gefahren und Risiken im Bereich des Sozialen zu Beginn des 21. Jahrhunderts; in: Münkler, H., Bohlender, M., und Meurer: (Hg.), Handeln ohne Risiko. Gestaltungsansätze zwischen Wagnis und Vorsorgen Bielefeld 2010: 221–249

Runge, M.: Arbeit mit kleineren Gruppen in der Gemeinwesenarbeit; in: Stövesand, S., Stoik, C., und Troxler, U. (Hg.), Handbuch Gemeinwesenarbeit, Opladen, Berlin und Toronto 2013: 398–404

Schaarschuch, A.: Vom Adressaten zum „Nutzer" von Dienstleistungen; in: Bielefelder Arbeitsgruppe 8 (Hg.), Soziale Arbeit in Gesellschaft, Wiesbaden 2008: 197–204

Schäuble, B., und Rätz, R.: Zur Arbeitssituation im Allgemeinen Sozialen Dienst. Bedingungen, Reflexionen und Reaktionen; in: Sozial Extra 3/2015: 37–39

Schemmel, A., und Huf, P.: Praxishandbuch Kulturelle Bildung mit unbegleiteten minderjährigen Geflüchteten, Weinheim und Basel 2017

Scherr, A.: Der unauflösliche Zusammenhang von Kritik und Bewertung in der Sozialen Arbeit; in: Kommission Sozialpädagogik (Hg.), Praktiken der Ein- und Ausschließung in der Sozialen Arbeit, Weinheim und Basel 2015: 275–286

Scherr, A.: Reflexive Kritik. Über Gewissheiten und Schwierigkeiten kritischer Theorie, auch in der Sozialen Arbeit; in: Anhorn, R., u. a. (Hg.), Kritik der Sozialen Arbeit – kritische Soziale Arbeit, Wiesbaden 2012a: 107–121

Scherr, A.: Sozialarbeitswissenschaft. Anmerkungen zu den Grundzügen eines theoretischen Programms; in: Thole, W. (Hg.), Grundriss Soziale Arbeit, Wiesbaden 2012b: 283–296

Schirilla, N.: Migration und Soziale Arbeit; in: Blank, B., Gögercin, S., Sauer, K., und Schramkowski, B. (Hg.), Soziale Arbeit in der Migrationsgesellschaft, Wiesbaden 2018: 425–434

Schlittmaier, A.: Ethische Grundlagen Klinischer Sozialarbeit, 2. Aufl. Weitramsdorf-Weidach 2014

Schmid, M.: Lebensläufe; in: Friesenhahn, G. J., Braun, D., und Ningel, R. (Hg.), Handlungsräume Sozialer Arbeit, Opladen und Toronto 2014: 171–180

Schmidbauer, W.: Hilflose Helfer. Über die seelische Problematik der helfenden Berufe, 18. Aufl. Reinbek 2011

Schmidt, B.: Bildung im Erwachsenenalter; in: Tippelt, R., und Schmidt, B. (Hg.), Handbuch Bildungsforschung, 3. Aufl. Wiesbaden 2010: 661–675

Schmitt, C., und Witte, M. D.: Zur Bedeutung von Bezugswissenschaften für die Soziale Arbeit. Eine Einführung; in: dies. (Hg.): Bezugswissenschaften der Sozialen Arbeit, Baltmannsweiler 2018: 7–27

Schone, R.: Hilfe und Kontrolle; in: Schröer, W., Struck, N., und Wolff, M. (Hg.): Handbuch Kinder- und Jugendhilfe, 2. Aufl. Weinheim und Basel 2016: 1108–1124

Schoener, J.: Mitgefühl, kein Mitleid; in: Die Zeit vom 26. Sept. 2013: 89

Schrapper, C.: Sozialpädagogische Diagnostik und Fallverstehen; in: Kreft, D., und Mielenz, I. (Hg.), Wörterbuch Soziale Arbeit, 6. Aufl. Weinheim und München 2008: 197–205
Schumacher, T.: Das Studium der Sozialen Arbeit als Puzzle; in: ders. (Hg.): Die Soziale Arbeit und ihre Bezugswissenschaften, Stuttgart 2011a: 1–5
Schumacher, T.: Von der Gestaltungskraft der Sozialen Arbeit; in: ders. (Hg.): Die Soziale Arbeit und ihre Bezugswissenschaften, Stuttgart 2011b: 257–262
Schumm, W.: Soziales Umfeld; in: Deutscher Verein für öffentliche und Private Fürsorge (Hg.), Fachlexikon der Sozialen Arbeit, 7. Aufl. Baden-Baden 2011: 813 f.
Schwabe, M.: Begleitende Unterstützung, München und Basel 2010a
Schwabe, M.: Hilfeplanung; in: Heiner, M. (Hg.), Wissensbausteine (Handlungskompetenzen in der Sozialen Arbeit), München 2010b: 61–65
Schweer, M. K. W., und Thies, B.: Vertrauen; in: Auhagen, A. E. (Hg.), Positive Psychologie, Basel 2004: 125–138
Schweingel, R.: Heizhaus wird zum Jahresende Moschee; in: Volksstimme vom 11. Juli 2015; URL: https://www.volksstimme.de/lokal/magdeburg/20150711/islamische-gemeinde-heizhaus-wird-zum-jahresende-moschee (8. Aug. 2019)
Schweppe, C.: Soziale Arbeit mit alten Menschen; in: Bieker, R., und Floerecke, P. (Hg.), Träger, Arbeitsfelder und Zielgruppen der Sozialen Arbeit, Stuttgart 2011: 345–356
Seithe, M., und Wiesner-Rau, C. (Hg.): „Das kann ich nicht mehr verantworten!" Stimmen zur Lage der Sozialen Arbeit, Neumünster 2013
Seligman, M. E. P.: Erlernte Hilflosigkeit, München u. a. 1979
Selke, S.: Schamland. Die Armut mitten unter uns, Berlin 2013
Sieber, H.: Theorien für die Bildungspraxis, Bad Heilbrunn 1993
Siebert, H.: Erwachsenenbildung in der Bundesrepublik Deutschland; in: Tippelt, R., und von Hippel, A. (Hg.), Handbuch Erwachsenenbildung/Weiterbildung, 6. Aufl. Wiesbaden 2018: 59–88
Siedenbiedel, C.: Arbeitslosigkeit zerstört das Leben; in: Frankfurter Allgemeine Zeitung vom 13. Jan. 2015; URL: https://www.faz.net/aktuell/wirtschaft/wirtschaftswissen/die-weltverbesserer/jahoda-und-lazarsfeld-arbeitslosigkeit-zerstoert-das-leben-13363444.html (8. Jan. 2020)
Simmel, G.: Schriften zur Soziologie. Eine Auswahl, (zuerst 1917) Frankfurt/M. 1983
Simon, T., und Wendt, P.-U.: Lehrbuch Soziale Gruppenarbeit. Eine Einführung, Weinheim und Basel 2019
Speck, K.: Schulsozialarbeit: Eine Einführung, 3. Aufl. München und Basel 2014
von Spiegel, H.: Methodisches Handeln in der Sozialen Arbeit. Grundlagen und Arbeitshilfen für die Praxis, 5. Aufl. München und Basel 2013
Stang, R., u. a.: Lernräume in der Erwachsenenbildung; in: Tippelt, R., und von Hippel, A. (Hg.), Handbuch Erwachsenenbildung/Weiterbildung, 6. Aufl. Wiesbaden 2018: 643–658
Stark, C.: Benachteiligte Jugendliche in Beteiligungsprozesse einbeziehen; in: dreizehn 19/2018: 10 ff.
Staub-Bernasconi, S.: Menschenrechte in der Sozialen Arbeit – ein historischer Überblick; in: Alice SoSe2017: 26–27; URL: https://www.ash-berlin.eu/fileadmin/Daten/alice-Magazin/2017/Hochschulleben/Alice_33_WEB_a.pdf (2. Dez. 2019)
Staub-Bernasconi, S.: Soziale Arbeit als Handlungswissenschaft, Bern 2007
Staub-Bernasconi, S.: Soziale Arbeit als Handlungswissenschaft; in: Birgmeier, B., und Mührel, E. (Hg.), Sozialarbeitswissenschaft und ihre Theorie(n), Wiesbaden 2009: 131–146
Stiftung Mitarbeit (Hg. [in Kooperation mit DICO]): Handbuch Community Organizing. Theorie und Praxis in Deutschland, 2. Aufl. Bonn 2014
Stiftung Mitarbeit (2019): Methoden und Arbeitsweisen der GWA; URL: https://www.buergergesellschaft.de/praxishilfen/gemeinwesenarbeit-und-migration/gemeinwesenarbeit-und-

gefluechtete-inklusive-gwa-in-neuen-nachbarschaften/methoden-und-arbeitsweisen-der-gwa/ (8. Aug. 2019)
Stimmer, F., und Weinhardt, M.: Fokussierte Beratung in der Sozialen Arbeit, München und Basel 2010
Stimmer, F.: Grundlagen des Methodischen Handelns in der Sozialen Arbeit, 2. Aufl. Stuttgart 2006
Strassenfeger. Soziale Straßenzeitung, Köln 2016
Sturzbecher, D., und Dietrich, P.: Risiko- und Schutzfaktoren in der Entwicklung von Kindern und Jugendlichen; in: Interdisziplinäre Fachzeitschrift der DGgKV 1/2007: 3–30
Tafel-BV/Tafel Deutschland e. V. – Bundesverband (2019a): 25 Jahre Tafel in Deutschland (Jahresbericht 2018), Berlin o. J.
Tafel-BV/Tafel Deutschland e. v. – Bundesverband (2019b): Tafeln kämpfen mit rückläufigem Engagement und fordern gezielte Stärkung des Ehrenamtes. Pressemitteilung vom 5. Dez. 2019; URL: https://www.tafel.de/fileadmin/media/Presse/Pressemitteilungen/PDF/2019/2019-12-05_PM_Tag_des_Ehrenamtes.pdf (7. Dez. 2019)
Tausch, R.: Sinn in unserem Leben; in: Auhagen, A. E. (Hg.), Positive Psychologie, Basel 2004: 86–102
Textor, M. R.: Familienbildung; in: Ecarius, J. (Hg.), Handbuch Familie, Wiesbaden 2007: 366–386
Thiersch, H.: Verstehen oder Kolonialisieren? Verstehen als Widerstand; in: Müller, S., und Otto, H. U. (Hg.), Verstehen oder Kolonialisieren? 2. Aufl. Bielefeld 1986: 19–40
Thiersch, H.: Lebensweltorientierte Soziale Arbeit. Aufgaben und Praxis im sozialen Wandel, Weinheim und München 1992
Thiersch, H.: Profession und Person. Zur Berufsidentität der Sozialpädagog/innen; in: ders., Positionsbestimmungen der Sozialen Arbeit, Weinheim und München 2002: 191–201
Thiersch, H.: Bildung und Soziale Arbeit; in: Otto, H.-U., und Rauschenbach, T (Hg.), Die andere Seite der Bildung, 2. Aufl. Wiesbaden 2008: 237–252
Thiersch, H.: Nähe und Distanz in der Sozialen Arbeit; in: ders., Schwierige Balance, Weinheim und München 2009a: 121–141
Thiersch, H.: Authentizität; in: ders., Schwierige Balance, Weinheim und München 2009b: 143–160
Thiersch, H.: Lebensweltorientierte Soziale Arbeit. Aufgaben der Praxis im sozialen Wandel, 9. Aufl. Weinheim und Basel 2014
Thiersch, H., und Böhnisch, L.: Spiegelungen. Lebensweltorientierung und Lebensbewältigung. Gespräche zur Sozialpädagogik, Weinheim und Basel 2014
Thole, W., Retkowski, A., und Schäuble, B. (Hg.): Sorgende Arrangements. Kinderschutz zwischen Organisation und Familie, Wiesbaden 2012
Thomas, W. I., und D. S.: The Child in America: Behavior Problems und Programs, New York 1928
Tippelt, R.: Bildung als pädagogisches Anliegen; in: Lindner, W./Thole, W./Weber, J. (Hg.), Kinder- und Jugendarbeit als Bildungsprojekt, Opladen 2003: 33–46
Tönnies, F.: Gemeinschaft und Gesellschaft. Grundbegriffe der reinen Soziologie, (zuerst 1887) Darmstadt 1972
Tschöpe-Scheffler, S., und Wirtz, W.: Familienbildung – institutionelle Entwicklungslinien und Herausforderungen; in: Diller, A./Heitkötter, M./Rauschenbach, T. (Hg.), Familie im Zentrum, München 2008: 157–178
Tschöpe-Scheffler, S.: Konzepte der Elternbildung – eine kritische Übersicht, Opladen 2006
von Unger, H.: Partizipative Forschung: Einführung in die Forschungspraxis, Wiesbaden 2014
Urban-Stahl, U.: Der Status der Profession als Machtquelle in der Hilfeplanung; in: Huxoll, M., und Kotthaus, J. (Hg.), Macht und Zwang in der Kinder- und Jugendhilfe, Weinheim und Basel 2012: 140–152

Urban-Stahl, U.: Ombuds- und Beschwerdestellen in der Kinder- und Jugendhilfe in Deutschland. Eine Bestandsaufnahme unter besonderer Berücksichtigung des möglichen Beitrags zum „Lernen aus Fehlern im Kinderschutz"; in: Nationales Zentrum Frühe Hilfen (Hg.), Beiträge zur Qualitätsentwicklung Band 1, Köln 2011: 1–60

van Rießen, A.: Zum Nutzen Sozialer Arbeit. Theaterpädagogische Maßnahmen im Übergang zwischen Schule und Erwerbsarbeit, Wiesbaden 2016

Vester, M., u. a.: Soziale Milieus im gesellschaftlichen Strukturwandel, Frankfurt/M. 2001

Wahler, P., Tully, C. J, und Preiß, C.: Jugendliche in neuen Lernwelten, Wiesbaden 2004

Weigand, W.: Die Gruppe als Resonanzraum und Mittel zur Beratung; in: Edding, C., und Schattenhofer, K. (Hg.), Handbuch Alles über Gruppen: Theorie, Anwendung, Praxis, Weinheim und Basel 2009: 209–257

Wendt, P.-U.: Lehrbuch Methoden der Sozialen Arbeit, 2. Aufl. Weinheim und Basel 2017a

Wendt, P.-U.: „… da sein, wo Jugendliche und Eltern sind". Virtuelle Kommunikation in der Kinder- und Jugendhilfe; in: Jugendhilfe 6 2017b: 560–566

Wendt, P.-U.: Lehrbuch Soziale Arbeit, Weinheim und Basel 2018

Wendt, W. R.: Die Disziplin der Sozialen Arbeit und ihre Bezugsdisziplinen (2006); URL: https://www.researchgate.net/publication/242317079_Die_Disziplin_der_Sozialen_Arbeit_und_ihre_Bezugsdi_sziplinen (8. Aug. 2019)

von Wensierski, H.-J.: Medien und Soziale Arbeit; in: Otto, H.-U., u. a. (Hg.), Handbuch Soziale Arbeit, 6. Aufl. München 2018: 981–992

Weymann, A.: Lebensphase Erwachsenenalter. Sozialisation, Konstruktionen und institutionelle Vermittlung; in: Abels, H., u. a.: Lebensphasen. Eine Einführung, Wiesbaden 2008: 158–234

Wickel, H. H.: Musik in der Sozialen Arbeit, Bielefeld u. a. 2018

Wilkinson, R.: Kranke Gesellschaften, Wien 2001

Wilkinson, R., und Pickett, K.: Gleichheit ist Glück, Berlin 2010

Winkler, M.: Eine Theorie der Sozialpädagogik: über Erziehung als Rekonstruktion der Subjektivität, Stuttgart 1988

Wittwer, W., Diettrich, A., und Walber, M.: Lernräume – Gestaltung von Lernumgebungen für die Weiterbildung, Wiesbaden 2015

von Wölfel, U., und Redmann, B. (Hg.): Bildung am Rande. Warum nur gemeinsam mit Adressat_innen in der Jugendhilfe Bemächtigungsprozesse initiiert werden können, Weinheim und Basel 2020

Wolff, R.: Antiautoritäre Erziehung; in: Kreft., D., und Mielenz, I. (Hg.), Wörterbuch Soziale Arbeit, 8. Aufl. Weinheim und Basel 2017: 101 ff.

Wolter, A.: Studium und Beruf im Wandel: Von der akademischen Persönlichkeitsbildung zur Beschäftigungsfähigkeit? In: Buck, M. F., und Kabaum, M. (Hg.): Ideen und Realitäten von Universitäten, Frankfurt/M. 2013: 169–198

Wurtzbacher, J.: Partizipation; in: Deutscher Verein für öffentliche und Private Fürsorge (Hg.), Fachlexikon der Sozialen Arbeit, 7. Aufl. Baden-Baden 2011: 634

Autor*innen

Michael Bertram, Sozialarbeiter B. A., Master Soziologe und Politikwissenschaft an der Otto-von-Guericke-Universität in Magdeburg; aktive Mitarbeit im Landesverband des DBSH Sachsen-Anhalt. E-Mail: bertrammichael@gmx.net

Christian Bleck, Dr. phil., ist seit 2013 (nach langjähriger Tätigkeit als Sozialarbeiter in der stationären Altenhilfe und Gerontopsychiatrie) Professor für die Wissenschaft Soziale Arbeit an der Hochschule Düsseldorf. Webpräsenz: https://soz-kult.hs-duesseldorf.de/bleck; E-Mail: christian.bleck@hs-duesseldorf.de

Andreas Borchert, Dipl.-Soz.päd., Master Soziale Arbeit (FH), ist Fach- und Bildungsreferent bei der Sächsischen Landjugend e. V. und Geschäftsführer der Gilde Soziale Arbeit e. V. E-Mail: andreas.borchert@landjugend-sachsen.de

René Börrnert, Dr. phil., Dipl.-Pädagoge (Sozialarbeitswissenschaft), lehrt nach zwei Jahrzehnten in der Sozialen Praxis (Gemeindepsychiatrie, Kinder- und Jugendhilfe) seit 2019 an der Fachhochschule des Mittelstands, Campus Rostock, Sozialpädagogik und Soziale Arbeit. Webpräsenz: www.rb-mv.de; E-Mail: rene.boerrnert@fh-mittelstand.de

Karl-Heinz Braun, Dr. phil. habil, Dipl.-Päd., ist Prof. i. R. für Sozialpädagogik/Erziehungswissenschaft und Leiter des „Magdeburger Archivs für Sozialfotografie“ (MASOF) am Fachbereich Soziale Arbeit, Gesundheit und Medien der Hochschule Magdeburg-Stendal. Lehrbeauftragter an Universitäten und (Fach-) Hochschulen in Deutschland und Österreich. E-Mail: karl-heinz.braun@h2.de; braun.masof@gmail.com

Heike Diercks, Dr. phil., Erziehungswissenschaftlerin, ist seit 2018 Professorin für Sozialpädagogik an der Fachhochschule Erfurt. E-Mail: heike.dierckx@fh-erfurt.de

Jana Dosdall, Dipl.-Sozialpädagogin, ist seit 2016 (nach zuvor 15 Jahren beruflicher Tätigkeit in der Kinder- und Jugendhilfe) Geschäftsführerin des Rückenwind e. V. Schönebeck. Webpräsenz: www.rueckenwind-schoenebeck.de; E-Mail: jana.dosdall@rueckenwind-schoenebeck.de

Gudrun Faller, Dr. PH., ist seit 2015 Professorin für Kommunikation und Intervention im Kontext Gesundheit und Arbeit an der Hochschule für Gesundheit, Bochum. Webpräsenz: www.gudrun-faller.de; E-Mail: gudrun.faller@hs-gesundheit.de

Werner Freigang, Dr. rer. soc., war zwölf Jahre in der Heimerziehung tätig und ist seit 1993 Professor für Pädagogik, Sozialpädagogik und Hilfen zur Erziehung im Fachbereich Soziale Arbeit, Bildung und Erziehung an der Hochschule Neubrandenburg. E-Mail: freigang@hs-nb.de

Kai Fritzsche, Sozialpädagoge/Sozialarbeiter B. A., ist Programmleiter FSJ Politik bei der Sächsischen Jugendstiftung, freier Fachreferent für Digitalisierung und Soziale Arbeit und Landesvorsitzender der Sächsischen Landjugend e. V. Webpräsenz: www.rediak.de; E-Mail: concept@rediak.de

Max Haberstroh, Master Demokratiepädagogik, war u. a. als Schulsozialarbeiter an einem Berliner Gymnasium tätig und ist seit 2019 akademischer Mitarbeiter an der Hochschule für angewandte Pädagogik (HSAP) Berlin. Webpräsenz: www.mukoo.de; E-Mail: m.haberstroh@hsap.de

Rahim Hajji, Dr., ist seit 2013 Professor für Gesundheits- und Sozialwissenschaften mit dem Schwerpunkt Forschungsmethoden an der Hochschule Magdeburg-Stendal. E-Mail: rahim.hajji@h2.de

Josefine Heusinger, Krankenschwester, Case Managerin, Dipl.-Soziologin, ist Professorin für Soziale Arbeit mit dem Schwerpunkt Generationenbeziehungen und Lebenslauf an der Hochschule Magdeburg-Stendal und Vorstand des Institutes für Gerontologische Forschung e. V. (Berlin); Forschungsschwerpunkte: Soziale Gerontologie, Versorgungsforschung, Quartiersentwicklung, Gesundheitsförderung im Alter. E-Mail: josefine.heusinger@h2.de

Georg Horcher, Dipl.-Pädagoge, Supervisor, Coach und Lehrbeauftragter an der Dualen Hochschule BW in Villingen-Schwenningen, Sozial- und Jugendamtsleiter i. R. E-Mail: ghorcher@t-online.de

Thomas Kauer, Dr. phil., seit 1998 in unterschiedlichen Arbeitsfeldern der Sozialen Arbeit tätig. Webpräsenz: www.thomaskauer.com; E-Mail: kontakt@thomaskauer.com

Tilman Kloss, B. A. Soziale Arbeit, berufliche Tätigkeiten in der offenen und verbandlichen Jugendarbeit sowie Koordinierung des Demokratischen Jugendforums (StadtJugendRing Magdeburg e. V.); er ist Mitglied im Arbeitskreis Kritische Soziale Arbeit (AKS) Magdeburg

Susanne Maurer, Dipl.-Päd., Dr. rer. soc. und Dr. phil. habil., ist seit 2004 Professorin für Erziehungswissenschaft/Sozialpädagogik an der Philipps-Universität Marburg. E-Mail: maurer@staff.uni-marburg.de

Andy Nenke, B. A. Soziale Arbeit, ist beruflich in der stationären Kinder- und Jugendhilfe tätig und Mitglied im Arbeitskreis Kritische Soziale Arbeit (AKS) Magdeburg

Björn Redmann, Dipl.-Sozialarbeiter/-pädagoge (FH), Master of Arts, ist seit 2002 in der Jugendhilfe tätig, u. a. in den Hilfen zur Erziehung, in der Straffälligenhilfe und als Bildungsreferent; seit 2014 arbeitet er als Gesamtprojektkoordinator im Kinder- und Jugendhilferechtsverein e. V. in Dresden

Joachim Rock, Dr. rer. pol., Dipl.-Politologe und Dipl.-Verwaltungswirt (VFH) leitet die Abteilung Arbeit, Soziales und Europa im Deutschen Paritätischen Wohlfahrtsverband – Gesamtverband e. V. (Der PARITÄTISCHE)

Cornelius Scheier, Dipl.-Soz.päd./Soz.arb. (FH), ist Trainer für Leadership, Kooperation und Bewusstheit (nach 20 Jahren Aktivität in der Offenen Kinder- und Jugendarbeit) mit den Schwerpunkten Selbstbestimmung und Würde. Webpräsenz: www.Cornelius-Scheier.de; E-Mail: mail@cornelius-scheier.de

Anton Schlittmaier, Dr. phil., ist seit 2004 Professor für Philosophie und Grundlagen Sozialer Arbeit an der Berufsakademie Sachsen, Staatliche Studienakademie Breitenbrunn. E-Mail: a.schlittmaier@ba-breitenbrunn.de

Peter Schruth, Dr. jur., Sozialarbeiter und Jurist, war von 1994 bis 1997 Assistent am Lehrstuhl von Johannes Münder an der TU Berlin und von 1998 bis 2018 Professor für Recht in der Sozialen Arbeit an der Hochschule Magdeburg-Stendal

Manuela Schwartz, Dr. phil, ist Musikwissenschaftlerin und (nach vorangehender internationaler wissenschaftlicher und journalistischer Tätigkeit, u. a. am Staatlichen Institut für Musikforschung Berlin und Folkwang Hochschule Essen) seit 1998 Professorin an der Hochschule Magdeburg-Stendal. E-Mail: manuela.schwartz@h2.de

Anne van Rießen, Dr. phil., ist Professorin für Methoden Sozialer Arbeit an der Hochschule Düsseldorf und Leiterin des Instituts für lebenswerte und umweltgerechte Stadtentwicklung. E-Mail: anne.van_riessen@hs-duesseldorf.de

Ulrike von Wölfel, Dipl.-Sozialarbeiterin/-pädagogin (FH), Koordinatorin für Ombudschaftliche Arbeit im Kinder- und Jugendhilferechtsverein e. V. in Dresden, ist seit 2006 an der Evangelischen Hochschule Dresden und in der Jugendhilfe tätig

Sascha Weber, Dr. phil., Professor für Soziale Arbeit mit dem Schwerpunkt Organisation und Verwaltung an der Hochschule Magdeburg-Stendal. E-Mail: sascha.weber@h2.de

Peter-Ulrich Wendt, Dr. disc. pol., Sozialwissenschaftler, ist (nach 25 Jahren beruflicher Tätigkeit in der Kinder- und Jugendhilfe) seit 2009 Professor für Soziale Arbeit an der Hochschule Magdeburg und seit 2012 Landesvorsitzender des Paritätischen Sachsen-Anhalt. Webpräsenz: www.puwendt.de; E-Mail: peter-ulrich.wendt@h2.de

Jürgen Wolf, Dr. phil., hat Sozialwissenschaften bzw. Soziologie in Göttingen und Berlin studiert und ist Professor für Alternswissenschaft an der Hochschule Magdeburg-Stendal; Arbeitsschwerpunkte: Soziale und politische Beteiligung älterer Menschen, Generationenbeziehungen, demografischer Wandel. Webpräsenz: www.jurgenwolf.de; E-Mail: juergen.wolf@h2.de